ÉTHICUS

ET

LES OUVRAGES COSMOGRAPHIQUES

INTITULÉS DE CE NOM.

EXTRAIT DES MÉMOIRES PRÉSENTÉS PAR DIVERS SAVANTS

À L'ACADÉMIE DES INSCRIPTIONS ET BELLES-LETTRES.

1ʳᵉ SÉRIE, TOME II,

ÉTHICUS

ET

LES OUVRAGES COSMOGRAPHIQUES

INTITULÉS DE CE NOM,

MÉMOIRE LU À L'ACADÉMIE DES INSCRIPTIONS ET BELLES-LETTRES
DE L'INSTITUT DE FRANCE,

SUIVI D'UN APPENDICE

CONTENANT LA VERSION LATINE ABRÉGÉE, ATTRIBUÉE À SAINT JÉRÔME,
D'UNE COSMOGRAPHIE SUPPOSÉE ÉCRITE EN GREC PAR LE NOBLE ISTRIOTE ÉTHICUS;
PUBLIÉE POUR LA PREMIÈRE FOIS,
AVEC LES GLOSES ET LES VARIANTES DES MANUSCRITS,

PAR M. D'AVEZAC,

DES SOCIÉTÉS GÉOGRAPHIQUES DE PARIS, LONDRES, FRANCFORT ET BOMBAY,
ETC. ETC. ETC.

PARIS.

IMPRIMERIE NATIONALE.

M DCCC LII.

NOTE PRÉLIMINAIRE.

Ce mémoire, dont la lecture à l'Académie des inscriptions et belles-lettres fut commencée le 17 septembre et terminée le 5 novembre 1841, était rédigé depuis assez longtemps, et déjà M. Frédéric Haase en avait, par anticipation, entretenu ses amis d'Allemagne dans une lettre écrite de Paris en avril 1839, et insérée dans l'*Allgemeines litteratur Zeitung* de juin suivant. Plus tard, il en écrivit aussi de Breslau à M. Frédéric Ritschl, qui n'a point oublié de le mentionner dans le *Rheinische Musæum für Philologie*.

Dans le cours des dix années pendant lesquelles ce travail est resté en portefeuille, plusieurs écrits dignes de l'attention des savants ont été publiés sur des sujets ayant une connexité plus ou moins étroite avec les questions que j'avais examinées; tels sont, en premier lieu, le mémoire de M. Ritschl *Sur le mesurage de l'empire romain sous Auguste, la Mappemonde d'Agrippa et la Cosmographie d'Éthicus*, publié à Francfort en 1842; le mémoire de M. Huschke *Sur le cens général de l'empire romain à la naissance de Jésus-Christ*, publié à Breslau en 1840; la dissertation de M. Théodore de Mœrner *Sur la vie et les écrits d'Orose*, publiée à Berlin en 1844; une édition de la *Cosmographie d'Éthicus*, donnée à Paris, en 1843, par M. Panckoucke, avec une traduction française par M. Louis Baudet; enfin, les deux éditions de l'*Itinéraire d'Antonin*, données, l'une à Paris, en 1845, aux frais de M. de Fortia d'Urban, l'autre à Berlin, en 1848, par MM. Parthey et Pinder.

J'ai cru devoir insérer dans mon travail les indications qu'il me paraissait utile d'emprunter à ces divers ouvrages pour que le mien se trouvât au courant de toutes les publications faites jusqu'à ce jour sur les matières dont je m'étais occupé, essayant de rendre ainsi le plus complète qu'il me soit possible cette étude sur Éthicus.

Quant au fond des matières traitées par ce cosmographe, je ne me suis point proposé d'aborder ici un sujet aussi ardu; c'est dans une édition de ses œuvres, seulement, qu'un commentaire de cette nature me paraîtrait avoir sa place naturelle.

Novembre 1849.

TABLE DES MATIÈRES.

ÉTHICUS

ET

LES OUVRAGES COSMOGRAPHIQUES

INTITULÉS DE CE NOM.

OBJET DE CE MÉMOIRE.

Je suppose qu'un esprit net et positif, arrêtant son attention sur le nom d'Éthicus[1], y veuille rattacher une idée précise du personnage et de ses œuvres. Il ne trouvera point, il le faut avouer, dans les biographies ni les histoires littéraires, les notions exactes dont il a exclusivement affaire. Il n'est même pas de tradition convenue qui, à défaut de lumières historiques certaines, puisse donner le change à ce besoin de résultats formulés dont nous sommes d'autant plus avides que plus de difficultés se rencontrent à la poursuite de la vérité.

---

[1] Le nom latin est *Æthicus*, en grec Αἰθικός; nous avons cru devoir écrire en français Éthicus, comme on écrit Ésope, Égypte, Éthiopie.

Qu'est-ce, en effet, qu'Éthicus, d'après les lumières jusqu'à présent recueillies? Tantôt c'est un cosmographe latin du ive siècle, ou du iiie, ou du ve; ou bien c'est un philosophe ou un astronome scythe ou istriote, antérieur ou postérieur à l'ère chrétienne, et qui a écrit en grec un livre que le prêtre Jérôme, le grand saint Jérôme peut-être, a traduit en latin. Tantôt c'est l'auteur véritable de plusieurs traités attribués à d'autres écrivains ou restés anonymes; ou bien, au contraire, il n'est même pas auteur de la Cosmographie intitulée de son nom : ce nom, d'ailleurs, se trouve mêlé avec ceux de Julius Honorius, de Jules César, d'Auguste, d'Antoine, d'Antonin, d'Ammien-Marcellin, de Castorius, d'Orose, de Solin, de Bède, d'Isidore; c'est une confusion, un chaos, où il semble bien difficile, sinon impossible, de porter l'ordre et la lumière.

Nous voulons tenter, cependant, de débrouiller cet amas de questions diverses qui se pressent et s'entre-croisent autour du nom d'Éthicus; et si nous n'osons prétendre à les résoudre, nous croirons du moins avoir déjà fait quelque chose d'utile si nous parvenons à les poser nettement, à les resserrer dans des limites étroites et des termes précis.

Recherchons avant tout quels ouvrages, imprimés ou inédits, nous sont parvenus sous le nom d'Éthicus; nous essayerons ensuite de déterminer, pour chacun d'eux, le nom, l'âge, l'individualité historique de l'auteur; nous examinerons aussi quels autres ouvrages il convient d'intituler du nom d'Éthicus, et quels ouvrages encore lui ont été attribués sans motifs suffisants; ce qu'il faut penser, en un mot, d'un personnage ainsi appelé, et de ses œuvres.

On trouve sous le nom d'Éthicus, dans les manuscrits que nous a légués le moyen âge, deux ouvrages distincts, très-différents par le sujet aussi bien que par le style, mais tous deux portant uniformément le titre de *Cosmographie;* circonstance qui, pour le dire en passant, n'a pas peu contribué à la confusion, en égarant plusieurs érudits, qui ont attribué à un seul et même livre, partant à un seul et même auteur, des témoignages qui s'appliquaient certainement à deux œuvres distinctes, et peut-être à deux auteurs différents.

L'une de ces Cosmographies traite, avec toute l'imperfection des siècles d'ignorance, de ce qu'on appellerait aujourd'hui la physique du globe; elle est restée inédite. L'autre, plusieurs fois réimprimée, se borne à une description géographique de la terre.

Occupons-nous séparément des deux ouvrages, et en premier lieu de celui qui, étant le moins connu, a besoin de l'être d'abord pour la complète intelligence de la discussion.

PREMIÈRE PARTIE.

DE LA COSMOGRAPHIE PHYSIQUE INTITULÉE DU NOM D'ÉTHICUS ISTER.

ARTICLE PREMIER.

ESQUISSE GÉNÉRALE DU LIVRE.

Les manuscrits renfermant le texte de cet ouvrage sont assez nombreux, quoique peu ou mal connus.

Sans parler de ceux dont l'existence ne nous est révélée que par des citations ou des catalogues, tels que le manuscrit de Pierre Daniel cité par Simler, celui de Boxhorn cité par

Horn[1], celui de Martin Opitz, les deux d'Isaac Vossius indiqués dans le Catalogue de l'université de Leyde[2], celui de la bibliothèque Bodleyenne signalé par Guillaume Burton et par Paul Vinding, celui de Hautin consulté par du Cange, ou tel autre encore dont nous pourrions retrouver la trace[3]; nous nous bornerons à alléguer sept manuscrits qui nous sont mieux connus, soit pour avoir nous-même feuilleté les uns, soit pour avoir été exactement informé du mérite relatif des autres par notre diligent ami M. Thomas Wright, de Londres, qui les a examinés, et copiés ou collationnés en partie.

La Bibliothèque royale de Paris en renferme trois, et le Musée britannique quatre. Parmi ces derniers se trouve le plus ancien, qui est du viiie siècle, et appartient à la bibliothèque Cottonienne[4]; le second paraît de la fin du xie ou du commencement du xiie siècle, et fait partie de la bibliothèque

[1] Georgii Hornii *De originibus Americanis libri quatuor;* la Haye 1652, in-8°; p. 199.

[2] *Catalogus librorum tam impressorum quam manuscriptorum bibliothecæ publicæ universitatis Lugdunensis Batavicæ,* Leyde 1716, in-fol.; pp. 376 et 379.—On y voit figurer en outre, p. 343, sous le n° 69, un manuscrit légué par Scaliger, qui paraît contenir aussi le même texte : il est ainsi intitulé : *Edicta Æthici philosophi cosmographi.* — Le ms. Vossien 104, aujourd'hui à Leyde sous le n° 77, et d'après lequel j'ai donné mon édition de Jean du Plan de Carpin (c'est l'ancien ms. de Paul Petau), contient un extrait peu étendu du même ouvrage.

[3] Tel que celui de M. Hænel, de Leipzig, qui ne comprend que le chapitre *De navibus,* ou *De indagatione navium,* et que se propose de publier M. Frédéric Haase, de Breslau, dans un recueil des écrivains *De re militari;* tel encore que le manuscrit de Montpellier signalé par M. Hænel lui-même (*Catalogi librorum mss.* Leipzig 1830, in-4°; p. 236, H. 374) sous ce ce titre : *Pseudo Ethici Cosmographia ab Hieronymo in latinum translata;* ms. du xive siècle, in-4° sur parchemin, indiqué comme étant du xie siècle, par M. Libri, dans le *Catalogue général des manuscrits des bibliothèques publiques des départements, publié sous les auspices du ministère de l'Instruction publique,* Paris 1849, in-4°; p. 435, n° 374; ou enfin tels que les trois manuscrits du Vatican désignés dans la *Bibliotheca bibliothecarum* de Montfaucon, pp. 25 B, 57 C, et 88 C.

[4] Ms. Cotton. Vespas. B. X. in-4°. — Comp. Smith, *Catalogus librorum manuscriptorum bibliothecæ Cottonianæ,* Oxford 1696, in-fol. p. 109.—Nous devons à l'obli-

Harleyenne [1]; il y a ensuite un manuscrit royal du xiie siècle [2], qui paraît offrir une copie exacte du manuscrit bodleyen d'Oxford indiqué plus haut, puis enfin un autre manuscrit royal dont l'écriture est de la fin du xiie ou du commencement du xiiie siècle [3].

Quant aux trois manuscrits parisiens, l'un [4] est du xie siècle et provient de la bibliothèque de Jacques-Auguste de Thou, d'où il avait passé dans celle de Colbert; le second [5] paraît aussi du xie siècle : il a appartenu primitivement à l'abbaye de Moissac, plus tard à Pierre Pithou, et il a encore passé successivement par les bibliothèques Thuanéenne et Colbertine; le dernier [6] est du xiiie siècle et provient de Claude Dupuy, par l'intermédiaire encore de Colbert. Nous ne parlerons pas d'un quatrième [7] manuscrit de la Bibliothèque royale, désigné simplement au Catalogue comme fragment d'un ancien géographe, et qui ne renferme que le quart environ du même texte : l'écriture de ce morceau est du xie siècle; il est compris dans un volume qui provient de la collection de Baluze.

L'ouvrage contenu dans ces divers manuscrits est intitulé : *Liber Ethici, philosophico editus oraculo, et a domino Hieronymo presbytero in latinum translatus ex Cosmographia, id est mundi scriptura* [8].

---

geance de M. Wright une collation complète de ce manuscrit avec la copie faite par nous-même sur les mss. 4871 et 4808 de la Bibliothèque royale de Paris.

[1] Ms. Harl. n° 3859, in-4° allongé. — Comp. (R. Nares) *Catalogue of the Harleian manuscripts in the British Museum,* Londres 1808, 3 vol. in-fol.; t. III, pp. 87, 88.

[2] Ms. Reg. 15 B. II. in-4°. — Comp. Casley, *A catalogue of the manuscripts of the king's Library,* Londres 1734, in-4°; p. 239.

[3] Ms. Reg. 15 C. IV. in-4°. — Voir au catalogue de Casley, p. 242.

[4] N° 4871, grand in-fol. sur parchemin.

[5] N° 4808, petit in-fol. sur parchemin.

[6] N° 8501-A, petit in-fol. sur parchemin.

[7] N° 7561, petit in-4°, sur parchemin.

[8] Ms. 4871, fol. 112 verso : « Incipit liber

Ce livre, d'après une table sommaire placée en tête de quelques-uns des manuscrits, est divisé en neuf chapitres traitant
successivement :

1° *De informi materia;*

2° *De orbe condito;*

3° *De gentibus quas Vetus Testamentum non habet*[1];

4° *De artium plurimarum instrumentis;*

5° *De navibus ignotis et earum argumentis;*

6° *De insulis gentium;*

7° *De quæstionibus quas alia scriptura non narrat*[2];

8° *De terra, et aquarum decursu, et venis earum;*

9° *De flatu ventorum, et aquarum motione;*

après quoi vient un alphabet de vingt-trois lettres qui corres-
pondent en général, pour la valeur, à celles de l'alphabet latin.

La préface nous fait ainsi connaître l'auteur : « Hic igitur
« Æthicus, Histriæ regione sophista claruit, primusque codices
« suos Cosmographiam nuncupavit; aliosque non minores sed
« majores edidisse cognovimus, quos Sophogrammios appel-
« lavit[3] ».

L'ouvrage se termine par cette formule : « Explicit liber
« Æthici philosophi cosmographi natione Scytha, nobili pro-
« sapia parentum. Ab eo enim æthica, philosophia a reliquis
« sapientibus originem traxit[4] ».

D'après des indications aussi formelles, le livre qui nous

« Ethici translatum philosophico edito ora-
« culo, Hieronimo præsbitero delatum ex
« Chosmographia id es mundi scriptura. »
Et fol. 113 : « Incipit liber Cosmographi
« Etici philosophi. Stilo editus, et a Hie-
« ronimo prbrŏ. in latinum translatus. »

[1] Les mss portent : *De gentibus quæ Vetus Testamentum non habent.*

[2] Les mss portent : *De questionibus quæ
alia scriptura non narrant.* — Je m'abstiens
de reproduire les solécismes et barbarismes
qui défigurent tous ces titres de chapitres
dans les mss.

[3] Ms. 4871, fol. 113, col. 1.

[4] Ms. 4871, fol. 142, col. 1.

est ainsi offert devrait être considéré comme l'ouvrage même
du philosophe istriote Éthicus, simplement traduit en latin
par le prêtre Jérôme; cependant il suffit de parcourir quelques
pages du manuscrit pour reconnaître que ce n'est pas une
translation fidèle et entière; car le traducteur parle généralement en son propre nom, discutant le mérite de son auteur,
dont il rapporte directement, il est vrai, de longs passages,
mais que plus souvent il abrège ou mutile, entremêlant ses
propres réflexions et la citation d'autres auteurs à l'analyse
qu'il fait des pages de son texte. Le livre que nous possédons
sous cette forme n'est donc, à proprement parler, qu'un travail exécuté en latin par le prêtre Jérôme, d'après la Cosmographie du philosophe istriote Éthicus [1]; et ce travail ne nous
semble pouvoir être mieux comparé qu'à une de ces analyses
étendues et critiques que l'Académie des inscriptions publie
dans le recueil des Notices et extraits des manuscrits de la Bibliothèque royale.

ARTICLE II.

§ 1.

Quelle connaissance les auteurs qui nous ont précédé ont-
ils eue de ce livre? Quel usage en ont-ils fait? C'est ce que nous

[1] Cette observation se trouve avoir été consignée dans une note portée sur un manuscrit d'Éthicus Ister appartenant à l'université de Cambridge, qui a été obli- geamment examiné, à notre intention, par M. James Orchard Halliwell, de la Société royale de Londres; cette note, qui nous est parvenue depuis l'achèvement de notre travail, est ainsi conçue : « Qui hunc « librum legit intelligat Ethicum philoso- « phum non omnia dixisse quæ hìc scripta « sunt : sed Jeronimus, qui eum transtu- « lit, sententias veritati consonas ex libro « ejusdem excerpsit, et easdem testimoniis « Scripturæ nostræ confirmavit. Non enim « erat iste philosophus christianus, sed

allons examiner, en remontant des érudits contemporains aux autorités plus anciennes, sans prétendre faire des uns ni des autres un relevé absolument complet, bien que noús ne pensions point en avoir oublié aucun d'importance.

Mais ce n'est pas uniquement dans l'ordre chronologique ascendant qu'il convient de les ranger; car des dissidences tranchées ou d'intimes rapprochements se font remarquer entre eux sans acception de leur époque relative; et il vaut mieux, sous ce rapport, les distribuer par groupes formés d'après un cercle d'idées spécial à chaque catégorie. Ce sont ces catégories mêmes que nous étagerons par échelons chronologiques, pour remonter graduellement jusqu'à l'auteur original. Un phénomène assez remarquable, c'est que la vérité se débarrasse d'autant plus de ses voiles, que nous montons un échelon de plus dans cette marche rétrograde vers le passé.

Nous établirons ainsi cinq groupes successifs.

§ II.

Dans le cinquième, le plus rapproché de nous par sa date moyenne, nous rassemblerons les écrivains qui, sans examen de la question, ont purement et simplement, comme chose connue et admise, attribué à l'Éthicus vulgaire le surnom d'*Ister*, l'origine scythe, et le titre de philosophe, qui appartiennent à l'auteur de l'ouvrage inédit.

Peut-être devons-nous placer à leur tête Jacques Godefroi, qui, dans ses prolégomènes à l'*Expositio totius mundi* (publiée en 1628 d'après le manuscrit de Juret, que lui avait remis Saumaise), cite Éthicus, l'auteur de la Cosmographie vulgaire-

« ethnicus, ex professione academicus. « Easdem verò sententias dixit Achilmus in « suo libro. » (Ms. du XVᵉ siècle, coté Mm. II. 18; fol. 103 v.). — On verra plus loin que l'assertion relative au prétendu paganisme d'Éthicus Ister est contredite par le texte même du livre.

ment connue sous ce nom, comme spécialement décoré du titre de sophiste, titre qu'aucun intitulé de manuscrit, aucun témoignage ancien, n'autorise à considérer comme applicable à l'Éthicus imprimé [1].

Riccioli, voulant désigner ce dernier dans une simple mention, en sa Géographie réformée, commet une méprise semblable en l'appelant Éthicus Ister [2].

[1] Jacobi Gothofredi *Vetus orbis descriptio græci scriptoris sub Constantio et Constante impp. nunc primum post 1300 ferme annos edita, cum duplici versione et notis,* Genève 1628, in-4°; p. 4 des prolégomènes : « Fidem facit quoque Æthicus et « ipse sophista (quo etiam nomine indigi-« tari solet) qui Cosmographiam et ipse « scripsit. »

Avant sa publication, ce ms. avait été signalé par Juret lui-même en ses notes sur Symmaque (Q. Aur. Symmachi *Epistolæ,* Paris 1604, in-4°, p. 179 des notes), et par Saumaise en ses notes sur Vopisque (*Historiæ augustæ scriptores,* Paris 1620, in-fol. p. 456) d'après la communication que lui en avait faite Juret. Outre le texte latin du ms. de Juret, qui lui paraissait une mauvaise version d'un texte grec perdu, Godefroi donna une restitution grecque de sa façon, que divers écrivains ont prise pour l'original, malgré les avertissements donnés à différentes fois par Briet (*Parallela geographiæ veteris et novæ,* Paris 1648, in-4°, t. I, p. 10), par Fabricius (*Bibliotheca græca,* lib. IV, cap. II, t. III, pp. 80, 81, de l'ancienne édition, ou t. IV, pp. 661, 662, de l'édition de Harles), et par Jacques Gronov (*Geographia antiqua,* Leyde 1697, in-4°, p. 17 de la préface), sur la véritable origine de ce prétendu texte grec, à côté duquel Godefroi mit encore une nouvelle version latine, dépouillée de la barbarie de style qui caractérise la première. — Jacques Gronov réimprima exclusivement celle-ci comme seule authentique, à la suite de son édition de Scylax et d'Agathémère (*Geographia antiqua,* pp. 251 à 271); puis Hudson l'inséra dans le troisième volume de ses *Geographiæ veteris scriptores græci minores* (Oxford 1712, in-8°). Le même morceau, plus complet, a été trouvé en Italie, au monastère de la Cava près de Salerne, par M. Angelo Mai, dans un ms. du xe siècle, où il est intitulé *Liber Junioris philosophi in quo continetur totius orbis descriptio;* et M. Mai a publié cet autre texte dans ses *Classici autores e Vaticanis codicibus editi* (Rome 1831, in-8°, t. III, pp. 385 à 409). Puis il a été réimprimé d'après Mai par le docteur George-Henri Bode, en tête du second volume de ses *Scriptores rerum mythicarum* (Zell, 1834, in-8°). — La Bibliothèque royale de Paris possède aussi, sous le même titre, un texte complet du même morceau, compris dans un ms. du xive siècle, sur parchemin, inscrit au catalogue sous le n° 7418 des mss. latins. (*Incipit* folio 4 du cahier xxxj).

[2] Jo. Bapt. Riccioli, *Geographiæ et hydrographiæ reformatæ libri duodecim,* Bologne 1661, in-fol. préface, p. 2.

Plus explicite est Adrien de Valois, qui, dans la préface de sa Notice des Gaules, mise au jour en 1675, après avoir cité la Cosmographie imprimée qui porte le nom d'Éthicus, ajoute que ce même Éthicus était, dit-on, un sophiste ou philosophe, né dans la région italienne d'Istrie [1].

Le père Briet, dans ses Parallèles géographiques, a donné une liste des géographes anciens, parmi lesquels figure Éthicus Ister comme auteur de la Cosmographie imprimée [2]. Et Michel-Antoine Baudrand, dont on a trop souvent répété que la Géographie alphabétique était une simple reproduction de Ferrari, a copié, à peu près mot pour mot, la liste du père Briet [3].

Berretta, dans sa Dissertation sur l'Italie du moyen âge, pour laquelle on prétend qu'il fut beaucoup aidé par Donato Silva, voulant aussi désigner l'Éthicus vulgaire, lui appliqua pareillement le surnom d'Ister [4].

Autant en fit l'abbé de Gourné dans l'Essai sur l'histoire de la géographie, qui sert de préface à son Géographe méthodique [5].

Autant encore le docte Franck, dans son excellent Catalogue de la bibliothèque du comte de Bunau, où l'article consacré aux diverses éditions de la Cosmographie vulgate, est précédé d'une désignation spéciale de l'écrivain chrétien Éthicus Ister [6].

Le savant auteur de l'*Alsatia illustrata*, Daniel Schœpflin, regarde pareillement Éthicus, auteur de la Cosmographie impri-

---

[1] Hadriani Valesii *Notitia Galliarum*, Paris 1675, in-fol. préface, p. 4 : « Idem « Æthicus, uti aiunt, sophista vel philoso-« phus, natus in Istria regione Italiæ. »

[2] Phil. Brietii *Parallela geographiæ*, t. I, p. 10.

[3] Mich. Ant. Baudrand, *Geographia ordine litterarum disposita*, Paris 1681, in-fol. t. II, p. 444.

[4] Anonymi Mediolanensis [Berretta] *De Italia medii ævi dissertatio chorographica;* dans Muratori, *Rerum italicarum scriptores,* Milan 1727, in-fol. t. X, p. LII.

[5] Gourné, *Le géographe méthodique,* Paris 1743, in-12; p. xliiij.

[6] Franck, *Catalogus bibliothecæ Bunavianæ,* Leipzig 1750, in-4°; t. I, p. 414.

mée, comme un philosophe ou sophiste chrétien, natif de l'Istrie[1].

De même Jœcher, donnant un article à l'Éthicus vulgaire dans son *Allgemeines Gelehrten Lexicon*, publié en 1750 à Leipzig, l'appelle Éthicus Ister, philosophe scythe[2]; et Christophe Adelung, continuateur de Jœcher, a inséré à son tour, en 1784, dans ses *Fortsetzung und Ergænzungen*, une addition de quelques lignes consacrée au même personnage, qu'il continue d'appeler Éthicus Ister[3].

Sprengel, en son Histoire des découvertes géographiques, dont la deuxième édition porte la date de 1792, attribue de même à l'Éthicus istriote la Cosmographie imprimée, ainsi que les citations applicables à l'Éthicus vulgaire faites par deux chroniqueurs français des Xe et XIe siècles[4].

Gråberg de Hemsö, en son Histoire de la géographie, publiée en 1802 dans les *Annali di geografia e di statistica*, fait pareillement naître en Istrie Éthicus auteur de la Cosmographie imprimée[5].

C'est encore sous le nom d'Éthicus Ister que sont indiquées les éditions successives de cette Cosmographie, dans le Catalogue de la bibliothèque d'Upsal[6].

Schœll, dans son Histoire abrégée de la littérature romaine, publiée à Paris en 1815, parle aussi de l'Éthicus vulgaire sous le nom d'Éthicus Ister[7].

[1] Schœpflin, *Alsatia illustrata*, Colmar 1751, in-fol. t. I, p. 614.

[2] Chr. Gottl. Jœcher, *Allgemeines Gelehrten Lexicon*, Leipzig 1750, in-4°, t. I, p. 130.

[3] Christoph Adelung, *Fortsetzung und Ergænzungen zu Chr. Gottl. Jœchers allgemeinem Lexicon*, Leipzig 1784, in-4°; t. I, p. 280.

[4] Math. Christ. Sprengel, *Geschichte der wichtigsten geographischen Entdeckungen*, Halle 1792, in-12; p. 131.

[5] Giacomo Gråberg svezzese, *Storia della geografia dalla sua origine fino al secolo decimonono*, dans ses *Annali di geografia e di statistica*, Gênes 1802, in-8°; t. II, p. 144.

[6] *Catalogus librorum impressorum bibliothecæ regiæ Academiæ Upsaliensis*, Upsal 1814, in-4°; t. I, p. 9, col. 2.

[7] Fred. Schœll, *Histoire abrégée de la littérature romaine*, Paris 1815, in-8°; t. III, p. 260.

Dans sa Géographie des Grecs et des Romains, dont le premier volume a paru à Weimar en 1816, M. Ukert cite un passage bien connu de l'Éthicus vulgaire, en l'appelant de même Éthicus Ister[1].

Dans son Esquisse de la littérature romaine, publiée à Halle en 1830, M. Bernhardy, tout en laissant percer quelque doute sur la légitimité du titre de philosophe istriote appliqué à l'Éthicus vulgaire, ne paraît pas soupçonner que ce titre appartienne à l'auteur d'un livre grec différent de la Cosmographie publiée[2].

M. Bæhr, dont l'Histoire de la littérature romaine est classique en Allemagne, n'a pas soupçonné davantage la distinction des deux Cosmographies, et c'est sous le nom d'Éthicus Ister qu'il désigne l'auteur de celle qui est généralement connue; et il lui consacre de même sous ce nom un article spécial dans l'Encyclopédie allemande de Pauly[3].

M. Bœcking, dans la savante dissertation par laquelle il préludait en 1834 à son édition critique de la Notice des dignités de l'un et l'autre empire, signale des manuscrits où se rencontre anonyme la Cosmographie vulgate d'Éthicus, et ne fait pas difficulté de citer, comme déterminatif de l'auteur de ce morceau, l'*explicit* qui appartient en réalité à l'autre Cosmographie[4].

---

[1] Fr. Aug. Ukert, *Geographie der Griechen und Rœmer von den frühesten Zeiten bis auf Ptolemæus*, Weimar 1816, in-8°; t. 1, p. 193.

[2] G. Bernhardy, *Grundriss der rœmischen Litteratur*, Halle 1830, in-8°; p. 283 : « Unbestimmter Zeit, und eher jung als « alt sind die ferneren Geographen, die « dürren aber verunstalteten Urheber von « Cosmographiæ Julius Honorius und Æthi- « cus (Ister), dessen vorgeblicher Epito- « mator. »

[3] Joh. Chr. Felix Bæhr, *Geschichte der rœmischen Litteratur*, Carlsruhe 1832, in-8°; § 330, p. 686 (ou § 365 de la 3ᵉ édition, Carlsruhe 1845, in 8°; t. II, p. 523). — *Idem*, article *Æthicus Ister*, dans August Pauly, *Real Encyclopedie der classischen Alterthumwissenschaft*, Stuttgart 1839, in-8°; t. 1. p. 197.

[4] Eduard Bœcking, *Ueber die Notitia dignitatum utriusque Imperii, eine Abhandlung zur Litteraturgeschichte und Kritik*, Bonn 1834, in-8°; pp. 20, 21.

Enfin, M. Frandsen, qui a publié à Altona, en 1836, un volume de Recherches historiques sur la vie et les travaux de Marcus Agrippa, ne pouvait manquer, à propos de la fameuse mappemonde exécutée par les ordres de ce seigneur romain, de rappeler le mesurage général de l'empire, accompli de son temps, et dont la mention détaillée nous est fournie par la Cosmographie imprimée d'Éthicus; mais c'est sous le nom d'Éthicus Ister qu'il désigne l'auteur de cet ouvrage [1].

Plus récemment, dans un mémoire publié à Breslau *Sur le cens opéré à l'époque de la naissance de Jésus-Christ*, le professeur Huschke, parlant aussi du mesurage de l'empire romain, met pareillement sous le nom d'Éthicus Ister le passage étendu qu'il emprunte à la Cosmographie imprimée [2].

Et plus récemment encore, M. Louis Baudet, auteur d'une traduction française de la Cosmographie vulgate d'Éthicus, insérée dans la Bibliothèque latine-française de Panckoucke en 1843, donne à son auteur le nom d'Éthicus Ister [3].

§ III.

Passons à un autre groupe, le quatrième dans l'ordre chronologique : nous y renfermerons les auteurs qui, vaguement instruits de l'existence d'une version latine, par le prêtre Jérôme, de la Cosmographie d'Éthicus l'Istriote, n'ont point réuni de lumières assez précises pour distinguer cet ouvrage de celui qui est imprimé sous le titre de Cosmographie d'Éthicus.

Le premier écrivain que nous connaissions de cette autre

---

[1] P. S. Frandsen, *M. Vipsanius Agrippa, eine historische Untersuchung über dessen Leben und Wirken*, Altona 1836, in-8°; p. 184.

[2] Ph. E. Huschke, *Ueber den zur Zeit der Geburt Jesu-Christi gehaltenen Census*, Breslau 1840, in-8°; p. 8.

[3] Louis Baudet professeur, *Cosmographie d'Éthicus traduite pour la première fois en français*, Paris 1843, in-8°; *Notice sur Éthicus* : « Éthicus Ister n'est connu que par la Cosmographie qui porte son nom. »

école est le docte Savaron, qui, dans son commentaire sur Sidonius Apollinaris, fait mention expresse de Jérôme le translateur d'Éthicus, et allègue deux fois, au milieu de ses nombreuses citations du cosmographe latin, des passages qu'il attribue directement au traducteur du livre grec[1]; mais, comme ces deux passages ne se trouvent point, en réalité, dans la version hiéronymienne, et qu'ils sont très-exactement empruntés à la Cosmographie publiée, il faut bien reconnaître que Savaron appliquait à ce dernier ouvrage ce qu'il avait imparfaitement appris concernant le premier.

Gaspard de Barth, choqué de l'assertion de Savaron, ne soupçonna point le malentendu sur lequel elle était fondée; et il se contente, dans ses *Adversaria,* de la rejeter comme une conjecture qui lui répugnait au plus haut point[2].

Vient ensuite le savant Gérard-Jean Vossius; il connaît bien, et il transcrit tout au long, dans son traité *De Historicis latinis,* un passage de Raban Maur où se trouve mentionnée la version hiéronymienne d'Éthicus Ister; il signale même, d'après Martin Opitz, deux citations faites par Isidore de Séville et qui se rapportent au cosmographe istriote[3]; mais il ne paraît pas soupçonner que cet auteur, et son livre traduit

---

[1] Jo. Savaro, *Caii Sollii Apollinaris Sidonii, Arvernorum episcopi, opera,* Paris 1609, in-4°; *Epistolæ,* p. 542 : « Calpis, « Æthici interpreti non semel ». *Carmina,* p. 57 : « Gentes Aulolum Æthico in fine « Cosmographiæ; Hieronymo Æthici interpreti Galaudæ. »

[2] Casp. Barthii *Adversariorum commentariorum libri LX,* Francfort 1624, in-fol.; p. 2085 : « Viri doctissimi interpretem « ejus citant Hieronymum, ut Joannes Savaronius notis ad Sidonium, quasi græce « Æthicus scripsisset, a quibus tamen hac « in re summopere ego dissentio. »

[3] G. J. Vossii *De Historicis latinis libri III,* Leyde, 1651, in-4°; p. 692 : « Qui: « Flodoardum dico, cum memoretur Rha- « bano Mauro, qui seculo toto Flodoardum « antecessit. Locus est in libello De Inven- « tione linguarum..... Quæ si vera, Æthi- « cus Ister antiquior fit B. Hieronymo.... « Utcum illud est, saltem non Rhabanum « modo, sed Isidorum etiam præcesserit : « qui claruit anno 630. Quippe ejus me-

du grec par saint Jérôme, soient autres que l'Éthicus vulgaire
et sa Cosmographie; et à plus d'une reprise il cite celle-ci sous
le nom d'Éthicus Ister. Toutefois, nous ne devons pas omettre
de constater qu'une lecture plus attentive de la préface mise
par Simler en tête de son édition de l'Éthicus vulgaire vint
ultérieurement rectifier les idées de Vossius sur la prétendue
identité des deux ouvrages : « Quant aux histoires d'Éthicus
traduites du grec en latin par saint Jérôme, dit-il alors,
c'est une véritable plaisanterie, car les savants qui les ont
lues en manuscrit les jugent tout à fait indignes de saint Jérôme ; et d'ailleurs, Éthicus lui-même s'y trouve allégué en
témoignage » [1]. Mais cette espèce de rétractation, confinée dans
une énonciation tardive perdue à la fin d'un article consacré à Vibius Sequester, y reste inaperçue, et les compilateurs, à qui elle a échappé, n'ont reproduit ou signalé comme
opinion de Vossius que celle que nous avons d'abord exposée.

C'est ce qui est arrivé à Jean Hallervord en son Spicilége
des historiens latins, où il rapporte d'après Vossius les indications d'Opitz relatives à l'Éthicus hiéronymien, en y joignant
des citations de Dempster et de Lambeck exclusivement applicables à l'Éthicus vulgaire [2].

« minit lib. XIV originum, cap. v, et lib.
« XIX, cap. x (lisez XIV, vi, et XIX, 1).
« Utrobique enim pro *Historia*, Hister scri-
« bendum, ut res clamat, et observatum
« doctissimo Martino Opitio in notis ad
« Antonini rhythmos teutonicos de S. An-
« none, coloniensi archiepiscopo. Quod si
« græce scripsit, Hieronymus vertit, ut ait
« Rhabanus Maurus. » — Conf. Christ.
Sandii *Notæ et animadversiones in G. J.
Vossii libros III de Historicis latinis*, dans F.
A. Fabricii *Supplementa et Observationes ad
Vossium*, Hambourg 1709, in-8°; p. 432.

— Voir encore Vossius, *De Universæ Ma-
thesios natura et constitutione liber*, Amsterdam 1650, in-4°; p. 411.

[1] Ger. Jo. Vossii *De Historicis latinis*,
p. 727 : « De Æthici historiis de græco
« latine redditis a B. Hieronymo, plane
« nugæ sunt; cum viri eruditissimi qui le-
« gerunt (necdum prodiere in lucem) plane
« indignas censeant Hieronymo, atque in
« iis etiam testis ipse advocetur Æthicus. »

[2] Joannis Hallervordj regiomontani *De
Historicis latinis spicilegium*, Iena 1672,
in-12; pp. 11, 12.

Il en est de même de Jean-Jacques Hoffmann en son grand Lexique universel, où figurent deux articles sous le nom d'Æthicus, l'un avec le titre de cosmographe, l'autre avec celui de géographe et le surnom d'Ister; pour le cosmographe, il renvoie purement et simplement aux premières indications de Vossius; pour le second, il transcrit littéralement ce qu'en avait dit le père Briet; d'où il résulte que, sous l'apparence d'une distinction tranchée, il ne fait en réalité que consacrer davantage la confusion qu'il semblait avoir voulu éviter [1].

A côté de Vossius nous placerons encore Scheidt, en hésitant toutefois sur l'appréciation qu'il y a lieu de faire des notions par lui réunies sur la version hiéronymienne; toujours est-il qu'en sa préface au traité d'Eckhardt sur l'Origine des Germains, il parle d'Éthicus Ister comme de l'auteur de la Cosmographie vulgate, dont il rapporte même textuellement un passage; mais il fait en même temps une allusion directe au texte hiéronymien comme s'il l'avait lu, sans paraître soupçonner cependant la coopération du translateur Jérôme, ni se douter que ce texte soit autre chose que la Cosmographie publiée [2]. Une telle confusion démontre que Scheidt, ainsi qu'il arrive trop souvent, a répété, comme résultat de ses propres vérifications, des ouï-dire dont il lui manquait une intelligence plus complète.

Moins au fait encore de la question se montre Targioni-Toz-

<hr>

[1] Jo. Jac. Hofmanni *Lexicon universale,* Leyde 1698, 4 vol. in-fol.; t. I, p. 97.

[2] Christ. Lud. Scheidii *Præfatio* ad Jo. Georg. Eccardi *De Origine Germanorum libros duos,* Gœttingue 1750, in-4°; p. 45, not. * : « Mirum qui doctissimus vir « tantum pretium statuere velit Æthico, « homini in quo præter alia boni scriptoris « dona judicium etiam desideraverunt quot-« quot eum legerunt. Multa sane apud eum « occurruntquæinfimi subsellii magistrum « produnt. Nihil frigidius dici potest quam « quæ is de Elementis, de Orbis creatione, « de Mundi mirabilibus nugatur ? » — Cela est encadré dans un passage exclusivement relatif à l'Éthicus vulgaire.

zetti dans sa Dissertation sur les voies romaines de la Toscane : pour lui, l'auteur de la Cosmographie imprimée est Éthicus Ister, auquel auraient emprunté beaucoup, ou même presque tout, saint Jérôme, Isidore de Séville, et d'autres [1]. N'est-ce pas étaler à tort et à travers une érudition de mauvais aloi, sur de vagues rumeurs mal comprises?

Il en est tout autrement du savant auteur de l'article Éthicus publié en 1815 dans la Biographie universelle de Michaud ; il ne reconnaît non plus, à la vérité, qu'un seul Éthicus et une seule Cosmographie de cet écrivain ; mais il témoigne de la répugnance à admettre, sans vérifications ultérieures, toutes les allégations précédemment produites comme applicables à ce même ouvrage et à son auteur. Il s'exprime ainsi à cet égard : « On a dit, sans en rapporter aucune preuve, que ce traité était traduit du grec par un prêtre nommé Jerôme ; dans le livre de Raban Maur sur l'Invention des langues, Éthicus est considéré comme un philosophe scythe ; dans plusieurs manuscrits, on ajoute au nom d'Éthicus le surnom d'Hister ou Ister, pour indiquer qu'il était né en Istrie[2] ». Ces formes dubitatives trahissent une sorte de pressentiment de la vérité.

Avec la même réserve s'exprime un critique anglais, dans un recueil très-répandu qui se publie à Londres sous le patronage de lord Brougham. En citant la préface si connue de la Cosmographie imprimée d'Éthicus, il énonce, d'une manière

---

[1] Gio. Targioni Tozzetti, *Relazioni d'alcuni viaggi fatti in diverse parti della Toscana*, 2ª ediz. Florence 1776, in-8°; t. IX : *Discorso intorno alle vie militari Romane che passavano per la Toscana;* pp. 161-162 : « Etico Istro compose una Cosmografia, e « ce lo assicurano i passi di molti scrittori « ó contemporanei, ó poco posteriori, riportati dal Fabricio nella Biblioteca latina, e dagli editori di Etico. Da questa « Cosmografia di Etico si sà che cavarono « molto, ó quasi tutto, S. Girolamo, S. Isidoro Ispalense, ed altri. »

[2] Walckenaer, dans la Biographie universelle de Michaud, t. XIII, Paris 1815. in-8°; pp. 426-427.

pareillement dubitative, que saint Jérôme passe pour avoir traduit cette Cosmographie du grec en latin [1]; ainsi encore, confusion des deux ouvrages et de leurs auteurs.

§ IV.

Nous voici à notre troisième groupe, où nous classerons les érudits qui, sans avoir eu la connaissance matérielle de la version hiéronymienne de l'Éthicus istriote, en ont cependant bien constaté l'existence, et ont formellement signalé cette œuvre comme différente de celle de l'Éthicus vulgaire.

Le premier de cette troisième catégorie est Josias Simler, à qui est due l'édition princeps de la Cosmographie latine d'Éthicus, donnée à Bâle en 1575. Il n'oublie point de dire, dans sa préface, qu'il existe un Éthicus Ister différent de celui qu'il publie, et traduit du grec en latin par saint Jérôme; non qu'il paraisse le connaître par le fameux passage de Raban Maur, mais bien par les fréquentes citations de Lilio Gyraldi, en son traité *De Re nautica;* il sait d'ailleurs qu'il s'en trouve à Orléans, entre les mains du savant avocat Pierre Daniel, un manuscrit, qu'il n'a pas été à portée de consulter, mais dont on lui a donné la description : ouvrage barbarement écrit, plein de puérilités et de fables, indigne de la plume de saint Jérôme, et qui n'est pas non plus l'œuvre propre d'Éthicus, puisque Éthicus Ister le philosophe y est souvent cité lui-même, ainsi qu'Alchimus [2].

---

[1] *The penny Cyclopedia of the Society for the diffusion of useful knowledge,* t. II. Londres 1834, in-8° max., p. 131, art. *Antoninus' Itinerary :* « Æthicus (a geographical writer of uncertain date, but not « later than the fourth century, if it be « true that saint Jerome translated his Cos- « mographia from greek into latin) states, « in as many words, that Julius Cæsar, the « author of bissextile year.... etc. »

[2] Simler, *Æthici Cosmographia,* Bâle 1575, in-16; pp. 3ᵉ et 4ᵉ de la préface : « Lilius Gyraldus in libro de Navigiis citat « Æthici antiquitatis historias, quæ ab

Jean-Albert Fabricius eut le bon esprit de transcrire, dans sa Bibliothèque latine, les détails donnés par Simler, en y ajoutant le passage si important de Raban Maur, plus l'indication de Vinding et de Pic de la Mirandole, qui avaient déjà parlé du même livre; mais ces citations se trouvent confondues avec celles qui se rapportent à l'Éthicus vulgaire, et l'on peut reprocher à Fabricius de ne s'être pas rendu à lui-même un compte bien précis des passages qu'il compilait [1].

Le même reproche semble également applicable à Jacques et Abraham Gronov, qui, dans les *Testimonia et Judicia virorum doctorum de Julio oratore et Æthico,* dont ils ont fait précéder leurs éditions successives de l'Éthicus vulgaire, entassent pêle-mêle des témoignages qui se rapportent tantôt à celui-ci, tantôt à la version hiéronymienne de l'Éthicus istriote, bien que la distinction des deux ouvrages soit énoncée de la manière la plus formelle dans plusieurs de ces citations, notamment celles d'Ortel, de Saumaise et d'Opitz [2].

On en peut dire autant d'Antoine de Léon Pinelo, qui a consacré à Éthicus Ister, dans sa Bibliothèque abrégée orientale et occidentale, nautique et géographique, un article qui fourmille d'erreurs grossières, mais où l'on trouve, au milieu

---

« Hieronymo in latinum sermonem e græco
« conversæ creduntur. Audio etiam apud
« cl. v. P. Danielem Aurelianensem extare
« Æthici librum.... Nobis librum illum vi-
« dere non contigit, sed in nostro exem-
« plari hoc de illo judicium a viro docto
« adnotatum fuit : librum esse barbare
« scriptum, nugis et fabulis refertum, de
« creatione mundi, de elementis, de mi-
« rabilibus mundi, etc. omnia indigna
« Hieronymo, ac ne Æthici quidem, quo-
« niam in eo libro ipse Æthicus Ister

« philosophus sæpe citatur, et Alchimus. »

On trouve précisément cette annotation que rapporte Simler sur le premier feuillet du ms. de la Cosmographie vulgaire d'Éthicus ayant appartenu à Pierre Pithou, et d'après lequel a été faite l'édition du savant zurichois.

[1] Fabricius, *Biblioth. latina*, Hambourg 1712, in-8°; pp. 348-349.

[2] Abrahami Gronovii *Pomponius Mela de situ orbis...* Leyde 1722, in-8°; pp. 687 à 690.

d'un fatras confus de citations qui se rapportent tantôt à l'une, tantôt à l'autre Cosmographie, l'énonciation formelle de la distinction à faire des deux ouvrages et des deux auteurs [1].

Dans la longue dissertation dont Scheyb a fait précéder sa belle édition de la Table Peutingérienne, il déclare ne vouloir point discuter la question agitée entre Vossius, Gronov, Wesseling, et autres, sur le nom, le livre et l'époque d'Éthicus [2]; mais il transcrit simplement, comme renseignement dont chacun peut tirer profit, une lettre de Paul Vinding à Deckherr, dont nous aurons à reparler, et où se trouve bien indiquée la distinction des deux Éthicus.

Christophe Sax, au contraire, dans son *Onomasticon litterarium*, se réfère purement à Vossius et à Fabricius, de manière à faire penser qu'il n'a pas eu une perception plus nette qu'eux de la double question dont il se fait le simple rapporteur [3].

Enfin Struve, Buder et Meusel, malgré les additions, amplifications et corrections qu'ils ont tour à tour apportées à leur *Bibliotheca historica*, ne paraissent pas avoir sondé plus profondément que Fabricius, Gronov et Sax, une thèse dont

[1] Don Antonio de Léon Pinelo, *Epitome de la Bibliotheca oriental y occidental, nautica y geografica*, Madrid 1738, 3 vol. in-fol.; t. III, col. 1214 : « Etico Istro, « cosmografia, en griego; estaba ms. en la « libreria de Francisco Junio, segun el « catálogo de los libros septentrionales de « Jorge Hickesio, fol. 178.... San Alberto « Magno attribuie a Julio Cesar esta obra, « como dice Vossio..... pero él affirma ser « de Julio Orador.... y añade Vosio que S. « Gerónimo la tradujo de griego en latin, « aunque parece otro autor del mismo apel- « lido, que escrivió tambien Cosmografia, « el qual está ms. en la libreria de Oxonia « con Etico, y el titulo dice asi : *Empieça* « *el libro de Ethico (o Athnico) dado a luz* « *por oráculo filosófico, traducido en latin por* « *Gerónymo presbytero : De la Cosmografia* « *y escritura del mundo.* »—Du reste, Pinelo met dans un endroit sous le nom de Pierre Pithou l'édition de Simler, dans un autre endroit il dit que celle-ci est grecque-latine, etc. etc.

[2] Fr. Christoph. de Scheyb, *Peutingeriana tabula itineraria*, Vienne 1753, in-fol. pp. 11-12.

[3] Christoph. Saxii *Onomasticon litterarium sive nomenclator historico-criticas*, Utrecht 1775, in-8°; t. I, pp. 414-415

ils se bornent à répéter machinalement la solution antérieure[1].

M. Favre, dans un examen critique des histoires fabuleuses d'Alexandre de Macédoine, nomme parmi les compilateurs de ces légendes Éthicus Hister, dont l'ouvrage, écrit en grec et traduit en latin avant le IXe siècle par un prêtre nommé Jérôme, est cité par Isidore de Séville, Raban Maur, Thomas de Kent, Simler et Opitz[2]; et M. Berger de Xivrey, dans sa notice développée des manuscrits du pseudo-Callisthène, a répété à ce sujet les indications de M. Favre[3].

En dernier lieu, M. Ritschl, à la fin d'un mémoire plein d'érudition et d'ingénieux aperçus *Sur le mesurage de l'empire romain sous Auguste, la Mappemonde d'Agrippa et la Cosmographie d'Éthicus*, rapporte les citations faites par Raban Maur, Simler, Saumaise et Gronov, de l'Éthicus hiéronymien, dont il reconnaît bien ainsi l'existence distincte[4].

§ V.

Mais nous arrivons maintenant à un nouveau groupe, le second dans l'ordre chonologique, composé des critiques qui ont été à portée d'examiner par eux-mêmes les manuscrits de

[1] *Bibliotheca historica instructa a B. Burcardo Gotthelf Struvio, aucta a B. Christ. Gotthelf Budero, nunc vero a J. Georg. Meuselio ita digesta amplificata et emendata, ut pæne novum opus videri possit*, Leipzig 1789, in-8°; t. IV, part. 1, p. 127.

[2] F[avre], *Vie d'Alexandre le Grand.— Julii Valerii res gestæ Alexandri Macedonis; mss. 4877 et 4880 de la Bibliothèque de Paris*, dans la Bibliothèque universelle des sciences, belles-lettres et arts, rédigée à Genève, in-8°; littér. t. VII, Genève 1818, pp. 218 à 229 et 322 à 349. Voir particulièrement les pages 327, 328, 344.

[3] Berger de Xivrey, *Notice de la plupart des manuscrits grecs, latins et en vieux français, contenant l'histoire fabuleuse d'Alexandre le Grand, connue sous le nom de pseudo-Callisthène*, dans le tome XIII des Notices et Extraits des mss. de la Bibliothèque royale, Paris 1838, in-4°; voir pp. 190, 196.

[4] Friedrich Ristchl, *Die Vermessung des römischen Reichs unter Augustus, die Weltkarte des Agrippa, und die Cosmographie des sogenannten Aethicus (Julius Honorius)*, Francfort 1842, in-8°; pp. 42-43.

4.

l'Éthicus hiéronymien, et qui ont signalé ou décrit ce livre de manière à ce qu'il ne puisse être confondu avec aucun autre.

Du Cange, si impertinemment accusé par les Gronov de composer de gros ouvrages du fruit de ses rapines littéraires et de ne parler d'Éthicus que sur la foi de Valois et de Vossius [1], du Cange pourtant savait beaucoup mieux que Vossius, que Valois, et que les Gronov eux-mêmes, à quoi s'en tenir sur l'Éthicus inédit, dont il avait feuilleté l'ouvrage; car, au mot Κορκόνιλος de son *Glossarium ad scriptores mediæ et infimæ græcitatis*, il cite expressément la Cosmographie manuscrite d'Éthicus traduite par Jérôme, livre apocryphe et sans valeur aucune, dit-il, qui se trouvait dans la bibliothèque de Hautin, et dans lequel on voyait les scorpions, les autruches et les crocodiles figurer parmi les peuples de la terre [2] : accusation un peu exagérée, comme nous le montrerons en son lieu.

Paul Vinding, dans sa lettre à Deckherr *De scriptis nonnullis adespotis*, datée du 4 mars 1681, décrit un manuscrit bodleyen, du commencement du VIIIe siècle au plus tard, contenant la version hiéronymienne de l'Éthicus istriote; il ajoute qu'il y a trouvé des fables sans nombre, des barbarismes inintelligibles, et qu'il y a cependant puisé quelques extraits utiles; qu'au surplus il a, dès l'abord, regardé ce livre comme interpolé par quelque moine [3].

---

[1] Gronovii *Pomponius Mela, etc.* p. 690 : « Ubi patet eum nihil nisi describere Vale- « siana et Vossiana, sine grati animi judi- « cio; sed ita solet iste ex rapinis undique « actis magnos libros conficere. »

[2] Du Cange, *Glossarium ad scriptores mediæ et infimæ græcitatis*, Lyon 1688, in-fol.; t. II, *Omissa et addenda*, p. 109 ; « Æthici Cosmographia ms. interprete Hie- « ronymo, liber fictitius et nullius frugis, « ex bibliotheca dom. Hautini : « Strutio- « num vel corcodillorum et scorpionum « genera sunt inter alias gentes. »

[3] Pauli Vindingii *ad Johannem Deckherrum epistola de scriptis nonnullis adespotis*; apud Joh. Deckherri *De scriptis adespotis*,

Théodore Rycke, de Leyde, à qui Vinding avait fait part
de ce qu'il présentait comme sa découverte, lui répondit qu'il
avait vu lui-même, dans la bibliothèque de Vossius, un manuscrit de cet Éthicus différent de l'Éthicus vulgaire; et peut-
être, ajoute-t-il, l'un des trois auteurs grecs mentionnés par
Vossius sous le nom d'Ister était-il l'auteur de cette Cosmographie inédite, traduite en latin par saint Jérôme, puis interpolée par des moines ignares, et attribuée à Éthicus parce
que celui-ci aussi était Istriote et avait traité le même sujet [1].

Plus de vingt ans auparavant William Burton, en son *Commentary on Antoninus' Itinerary*, avait signalé ce même manuscrit bodléyen désigné par Vinding, et il avait aussi mentionné
le manuscrit thuanéen (celui qui provenait de Pithou), où se
trouve également contenue la version hiéronymienne de l'É-
thicus istriote; et s'il ne paraît pas connaître l'ancien témoignage de Raban Maur sur l'auteur et le livre, du moins a-t-il
remarqué ceux de Roger Bacon et de Lilio Gyraldi : «C'est,
dit-il, un ouvrage fabuleux, absurde, et indigne que saint Jé-

---

pseudepigraphis, et supposititiis conjecturæ,
Strasbourg 1681, in-12; pp. 192-193 :
« De Æthico quædam subjungam forte
« aliis non observata. Omnium fere mani-
« bus teritur Æthici Cosmographia ex re-
« censione Simleri : auctorem huic cogno-
« minem sed plane alium in ms. Biblio-
« thecæ Bodleianæ inveni et quidem vulgato
« longe antiquiorem. Simlerianus quidem
« post Constantini M. tempora vixisse cre-
« ditur, quem monstrosorum vocabulorum
« authorem vocat Ortelius...... Alter vero
« Æthicus, quo Oxonii usus sum, una
« cum Solino in optima membrana scriptus
« erat, et quidem sub domno Theodosio,
« ut clausula ms. indicabat..... Innumeras

« in hoc opere fabulas deprehendi, et mons-
« trosas voces vix ipsi Apollini explicandas;
« sed quædam exinde tamen cum fructu
« decerpsi. Interpolatum a monacho opus
« statim suboluit. »

[1] Richius, in *Vindingii epistola*, ubi supra, p. 194 : « Memini etiam me vidisse
« codicem Æthici ms. in bibliotheca Vos-
« siana a publicato diversum... Istri autem
« enumerantur a Vossio tres, et forte ali-
« quis istorum Cosmographiam scripsit
« græce, quam B. Hieronymus latine ver-
« tit, quamque inepti monachi, sicut scribis,
« interpolarunt, adscripseruntque Æthico,
« quoniam is et Ister natione erat, et si-
« mile argumentum tractaverat. »

rôme se donnât la peine de le traduire, si jamais cela lui est arrivé [1] ».

Martin Opitz avait déjà, vingt ans encore auparavant, dans divers passages rapportés parmi les *testimonia* des éditions gronoviennes, fait connaître qu'il possédait, comme de Thou et comme Pierre Daniel, un ancien manuscrit de la version hiéronymienne d'Éthicus Ister, si explicitement signalée par Raban Maur, dont le témoignage concourt avec celui du translateur lui-même, qui se dit le disciple de Donatus, pour faire reconnaître en lui saint Jérôme. Il y a plus, dans un passage négligé par les Gronov, mais qui n'avait point échappé à Vossius, Opitz signale deux citations faites par Isidore de Séville, qui désignent formellement l'Éthicus istriote sous la simple dénomination nationale de Hister, défigurée en *Historia* par l'ineptie des copistes [2].

[1] W. Burton, *A commentary on Antoninus his Itinerary..... so far as it concerneth Britain*, Londres 1658, in-fol.; p. 5 : « For Æthicus, he is called by some So- « phista ex Istria oriundus; by our most « admired Roger Bacon he is stiled astro- « nomus. But you must take notice that « they have two distinct cosmographical « works which bear the name of Æthicus : « this vulgar one, which hath often been « printed, and another never yet publish- « ed, joyned to the other Æthicus in « Thuanus's mss. (ce qui est exact des « deux mss. aujourd'hui royaux, 4808 et « 4871); but I have seen it in the Bodleyan « library, in the same volume with an an- « cient Solinus in parchments..... And yet « Æthicus Ister philosophus is often unged « in this very book, which is the same, I « dare boldly say, which Bacon and others « mention, and it is cited by Lilius Gyral- « dus.... A book indeed containing many « things fabulous and foolish, and unwor- « thy S. Jerome pains in the translating, if « he ever did it. »

Le rapprochement des textes de Burton et de Vinding montre jusqu'à l'évidence que le premier a mis le second sur la voie du ms. bodleyen, fort aisément *découvert*, comme on voit, par celui-ci. Ce n'est donc pas d'aujourd'hui que datent les *découvertes* de manuscrits connus des bibliothèques publiques : ce serait une grande page dans l'histoire du charlatanisme littéraire, que celle des découvertes de cette espèce : ridicule et fastidieuse histoire, pour la majeure part, de l'ingratitude des *découvreurs* envers les bibliothécaires qui leur ont mis dans les mains, à bon escient, ces trésors qui n'étaient perdus ou enfouis qu'à la place où les indiquait le catalogue.

[2] Mart. Opitius, *Incerti poetæ teutonici*

Saumaise, dont l'érudition, devenue proverbiale, a rempli deux volumes in-folio de commentaires sur le petit traité géographique de Solin, Saumaise ne pouvait ignorer ou négliger cet Éthicus inédit que d'autres avaient connu et signalé; aussi le mentionne-t-il à diverses reprises dans ses fameuses *Exercitationes Plinianæ*, lui empruntant parfois quelques passages; et toujours il le désigne par son titre de sophiste ou de philosophe istrien, sans oublier d'ajouter à son nom celui de son traducteur Jérôme; ou bien c'est ce prêtre Jérôme qu'il cite directement comme compilateur d'Éthicus ou du vieil auteur auquel on attribue ce nom[1].

George Horn, si érudit et si fécond, a transcrit, dans ses Origines américaines, un passage de l'ancien cosmographe Éthicus encore inédit, qu'il avait trouvé dans la bibliothèque du célèbre Boxhorn son ami[2].

rhythmus de S. Annone, coloniensi archiepiscopo, Dantzig 1639, petit in-8°; p. 26 : « Hister sive Ister Æthici cognomento, « scriptor antiquissimus, cujus edicta cos- « mographica e græco ab Hieronymo sal- « tuatim versa, in Thuanea bibliotheca « Lutetiæ, penes me quoque extant, littera « sane antiquissima », etc. — Voir aussi pp. 24, 27, 28 et 40. — Idem, *Epistola data Gedani pridie cal. oct. a. 1637*, apud Gronovium (*Mela, Julius Honorius, Æthicus, Ravennas*), Leyde 1722, in-8°; p. 689 : « Penes te extare Æthicum video, aut po- « tius interpretem ejus Hieronymum pres- « byterum..... Quid si is est cujus initium « ex P. Danielis codice adducit Simlerus, « scito compar et inter meas membranas « exemplar extare, vetustissimum sane il- « lud, sed a manu tam inerudita, ut vix « ullis interdum conjecturis locus sit. »

[1] Claudii Salmasii *Plinianæ Exerci-* tationes in Caii Julii Solini Polyhistora, Utrecht 1689, in-fol.; p. 486 *a* F : « Æthi- « cus philosophus istricus ab Hieronymo « in latinum translatus. » — P. 541 *b* A : « Nam Æthicus alius est, histricus sophista « quem de græco translatum ab Hiero- « nymo et nondum editum vetus idem « liber habet ex bibliotheca Thuanæa. » — P. 580, *a b* : « Hac voce usus est vetus « auctor qui Æthicum Histriæ sophistam « Græcum compilavit; membranæ Hiero- « nymum presbyterum inscribunt. » — P. 626 *b* C : « Æthicus sophista. » — P. 818 *b* F : « Vetus auctor sub Æthici « sophistæ nomine ab Hieronymo translati, « Thapsum quoque insulam facit, sed « Siciliæ vicinam. »

[2] G. Hornii *de Originibus americanis*, p. 199 : « Ethicus cosmographus antiquus « nondum editus, cujus antiquissimum « codicem in membranis scriptum biblio-

Le savant Guillaume Camden connaissait pareillement Éthicus l'ancien, lequel avait mentionné des îles *Beteoricæ*, identifiées avec les Hébrides par le célèbre auteur de *Britannia* [1].

Le fameux et infortuné Walter Ralegh, qui a accumulé tant de citations de toute espèce dans son *History of the world*, a aussi emprunté quelques mots à l'Éthicus traduit du grec en latin par saint Jérôme, et il lui suppose une antiquité fort reculée [2] ; nous avons cependant quelque soupçon que, malgré une désignation si formelle de la version hiéronymienne, Ralegh n'a peut-être consulté que l'Éthicus vulgaire [3].

Abraham Ortel a porté, sur la liste des auteurs mis à contribution pour son *Thesaurus geographicus*, un Éthicus, *monstrosorum vocaminum auctor*, que Vinding suppose avec raison être le même que l'Éthicus publié par Simler ; mais il est certain que le savant géographe anversois a également bien connu

« theca cl. Boxhornii amici nostri summi
« communicavit, de Turcis, etc. »

[1] Guilielmus Camden, *Britannia, sive florentissimorum regnorum Angliæ, Scotiæ, Hiberniæ et insularum adjacentium ex intima antiquitate chorographica descriptio,* Londres 1586, in-8° ; p. 543 (ou p. 847 de l'édition in-f° de 1607) : « Quas Scoti « *Western iles*, id est occiduæ insulæ, supe- « riores scriptores *Hébrides*, sed Ethicus « antiquus *Beteoricas* et Giraldus alibi *In-* « *chades* et *Leucades*, Plinius, Solinus et « Ptolemæus *Ebudas* et Ἔϐουδας appellant. »

[2] Walter Ralegh, knight, *The Historie of the world in five bookes*, Londres 1652 ; in-fol. ; I⁰ book, chap. III, § 10, p. 45 : « And of the region of Eden that ancient « *Æthicus* maketh mention (not that latter « *Æthicus*, disciple of *Gallinicus* otherwise « by Plutarch and Athenæus called *Istri*, « who liveth in Egypt in the reigne of « Philadelphus, but another of a farre « higher and remote time) the same being « made latine out of the greeke by saint « *Hierome*. And though by corruption of « the ancient copie it be written in Æthicus, « Adonis for Edenis ; yet Adonis being a « river of Phœnicia, cannot be understood « to be the region named by Æthicus ; for « Æthicus maketh it a countrie and not a « river, etc. »

[3] En comparant avec l'Éthicus vulgaire le passage de Ralegh que nous avons transcrit dans la note précédente, il semble difficile de méconnaître qu'il fait allusion à l'*Adonis* inscrit dans la Cosmographie imprimée parmi les *Occani orientalis famosæ provinciæ*. S'il en était ainsi, au lieu de placer Ralegh dans notre deuxième catégorie, il faudrait le rejeter dans la quatrième.

et mis à contribution le livre d'Éthicus l'Istriote, puisque, en inscrivant d'après lui, dans son Dictionnaire, les îles *Betoricæ, Bridinnas, Gadaronitæ, Meoparotæ, Munitia* et *Rifargica*, les monts *Birrichei*, la *Murinorum terra*, il a soin de dire que ces noms lui sont fournis par le manuscrit du sophiste Éthicus, autre que celui qu'a publié Simler [1].

Un siècle auparavant, le fameux Pic de la Mirandole avait aussi connu et stygmatisé ce livre, en ses *Disputationes in astrologiam*, où il reproche à Roger Bacon d'avoir fait un trop fréquent et trop confiant usage de cette Cosmographie du philosophe Éthicus, qu'on dit traduite par saint Jérôme, livre ridicule s'il en fut [2].

§ VI.

Jusqu'ici nous avons montré la critique et l'érudition modernes s'exerçant avec plus ou moins de justesse sur la personne et l'ouvrage d'Éthicus l'Istriote; nous allons maintenant placer, au-dessus des catégories successives que nous

[1] Abrahami Ortelii antverpiensis *Thesaurus geographicus recognitus et auctus*, Hanau 1611, in-4°. — « *Betoricæ*, de quo « sic Æthicus sophista : *Apud Orcades in-*« *sulas et Betoricas orichalcum plurimum* « *inveni.* — *Bridinnas* insulas septentrio-« nalis maris habet Æthicus sophista. » — *Gadaronitæ* sunt insulæ septentriona-« lis oceani ut habetur apud Æthicum « sophistam, nondum editum. — *Meo-*« *parotæ, Ecbizæ, Orcades*, insulæ maris « septentrionalis apud Æthicum sophis-« tam. — *Munitia* insula maris septen-« trionalis, ubi homines cynocephali, ut « scribit Æthicus sophista, alius ab eo « quem Simlerus edidit. — *Rifargica* « insula ultima in oceano septentrio-« nali...... ut refert Æthicus sophista ms.,

« alius ab illo quem Simlerus edidit. — *Birrichei* montes et *Taraconta* insula, « in qua et *Taraconta* urbs, prope Euxi-« num mare videntur habere locum, nisi « fallat Æthicus sophista. — *Murinorum* « *terra, quam ille Tetraginam nuncupavit :* « sic Æthicus sophista, alius ab eo quem « Simlerus in lucem dedit. »

[2] Joannis Pici Mirandulæ Concordiæque comitis *Opera quæ extant omnia*, Bâle 1601, in-f°. p. 284 : « Sic magnam quo-« que ille (Rogerius Bacon) fidem præbet « Ethico philosopho, cujus liber de Cos-« mographia translatus dicitur ab Hiero-« nymo. Est autem lectio adeo deridicula « ut nulla magis; sed frequenter citata a « Rogerio nostro in Epistola ad Clemen-« tem. »

venons de parcourir, un premier groupe où nous réunirons les écrivains, généralement plus anciens, qui ont fait, au livre d'Éthicus traduit par saint Jérôme, des emprunts allégués comme autorité, et dont la citation atteste à la fois l'antériorité de l'ouvrage, et l'estime dont il jouissait.

Le plus récent d'eux tous est Lilio Gyraldi de Ferrare, qui, dans son petit traité *De re nautica* publié à Bâle en 1540, rapporte de nombreux passages du chapitre qu'Éthicus a consacré au même sujet; il a toujours soin de rappeler la source où il a puisé, et il explique en plusieurs endroits qu'il s'agit de la traduction latine faite par Jérôme sur le texte grec d'Éthicus Ister [1].

Son contemporain Marino Barlezio de Scodra, qui avait publié à Rome, dès 1506, une histoire détaillée du fameux Skander-beg, met dans la bouche de son héros un portrait des Turks, emprunté presque mot pour mot à Éthicus, dont il n'avait point, dans de telles circonstances, à rappeler le nom [2].

En remontant à trois siècles de distance, nous retrouvons, dans l'*Opus majus* de Roger Bacon, ainsi que le lui reprochait Pic de la Mirandole, de fréquentes citations de l'astronome Éthicus et de son traducteur saint Jérôme [3].

---

[1] Lilii Gregorii Gyraldi Ferrariensis, *De re nautica libellus*, Bâle 1540, petit in-8°; p. 1 : « Ethicus tamen Hister, qui in latinum ser- « monem ab Hieronymo conversus credi- « tur... » — P. 225 : « Sunt verba Hieronymi « in translatione Ethici Histri. » — P. 235 : « Liburnæ, ut Ethicus Hister (cujus antiqui- « tatis historias ab Hieronymo ex græco con- « versas in hoc libello sæpe citavimus) scribit, « naves sunt negociatorum. » (Voir encore pp. 7, 55, 208, 209, 211, 212, 226, 231, 233, 241, 271, 277.) — On voit, d'après ces citations nombreuses d'Éthicus par Lilio Gyraldi, combien est peu fondée l'assertion de M. Libri, dans le Catalogue général des mss. des bibliothèques des départements (t. I, p. 435), que Gyraldus ne connaissait lui-même cette compilation que par ouï-dire.

[2] Marinus Barletius, *De vita, moribus ac rebus præcipue adversus Turcas gestis, Georgii Castrioti clarissimi Epirotarum principis*, Strasbourg 1537, in-f°; p. 48 : « Turcæ sunt « isti servi, ex Scythis fugitivis qui, ut fertur, « sedes patrias ultra Riphæos montes et Ta- « racontas insulas, etiam aquilonis ubera ad « septentrionalem occanum habuere, etc. » — Comp. ms. 4871, fol. 126, col. 1.

[3] Fratris Rogerii Bacon, ordinis mino-

Un poëte anglo-normand de la même époque, Thomas de Kent, auteur d'un roman en vers, encore inédit, de *La Geste de Alisandre*, allègue parmi les autorités auxquelles il a emprunté ses récits *Jérome sur Ethike*, et les citations qu'il en fait se rapportent effectivement à la version hiéronymienne d'Éthicus [1].

rum, *Opus majus ad Clementem IV, nunc primum edidit S. Jebb*, Londres 1733, in-f°; p. 168 : « Posuerunt Dominum Je- « sum Christum esse Deum et hominem, « ut Ethicus astronomus manifeste dicit in « Cosmographia, et Alchimus similiter. » — P. 190 : « Et in Cosmographia sua « Ethicus astronomus dicit gentes varias « debere exire circa dies Antichristi, et « eum vocabunt Deum deorum, prius « mundi regiones vastaturi. Et Hierony- « mus hoc confirmat in libro quem trans- « tulit de sapientiis hujus philosophi. Et « Alexander Magnus cum eis pugnavit, sed « superare non potuit, sicut iste Ethicus « testatur et refert Hieronymus, et ideo « ingemuit, et ait : « Gentes rationabiles, « etc..... ut scribit Hieronymus. » — *Infra :* « Quando enim non potuit vincere has « gentes, tunc, ut scribit Ethicus et con- « firmat Hieronymus, Alexander immo- « lavit hostias Deo. » — P. 225 : « Hic in- « cipiunt regiones aquilonares, de quibus « philosophi meridiani parum sciverunt, « secundum quod Ethicus astronomus « refert in suo libro; sed hic perambulavit « omnes has regiones, et mare oceanum « septentrionale cum insulis suis naviga- « vit. » — P. 228 : « In his locis solebant « antiquitus esse Amazones secundum Pli- « nium et Ethicum astronomum. Amazones « enim, ut refert Ethicus, fuerunt mu- « lieres ducentes exercitum magnum. » —

P. 229 : « Et, ut dicit Ethicus, stetit « (Alexander) per annum unum et menses « tres ut defenderet se ab iis (gentibus aqui- « lonaribus.) » — P. 230 : « Alexander multa « bella gessit cum iis, ut refert Ethicus. » — *Infra :* « Atque sicut Æthicus scribit, « Alexander inclusit xxii regna de stirpe « Gog et Magog, exitura in diebus Anti- « christi, qui mundum primo vastabunt, « et deinde obviabunt Antichristo et voca- « bunt eum Deum deorum, sicut et beatus « Hieronymus confirmat. » — P. 235 : « Est « Attica pars Arcadiæ secundum Ethicum « philosophum. » — *Infra :* « Nam, ut Ethi- « cus ait, tota Græcia conspiravit in nomen « Sicyoniæ. » — *Infra :* « Apud solum Ethi- « cum philosophum manifeste potest inve- « niri ratio vocabuli ».

[1] Thomas de Kent, *La Geste de Alisandre,* ms. français de la Bibliothèque nationale, fonds Lavallière n° 45, in-f° sur vélin, orné de nombreuses miniatures.

Fol. 50, col. 2 :

> Si nus de çoé que dis, seignors, ne me créez,
> Jérome sur Ethike et Solin reversez,
> E Troge Pompeie. Çoé que di i troverez.

Fol. 66, col. 1 :

> Entre Hircaène [mer] e la Caspiène gué
> Sont li mont d'Arménie où gist arche Noé.
> Içoe dist seint Jérome e Ethic' l'alosé,
> Ke pur le mont cercher out son tens usé,
> Ke un an e cink mois ont illoec conversé
> Pur esgarder l'ouvraige i fut tant aresté,
> Mais sur le mont monter ne fut onc osé.

Nous devons au zèle amical de M. Wright la découverte, au musée Britannique, d'un manuscrit du xiie siècle, faisant partie de la bibliothèque Cottonienne, dans lequel se trouve une pièce intitulée *De viris illustribus quo tempore scripserunt*, commençant par deux articles dont le premier est consacré à la Chronique de saint Jérôme, et le second à la Cosmographie du philosophe Éthicus traduite par Jérôme[1].

C'est probablement de ce dernier livre qu'il est question dans le testament du comte Éverard, beau-frère de Charles le Chauve, daté de l'année 837, et par lequel le testateur lègue expressément à Unroch, son fils aîné, entre autres ouvrages, la Cosmographie d'Éthicus le philosophe[2].

Thomas de Kent, fol. 66, col. 2 :

> Sachez de contruveure n'ai riein ajosté.
> Si joe i ai mis qui soit superfluité,
> L'amende donc qui siet ou del tut seit osté
> Quant Solin e Troge auerez tut reversé,
> E Ysidre ke fut de langage estoré
> Jéromme e Ethike.....

Ce roman est connu par l'analyse qu'en a donnée Legrand d'Aussy dans les Notices et extraits des manuscrits (tome V, in-4°, Paris, an vii, pp. 121 à 130), et par les articles consacrés à Thomas de Kent, d'abord par l'abbé de la Rue, dans ses Essais historiques sur les Bardes, les Jongleurs et les Trouvères normands et anglo-normands (3 vol. in-8°, Caen 1834; t. II, pp. 352 à 354), puis par Amaury Duval, dans l'Histoire littéraire de la France (tome XIX, in-4° Paris, 1837; pp. 673 à 681). Amaury Duval croit la composition du livre voisine du commencement du xiiie siècle; mais l'abbé de la Rue a fait connaître que Thomas de Kent vivait encore en l'année 1309, qu'il fut mandé à l'échiquier d'Angleterre comme exécuteur du testament de Jean de Cantorbery. Nous ajouterons qu'il n'écrivit son roman que postérieurement à l'Histoire des générations d'Alexandre de Samuel ben-Jehuda Aben Tibbon, célèbre juif grenadin qui florissait vers le milieu du xiiie siècle, car il le cite expressément parmi ses autorités, fol. 50, col. 2 :

> Tibon, Magasténès e altres auctors assez.

Legrand d'Aussy a méconnu cette citation en lisant, contre la foi du manuscrit, *li bon Magustenes*; et personne encore n'avait relevé cette erreur. Ces considérations nous paraissent devoir faire rapporter la composition de *La Geste de Alisandre*, de Thomas de Kent, à la seconde moitié du xiiie siècle.

[1] Ms. Cotton. Faustina A VIII, fol. 101, r.

[2] Aubert le Mire, *Codex donationum piarum, in quo testamenta, libelli, etc.*, Bruxelles 1624, in-4°; p. 98 : « De libris « etiam capellæ nostræ divisionem inter eos « facere volumus. Inprimis volumus ut « Unroch habeat.... et Synonyma Isidori... « et Cosmographiam Ethici philosophi. »

Vers le même temps, Raban Maur insérait, en son tableau *De inventione linguarum ab Hebræa usque ad Theodiscam, et notis antiquis,* l'alphabet qui termine l'ouvrage d'Éthicus, en énonçant en termes exprès que ce sont là les caractères du philosophe Éthicus, cosmographe scythe, de noble lignée, tels que les avait transmis avec ses propres explications le vénérable prêtre Jérôme, grand admirateur de la science et de l'habileté de son auteur[1].

Enfin, en remontant à la première moitié du VIIe siècle, nous trouverons Isidore de Séville à la tête de tous ces compilateurs de l'Éthicus istriote. Les emprunts qu'il lui fait sans les accuser sont assez nombreux, et pris de la version hiéronymienne. En deux endroits cependant, ainsi que l'a démontré Opitz et rappelé Vossius, une citation expresse du cosmographe istriote se cache sous le mot *Historia* ou *Istoria,* que d'ignorants copistes ont transcrit au lieu d'Ister; on lit en effet au livre XIV, chapitre VI des Origines, puis au livre XIX, chapitre I du même ouvrage, deux passages renfermant cette locution un peu étrange *Historia dicit, Historia... inquit,* qui devient très-naturelle, si on lit *Ister dicit, Ister..... inquit;* correction justifiée par le livre même d'Éthicus Ister, où se trouvent deux passages corrélatifs à ceux qu'Isidore a indiqués[2].

---

[1] Hrabani Mauri *Opera quotquot reperiri potuerunt,* édition de Colvener, Cologne 1626, in-f°; t. VI, p. 333 : « Litteras « etiam Æthici philosophi cosmographi, « natione scythica, nobili prosapia, inveni- « mus, quos venerabilis Hieronymus pre- « sbyter ad nos usque cum suis dictis expla- « nando perduxit, quia magnifice ipsius « scientiam atque industriam duxit; ideo « et ejus litteras maluit promulgare. In « istis adhuc litteris fallimur, et in aliqui- « bus vitium agemus, vos emendate ».(Suit l'alphabet d'Éthicus).— Le même passage est donné par Goldast, *Rerum alamannicarum scriptores,* Francfort 1661, in-f°; t. II, pp. 66, 67.

[2] Isidori Hispalensis episcopi *Originum sive Etymologiarum libri XX,* apud *Auctores latinæ linguæ,* édition de Denis Godefroy, Genève 1602, in-4°, pp. 1173 et 1286. — Opitz, *ubi supra,* pp. 26, 27, 28 : « Ut tamen vetustatem scripti hactenus

ARTICLE III.

DU TRANSLATEUR DE LA COSMOGRAPHIE PHYSIQUE D'ÉTHICUS ISTER.

S I.

Ainsi l'on vient de voir comment le livre d'Éthicus l'Istriote, confondu en ces derniers temps avec celui de l'Éthicus vulgaire par MM. Baudet, Huschke, Frandsen, Bœcking, Bæhr, Bernhardy, Ukert, Schœll, Gråberg, Sprengel, Adelung, Jœcher, Schœpflin, Targioni-Tozzetti, Scheidt, Gourné, Berretta, Baudrand, Briet, Adrien de Valois, Riccioli, Jacques Godefroi, Barth, et Savaron, a cependant une individualité bien distincte, soupçonnée par M. Walckenaer, reconnue par

« tantum non incogniti magis probemus, « reddendum est auctori, mea opera, bis « suum nomen apud Isidorum. Libro XIV « Originum, cap. v, ita vulgo legitur : « *Historia dicit ex Jasone natum fuisse Phi* « *lomelum et Plutum* »; ubi *Hister dicit* « emendandum esse verba et res in Æthico « ab his non diversa satis ostendunt. In « iisdem Originibus, lib. XIX, cap. x, sic « vulgatæ editiones : « *De qualibus Historia :* « *gens, inquit, Saxonum, mioparibus non* « *viribus utuntur, fugæ potius quam bello* « *parati* ». At Hister Hieronymi (quod no« men et hic, loco vocabuli *Historiæ* reci« piendum est) ita : « *Et Saxonum genus* « *inopinatissimum, a meoparotis ingenio valdè* « *peritissimum.* » Sed et eodem capite de « Lydiis aliisque navibus pleraque omnia « ex hoc fonte hausta sunt ». — Comparez ce que nous disons d'Égésippe, ci-après, art. 4, §. 6. — Vossius, *ubi supra*, p. 692.

On peut rapprocher encore, entre autres passages, les suivants : Isidore, *ubi supra*, p. 1285 : « Lydii autem primum navim « fabricaverunt. » — Ethicus, fol. 130, col. 3 : « Navium inventores primum Lydia « protulit : Pirronius magnus antiquissimo « tempore ratem in Lydia fabricavit. » — Isidore, *ibidem* : « Liburnæ dictæ à Libyis : « naves enim sunt negociatorum. » — Ethicus, fol. 117, col. 4 : « Liburnæ negocia« torum naves, aptæ, veloces..... nonnullæ « enim in Libya inveniuntur, ubi repertæ « fuerunt. » — Isidore, *ibidem* : « Rostratæ « naves dictæ ab eo quod in fronte rostra « ærea habeant propter scopulos, ne fe« riantur et collidantur. » — Ethicus, folio 118, col. 1 : « In fronte rostra ærea « habent propter scopulos, ne forte, cum « tantam vim discurrentium vel properan« tium habeant, aut feriantur aut colli« dantur. » — Isidore, p. 1286 : « Carina « a currendo dicta quasi currina. » — Ethicus, fol. 118, col. 3 : « Unde carina « quasi currina, credimus, nuncupata. »

Ritschl, Favre, Meusel, Sax, Scheyb, Pinelo, Gronov, Fabricius, Gérard-Jean Vossius, et surtout Simler ; déjà montrée incontestable en pleine connaissance de cause par du Cange, Vinding, Rycke, Burton, Opitz, Saumaise, Horn, Ralegh, Ortel et Pic de la Mirandole ; et antérieurement attestée dans le cours de plusieurs siècles par des citations textuelles dans Lilio Gyraldi, Roger Bacon, Thomas de Kent, Raban Maur, et Isidore de Séville.

Mais, on l'a aussi remarqué, l'ouvrage de cet Éthicus istriote n'a été connu des écrivains que nous venons de passer en revue, qu'à travers une version latine qui porte le nom du prêtre Jérôme : ce prêtre Jérôme, dont nous possédons le livre, est donc antérieur lui-même à tous ces écrivains, et doit être placé en tête de leur liste.

Or quel est-il ce prêtre Jérôme qu'Isidore de Séville, vers 625, copie sans le nommer, et que Raban Maur, vers 840, désigne d'une manière expresse.

§ II.

Le grand saint Jérôme ne s'intitulait point autrement que *Hieronymus presbyter* ; et quand Raban Maur appelle le traducteur d'Éthicus *venerabilis Hieronymus presbyter*, quand Roger Bacon, imité par Vossius et par Rycke, le nomme *beatus Hieronymus* ; quand Thomas de Kent, Walter Ralegh et Burton l'appellent à leur tour *saint Jerôme*, on ne peut guère douter que ce ne soit précisément l'illustre Stridonien qui, à tort ou à raison, se trouve nominativement désigné dans le titre de la version que nous possédons du cosmographe istriote, ainsi que l'ont formellement reconnu la plupart des écrivains qui ont fait usage de ce livre, soit qu'ils y ajoutassent une foi explicite comme Raban Maur, et Thomas de Kent, et Bacon, et

Rycke, et Ralegh, soit qu'ils n'y eussent qu'une foi douteuse comme Saumaise, Opitz, ou Burton, soit même qu'ils traitassent le livre d'apocryphe, comme Pic de la Mirandole, Simler, Vossius, et du Cange[1].

Et en effet, à part la question d'authenticité, est-il possible de méconnaître saint Jérôme dans ce prêtre helléniste qui entremêle, à son analyse critique de l'ouvrage d'Éthicus, des allusions aussi claires que les suivantes :

Dans un endroit[2], c'est le maître bien connu de saint Jérôme, le grammairien Ælius Donatus, que le translateur cite ouvertement comme son propre guide dans les difficultés de la langue poétique : « Donatus mihi inter maximos primus « præerat, et Magnus, in euphonicis versibus, quibus me la- « borasse diu profiteor ». Magnus pourrait, à la rigueur, être ici une épithète laudative décernée à Donatus, mais il semble plus convenable de prendre ce mot pour le nom propre de l'orateur romain à qui saint Jérôme a adressé une de ses épîtres[3]. La citation de Donatus n'avait point échappé à la sagacité d'Opitz, celui de tous les critiques qui nous paraît avoir fait l'examen le plus attentif de l'Éthicus hiéronymien[4].

Dans un autre passage[5], le translateur se réfère à ses propres écrits : « Nos itaque in aliquibus epistolis mentionem phi- « losophorum et eorum laborum studiorumque fecimus : Hiar- « cham [adduximus] subdio cathedram sedentem auream ad

---

[1] Ajoutons à ces noms celui de M. Libri, qui, dans le Catalogue général des manuscrits des bibliothèques des départements (t. I, p. 435), traite l'ouvrage de « compilation apocryphe. »

[2] Manuscrit 4871, fol. 123, col. 3.

[3] Sancti-Eusebii Hieronymi stridonensis presbyteri *Opera*, édition des Bénédictins de Saint-Maur, Paris 1706, in-fol : *Epistola 83, ad Magnum, oratorem urbis Romæ* (scripta anno 400), t. IV, 2ᵉ partie, p. 654.

[4] Opitii *epistola* apud *Gronovium*, p. 689 : « Donati se discipulum facit. »

[5] Manuscrit 4871, fol. 116, col. 1.

« meridiem maris Oceani, disputantem cum discipulis suis de
« massa solis, astrorum siderumque differentia »; allusion directe à cette épître de saint Jérôme, écrite en 396 du monastère de Bethléhem à saint Paulin[1], et dans laquelle, citant les
voyages de Pythagore et ceux d'Apollonius de Tyane, il
montre ce dernier allant chez les brahmes de l'Inde pour y
entendre Hiarchas, sur son trône d'or, dissertant avec ses dis-
ciples de la nature et des mouvements des astres, et de la suc-
cession des jours.

§ III.

Différentes citations d'auteurs plus ou moins connus sont
en outre introduites par le translateur d'Éthicus dans le texte
qui lui appartient en propre; et aucune ne paraît démentir
l'origine hiéronymienne de la translation, énoncée en tête de
nos manuscrits.

Indépendamment de celles que nous avons tout à l'heure
rappelées, les citations que notre recension nous a encore
donné lieu de remarquer désignent successivement Alcime[2],
Lucain[3], saint Augustin[4], Eunome et Priscillien, Arculius,
Amphinien, Hircan et Macédonius[5], Sammon, Montanus et
Leucius[6], enfin Cicéron, Platon et Ébion[7].

Nous n'avons pas besoin de nous arrêter aux noms classiques de Platon, de Cicéron et de Lucain. Les hérésiarques
Ébion, Montanus, Macédonius, Eunome, et Priscillien, sont

---

[1] Hieronymi stridonensis *Opera* : Epistola 50, 2ᵃ *ad Paulinum presbyterum de
studio Scripturarum;* t. IV, 2ᵉ partie, p. 568:
« Apollonius... pervenit ad Brachmanas
» ut Hiarcham in throno sedentem aureo, et
« de Tantali fonte potantem, inter paucos
« discipulos, de natura, de motibus side-

« rum, ac dierum cursu audiret docentem. »
[2] Ms. 4871, fol. 114, col. 4, et 115, col. 1.
[3] *Ibid.* fol. 116, col. 4.
[4] *Ibid.* fol 119, col. 2.
[5] *Ibid.* fol. 119 col 3.
[6] *Ibid.* fol. 122, col. 4.
[7] *Ibid.* fol. 123, col. 1.

aussi trop connus pour qu'il puisse y avoir équivoque à leur
égard; les trois derniers, il est vrai, furent contemporains de
saint Jérôme; mais leurs erreurs avaient été anathématisées
et proscrites, pour l'un en 362, pour les deux autres en 380;
et dans un écrit dont la date est, comme nous avons vu plus
haut, postérieure à 396, ceux-ci peuvent très-convenablement
être allégués comme un exemple frappant de la chute mo-
rale qui menace les esprits les plus éminents : « Ne qui veri-
« tatis discipuli esse cœperunt ad docendum » est-il dit, « ma-
« gistri erroris existant ad seducendum; ut dum valde alta
« mundi quæsierint, de summo ad ima corruant, ut Eunomus
« et Priscillianus ». Ce ne sont point là des paroles que l'on
ait à trouver indignes de saint Jérôme.

Il en est de même de la citation qu'il fait de saint Augustin :
« Nisi tanta inquisitio philosophorum in diverso dogmate pullu-
« lasset, nequaquam hæresis mundi crevisset, ut ait Augustinus. »

Les trois autres personnages auxquels s'appliquent les noms
d'Alcime, de Leucius, et de Sammon, sont moins bien déter-
minés; mais on peut croire avec quelque fondement que le
premier, désigné comme une autorité magistrale, est le professeur bordelais Latinus Alethius Alcimus, célébré par Au-
sone, par Sidonius Apollinaris, et par saint Jérôme lui-même,
en sa Chronique, sous l'année 356[1].

Le second, dans les écrits duquel, dit le translateur d'E-
thicus, « multa incredibilia et obscura inveni », paraît être ce

---

[1] Manuscrit 4871, fol. 115, col. 1 : « Hæc
« omnia Ethicus in Cosmographia et Alchi-
« mus pulchre dixerunt, quæ ego in meis
« codicibus stilo firma tenacitate peraravi;
« et omnia quæ in eorum libris inveni, uti-
« litatis causâ retinere in meo labore posui. »
— D. Magni Ausonii burdigalensis *Opera*,
Amsterdam 1629, in-16; commemoratio
professorum Burdig. II, p. 45. — C. Sollii Apollinaris Sidonii *Epistolæ*, lib. V, ep.
x, pp. 344, 346; lib. VIII, ep. xi, pp. 525,
530. — Joseph Scaliger, *Thesaurus temporum*, Leyde 1606, in-fol. : *Eusebii chronicon interprete Hieronymo*, p. 184.

Leucius Charinus signalé par Évode d'Uzala, Innocent Ier, et Photius, comme l'auteur de divers traités apocryphes publiés sous les noms des apôtres saint Pierre, saint Jean, saint Jacques le Mineur, et autres [1].

Enfin, quant à Sammon, qui est compris dans le même jugement que Leucius, nous avouons notre embarras à fixer son individualité historique, à moins que la leçon *Sammonem* de nos manuscrits ne doive être rectifiée en *Sammonicum*, auquel cas nous pourrions reconnaître ici, peut-être, Quintus Serenus Sammonicus, auteur de la fin du IIe siècle, dont Macrobe nous a conservé quelques passages, et qui semble désigné par Sidonius Apollinaris comme un écrivain néologiste et obscur [2].

Arculius, Amphinien et Hircan nous restent tout à fait inconnus.

§ IV.

En face des arguments qui militent pour faire attribuer à saint Jérôme la translation latine d'Éthicus Ister, nous devons placer les objections dont quelques écrivains se sont appuyés pour contester la légitimité d'une telle attribution.

Pic de la Mirandole, qui range le livre d'Éthicus parmi les écrits astrologiques les plus ridicules, n'a pas besoin d'autre

---

[1] Manuscrit 4871, fol. 122, col. 4 : « Equi- « dem in Sammonen et Montanum, Leu- « tiumque, multa incredibilia et obscura « inveni. » — Sancti Aurelii Augustini hipponensis episcopi *Opera,* édition des Bénédictins, Paris 1688, in-fol.; t. VIII, Appendix : *De Fide contra Manichæos liber unus, Evodio tributus;* cap. xxxviii, p. 33 C et D. — *Epistolæ decretales summorum pontificum,* Rome 1591, in-fol.; t. I, part. 2, p. 56 : *Epistola 2 B. Innocentii papæ I, Exuperio episcopo Tolosano,* 20 février 405. —
Photii *Bibliotheca, ex recensione Immanuelis Bekkeri,* Berlin 1824, in-4°; p. 90, col. 114. — Comp. Vossius, *De historicis græcis,* Leyde 1650, in-4°; pp. 202, 517.

[2] Macrobii Ambrosii Aurelii Theodosii *in somnium Scipionis libri II, Saturnaliorum libri VII,* Genève 1607, in-16 : *Sat.* lib. III, cap. ix, p. 443. — C. Sollii Appollinaris Sidonii *Opera,* Carmen xiii, p. 144. — Comp. Vossius, *De historicis latinis,* p. 175; et Fabricius, *Bibliotheca latina,* pp. 540 à 543.

6.

argument pour révoquer en doute la coopération de saint Jérôme. Simler, ou plutôt le docte correspondant[1] qui lui avait signalé le manuscrit de Pierre Daniel, trouve pareillement le livre indigne de saint Jérôme, parce qu'il est barbarement écrit, rempli de fables et de puérilités. Vossius a répété cet arrêt[2]. Enfin, Du Cange regarde à son tour comme apocryphe et stérile un ouvrage où les autruches, les crocodiles et les scorpions prennent place entre les peuples de la terre.

Certes l'objection, car elles se résument toutes en une seule, l'objection, dis-je, est des plus graves; mais on peut se demander comment, puisée dans la nature même ainsi que dans les formes du livre, elle n'a pas frappé tous les écrivains qui en ont fait ou seulement tenté la lecture.

Or il en est tout autrement, car ceux qui paraissent avoir accordé le plus de créance à ce livre sont ceux-là précisément chez lesquels des citations étendues ou fréquentes constatent une connaissance plus intime de l'ouvrage. Ainsi Isidore, Raban Maur, Roger Bacon, Lilio Gyraldi, s'y réfèrent comme à une autorité respectable; Saumaise y puise aussi quelques passages sans se récrier ni sur la barbarie du style ni sur l'absurdité fabuleuse des faits, et s'il ne reconnaît pas ouvertement saint Jérôme pour le translateur, il ne se montre pas non plus disposé à le rejeter comme tel; il se contente de dire: « Vetus auctor qui Æthicum Histriæ sophistam græcum com- « pilavit : membranæ Hieronymum presbyterum inscribunt ». Martin Opitz, en qui se révèle une étude approfondie de l'ouvrage, écrivait en 1637, d'une manière peut-être légèrement dubitative : « Penes te extare Æthicum video, aut potius in- « terpretem ejus Hieronymum presbyterum, nisi aut ipse nos

---

[1] Pierre Pithou sans doute, ainsi que nous l'avons indiqué ci-dessus, art. 2, § 4.

[2] Vossius, *De historicis latinis*, p. 727.

« qui Donati se discipulum facit, aut Hrabani Mauri glossæ
« latino-barbaricæ fallunt, editæ a Goldasto [1]. » Mais deux ans
après, dans une note étendue où il se montre plus imbu encore de son auteur, ce doute même a tout à fait disparu : « De
« Hieronymo si alia desint, dit-il alors, dubitare nos vetat Hra-
« banus Maurus [2]. »

Probablement que ces écrivains ne trouvaient pas inconciliables avec le haut renom de saint Jérôme ces défauts si vivement accusés par Pic de la Mirandole, Simler, Vossius et
Du Cange; ils pouvaient penser que le blâme en appartenait
à d'autres, soit que leur reproche ne s'adressât qu'à Éthicus
lui-même, soit qu'ils ne vissent dans tant de fables et de barbarismes que d'ineptes interpolations monacales sous lesquelles
n'étaient pas entièrement effacées d'utiles informations, comme
le déclarent pour leur propre compte Vinding et Rycke; du
moins celui-ci nous dit-il : « [Ister] Cosmographiam scripsit
« græce, quam beatus Hieronymus latine vertit, quamque
« inepti monachi, sicut scribis, interpolarunt [3]. » L'autre est
plus explicite : « Innumeras in hoc opere fabulas deprehendi,
« et monstrosas voces vix ipsi Apollini explicandas; sed quæ-
« dam exinde tamen cum fructu decerpsi : interpolatum a mo-
« nacho opus statim suboluit [4]. »

§ V.

Il suffit en effet de jeter les yeux sur nos manuscrits pour
reconnaître, dans le travail matériel des copistes, la plus
crasse ignorance de la langue qu'ils transcrivaient, à tel point
que la lecture en est d'une extrême difficulté : de là, dans la

[1] Opitii *Epistola*, apud Gronovium, p.
689.

[2] Idem, *Incerti poetæ teutonici Rhythmus*,
p. 26.

[3] Rychius in *Vindingii epistola*, ubi supra, p. 194.

[4] Vindingii *Epistola ad Deckherrum*,
ubi supra, p. 193.

contexture des mot, et de tout le discours, cette physionomie barbare et monstrueuse qui rebute dès l'abord, mais
qu'une habile restitution du texte ferait peut-être disparaître
en grande partie.

Resteraient encore les fables; mais gardons-nous de les
croire aussi grossières que le donnerait à penser l'échantillon
dont nous a régalés du Cange. Sans nous permettre, même
aujourd'hui, envers la mémoire de l'infatigable compilateur
de gros livres, l'irrévérencieuse légèreté des Gronov ses contemporains, nous lui reprocherons du moins de mutiler ou-
trageusement la phrase qu'il a citée, de manière à lui donner
un vernis d'absurdité qu'elle n'a aucunement dans l'original;
mutilation perfide, en ce que les mots qu'elle épargne sont
produits avec l'autorité d'une citation textuelle. Bien loin pourtant de compter au nombre des nations les autruches, les
scorpions et les crocodiles, comme on le croirait volontiers
sur la foi de Du Cange, Jérôme a simplement voulu nous ap-
prendre qu'Éthicus avait visité la peuplade septentrionale des
Gryphes, dont la stupidité ne le cède en rien à celle des bêtes
sauvages, des autruches, des crocodiles et des scorpions.

La citation de Du Cange se borne à ces mots : « Strutio-
« num vel corcodillorum et scorpionum genera sunt inter alias
« gentes » [1]. Et voici maintenant en son entier le passage de
Jérôme, dont le texte donné par nos manuscrits n'avait heu-
reusement besoin en cet endroit que d'une restitution très-
légère de forme grammaticale et de ponctuation : « Gentes et
« insulas septentrionales hic philosophus aggreditur, Grifas
« [videlicet] gentes, proximam partem Oceani, unde ait ve-
« tusta fama processisse Saxonum sobolem et ad Germaniam
« præliorum feritate proaccessisse : gentes stultissimæ, velut

---

[1] Du Cange, *Glossarium mediæ et infimæ græcitalis*, t. II, *addenda*, p. 109.

« ferarum et struthionum vel crocodilorum et scorpionum ge-
« nera sunt. Inter alias gentes ad Aquilonem juxta Hyperbo-
« reos montes habitant, ubi Tanaïs amnis exoritur[1]. »

On peut admettre, dans tous les cas, que, le livre d'Éthicus fût-il rempli de fables, c'est à l'écrivain original qu'elles
appartiennent, et non au translateur, qui le plus souvent, au
surplus, ne reproduit un récit étrange qu'avec la précaution
oratoire de le déclarer par avance incroyable[2].

En somme, la plupart des auteurs qui ont connu le livre
d'Éthicus Ister, surtout les plus anciens, et ceux qui paraissent
s'en être le plus occupés, ont considéré saint Jérôme comme
le translateur ou le compilateur auquel est due la rédaction
latine que nous possédons en manuscrit; cette rédaction est
d'ailleurs intitulée du nom même de saint Jérôme. Il n'est au
contraire opposé à tous ces motifs de créance que des arguments sans adhibition de preuves concluantes. Il semblerait
donc que nous dussions nous ranger à l'opinion en faveur de
laquelle se réunissent les témoignages les plus nombreux et
les plus plausibles.

La date approximative qu'il y a lieu d'assigner au travail
qui nous occupe se placerait dès lors naturellement entre
l'année 396 où saint Jérôme écrivait à saint Paulin l'épître
rappelée dans la version d'Éthicus, et l'année 420, qui fut celle
de sa mort; en termes généraux, la translation hiéronymienne
paraît se rapporter au commencement du Ve siècle.

§ VI.

Cependant, nous l'avouerons, malgré tant de témoignages

---

[1] Manuscrit 4871, fol. 125, col. 4. « lavit. » — *Ibid.* fol. 130, col. 1 : « Hic
[2] Manuscrit 4871, fol. 122, col. 3 : « In- « multa scripsit quæ incredibilia videntur. »
« credibilia in multis assertionibus titu-

respectables auxquels ne sont opposés que des arguments vagues ou mensongers, malgré l'accord des citations avec la date présumée de la compilation où elles sont disséminées; malgré la transformation qu'une restitution intelligente pourrait faire subir à l'étrange barbarie du texte; malgré tout ce que la critique la plus libérale peut accorder à l'hypothèse des interpolations monacales des temps inférieurs; malgré enfin, il faut le dire, une propension naturelle à accepter de confiance l'énonciation initiale reproduite uniformément dans tous les manuscrits, notre conviction est cependant demeurée en suspens.

Il nous eût fallu opérer nous-même un travail extrêmement pénible d'expurgation pour obtenir un texte lisible, sur lequel il fût possible de porter un jugement au moyen d'une comparaison attentive avec les productions reconnues de la plume latine de saint Jérôme; mais nous avouerons humblement notre insuffisance pour une telle œuvre; le simple dégrossissement que nous avons tenté ne fait que mieux sentir combien est profondément empreinte dans le style cette barbarie de formes qui fait de tout le livre, dans son état actuel, une espèce de galimatias inextricable; en sorte que, après avoir rétabli la texture des mots et la coupe des phrases, on sent le besoin immédiat d'une seconde opération plus hardie, qui vienne corriger des écarts de syntaxe trop systématiquement reproduits pour être attribués aux méprises involontaires d'un scribe ignare; et après cette double opération, on n'a encore qu'un discours péniblement tissu, où l'on peut éprouver quelque répugnance à reconnaître les habitudes de style de saint Jérôme.

C'est une question, en définitive, qui semble ne pouvoir être jugée que sur un texte soigneusement restitué; et en attendant que cette tâche ait été accomplie, nous devons nous borner, à défaut de conviction personnelle, à incliner la tête devant les nombreuses autorités que nous avons alléguées.

ARTICLE IV.

DU COSMOGRAPHE APPELÉ ÉTHICUS ISTER.

§ I.

Après avoir ainsi gardé quelque indécision sur la question du traducteur, nous ne pouvons aborder que sous un point de vue hypothétique celle qui a pour objet l'auteur lui-même; nous raisonnerons donc dans la supposition que la coopération de saint Jérôme est avérée.

On admet généralement que le philosophe istriote a écrit en grec; toutefois l'énonciation ne s'en trouve point dans le titre de son ouvrage, non plus que dans la préface, ni dans l'*explicit;* elle se rencontre pourtant, sous une forme quelque peu équivoque, vers le milieu du livre [1]; et le fait résulte d'ailleurs implicitement de divers passages.

C'est en prose qu'il a écrit, Vossius déclare la chose certaine, et le docte Hollandais ne sait ce qui a passé par l'esprit d'Antonio Possevino, lorsque, dans sa *Bibliotheca selecta,* il a inscrit Éthicus au nombre des poëtes [2]. J'ignore si le savant jésuite a voulu parler de l'Éthicus vulgaire ou de l'istriote;

---

[1] Ms. 4871, fol. 119, col. 1: « Metrico « et prosodico stilo, græcis characteribus « distinxit. »

[2] Vossius, *De historicis latinis,* p. 693 : « Prosa scripsisse certum est : ut nesciam « quid in mentem venerit Antonio Posse- « vino, quando Æthicum hunc, ob libellum « de Cosmographia, inter poetas refert, lib. « XVII *Selectæ bibliothecæ.* » — Antonii Pos- sevini *Bibliotheca selecta,* Rome, 1593, in-fol. lib. XVII, cap. XXI, p. 299 : « Elen- « chus aliquot poetarum qui vel de rebus « sacris vel saltem haud obscœnis scripse- « runt, quive de recto poeseos usu ege- « runt : *Æthici Cosmographia.* »

quant au premier, rien n'est en effet moins poétique que son livre, et l'erreur eût été grossière à son égard ; mais si c'est de l'istriote qu'il s'agit, comme l'entend Vossius, sa critique serait moins fondée, et nous sommes loin de considérer comme aussi certaine qu'il veut bien le croire la qualité exclusive de prosateur qu'il attribue à notre cosmographe ; tout aventurée que soit l'assertion de Possevino, elle se trouve suffisamment justifiée par plus d'un passage où Jérôme déclare que son auteur s'est exprimé « metrico et prosodico stylo..... modulato « inchoatoque carmine gemellis versibus..... metrico more » ; et il est même dans le livre tels et tels endroits où l'on devine encore un langage mesuré et prosodique, à travers le double voile d'une traduction et de la transcription la plus étrangement barbare que l'on puisse imaginer [1].

Nous devons ajouter que, suivant le témoignage de Jérôme, les vers d'Éthicus étaient, soit par le style, soit par les caractères particuliers d'écriture qu'il avait adoptés, d'une merveilleuse obscurité, qui avait mis en défaut la sagacité des interprètes grecs les plus célèbres [2].

---

[1] Nous n'en donnerons pour exemple que le passage suivant, dont nous n'essayerons point la restitution, et que nous diviserons seulement en cinq lignes pour en mieux faire ressortir la coupe naturelle ; il se trouve au ms 4871, fol. 118, col. 2 :

Nauta maris ignotam subinfert prædam
Et eca catastatrus apellica fruentium vibrat
Lamia quadrifida torcume favet subire limpha
Equor camum multorum detulit hamum
Decrescente nauta gement vicina agricola.

[2] Ms. 4871, fol. 117, col. 3 : « Et non « valuerunt aliqua enigmata ejus dissol- « vere. » — *Ibid.* fol. 122, col. 4 : « Ille ex « parte gentilium litteras explanare nimio « enigmate contentus, ex parte græcas syl- « labas elicuit, magis imo ac magis latina « prosodia posuit. » — *Ibid.* fol. 125, col. 1 : « Multa quidem et alia difficilia in enig- « matibus suis scripsit. » — *Ibid.* fol. 132, col. 3 : « Ipsum quoque carmen talibus « characteribus distinxit ut nullus homi- « num legere vel disserere nodos possit. » — *Ibid.* col. 4. « Qua in re, in omni Græ- « cia diversi interpretes qui tunc celebres « varia problemata dissolvebant, artem ip- « sius ac inventionem nec non propositio- « nem enucleare non valuerunt. »

§ II.

Si de l'œuvre nous passons à la personne, nous devons constater d'abord que le nom d'Éthicus offre en soi une physionomie essentiellement grecque; il figure même dans les Paralipomènes homériques de Koïntos de Smyrne[1], ainsi que l'a
remarqué Huet sur son exemplaire des Historiens latins de
Vossius, dans une de ces notes d'écriture si nette et si menue
dont il enrichissait les marges de ses livres. Ce nom a d'ailleurs
une analogie marquée avec ceux de la région Αἰθικία et des
peuples Αἴθικες mentionnés par Étienne de Byzance[2], et qui
étaient compris dans la Thessalie au-dessus de l'Épire.

Cependant l'orthographe Αἴθικος, en latin *Æthicus*, ne cadrerait point avec la singulière annotation qui termine le
livre : « Ab eo enim æthica, philosophia a reliquis sapien
« tibus, originem traxit ». Sans accorder à une pareille absurdité plus d'attention qu'elle n'en mérite, nous devons au moins
faire remarquer qu'elle est fondée sur l'hypothèse d'une analogie orthographique d'après laquelle il faudrait écrire le nom
de notre cosmographe Ἠθικος, et en latin *Ethicus*, sans diphtongue initiale. En cette forme, ce nom est un de ceux que
les scribes du moyen âge appliquaient comme des sobriquets
aux auteurs classiques reproduits par leur plume, ainsi que
l'a remarqué le savant Gaspard de Barth, et que l'ont répété
après lui Nicolas Antonio et Fabricius[3]. C'est Juvénal que les

---

[1] Huet, *in nott. mss.* « De nomine Αἴθικος
« item extat in Quinto Smyrn. l. VI, v. 511 ».
—J. J. Hoffmann, *Lexion universale*, t. 1,
p. 97. — Quinti Calabri *Prætermissorum
ab Homero libri XIV,* édition de Pauw,
Leyde 1734, in-8°; lib. VI, p. 368,
v. 318 :

..........καὶ Αἴθικον, ὅς περὶ πάντων

Παφλαγόνων ἐκέκασ7ο μάχη ἐνὶ τλῆναι ὅμιλον,

et même livre, p. 386, v. 511 :

μετὰ δ' Αἴθικον ᾤχετο διόν.

[2] Stephanus, *De urbibus,* édition de
Gronov, Amsterdam 1678, in-fol.; Αἰθικία, ὡς Κιλικία ..... Αἴθικες, ὡς Κίλικες.

[3] Barthii *Adversariorum commentario-*

7.

copistes désignaient spécialement par le surnom d'*Ethicus*. Certes il ne peut y avoir eu dans leur esprit confusion de personnes entre le cosmographe et le satyrique; mais peut-être une pareille confusion a-t-elle été faite entre les deux noms; chose peu surprenante à une époque où rien n'était plus commun que tous les barbarismes orthographiques imaginables, si bien que le mot *ethica* lui-même est écrit *œthica* par une diphtongue dans le manuscrit auquel nous avons emprunté la billevesée étymologique transcrite ci-dessus.

Quelques-uns, à qui le nom d'Éthicus semblait tout à fait insolite, s'aventurèrent à penser qu'il fallait appeler *Ethicon* le livre même et non l'auteur; mais c'était, comme on vient de voir, s'appuyer sur de fausses prémisses, et Théophile Sigefroi Bayer n'avait guère besoin, pour le démontrer, de descendre jusqu'à la fin du viie siècle, où la Vie de saint Hidou de Trèves et d'autres monuments du temps révèlent l'existence d'un Æthicus, Athicus, Hetico, Hectico, Etico, ou Eticho, gouverneur de l'Alsace et père de sainte Odille [1].

rum lib. VI, cap. 1; *Librariorum veterum mos in affingendo scriptoribus nomina;* p. 260 : « Juvenalis......... ex materia quam « tractat, satyrico sale vitia plerumque « magnatum insectans, *Ethicus* dictus est ». — Comp. Nicolas Antonio, *Bibliotheca Hispana vetus*, édition de Perez Bayer, Madrid, 1788, in-folio; tome I, page 81, col. 2; et Fabricius, *Bibliotheca latina*, p. 451.

[1] Th. Sig. Bayer, *Paradoxa Russica de originibus Prussicis*, dans Lilienthal, *Acta Borussica, ecclesiastica, cvilia, litteraria*, Königsberg et Leipzig 1730-1-2, 3 vol. in-8°; tom. I, 6[e] partie, pp. 888, 889 : « Æthicum sunt qui putant librum (Ἠθικόν « videlicet) dictum fuisse, non auctorem.

« Nempe nomen hominis eos effendit tam- « quam insolitum. At notum fuit in Fran- « cis. Notus est Æthicus, Othiliæ pater, « quam, cum cæca esset nata, S. Hidulfus « baptizavit visumque restituit. Tenebat is « Alsatiæ ducatum Childerici secundi tem- « poribus (Humbertus Belhomme in His- « toria Mediani, p. 16); Chadicus in di- « plomate Childerici (apud eumdem, « p. 13), Athicus in alio diplomate apud « Mabillonium, in Annalibus Benedictinis « (tom. I, fol. 488), Hetico in vita S. Hil- « dulfi ms. Mediani (Humbertus, p. 60), « Hectico in ms. Ultrajectino (*ibid.* pp. 80 « et 195), Etico in aliis vitæ ejus mss., « Athicus in anonymo de vita Otiliæ, apud « Carolum Cointium in Annalibus Franci-

Quoi qu'il en soit de sa forme, le nom d'Éthicus est dénié à notre auteur par Théodore Rycke, dans l'opinion duquel la dénomination d'Ister est seule incontestable; ce sont les interpolations monacales qui auraient introduit ici le nom d'Éthicus, parce que Éthicus était pareillement Istriote et avait aussi composé une cosmographie. Si nous comprenons bien la pensée de Rycke, il accuse les scribes d'avoir confondu le cosmographe istriote traduit par saint Jérôme avec l'Éthicus vulgaire, istriote et cosmographe lui-même. Or il y a là, de la part du critique, une pétition de principes évidente; car nulle autorité quelconque ne nous a révélé la qualité d'Istriote en la personne de l'Éthicus vulgaire, et celui-ci n'a été considéré comme tel que par une confusion inverse de celle que Rycke s'aventure à mettre sur le compte des interpolateurs. Au lieu de deux Istriotes dont l'un s'appelait Éthicus, il y a, en réalité, dans l'intitulé des manuscrits et les passages des anciens auteurs, deux Éthicus, dont un seul est qualifié d'Istriote; ce n'est donc point le nom de l'Éthicus vulgaire qui a reflué sur l'autre, mais bien la qualité d'Istriote de celui-ci qui a été appliquée à l'Éthicus vulgaire; car, on le répète, la double dénomination d'Éthicus Ister n'existe, à part les mentions superficielles et erronnées des compilations

« cis (ad annum 690), Eticho Bavarus « princeps apud Annalistam Saxonem « (tom. I, fol. 659, edit. Ecardi); tot « modis scriptum nomen ex Attico se cor- « ruptum esse demonstrat ».

Je ne dois point, en citant ce Mémoire de Bayer, oublier d'annoter qu'après avoir cherché vainement les *Acta Borussica* de Lilienthal dans toutes les grandes bibliothèques de Paris, après les avoir fait chercher inutilement au *British Museum*, après les avoir demandés sans succès aux librairies d'Allemagne, j'en suis redevable à la fois à l'obligeance amicale de M. le professeur Frédéric Haase, à Breslau, et de M. Ferdinand Wolf, secrétaire de la Bibliothèque de l'Empereur à Vienne, qui ont eu, chacun de son côté, la bonté de copier en entier pour moi le mémoire de Bayer, pour la découverte duquel j'avais aussi réclamé leur concours.

modernes, que dans le livre traduit par saint Jérôme, ou dans les citations qui en ont été faites. On ne peut donc contester à notre auteur son nom d'Éthicus, pas plus que sa qualité d'Istriote.

Mais on peut admettre qu'il ait été mentionné par d'anciens écrivains sous la dénomination exclusive d'Ister; nous en avons déjà vu un double exemple dans Isidore restitué par Opitz[1]. Il est dès lors convenable de passer en revue les témoignages historiques qui s'appliquent à des personnages appelés Ister, afin de vérifier s'il y a identité entre quelqu'un d'eux et celui qui fait l'objet de notre investigation.

Rycke lui-même nous renvoie, sur ce point, à Vossius, qui a recueilli des notions sur trois auteurs grecs appelés *Ister*, l'un des trois pouvant être celui qui a écrit en grec la Cosmographie traduite en latin par saint Jérôme[2].

Vossius en effet, dans son traité *De Historicis græcis*, accumule un grand nombre de citations d'anciens auteurs qui eux-mêmes avaient cité divers ouvrages sous le nom d'*Ister*; nous ne ferons point ici l'inutile et fastueux étalage d'une érudition d'emprunt, en rappelant d'après lui tout ce qu'Athénée, Harpocration, Plutarque, Apostolius, Étienne de Byzance, Clément d'Alexandrie, Porphyre, Hygin, Diogène de Laërte, Eustathe, les scholiastes de Sophocle et de Pindare, etc. peuvent contenir de pareilles citations; qu'il nous suffise de constater que

---

[1] Opitz lui-même a regardé comme se rapportant à Éthicus, la mention faite par Plutarque, dans la Vie d'Alexandre, d'un *Ister* parmi les auteurs qui ont traité des Amazones.

[2] Vossius lui-même, dans son traité *De Historicis latinis*, p. 693, dit aussi : « Dispiciendum ecquis sit ex tribus illis *Istris* « de quibus loquimur in Historicorum « Græcorum Historia ». Et dans son livre *De Historicis græcis*, p. 469, il dit pareillement : « Videndum item quis sit Ister « ille cujus Cosmographiam de græco « vertit B. Hieronymus, si credimus Rha- « bano Mauro, libello *De inventione lin-* « *guarum* ».

Vossius en déduit l'existence de deux *Ister* au moins, dont le plus connu est surnommé Καλλιμάχιος, parce qu'il était disciple de Callimaque le Cyrénéen, qui vécut à Alexandrie sous Ptolomée Philadelphe et Ptolomée Évergètes, au iiie siècle avant notre ère : d'où l'on peut inférer que c'est le même qui est appelé par Plutarque [1] *Ister d'Alexandrie.* L'autre est *Ister de Kalatis,* ainsi désigné par Étienne de Byzance. Sans examiner s'il n'y aurait pas lieu de rattacher toutes ces indications à un seul personnage né à *Kalatis* près de la ville d'*Istre,* sur les bords du Danube, et venu à *Alexandrie* pour y étudier sous *Callimaque,* nous remarquerons que Vossius laisse à chercher quel est, en outre, cet Ister que saint Jérôme a traduit.

Walter Ralegh déclare que ce n'est pas le disciple de Callinique (il veut dire Callimaque), vivant sous Philadelphe, mais un autre beaucoup plus ancien; malheureusement le célèbre Anglais ne nous fait connaître aucune des données sur lesquelles il fonde son opinion.

On peut croire que Simler, tout en montrant que l'Éthicus vulgaire était beaucoup plus récent que le disciple de Callimaque, ne repoussait pas de même l'identité de celui-ci avec le cosmographe traduit par saint Jérôme; ou du moins semble-t-il qu'il existait parmi les érudits de son temps une opinion qui admettait cette identité [2].

Mais, soit que l'Ister disciple de Callimaque, l'Ister d'Alexandrie, et l'Ister de Calatis ne constituent qu'un seul et même personnage, soit qu'ils nous offrent deux ou même trois per-

---

[1] Non plus dans la Vie d'Alexandre, mais dans ses Questions grecques.

[2] Simler, *Æthici Cosmographia,* p. 3 de la préface : « Æthicus igitur quem primo « loco damus, a quibusdam Ister cogno- « minatur. Meminerunt autem Istri Plu- « tarchus et Athenæus, atque ex nostris « Hyginus; sed hic alius est a nostro « Æthico. Nam Callimachi servus et disci- « pulus fuit, qui temporibus Philadelphi « et Evergetæ regum Ægypti vixit, quo « noster multis seculis est posterior ».

sonnages distincts, il sera impossible d'y reconnaître aucune identité avec le cosmographe istriote de saint Jérôme; car, ainsi qu'il est explicitement affirmé dans la préface et dans quelques autres passages de son livre, celui-ci était né en Istrie, dans cette contrée qu'entourent les hauteurs cisalpines, le Norique, la Pannonie et l'Albanie [1]; et bien loin d'être antérieur à Calli-maque ainsi que le croyait Ralegh, il lui est postérieur de plu-sieurs siècles, comme il est aisé de s'en apercevoir en relevant les noms historiques qui se trouvent cités dans son ouvrage, non plus au gré du translateur, mais du chef de l'auteur lui-même.

§ III.

Examinons en effet la série de ces noms divers, qui peuvent servir, sinon à déterminer l'âge précis d'Éthicus Ister, au moins à fixer une limite chronologique au-dessus de laquelle on ne saurait placer la date de son livre.

Les personnages mentionnés par notre philosophe sont in-diqués, les uns comme antérieurs à son propre temps, les autres comme des contemporains avec lesquels il s'est trouvé en relations directes.

La liste des premiers comprend Hiarchas [2], Cluontes et Agripphus [3], Mantuanus [4], Moïse et Josèphe [5], Octavien-Au-guste [6], peut-être Trajan [7], enfin Pythagore et la sibylle sa-mienne [8].

[1] Ms. 4871, fol. 139, col. 3 : « Quantæ « clades in Lacedemonia, Norico, et Pan-« nonia, Histria, et Albania, [quæ] vicinæ « meæ septentrionalium regiones... Cisal-« pina itaque juga peraccessit, Noricos ob-« tinuit, Histriam crudeliter oppressit, « Histrum transiens cum Albanis alterca-« vit. »

[2] Ms. 4871, fol. 115, col. 3; fol. 116, coll. 1, 2.

[3] *Ibid.* fol. 116, col. 1.

[4] *Ibid.* fol. 116, col. 1; fol. 130, col. 1.

[5] *Ibid.* fol. 125, col. 3.

[6] *Ibid.* fol. 126, col. 1.

[7] *Ibid.* fol. 132, col. 4.

[8] *Ibid.* fol. 138, coll. 2, 3.

La liste des autres se borne à trois noms, tous trois inconnus, savoir : les philosophes Aurélius et Arpocrates[1], auprès
desquels Éthicus passa une année entière en Espagne; et le
philosophe Fabius[2], dont la célébrité remplissait toute la
Grèce, ce qui détermina Éthicus à le venir trouver à Athènes,
et à consommer cinq années consécutives en de doctes confé-
rences avec lui.

A défaut de la date précise que nous eût procurée la connaissance de ces trois célébrités contemporaines de notre auteur, nous devons nous résigner à constater les dates antérieures
qui se rattachent aux noms moins obscurément fameux de la
première liste. Mais il nous faut d'abord écarter de celle-ci les
noms pareillement inconnus des philosophes scythes Cluontes
et Agripphus, qui ne peuvent jeter aucune lumière sur la
question qui nous occupe.

Nous pouvons mettre aussi hors de cause Pythagore et la
sibylle, dont la mémoire est évoquée à propos de l'île de Samos, et dont l'époque est trop ancienne pour qu'elle ait besoin
d'être alléguée dans cette discussion.

A plus forte raison n'avons-nous point affaire du nom de
Moïse; mais il se trouve accolé à celui de Josèphe, l'historien
des Juifs, dans le passage que voici : « Aliarum gentium ori-
« ginem obmissam, quas hagiographus Veteris Testamenti con-
« celebrat, idem philosophus (*Æthicus*) non scribit; qui omnes
« Scripturas et legum liberalium fontem vivum et matrem his-

---

[1] Ms. 4871, fol. 117, col. 3 : « Abhinc
« usque Gades et Erculeas columnas; illic
« enim per annum stationem fecisse et
« disputasse cum Aurelio philosopho et
« Arpocrate (*vel* Arbocaste) ».

[2] *Ibid.* fol. 133, col. 4 : « Cuncta mala
« quæ illic perpessa sunt, narrante Fabio
« philosopho, qui eo tempore in cuncta
« Græcia præclarus inter cæteros nileba-
« tur; propter quod prædictus philosophus
« Æthicus illuc, audita ejus fama, adve-
« nisse se, et per annos quinque inibi
« stationem fecisse asserens, » etc.

« toriarum appellat, legem Moïsis plurimum conlaudat, Jose-
« phum affatim ac celebrem ejus Historiam retinet; et ea quæ
« in eorum codicibus invenit, denuo scribere ac retexere noluit ».
Josèphe ayant conduit ses Antiquités judaïques jusqu'à l'année
68 de Jésus-Christ, il en résulte nécessairement que la Cosmographie d'Éthicus Ister, qui s'y réfère, est postérieure à cette
date.

Le même résultat se peut déduire de l'adhibition du nom
de Hiarchas, dont Éthicus avait réfuté les assertions relatives
à la densité du soleil : « Nam alia multa idem sophista (*Æthi-*
« *cus*) narrat de massa solis contra Hiarcham »..... « Dicit enim
« contra Hiarcham de massa solis densissima, spissum intuitum
« quod cernimus habere..... etc. » Or ce Hiarchas florissait au
temps d'Apollonius de Tyane, qui alla écouter ses leçons[1] :
et l'on sait qu'Apollonius était contemporain de Josèphe.

Nous n'avons donc point à nous occuper, dans la question
actuelle, de la mention, faite par Éthicus, de l'empereur Auguste, et de Virgile, le cygne de Mantoue, désigné sous la
simple appellation de *Mantuanus* : leur époque est en arrière
de celle que nous venons de constater par un double rapprochement.

Mais nous aurions un argument puissant dans la citation
du nom de Trajan, si, comme nous le croyons, il se rencontre
dans un passage très-corrompu, dont nous ne proposons
qu'avec défiance la lecture suivante : « Quæ Dalmatia primum
« Mœsiæ pars, Græciæ Mœsia vero, quondam regi Mœsio et
« Trajano subjacebant; nunc utraque tota subjecta est regio

[1] Philostrati Lemnii *Opera quæ extant,* Paris 1608, in-fol; Vie d'Appollonius, liv. III, chap. v, p. 121 (ou chap. xvi, p. 107 de l'édition de Leipzig, 1709); voir aussi, dans l'appendice, Eusebius *in Hieroclem,* p. 454. — Comp. Photius, *Bibiotheca,* p. 332, *b,* ii; et saint Jérôme, *Lettres à saint Paulin,* dans l'édition des Bénédictins, t. IV, 2ᵉ partie, p. 568.

« Græciæ »[1]; d'où il faudra nécessairement tirer cette conséquence, qu'Éthicus écrivait après le règne de Trajan (qui
s'est terminé en l'année 117 de notre ère), et peut-être même
assez longtemps après, puisqu'il en parle comme d'un temps
déjà éloigné, *quondam.*

§ IV.

Quelque lumière peut nous être fournie sur ce point par
une dénomination géographique qui nous a frappé à deux
reprises dans le texte d'Éthicus : c'est celle de *Valeria*[2], désignant une partie de la Pannonie inférieure, entre le Danube
et la Drave. Cette dénomination nous force à descendre l'é-
chelle chronologique jusqu'au règne de Dioclétien, et spécialement jusqu'à l'année 295, où cette province fut établie par
Galère et appelée *Valeria*, du nom de son épouse, fille de
l'empereur. Et il est à remarquer ici que cette dénomination
caractéristique appartient bien au texte de l'auteur, et non au
translateur, puisqu'elle se trouve encadrée dans un récit rapporté comme une traduction littérale de l'original.

Nous aurons à descendre encore à des temps postérieurs,
si nous considérons comme appartenant pareillement au
texte même d'Éthicus le nom de Constantinople, qui se
rencontre dans le passage suivant : « Post Dalmatiam nimi-
« rum, Thraciam posuit (*Æthicus*) in ordine scripturæ suæ,
« interclusam ab uno latere Istro amne, ab alia parte orientali
« urbe Constantinopoli, ampla atque fœcunda populis frugi-
« busque atque seminibus [3] ». Bien que le discours ne se trouve

---

[1] Manuscrit 4871, fol. 132, col. 4 : « Que
« Dalmatia primum media pars Greciæ me-
« diavit condam regem Mœsio et Tragano
« subjacebant ; nunc itaque tota regno Gre-
« ciæ subjecta est. » — [2] Manuscrit 4871,
fol. 124, col 4 ; et fol. 140, col. 1.

[3] Manuscrit 4371, fol. 133, col. 2.

plus ici directement dans la bouche d'Éthicus, il semble difficile d'admettre que saint Jérôme, dans une analyse qui paraît se borner à résumer sans altération les descriptions de son
auteur, eût introduit de son chef le nom de Constantinople,
là où Éthicus aurait écrit celui de Byzance : toutes les probabilités sont pour la reproduction fidèle, par le translateur, de
la nomenclature géographique de l'original. Nous sommes
donc très-porté à regarder le nom de Constantinople comme
provenant d'Éthicus lui-même; et dans cette persuasion, nous
sommes forcé de conclure qu'il n'a écrit que postérieurement
à l'année 330, en laquelle Constantin fit la dédicace de sa
nouvelle ville.

En définitive, ce serait donc entre les années 330 et 400
que devrait être supposée la date de la composition du livre
d'Éthicus Ister.

§ V.

Et maintenant, revenant sur les noms obscurs que nous
avons tout à l'heure négligés parce que nous ne pouvions les
utiliser comme point de départ, peut-être parviendrons-nous
à déterminer, au moins pour une partie, l'individualité historique des personnages auxquels ils se rapportent.

Ainsi Cluontes et Agripphus sont deux astronomes scythes
à qui le cosmographe istriote reprochait de confondre mutuel-
lement l'air et le ciel[1]. Nous ne savons trouver aucun auteur
ancien dans lequel nous puissions reconnaître Cluontes; mais
quant à Agripphus, c'est, sous une forme corrompue, le même
nom qu'Agrippa, et il semble que nous puissions, à la rigueur,

---

[1] Manuscrit 4871, fol. 116, col. 1 : « Re-
« prehendit Cluontem et Aggripphum phi-
« losophos, Scytharum astrologos, et Man-
« tuanum, in vanum multa edidisse ; repre-
« hendit eos quod cœlum pro acre et in-
« terdum aer pro cœlo posuerunt, cum
« tenuis sit aer, et cœlum valde spissum. »

l'appliquer à l'astronome Agrippa, qui avait fait en Bithynie, le 29 novembre 92, une observation des Pléiades citée par Ptolémée[1]. Cette concordance, au surplus, purement conjecturale, est sans utilité aucune dans la question, dès qu'elle se réfère à des temps antérieurs à l'écrivain.

Il n'en sera pas de même si nous pouvons découvrir, parmi les célébrités historiques du ive siècle, quelqu'un des trois personnages contemporains d'Éthicus Ister, désignés par lui sous les noms d'Aurélius, d'Arpocrates (ou Arbocastes), et de Fabius. C'est en Espagne qu'il vit les deux premiers, et le troisième en Grèce.

Quant à ce dernier, cité en même temps comme historien, il ne nous est parvenu aucun écrit sous ce nom, qui lui-même est évidemment latin ; nous savons seulement, par Lampridius et par Vopiscus, qu'un Fabius Marcellinus avait publié une Vie d'Alexandre Sévère[2], qu'un Fabius Sosianus était peut-être auteur de celle de Firmus petit tyran sous Aurélien[3], qu'un Fabius Cérilianus avait fait avec beaucoup de talent l'histoire des règnes de Carus, et de Carinus et Numérianus[4]. De ces trois Fabius, les deux premiers peuvent paraître d'un âge un peu ancien ; mais rien ne semble s'opposer à ce que le troisième ait été contemporain de Vopiscus, et celui-ci d'Éthicus Ister[5].

Pour ce qui est des deux philosophes espagnols, l'un d'eux,

---

[1] Ptolémée, *Composition mathématique*, édition de l'abbé Halma, Paris 1816, in-4° ; t. II, l. vii, c. iii, p. 22.

[2] *Historiæ Augustæ scriptores latini minores*, édition de Grüter, Hanau 1611, in-fol. Ælii Lampridii *Alexander Severus*, cap. xlviii, p. 352.—Flavii Vopisci *Probus*, cap. ii, p. 436. — Comp. Vossius, *De historicis latinis*, p. 703.

[3] Flavii Vospisci *Firmus*, cap. ii ; *ubi supra*, p. 443. — Comp. Vossius, *ubi supra*, p. 194.

[4] Flavii Vospisci *Carus*, cap. iv ; *ubi supra*, p. 448.—Comp. Vossius, *ubi supra*, p. 184.

[5] Vopiscus écrivait la vie de Carin après la mort de Galère, peut-être même après celle de Constantin le Grand ; et Fabius Cerilianus pouvait n'avoir publié la sienne que peu de temps auparavant ; il suffirait qu'Éthicus, jeune, eût vu Fabius vieux.

Arpocrates ou Arbocastes, nous demeure tout à fait ignoré ; mais il n'est pas sans intérêt de remarquer, quant à l'autre, que précisément en Espagne, au IV⁰ siècle, il se trouvait un écrivain bien connu portant le nom d'Aurélius : nous voulons parler du Calagurritain Aurélius Prudentius Clémens, né en 348, dont il nous reste un volume de poésies chrétiennes, œuvre de sa vieillesse, et qui paraissent n'avoir été composées que depuis son retour en Espagne, après qu'il eût quitté la cour d'Honorius, au commencement du v⁰ siècle [1] ; tandis que ce serait dans sa jeunesse qu'il aurait été connu d'Éthicus, alors que le noble Espagnol préludait à sa célébrité et à sa fortune par des poésies profanes et des emplois moins élevés.

Au moyen de ce synchronisme, la date de la publication du livre d'Éthicus Ister se trouverait approximativement indiquée vers le milieu de la deuxième moitié du IV⁰ siècle ; l'auteur lui-même n'aurait pas vécu de longues années après cette époque, puisque saint Jérôme en parle, dans la préface de sa translation, en des termes qui semblent impliquer qu'il avait cessé d'exister.

§ VI.

Mais si Éthicus ni Jérôme n'avaient pris aucune part à la composition du livre, et que ce fût l'œuvre apocryphe de quelque faussaire, comme certains l'ont pensé, tout cet échafaudage de rapprochements devrait crouler. Toujours restera-t-il du moins que ce livre, tout fabriqué ou interpolé qu'il soit, était tenu pour légitime au temps de Raban Maur, et qu'il était en

---

[1] Il nous suffit de renvoyer à l'article *Prudence* de M. Weiss, dans la Biographie universelle de Michaud, t. XXXVI, (1823), pp. 159 à 161 ; et pour plus de détails à la Vie de Prudence, par le Nain de Tillemont, dans ses Mémoires pour servir à l'histoire ecclésiastique des trois premiers siècles, Paris 1705, in-4° ; t. X, pp. 560 à 566, et 819, 820.

circulation et consulté comme une autorité respectable dès le temps d'Isidore de Séville.

Nous ajouterons encore une ligne à ce propos : c'est que le livre d'Égésippe, sur la guerré des Juifs, se trouve dans des conditions tout à fait analogues à celles de la Cosmographie d'Éthicus Ister; car il est produit de même, comme l'œuvre d'un écrivain grec, dont on ne possède plus l'original, mais seulement une translation latine, en tête de laquelle est placé le nom de saint Ambroise, contemporain de saint Jérôme. Quelques érudits ont cru le livre authentique, d'autres l'ont regardé comme altéré par des interpolations, d'autres enfin comme apocryphe, et forgé dans le xie siècle[1]. Sans faire à cet égard des recherches qui nous entraîneraient à une trop longue digression, qu'il nous soit permis au moins de consigner ici un fait curieux, resté inaperçu : c'est que l'on trouve dans Égésippe, mot pour mot, précisément l'un des passages d'Isidore où Opitz a reconnu une citation formelle d'Éthicus Ister[2]; et, pour le dire en passant, que l'on compare, dans Isidore et dans Égésippe, le discours où ce passage est, de

---

[1] Voir Vossius, *De historicis græcis*, pp. 229, 230. — Idem, *De historicis latinis*, pp. 706, 707.

[2] Egesippi historiographi inter scriptores ecclesiastics vetustissimi *De rebus a Judæorum principibus in obsidione fortiter gestis, deque excidio Hierosolymorum aliarumque civitatum adjacentium libri quinque, divo Ambrosio Mediolanensi episcopo interprete*, Cologne 1525, in-fol. lib. V, cap. xv, p. 56 : « Tremit Saxonia inaccessa paludi- « bus et inviis septa regionibus. Quæ licet « belli curam videatur augere, et ipsa fre- « quenter accessit Romanis triumphis cap- « tiva; validissimum genus hominum per- « hibetur, præstans cæteris : piraticis tamen « myoparonibus non viribus nititur, fugæ « potius quam bello parata.« — *Isidori Origines*, lib XIX, cap. 1, dans les *Auctores latinæ linguæ*, p. 1286 : « Genus navi- « gii præbet, quales utuntur Germanorum « piratæ in Oceani littoribus vel paludi- « bus, ob agilitatem. De qualibus Hister « (*sic Opitius*): Gens, inquit, Saxonum « mioparibus non viribus nituntur. » — Évidemment le passage commun à ces deux textes est une partie intégrante et homogène du premier; dans le second, ce n'est qu'une pièce de rapport. Le premier est donc plus ancien que le second.

part et d'autre, encadré, et l'on ne pourra guère se dispenser de juger que ce n'est point Égésippe qui a copié Isidore. Et puisque celui-ci énonce avoir emprunté à Ister le passage dont il s'agit, il faut admettre un rapport intime entre Égésippe et Ister, en sorte que, s'ils ne sont pas copiés l'un sur l'autre, ils ont, pour le moins, respectivement puisé à une source commune; et leur translation s'ils sont légitimes, ou leur fabrication s'ils sont apocryphes, appartient à une même époque.

Nous laissons à de plus savants, à de plus hardis que nous, le soin de trancher définitivement ces questions, de résoudre ce problème complexe, dont nous avons seulement essayé de poser nettement les équations, sans prétendre dégager les inconnues ni formuler une solution.

DEUXIÈME PARTIE.

DE LA COSMOGRAPHIE GÉOGRAPHIQUE INTITULÉE DU SIMPLE NOM D'ÉTHICUS.

PREMIÈRE SECTION.

DE L'OUVRAGE PUBLIÉ SOUS LE TITRE DE COSMOGRAPHIE D'ÉTHICUS.

ARTICLE PREMIER.

ESQUISSE GÉNÉRALE DU LIVRE.

§ I.

C'est maintenant de l'Éthicus vulgaire que nous avons à nous occuper.

L'édition qui passe généralement pour la première [1] est celle qui a été donnée en 1575, à Bâle, par Josias Simler, dans un petit volume in-16, devenu assez rare, où ce morceau occupe, avec les scholies, quatre-vingts pages seulement; le

[1] Nous présentons l'édition de 1575 comme réputée la première, parce qu'elle est formellement désignée comme telle par Fabricius en sa Bibliothèque latine (page 348), et que les bibliographies spéciales de Panzer, de Renouard, de la Serna Santander, etc. ne signalent aucune édition plus ancienne; les recherches les plus actives n'ont pu nous procurer des éléments suffisants de certitude sur l'existence d'une édition antérieure, dont nous avons cependant recueilli quelques indices.

Ainsi le docte académicien auquel est dû l'article Éthicus de la Biographie universelle de Michaud, ne donne l'édition de Simler que pour la seconde : « La Cosmographie d'Éthicus, dit-il, a été imprimée pour la première fois à Venise, en 1513. » Mais il n'a pu retrouver ce volume pour me le communiquer. — D'un autre côté, sir Thomas Phillipps, dont le cabinet est renommé comme l'un des plus riches qui existent en manuscrits et en raretés bibliographiques, a bien voulu me faire savoir qu'il croyait posséder une édition gothique d'Éthicus; mais l'ayant ultérieurement cherchée à mon intention, il n'a pu la retrouver non plus.

Quoi qu'il en soit, lorsque deux amateurs tels que M. Walckenaer et sir Thomas Phillipps, l'un à Paris, l'autre à Londres, ont cru se rappeler chacun une édition d'Éthicus antérieure à celle de Simler, il pourrait paraître téméraire de se prononcer sans réserve sur cette ques-

tion, jusqu'à ce que des vérifications multipliées de leur part l'aient tranchée définitivement dans l'un ou l'autre sens.

Nous hasarderons, en attendant, une conjecture explicative sur l'énoncé d'une édition vénitienne de 1513. Dans l'article où elle est désignée, plusieurs dates paraissent altérées par le fait de l'imprimeur; ainsi, l'on voit figurer, à côté de l'édition en question, celle de Bâle avec la date de 1535, quoiqu'il soit bien connu qu'elle est de 1575. On pourrait donc supposer que 1513 a été imprimé pour 1518, et qu'il s'agit simplement de l'édition Aldine de cette date, où se trouvent réunis Méla, Solin, l'Itinéraire, Vibius Séquester, le Livret des Provinces, tous respectivement compagnons d'Éthicus dans les diverses éditions qui ont été faites de ce dernier ; de là aurait pu naître une confusion bibliographique, d'autant plus facile à concevoir, que le nom d'Éthicus aura pu se trouver mêlé, à propos de l'Itinéraire, à quelque mention antérieure de ce volume recueillie et reproduite de confiance par le savant académicien.

D'un autre côté, Don Antonio de Léon Pinelo, dans son *Epitome de la Bibliotheca oriental y occidental* (3 vol. in-fol. Madrid 1737-1738, t. III, col. 1214), mentionne une édition de 1515 et une de 1573, puis une de 1575; et il dit celle de Simler *grecque-latine*, avec la date de 1577. Il y a dans tout cela une telle confusion, qu'on ne peut se fier en rien à cet auteur : mais ces erreurs mêmes, répétées par quelques

Mémoire sur Éthicus.

9

reste du volume est consacré à l'Itinéraire d'Antonin, et à quelques autres opuscules d'une nature analogue[1]. Le tout est précédé d'une préface en forme d'épître dédicatoire, où le savant éditeur nous fait connaître que le texte d'Éthicus lui a été fourni par Pierre Pithou, qui avait lui-même pris soin de le collationner sur un second exemplaire appartenant au célèbre Cujas.

Bientôt après, la Cosmographie d'Éthicus fut reproduite à Paris, d'après la recension et avec les scholies de Simler, par Henri Estienne, dans son édition de Denys le Périégète, imprimée en 1577 dans le format in-4°; mais ce fut seulement comme un accessoire, rejeté à la fin du volume, après Méla, et toutefois avant Solin[2].

De ce moment, la Cosmographie d'Éthicus sembla devenir un appendice obligé des éditions de Pomponius Méla : on la vit d'abord reparaître ainsi à Paris en 1619, dans le format in-32, au milieu d'un petit volume où elle suivait immédiatement le Méla, et se trouvait à son tour suivie du court abrégé de géographie d'Henri Lorit de Glaris[3].

---

bibliographes, ont pu donner lieu aux indications acceptées avec trop de confiance par des autorités plus respectables.

Quoi qu'il en soit, cette question bibliographique a besoin de nouvelles vérifications.

[1] *Æthici Cosmographia* : Antonii Augusti *Itinerarium provinciarum : ex Bibliotheca P. Pithœi, cum scholiis Josiœ Simleri. Quœ his addita sunt sequenti pagina indicantur.* Basileæ, M. D. LXXV, in-16 (Éthicus, pp. 1 à 79.)

[2] Dionysii Alex. et Pomp. Melæ *Situs orbis descriptio. Æthici Cosmographia.* C. J. Solini *Polyhistor. In Dionysii poemation commentarii Eustathii: interpretatio ejusdem poematii ad verbum ab Henr. Stephano* scripta : *necnon annotationes ejus in idem, et quorumdam aliorum. In Melam annotationes Joannis Olivarii; in Æthicum scholia Josiœ Simleri : in Solinum emendationes Martini Antonii Delrio.* Excudebat Henricus Stephanus anno 1577. In-4° (Éthicus, pp. 107 à 134 de la seconde pagination).

[3] Pomponii Melæ *De situ orbis libri tres.* Ethici *Cosmographia.* Henrici Glareani *Compendiaria descriptio orbis terrarum.* Parisiis, J. Libert, 1619, in-32 (Éthicus, pp. 145 à 208). — Le même, 1625. — Le même, 1635. Nous n'avons point vu nous-même cette dernière réimpression, mais elle est indiquée par Maittaire, *Annales typographici*, la Haye 1725, in-4°; t. III, p. 899.

Ce petit livre fut réimprimé, page pour page, dans le même format et par le même imprimeur, avec la seule différence de la date, et de quelques variantes dans l'emploi des vignettes et des lettres ornées (de manière à constater suffisamment que c'était bien une nouvelle édition), d'abord en 1625, puis encore en 1635.

Il fut également reproduit, avec la même exactitude, chez un autre imprimeur, en 1626 [1].

Éthicus reparut encore avec les scholies de Simler, à la suite de Méla et de Solin, dans un volume petit in-12, imprimé à Leyde en 1645, d'après l'édition de Henri Estienne, de 1577 [2].

Vinrent ensuite les éditions gronoviennes, qui forment comme une seconde classe dans la série des réimpressions de la Cosmographie d'Éthicus, en ce que Jacques Gronov, faisant précéder ce morceau des *Excerpta* de Julius Orator, et reproduisant littéralement le texte de Simler, lui donna cependant le titre de *Cosmographia antehac temere Æthico adscripta*, et le collationna, non pas comme il le croyait sur un nouveau manuscrit, mais bien sur celui-là même qui avait servi à Simler, et qui de la bibliothèque de Pierre Pithou était passé dans celle de Jacques-Auguste de Thou. Simler avait intercalé dans son texte, tantôt à côté, tantôt à la place de la leçon du manuscrit de Pithou, celle du manuscrit de Cujas : Gronov donna au bas des pages les leçons du premier manuscrit, avec une exactitude qui avait quelquefois manqué à son de-

---

[1] Pomponii Melæ *De situ orbis libri tres.* Ethici *Cosmographia.* Henrici Glareani *Compendiaria descriptio orbis terrarum.* Parisiis, Seb. Cramoisy, 1626, in-32 (Éthicus, pp. 145 à 208).

[2] Pomponius Mela, *De situ orbis*, C. Julii Solini *Polyhistor*, Æthici *Cosmographia*, cum notis variorum. Lugd. Batavorum, apud Hieronymum de Vogel, 1646, petit in-12 (Éthicus, pp. 448 à 516).

vancier. Il mit d'ailleurs, en tête du Julius Orator et de l'Éthicus, les *testimonia et judicia virorum doctorum* qu'il avait pu recueillir sur ces deux noms.

C'est ainsi que parut à Leyde, en 1684, à la fin d'un petit volume in-8° qu'on prendrait aisément pour un in-12, la huitième édition d'Éthicus, la première de celles des Gronov [1]. C'est la même édition, avec le seul changement du frontispice, qui fut remise en circulation avec la date de 1685.

Dans le même format parut l'édition de 1696, augmentée, en suite de l'Éthicus, du géographe anonyme de Ravenne, que Porcheron avait déjà fait imprimer en 1688 [2].

Enfin en 1722 fut donnée par Abraham Gronov une dernière édition, également in-8°, mais de plus grand format, qui est regardée, par les bibliographes et les savants, comme la meilleure [3].

On peut s'étonner à bon droit qu'un professeur qui a publié en 1843 une traduction française de la Cosmographie d'Éthicus, en regard du texte, ait ignoré l'existence de ces

[1] Pomponii Melæ *Libri tres de situ orbis. Julii Honorii oratoris Excerptum cosmographiæ nunc primum ex ms. editum. Cosmographia quæ falso hactenus Æthicum auctorem prætulit, variis lectionibus ex ms. illustrata. Omnia diligentissime recognita, additis ad Melam notis.* Lugd. Batavorum, apud Jordanum Luchtmans, 1684, petit in-8°. (Éthicus, pp. 23 à 74 de la seconde pagination). — Le même, 1685.

[2] Pomponii Melæ *Libri tres de situ orbis, nummis antiquis et notis illustrati ab Jacobo Gronovio. Julii Honorii oratoris Excerpta cosmographiæ ab eodem nunc primum ex ms. edita. Cosmographia falso Æthicum auctorem præferens, cum variis lectionibus e ms. Ravennas geographus ex ms Lugdunensi suppletus.* Lugd. Batavorum, apud Jordanum Luchtmans, 1696, petit in-8°. (Éthicus, pp. 23 à 67 de la seconde pagination).

[3] Pomponii Melæ *De situ orbis libri tres, cum notis integris Hermolai Barbari, Petri Joannis Olivarii, Fredenandi Nonii Pintiani, Petri Ciacconii, Andreæ Schotti, Isaaci Vossii, et Jacobi Gronovii. Accedunt Julii Honorii oratoris Excerpta cosmographiæ. Cosmographia falso Æthicum auctorem præferens cum variis lectionibus ex ms. Ravennatis anonymi Geographia ex ms. Leidensi suppleta. Curante Abrahamo Gronovio.* Lugduni Batavorum, ex officina Samuelis Luchtmans, 1722, in-8°. (Éthicus pp. 703 à 763).

éditions successives, au point de considérer comme *unique* celle sur laquelle il a fait son travail [1].

§ II.

Nous avons déjà dit que Simler et Jacques Gronov n'avaient eu entre les mains qu'un même manuscrit, ayant successivement été possédé par Pierre Pithou et par Jacques-Auguste de Thou, et annoté par le premier des variantes fournies par un autre manuscrit appartenant à Cujas. C'est ce même manuscrit de Pithou, acquis ensuite par Colbert, qui se trouve aujourd'hui à la Bibliothèque royale de Paris sous le numéro 4808; il est d'une écriture du XIIe siècle, sur parchemin, de format petit in-folio.

La Bibliothèque royale possède, en outre, huit manuscrits plus ou moins complets du même texte: deux sont du Xe siècle, un du XIe, un du XIVe, et les quatre derniers du XVe; de ceux-ci, deux sont copiés de la même main et renfermés dans un même volume, en sorte qu'ils pourraient être considérés seulement comme deux copies d'une même édition.

Chacun des manuscrits que nous venons d'énumérer présente des caractères particuliers qui ont leur intérêt spécial, et il n'est pas hors de propos d'insérer ici les résultats généraux de la recension matérielle que j'en ai faite.

De ceux du Xe siècle, celui qui paraît le plus ancien est inscrit au Catalogue sous le numéro 4806; quoique bien conservé, il est très-peu entier, vu l'absence de nombreux feuillets: leur perte remonte à une époque antérieure à la reliure, qui date du règne de Charles IX; on peut estimer à quinze pages

---

[1] Baudet, *Cosmographie d'Éthicus*; Notice sur Éthicus: « le latin d'Éthicus est singulièrement altéré, et dans l'unique édition qui existe de cet auteur, la plupart des noms propres sont presque méconnaissables »

la portion qui manque en tête du volume ; puis se font remarquer à diverses places des lacunes équivalant à un total de dix pages.

Le manuscrit 4807, possédé jadis par le célèbre Conrad *Celtes* (Meissel), est plus important, en ce que, remontant pareillement au xe siècle, il a l'avantage d'être moins incomplet[1] ; il a d'ailleurs un intitulé et un *explicit* dignes de remarque, qui ont été relatés sur le manuscrit de Pithou, où Gronov a relevé seulement l'*explicit*, pour l'ajouter à son édition. Cet exemplaire offre de grands traits de ressemblance avec celui de Vienne et avec celui de Reims, dont nous parlerons plus loin.

Le manuscrit qui suit dans l'ordre chronologique porte le numéro 4871, et appartient au xie siècle ; il fait partie d'un beau volume in-folio, sur parchemin, renfermant plusieurs pièces considérables, toutes écrites de la même main, tantôt à longues lignes, tantôt sur deux colonnes. Une particularité curieuse, c'est que la Cosmographie vulgaire d'Éthicus, qui nous occupe en ce moment, commence sur la page même où

---

[1] Ce manuscrit a dû, dans l'origine, se composer de huit cahiers, chacun de quatre feuilles, plus une demi-feuille intercalée sur onglet dans le huitième cahier, soit en tout soixante-cinq feuillets ou cent trente pages, dont les trois premières blanches ; mais il a été enlevé ou perdu d'abord le premier feuillet servant de garde, et ensuite trois feuilles ou douze pages pleines. Sur le recto et au bas du feuillet qui est maintenant le premier, il avait été écrit, puis gratté, une annotation formant six lignes d'écriture, que nous sommes parvenu à lire presque en entier, sauf la dernière, et qui constate le legs que Meissel avait fait de ce manuscrit à son ami le conseiller impérial Jean Fuchsmag ; on y trouve en effet :

Hunc libru'
executores test'i D Conradi
Celtis Joh'i Fuchsmag doctori
deder't qui v' cu' vita
functus fuerit ad vidua' .....'
fact..... Wien' de.....

Sur la garde en papier qui fait face au même feuillet, et sur le haut de celui-ci se trouvent écrits, d'une main allemande du xve siècle : 1° « Die weg von Nornberg « gen Jerusalem uber lant » ; 2° « Itinera- « rius per duo imperia et 21 regna. »

finit le livre traduit par Jérôme. La signature de possession *Jac. Aug. Thuani* se rencontre en divers endroits du manuscrit, notamment à un bas de page où la Cosmographie de notre Éthicus vulgaire, écrite jusque-là sur deux colonnes, abandonne cette forme pour se continuer en longues lignes à la page suivante. Une autre circonstance à constater, c'est que l'*explicit* vient clore ce morceau avant la dernière phrase des éditions.

Nous avons tout à l'heure constaté que l'ancien manuscrit de Pithou porte le numéro 4808; nous rappelons qu'il est du XIIe siècle, afin de marquer ici sa place dans la série chronologique des manuscrits d'Éthicus. Il est plus complet que tous les autres exemplaires de la Bibliothèque royale.

Quant au manuscrit du XIVe siècle, il est compris dans un beau volume in-folio inscrit au catalogue sous le numéro 4126, provenant de la bibliothèque de Colbert, et ayant appartenu au célèbre Burleigh, ministre de la reine Élisabeth d'Angleterre[1]; il est écrit sur vélin, à deux colonnes, et offre, parmi quelques fragments géographiques, la Cosmographie d'Éthicus, mais intitulée du nom de Priscien, tronquée, et s'arrêtant à l'endroit où les éditions presentent le titre *Asiæ provinciæ situs cum limitibus et populis suis :* la suite est remplacée par l'*Insularium* qui termine habituellement l'itinéraire d'Antonin.

Nous avons ensuite le même livre dans un beau manuscrit indiqué comme étant du XIIIe siècle, mais appartenant en réalité au XVe, orné de nombreuses miniatures, écrit sur vélin, portant le numéro 671 du supplément latin, et provenant de

---

[1] La signature de Burleigh se trouve au bas de la première page écrite du volume, sous cette forme : *Gulielmus Cecilius mil[es] D[ominu]s de Burghley.* — Sur le verso de la première garde est grossièrement tracé un planisphère informe, curieux cependant, entre autres choses, par le nom de *Wyndelandia* inscrit au nord d'*Islandia* et à l'ouest de *Tyle*.

la bibliothèque de Lamoignon. Il offre, par le choix des pièces
y contenues, ainsi que par certaines ressemblances du texte,
la plus grande analogie avec l'un des manuscrits florentins
que nous aurons à signaler tout à l'heure, ainsi qu'avec un
des manuscrits de Vienne que nous indiquerons aussi, et encore avec deux manuscrits de Venise décrits par Morelli.

La double copie du xve siècle qui forme le manuscrit 4840,
provient du fonds de Baluze; c'est un petit in-4°, sur papier
fort, très-nettement écrit, réunissant bout à bout deux exemplaires semblables d'un même document; seulement, dans la première copie, le second feuillet est raturé, afin de rétablir l'ordre
dans lequel doivent se succéder les listes de mers, d'îles, de
montagnes qui y figurent; et dans la deuxième copie manque
le premier feuillet. Toutes deux, arrivées à la phrase qui dans
les éditions termine la Cosmographie d'Éthicus, adaptent à la
suite l'*Insularium* final de l'itinéraire d'Antonin, avec les *Septem
montes urbis Romæ*, comme dernier complément de l'œuvre.

Enfin, le plus récent des manuscrits parisiens d'Éthicus
est compris dans un volume petit in-4°, sur papier, d'une
écriture cursive un peu négligée, inscrit au catalogue sous le
numéro 8253 A. Il ne donne point la Cosmographie entière,
mais seulement la première partie, celle qui, dans les éditions,
précède le titre *Alia totius orbis descriptio*. C'est là aussi que
s'arrêtait le manuscrit de Cujas collationné par Pithou[1]. Celui
que nous venons de décrire provient de Mentelle.

Nous devons donner ici une place à un précieux manuscrit
du xve siècle, appartenant à la bibliothèque de Reims, et qui,
d'après une annotation autographe du cardinal Fillastre, fut
exécuté par les soins de ce prélat, au concile de Constance,

---

[1] Cela résulte d'une annotation marginale sur le ms. 4808, portant : «Huc usque
«exemplar Cujacii.»

en 1417, pour l'église de Reims dont il avait été le doyen.
C'est un volume petit in-4°, du plus beau vélin, et d'une magnifique écriture, enrichi de miniatures et de lettres ornées[1];
il contient, à la suite de la Cosmographie de Pomponius Mela,
celle d'Éthicus, d'un texte conforme à l'exemplaire de Meissel,

[1] Je dois la communication de ce manuscrit à l'obligeant concours de M. Paulin Pâris, membre de l'Académie royale
des inscriptions et belles-lettres, et de
M. Louis Pâris, son frère, bibliothécaire
de la ville de Reims. Il porte, au verso
de la première garde, le titre que voici :
« Cosmographia Pomponii Mele, et alia Ce-
« saris atque Itinerarium; scriptum Cons-
« tancie in concilio generali, anno Domini
« m° cccc° xvij : et concilii tercio. » Plus
bas est l'annotation autographe suivante :
« Ego Guillelmus cardinalis Sancti Marci
« olim decanus Remensis, hunc librum
« dono librarie Ecclesie Remensis, quem
« pro ea scribi feci. Scriptum manu pro-
« pria Constancie in concilio generali, anno
« Domini millesimo cccc xvij, die prima
« novembris. » A la fin du volume, sur la
dernière garde, se trouve cette autre annotation : « Hic cathenatus 12ᵉ aprilis anno
« 1418. » — On remarque dans ce manuscrit trois pièces distinctes : 1° une préface du cardinal Fillastre, ainsi intitulée :
« Guillelmus, tituli Sancti Marci cardinalis,
« olim decanus Remensis, venerabilibus
« fratribus capitulo Remensi salutem, et
« librum Remensis Ecclesie librarie di-
« catum, mittit. Prohemium mittentis ».
2° la Cosmographie de Pomponius Mela,
dont la lettre initiale, qui est un O ma-
juscule couvrant près de la moitié de la
page, renferme un curieux planisphère
peint avec grand soin, peut-être par le

cardinal lui-même (et dont un *fac-simile*
a été inséré par le vicomte de Santarem
dans son magnifique *Atlas*). 3° la Cosmographie d'Éthicus avec l'Itinéraire d'Antonin. — L'examen que, grâce à l'obligeance de MM. Pâris, j'ai pu faire de ce
précieux volume, m'a donné lieu de reconnaître qu'il a subi l'enlèvement de
quatre feuillets, savoir : le 12ᵉ, qui contenait la fin du *Proœmium mittentis*; et d'autre part les 66ᵉ, 67ᵉ et 68ᵉ, qui renfer-
maient peut-être, à ce qu'il est permis de
conjecturer, une préface analogue du savant prélat pour la Cosmographie d'Éthicus, laquelle commence au feuillet 69. Il
résulte en outre d'une note autographe en
marge du *Proœmium mittentis*, à l'endroit
où il vient de parler du planisphère inscrit dans l'O initial du livre de Mela (*Orbem ipsum... pinximus in prima littera hujus
libri, quæ orbicularis est et ad hoc aptis-
sima*), qu'il avait peint aussi un semblable
planisphère, plus ample, sur le feuillet
précédent (*et demum amplius in folio pre-
cedenti*) : or, ce feuillet précédent était
précisément ce 12ᵉ dont nous constatons
l'absence; et l'on est autorisé à penser
que l'un des feuillets 66, 67, 68, enlevés en tête de l'Éthicus, contenait pareillement quelque curieuse représentation
graphique du même genre. De telles mu-
tilations ne sauraient être assez vivement
déplorées et honnies.

manuscrit 4807 de Paris, mais plus complet, et paraissant copié, comme celui-ci, sur le manuscrit impérial de Vienne, dont il va être question tout à l'heure.

§ III.

Nous ne voulons pas grossir inutilement cette liste de manuscrits, de l'indication de tous ceux que pourraient nous fournir les catalogues des grandes bibliothèques de l'Europe, ou les citations faites par les savants : nous nous permettrons seulement quelques exceptions en faveur de ceux qui sont décrits avec assez de précision pour que nous puissions présumer leur importance.

Nous ne pouvons nous dispenser de signaler au premier rang le manuscrit en lettres onciales de la bibliothèque impériale de Vienne, décrit par Lambeck, par Gentillotti et par Endlicher, et qui date du VIIIe siècle[1]. Il offre, par son intitulé, par certaines fautes d'écriture, des ressemblances frappantes avec le manuscrit parisien du Xe siècle que nous avons déjà recensé sous le numéro 4807, et qu'on pourrait être porté à

---

[1] Petri Lambecii *Commentaria de augustissima bibliotheca cæsarea Vindobonensi*, Vienne 1669, in-fol.; t. II, p. 36 : « *Iti-*« *nerarii* hujus quod *Antonino Augusto* tri-« buitur, ut et *Cosmographiæ Æthici* extat in « augustissima bibliotheca cæsarea Vindo-« bonensi vetustissimum exemplar mem-« branaceum in-4° majori seu folio minori, « literis exaratus majusculis quas vocant « Longobardicas. » — Scheyb, *Peutinge-« riana Tabula*, p. 12 : « Codex hic talis est, « ut... Joan. Bapt. Gentillottus.... eundem « in suis commentariis ineditis Bibliothecæ « Cæsareæ, perpensa characterum forma, « sæculi VII scriptionibus adnumeraverit... « His verbis incipit : In nomine Dei summi.

« Incipit Cosmographia feliciter cum Iti-« nerariis suis et portibus », etc. — Endlicher, *Catalogus codicum philologicorum latinorum Bibliothecæ palatinæ Vindobonensis*, Vienne 1836, gr. in-8°; p. 229 : « N° 329, « Codex ms. membranaceus sæculi VIII, « literis uncialibus exaratus, foliorum 60, « in-4°. Æthici Cosmographia. » Nous devons à l'obligeance de M. de Karajan une soigneuse collation de la portion de ce manuscrit qui renferme la Cosmographie proprement dite, et M. Endlicher lui-même a eu la bonté de nous envoyer une copie entière de l'Itinéraire qui vient à la suite, avec un *fac-simile* de l'écriture.

regarder comme une copie de celui de Vienne. Cependant quelques différences importantes empêchent de les considérer comme deux exemplaires parfaitement semblables d'un même texte : telle est principalement dans le manuscrit palatin la mention, oubliée dans le manuscrit parisien, de l'un des géodètes employés au mesurage de l'empire romain. Il n'est pas sans intérêt d'ajouter que la bibliothèque de Vienne conserve aussi une copie, faite de la main du célèbre Spiesshammer (Cuspinianus), d'après le manuscrit impérial dont il vient d'être question [1].

Le catalogue du docteur Endlicher nous indique, de plus, dans la bibliothèque Palatine, un manuscrit du xive siècle formant un recueil dont la compostion offre la plus grande analogie, sinon une similitude complète, avec le manuscrit de Lamoignon du xve siècle, ainsi qu'avec les deux manuscrits de la bibliothèque de Saint-Marc à Venise, et le manuscrit Gaddien, tous trois aussi du xve siècle, dont nous parlerons tout à l'heure [2].

Le Musée britannique conserve, parmi les manuscrits d'Eger-

[1] Endlicher, *ubi supra*, p. 230 : « N° 330, « Codex ms. chartaceus sæculi xvi, folio- « rum 182, in-4°. Æthici Cosmographia : « apographum præcedentis codicis, Cuspi- « niani manu, ut videtur, scriptum. »

[2] Endlicher, *ibidem*, p. 231 : « N° 331, « Codex ms. chartaceus, sæculi xiv, folio- « rum 108, in-fol. Æthici Cosmographia, « Itinerarium Antonini, Dicuili liber, An- « nunciationes provinciarum, Excerpta de « regionibus urbis Romæ, Anonymus de « rebus bellicis, Hadriani altercatio cum « Epicteto, Publius Victor de xiv regioni- « bus urbis Romæ, Incerti Descriptio Cons- « tantinopoleos, Notitia dignitatum orien- « tis et occidentis. » — Le manuscrit de Lamoignon contient : « Æthici Cosmogra- « phia, Itinerarium, Dicuili liber, Annun- « ciationes provinciarum, Excerpta de re- « gionibus urbis Romæ, Anonymus de « rebus bellicis, Descriptio urbis Romæ, « Gradus cognationum, Notitia dignita- « tum. » — Des deux manuscrits de Ve- nise, l'un renferme toutes ces pièces, et y ajoute encore la *Dimensuratio provincia- rum*, tandis que l'autre s'arrête au petit traité *De rebus bellicis*. — Le manuscrit Gaddien offre de son côté : « De rebus bel- « licis, Descriptio Constantinopoleos, Gra- « dus cognationum, Æthici Cosmographia, « Itinerarium, Dicuili liber, Dimensura- « tiones provinciarum. »

ton, quelques feuillets seulement d'un exemplaire d'Éthicus, dont la date remonte au viiie siècle : ce ne sont plus que des fragments inconnexes de la Cosmographie et de l'Itinéraire[1].

La bibliothèque royale de Dresde possède aussi un manuscrit du xe siècle, ayant autrefois appartenu à l'église de Reims, en tête duquel se trouve la Cosmographie d'Éthicus, et qui offre dans sa disposition générale beaucoup d'analogie avec le manuscrit 4806 de Paris[2].

Nous devons à Bandini une description assez étendue de deux manuscrits de la bibliothèque Laurentienne de Florence, numérotés 67 et 68, dont le premier est du xe siècle[3].

Le second, qui est seulement du xve siècle, était précédemment dans la bibliothèque Gaddienne, où Targioni Tozzetti l'avait examiné avec grand soin : il en a donné une notice détaillée qui permet de remarquer dans ce manuscrit, sinon une similitude complète, au moins une grande analogie avec celui de Lamoignon[4].

Morelli nous a fait connaître deux manuscrits du xve siècle conservés dans la bibliothèque de Saint-Marc à Venise, et

[1] Ms. Egerton, n° 268, in-4°. — Nous devons à l'amitié de M. Thomas Wright une collation de ces fragments.

[2] Karl Falkenstein, *Beschreibung der königlichen öffentlichen Bibliothek zu Dresden*, Dresde 1839, in-8°; p. 262 : « Miscellan codex, enthaltend : Æthici Cosmographia, Antonini Itinerarium,....... « Dicuili liber de mensura orbis terræ...... « Perg. handschr. des 10 jahrh. v. 135 bll. « in-4, wovon die 3 ersteren in 2 coll. abgetheilt, die übrigen aber in fortlaufenden zeilen geschrieben sind...... Auf der « Rückseite der ersten blattes lieset man « von der hand die den Aethicus schrieb: « Præpositus dedit Sanctæ Mariæ Remensi. « Auf der stirnseite d. Bll. 2 und 64 hat « eine hand des 15 jahrh. bemerkt : « Codex Monasterii S. Michael in monte prope « Bbbg (Babebergam d. i. Bamberg). »

[3] Ang. Mar. Bandini, *Catalogus codicum latinorum Bibliothecæ Laurentianæ*, Florence 1776, in-fol. t. III, pp. 324 à 330, et 331 à 333. — Le savant bibliothécaire de la Laurentienne, M. l'abbé Francesco del Furia nous a obligeamment procuré une collation entière de la Cosmographie et de l'Itinéraire pour le premier de ces manuscrits.

[4] Targioni Tozzetti, *Relazioni d'alcuni viaggi*, t. IX, pp. 160 à 175.

dont il désigne l'un, provenant du bailli de Farseti, comme l'archétype de l'autre; ces deux exemplaires offrent, avec notre manuscrit de Lamoignon, de tels points de ressemblance, qu'il peut être considéré à son tour comme l'original sur lequel ils ont été copiés[1].

On verra tout à l'heure pourquoi nous ne comprenons pas dans cette énumération le manuscrit de Saumaise, mentionné, par lui-même et par Opitz, comme très-supérieur par sa correction au texte publié, et dont l'illustre érudit se proposait de donner une édition critique avec un ample commentaire[2]. Le grand Saumaise n'a point accompli ce projet; et, suivant la remarque d'un savant académicien[3], une bonne édition d'Éthicus, vivement désirable, est encore à faire : les manuscrits sont assez nombreux pour donner lieu d'espérer une quantité

[1] Jacobi Morellii, Bibliothecæ regiæ Divi Marci Venetiarum custodis, *Bibliotheca manuscripta græca et latina*, Bassano 1802, in-8°; t. I, pp. 370 à 391.

[2] Cl. Salmasii *in Ælium Spartianum notæ*, apud *Historiæ Augustæ scriptores*, p. 140, col. 1 : « Non omittam docere Æthi- « cum, cujus Cosmographiam habemus, « inter Oceani Occidentalis famosos montes « ponere et istum vallum a Severo duc- « tum. Nam ubi vulgo scribitur *Trienum*, « *Alpes plurimas*, *Appenninum*, *Balearem;* « pro illo *Balearem*, quod vitiosum est, « optimus liber ms. qui penes me est, qui- « que Æthicum longe habet dissimilem a « vulgato Æthico, præfert *Ballum Britan-* « *niæ*, quod de hoc vallo manifesto acci- « piendum est, ut pluribus ad ipsum Æthi- « cum docebimus. » — Opitz, *Incerti poetæ teutonici Rhythmus*, p. 41 : « Sic Æthicus « ms. diversus multifariam ab edito hac- « tenus, cujus mihi copiam fecit Cl. Sal- « masius, nunquam sine honore dicen- « dus. »

Ce manuscrit appartenait, comme on voit, à Saumaise lui-même, qui le communiqua à Opitz; Gérard-Jean Vossius (*De Historicis latinis*, p. 693) et Théodore Rycke (apud Deckherrum, *De Scriptis adespotis*, p. 194) se trompent donc quand ils supposent que c'est le manuscrit Thuanéen ou celui de P. Daniel (ce qui semblerait d'ailleurs indiquer l'Éthicus Istriote et non le cosmographe latin) que Saumaise se proposait de publier.

[3] Walckenaer, *Éthicus*, dans la Biographie universelle de Michaud, t. XIII, p. 427 : « Une édition passable de cet ouvrage est encore à donner, et il serait à souhaiter que quelque savant s'en occupât, car il est utile par les débris d'auteurs perdus qui s'y trouvent. » — L'utilité de ce livre, reconnue par un juge aussi éminent en ces matières, venge un peu Éthicus du

de variantes curieuses et utiles; nous avons même trouvé, dans des sources trop négligées, des leçons propres à remplir des lacunes d'ancienne date, et qui jusqu'à ce jour avaient été peu remarquées. Nous avons bon espoir que cette tâche sera prochainement remplie par un savant étranger, qui paraît ne négliger aucun soin pour se procurer, dans les grands dépôts littéraires de l'Europe, la collation des meilleurs manuscrits [1].

§ IV.

La Cosmographie d'Éthicus, telle que nous la font connaître les manuscrits et les éditions imprimées, est un morceau d'une médiocre étendue, dont les traits les plus remarquables sont d'offrir d'abord une introduction sommaire où se trouve mentionné en termes exprès, et avec les noms de ceux qui l'ont exécuté (sauf, dans la plupart des manuscrits et dans toutes les éditions, une lacune dont nous nous occuperons plus loin [2]), un mesurage général de l'empire romain, ordonné par le sénat, entrepris sous Jules César et Marc Antoine, et terminé sous Auguste.

A la suite, et comme offrant un résumé de cette opération, vient un tableau des mers, îles, montagnes, provinces, villes, fleuves et nations, distribué en quatre parties corrélatives aux quatre océans qui enceignent la terre habitable vers les quatre points cardinaux, dans cet ordre : orient, occident, nord, et midi.

---

reproche d'extravagance que lui fait Menson-Alting dans sa *Notitia Germaniæ inferioris* (Amsterdam 1697, in-fol. p. 21, c. 1) : « Vesana denique Cosmographia « quæ Æthici nomen dehonestat. » (Et p 72 , F. 13) : « Æthici vesana Cosmographia. »

[1] Cette édition est préparée par M. le professeur Petersen, de Hambourg, à qui nous avons été heureux, pour notre part, de fournir la recension de quelques manuscrits.

[2] Voir ci-après, art. 2, §§ 6 et 7.

Et après cette énumération quadripartite des mers, îles, montagnes, provinces, villes, fleuves et nations, est placée une description tripartite du monde suivant ses trois grandes divisions d'Asie, Europe et Afrique, en procédant pour chacune par régions diverses avec leur situation et leurs limites, le nom des provinces et le nombre des nations y comprises, plus une section distincte des îles de la Méditerranée avec leur situation et leur grandeur.

Mais bien que là s'arrête ce qui a été publié sous le nom d'Éthicus, il est évident qu'une continuation immédiate est annoncée par cette phrase qui termine la portion imprimée : « Et quoniam universa terrarum orbis spatia vel insularum « descripsimus, nunc ad majorem demonstrationis structio- « nem, in quantum vigilantia nostra investigare potuit (itinera « et distantias[1]), demonstrabo, ex æterna urbe Roma initium « sumens, quæ caput est orbis et domina senatus. »

Or dans le manuscrit de Pithou, qui a servi de type aux éditions imprimées, ainsi que dans les deux manuscrits royaux parisiens du x⁰ siècle, dans le manuscrit de Lamoignon, dans celui de Reims, dans les deux manuscrits de Florence, dans les deux de Venise, dans celui d'Égerton à Londres, dans celui de Dresde, dans ceux de Vienne, l'Itinéraire d'Antonin se trouve immédiatement transcrit à la suite de l'*opus tripartitum*, que termine la phrase ci-dessus rapportée; et nous savons de plus, par Gentillotti et par Endlicher, que, dans l'antique manuscrit de Vienne, ainsi que dans le manuscrit 4807 de Paris, et dans celui de Reims, cette suite est annoncée dans le titre initial, ainsi formulé : *Incipit Cosmographia feliciter*

---

[1] Les mots *itinera et distantias* nous sont exclusivement fournis par le manuscrit du cardinal Fillastre.— La phrase tout entière manque dans le manuscrit du vIIIᵉ siècle de la bibliothèque d'Albi (voir ci-après p. 81, note 1), qui ne contient, il est vrai, que la Description tripartite, isolée de tout le reste.

cum Itinerariis suis et portubus; ce document semble donc faire partie intégrante de la Cosmographie d'Éthicus.

Ce qui compose l'Itinéraire lui-même, c'est d'abord le routier des provinces de l'empire, puis l'itinéraire maritime, celui des ports ou rades, enfin celui des îles; après quoi sont encore placées en guise *d'explicit,* et à ce qu'il semblerait, à la fantaisie des copistes, quelques brèves indications contenant le nom des sept collines, celui des neuf aqueducs, et la mention générale des autres sources utilisées à Rome.

Dans les deux copies comprises au manuscrit de Baluze, c'est seulement la dernière partie de l'Itinéraire, *l'insularium,* que l'on voit transcrite immédiatement après *l'opus tripartitum,* dont la dernière phrase est d'ailleurs terminée au mot *demonstrabo.* Dans le manuscrit Thuanéen, ainsi que nous l'avons déjà énoncé, la phrase entière est retranchée. Dans le manuscrit de Burleigh, ce n'est point seulement une phrase, mais la majeure partie de la Cosmographie tripartite, qui se trouve supprimée pour faire place à *l'insularium;* et si l'on rencontre un peu plus loin, dans le même manuscrit, l'Itinéraire maritime, ce n'est qu'après interposition d'un fragment sur les poids, les mesures, et les monnaies, et comme un document isolé. Quant au manuscrit de Mentelle, il ne va pas plus loin que le *quadripartitum opus,* et c'est à cela que se bornait aussi le manuscrit de Cujas.

§ V.

De cette sorte d'inventaire il semble résulter, en somme, qu'il existerait un corps d'ouvrage formé de deux parties principales très-distinctes, vulgairement appelées, l'une *Cosmographie d'Éthicus,* et l'autre *Itinéraire d'Antonin;* que dans chacune de ces deux parties principales se font à leur tour remarquer des sections diverses, notamment, dans la Cosmographie, deux descriptions, l'une quadripartite et l'autre tripartite[1] du monde connu des Romains; et dans l'Itinéraire, d'une part les routes de terre et de mer, de l'autre la description des îles ou *insularium;* qu'enfin ces parties et sections se montrent dans les manuscrits et les éditions imprimées, tantôt réunies en un seul corps, tantôt respectivement isolées, tantôt enfin diversement assemblées par deux et par trois.

Mais les critiques sont loin de s'accorder à reconnaître ces différents morceaux comme les fragments d'un seul tout; et d'abord la séparation est vulgairement admise comme fondamentale entre la Cosmographie et l'Itinéraire; une distinction pareillement tranchée a été faite entre les deux sections de la Cosmographie[2] : et il est arrivé que, non-seulement on a écarté l'idée d'un seul auteur, mais que deux auteurs même n'ont point paru satisfaire aux conditions de cette œuvre multiple, et qu'on est allé jusqu'à désigner trois auteurs, parmi lesquels, chose remarquable, ne figure même point Éthicus. Une sorte de puritanisme critique lui a préféré, dans l'allégation respec-

---

[1] Le Catalogue général des manuscrits des bibliothèques des départements (t. I, p. 489) signale, parmi les manuscrits de la bibliothèque d'Albi, un recueil petit in-folio carré sur vélin, contenant, après une mappemonde très-grossièreque M. Libri suppose exécutée à la fin du viie ou au commencement du viiie siècle, une *Descriptio terrarum,* en caractères mérovingiens du viiie siècle, « qui n'est autre chose que le traité de cosmographie publié plusieurs fois sous le nom d'Æthicus et qui forme le second chapitre du livre premier de l'Histoire de Paul Orose »; c'est-à-dire la Description tripartite d'Éthicus seule. Il

est à remarquer que la phrase de transition d'Orose : « percensui breviter, etc. », ni celle d'Éthicus : « et quoniam universa terrarum, etc. », ne se trouvent à la fin de ce manuscrit.

[2] Thomæ Reinesii D[antiscani] *Variarum lectionum libri III priores in quibus de scriptoribus sacris et profanis classicis plerisque disseritur,* Altenburg 1640, in-4°; lib. I, cap. xiii, p. 45 : « Compendiosam « orbis descriptionem duplicem, quam « Æthico autori hactenus tribuerunt, vulgo « conceptum fœtum videri et parentem « non unum agnoscere, prodit ipsum opus- « culi vere hybridæ schema. »

tive des trois morceaux, les noms de Julius Honorius, d'Orose,
et d'Antonin.

Nous allons examiner successivement chacune des parties
de cette triple thèse, afin d'en vérifier le fondement, d'appré-
cier la solidité des déductions, et de prendre parti nous-même
entre les opinions dissidentes qui se produisent sur chaque
point.

ARTICLE II.

DE LA DESCRIPTION QUADRIPARTITE DU MONDE.

§ 1.

Occupons-nous d'abord de la Description quadripartite.

Saumaise éveilla le premier l'attention du monde savant
sur la question du nom qu'il convenait de donner à l'auteur
de la Cosmographie publiée sous celui d'Éthicus. D'abord,
dans ses notes sur Ælius Spartianus, il avait admis ce nom
d'Éthicus, en se bornant à énoncer qu'il en possédait un manuscrit très-différent du texte imprimé, et dont il se proposait
de donner une édition avec un commentaire. Plus tard, dans
ses *Exercitationes Plinianæ*, il fit connaître que son manuscrit
était semblable à un autre extrêmement ancien de la bibliothèque Thuanéenne, lequel portait, au lieu du nom d'Éthicus,
celui de Julius Orator, mentionné par Cassiodore; et il déclara
dès lors que ce Julius Orator était le véritable auteur du livre[1].

---

[1] Cl. Salmasii *in Ælium Spartianum notæ*, ubi supra, p. 140. — Idem, *Plinianæ Exercitationes*, p. 541 *b* A : « Ita legendus « ille locus ex vetustissimo nostro codice, « et Thuanæo, qui Cosmographiam illam « non Æthico sed Julio Oratori tribuit, « cujus meminit Cassiodorus. » — Et p. 587 *b* C : « Cosmographia quæ vulgatur sub no- « mine Æthici :..... auctor ille Julius est « Orator cujus verba sic legenda sunt ex « antiquissimo codice Thuanæo, cui con- « similis penes me est. » — Voir encore p. 103, *a*, *b*, et p. 783 *a* G. — Le manus- crit même de Saumaise, dont l'écriture

Les deux Valois, les deux Voss, Burton, Vinding, Du Cange et les Gronov adoptèrent la même opinion.

Dans ses notes sur Ammien, Henri de Valois énonce très-expressément que, la Cosmographie d'Éthicus étant en entier une simple transcription de Julius Orator, il faut l'appeler Cosmographie de Julius Honorius l'orateur, et non d'Éthicus ou Æthicus[1].

Adrien de Valois, un peu moins explicite, se fait toutefois aussi, dans la préface de sa Notice des Gaules, l'écho d'une semblable opinion, que, dès avant l'indication de Saumaise, Nicolas Lefèvre, précepteur de Louis XIII, avait consignée dans une note manuscrite sur son exemplaire de la Cosmographie d'Éthicus, devenu ensuite la propriété de Valois. « Éthicus (suivant cette note) a presque littéralement tiré toute son œuvre du livre de Julius Honorius mentionné par Cassiodore, et dont Pierre Pithou possède un manuscrit en lettres onciales. » (Pour le dire en passant, ce manuscrit de Pithou est le même qui est cité par Saumaise comme compris de son temps dans la bibliothèque Thuanéenne). Malgré l'autorité de Lefèvre, de Saumaise, et de son propre frère, Adrien de Valois semble n'accéder que mollement à leur conviction, et il cite indifféremment la Cosmographie, tantôt sous le nom de Julius Honorius, tantôt sous celui d'Éthicus[2].

---

est du IXe siècle, se conserve à la Bibliothèque royale de Paris, où il est classé, dans la réserve, sous le n° 685 du supplément latin : il contient en effet, pp. 237 à 262, sous le titre de *Cronica Julii Cesaris*, l'opuscule de Julius Honorius, dont nous parlerons plus loin.

[1] Henrici Valesii *adnotationes ad Ammiani Marcellini rerum gestarum libr. qui de XXXI supersunt XVIII*, Paris 1681, in-fol. ad lib. XXII, cap. xvi, p. 341 : « Julius Honorius vetus auctor, quem Æthi-« cus magna ex parte exscripsit »; et ad lib. XXIX, cap. v, p. 575 : « Hæc gentium « nomina desunt in Cosmographia Ethici, « quæ tota ex Julio Oratore transcripta cum « sit, non Æthici sive Ethici, sed Julii Ho-« norii Oratoris Cosmographia dici debet. »

[2] Hadriani Valesii *Notitia Galliarum*, préface, p. iv : « De Æthici Cosmographia,

Gérard-Jean Vossius, dans son livre *De historicis latinis*, énonce de même que l'auteur de la Cosmographie d'Éthicus est plutôt Julius l'orateur mentionné par Cassiodore[1]; et Isaac Vossius, à son tour, dans ses Observations sur Méla, cite directement *Julius Orator, qui vulgo Ethicus dicitur*[2].

Guillaume Burton, dans son Commentaire sur l'Itinéraire d'Antonin en ce qui concerne la Grande-Bretagne, se borne à évoquer le témoignage de Saumaise pour ce nom de Julius Orator mentionné par Cassiodore et constaté par le manuscrit thuanéen[3]; et Vinding à son tour se réfère sur ce point à Burton[4].

Du Cange, de son côté, dans sa *Constantinopolis christiana*, rappelle que la Cosmographie d'Éthicus est intitulée sur quelques manuscrits, et notamment sur celui de la bibliothèque Thuanéenne, du nom de Julius Orator, signalé par Cassiodore[5].

Enfin dans le pêle-mêle incomplet des *Testimonia et judicia*

« plurimis mendis ac erroribus scatente « Nicolaus Faber, V. Cl. doctissimusque, « Ludovici XIII christianiss. regis præcep- « tor, in suo libro qui nunc meus est, sua « manu ita scriptum reliquit : « Hæc ad « verbum fere Æthicus transcripsit ex Julii « Honorii libro, cujus meminit Cassiodorus « *De divinis lectionibus*, cap. xxv, quem ha- « bet Petrus Pithœus scriptum litteris un- « cialibus. » — Voir dans l'ouvrage, pp. 46 *a*, 216 *a*, 219 *b*, 504 *b*, 626 *a*, sans parler des passages où Éthicus est cité pour l'Itinéraire seulement.

[1] G. J. Vossius, *De Historicis latinis*, p. 692 : « Æthicus Ister, sive is potius est « Julius Orator, Cassiodoro etiam memo- « ratus, cui in vetustis codicibus tribuitur, « Cosmographia sua nunc qualecumque « nomen habet. » — Comp. son traité *De Philologia liber*, Amsterdam 1650, in-4°; p. 59.

[2] Isaaci Vossii *Observationes ad Pomponium Melam*, lib. III, cap. ix ; dans l'édition gronovienne de 1722, p. 598.

[3] Burton, *a Commentary on Antoninus his Itinerary*; pp. 5 et 6 : « The vulgar prin- « ted Æthicus, whom we have now to do « withall in Thuanus his ancient written « copy, is called Julius Orator (a writter « mentioned by Cassiodorus) as Salmasius, « who had the use thereof, witnesses in « more than one place. »

[4] Vindingii *Epistola ad Deckherrum*, p. 192 : « Si Burtono credam (*Comment. in Itiner. Anton.* p. 5), in ms. Thuani vo- « catur Julius Orator, cujus Cassiodorus « meminit. »

[5] Du Cange, *Constantinopolis christiana*, Paris 1680, in-fol. p. 62 : « At vero in « codicibus aliquot mss. *Julio Oratori utrius- « que artis* adscribitur : atque adeo in co- « dice Thuanæo hæc ad calcem operis ad-

virorum doctorum de Julio Honorio et Æthico joint à leurs éditions successives de Méla, Jacques et Abraham Gronov ont reproduit quelques-uns des passages de Saumaise, des Voss, des Valois, et de Du Cange, relatifs à la légitimité du nom de Julius l'orateur [1]; ils y ont même ajouté, comme empruntée à Lambeck, la citation d'une lettre adressée à celui-ci par son oncle Luc Holstein, mais qui contient, chez les Gronov, une indication omise par le bibliothécaire de Vienne, et qui témoigne de l'incertitude où demeurait Holstein entre Julius l'orateur et Éthicus [2]. Quoi qu'il en soit, les Gronov ont si bien adopté l'opinion qui attribue à Julius Honorius la Cosmographie d'Éthicus, qu'ils n'ont réimprimé celle-ci qu'avec les titres de *Cosmographia falso Æthicum auctorem præferens... Cosmographia antehac temere Æthico adscripta;* tout en publiant néanmoins, d'après le manuscrit thuanéen tant cité, le texte même de Julius Honorius, très-analogue, il est vrai, à l'*opus quadripartitum* d'Éthicus, mais bien loin cependant de lui être complétement identique [3].

Depuis cette publication, chacun put examiner les pièces

« jecta leguntur : « *Hæc omnia,* etc. Sed et « hunc veteris istius Cosmographiæ auctorem agnoscit Cassiodorus *De Divinis lectionibus,* cap. xxv, quod est de Cosmographis legendis. »

[1] Pages 687 à 690 de l'édition de 1722.

[2] Lambecii *Commentaria de aug. Bibliotheca cæs. Vindobonensi,* Vienne 1674, in-fol. t. VI, p. 268 : Epistola xix : *Doctissimo juveni Petro Lambecio nepoti meo charissimo, L. Holstenius.*—Lambeck ne donne qu'un extrait mutilé de la lettre de son oncle : cette lettre se trouve imprimée dans son entier, sous le n° LXXXVI, dans le recueil publié par M. Boissonade, *Lucæ Holstenii Epistolæ ad diversos,* Paris 1817, in-8°, pp. 382 à 384.

Voici l'extrait complet de ce qui concerne Éthicus : « Julii Oratoris sive Æthici « Cosmographiam ex ms. palatino depromptam mitto, ut cum vetustissimo « exemplari D. Thuani conferas, et folium « quod hic deest suppleas. Codicis illius « usum illustris D. Puteanus tibi impetrabit. Si lectiones plurimum discrepare « deprehenderis, minus laboris tædiique « experiere, si integrum ex Thuani codice « describas. » — Comp. Gronov, édit. de 1722, p. 690.

[3] Pages 691 à 702 de l'édition gronovienne de 1722.

du procès, mais fort peu de gens y regardèrent d'assez près pour se faire une opinion raisonnée: Fabricius, Franck, Schœpflin, Sax, Meusel, se contentèrent de mentionner les dires de leurs devanciers [1]; Wesseling et Sainte-Croix admirent que la Cosmographie était, sans aucun doute possible, l'œuvre de Julius Honorius [2]; et Gossellin déclara chose reconnue que le vrai nom d'Éthicus était Julius Orator ou Julius l'orateur [3]. Cependant Andrés, Grâberg de Hemsœ, Schœll, M. Walckenaer, se sont gardés de confondre les deux personnages et leurs œuvres respectives [4]; et en dernier lieu M. Bernhardy exprime

---

[1] Fabricius, *Bibliotheca latina*, pp. 348-349. — Franck, *Catalogus Bibliothecæ Bunavianæ*, t. I, p. 414. — Schœpflin, *Alsatia illustrata*, t. I, p. 613, nott. *i, k*. — Saxii *Onomasticon litterarium*, t. I, pp. 414, 415. — Meusel, *Bibliotheca historica*, t. IV, 1ʳᵉ partie, p. 127.

[2] Petri Wesselingii *Vetera Romanorum Itineraria*, Amsterdam 1735, in-4°, p. 2 de la préface : « Cosmographia quæ citra « dubium hujus Julii est. » — Sainte-Croix, *Mémoire sur une nouvelle édition des petits géographes anciens*, dans le Journal des Savants pour le mois d'avril 1789, Paris 1789, in-4°; p. 249 : « L'écrit de Julius Honorius Orator abrégé par Æthicus. »

[3] Gossellin, *Recherches sur la Sérique des anciens*, dans les Mémoires de l'Académie des inscriptions, t. XLIX, Paris 1808, in-4°; p. 722, not. *c* : « On convient que le vrai nom d'Æthicus était Julius Orator ou Julius l'orateur. »

[4] Andrés, *Dell' origine, progressi e stato attuale d' ogni letteratura*, Parme 1787, in-4°; t. III, p. 428 : « Di Giulio Onorio « oratore non abbiam che pochi frammenti; « Paolo Orosio scrive di Geografia ma so- « lamente per introduzione alla sua storia;

« la Cosmografia d'Etico, e il libro de' « fiumi di Vibio Sequestro ci danno qual- « che maggior lume, ma non da farsene « troppo conto ». — Grâberg, *Storia della « Geografia*, ubi supra, p. 136 : « Giulio « Onorio avea pure scritto sulla Geografia, « ma non ci rimangono che pochissimi « frammenti ». *Infra*, p. 144 : « Etico, nato « nell' Istria, ... compose due descrizioni « della terra. » — Schœll, *Histoire abrégée de la littérature romaine*, t. III, pp. 259-260 : « Julius Honorius, contemporain du dicta- teur (Jules César), dont nous avons quel- ques pages intitulées : *Excerpta quæ ad Cosmographiam pertinent*. . . . . . . Æthicus surnommé Ister, chrétien du IVᵉ siècle, auquel on attribue un ouvrage intitulé *Cosmographia*, que nous avons encore, et qui, malgré sa sécheresse, est un monu- ment intéressant dans cette disette de ma- tériaux pour la géographie ancienne qui nous rend précieux le moindre renseigne- ment. » — Walckenaer, *Éthicus*, dans la Biographie universelle, t. XIII, p. 426 : « Le premier de ces extraits est, dans quelques manuscrits, attribué à *Julius Honorius* l'orateur; il ne contient que des listes de noms de mers, de provinces et

le regret qu'on n'ait point déjà fait de suffisantes recherches sur ces deux ouvrages et ces deux noms, à l'égard desquels il n'existe encore aucune certitude critique[1].

§ II.

Sans prétendre accomplir la tâche ainsi proposée, nous voulons du moins rapprocher les éléments, de la combinaison desquels sont nées les difficultés, et d'où peuvent naître aussi des lumières pour les résoudre.

Cassiodore, en indiquant aux moines de son temps les ouvrages cosmographiques propres à leur faciliter l'intelligence des saintes Écritures, leur signale en première ligne le petit volume (*libellum*) de Julius Orator, *qui maria, insulas, montes famosos, provincias, civitates, flumina, gentes, ita quadrifaria distinctione complexus est, ut pene nihil libro ipsi desit quod ad cosmographi notitiam cognoscitur pertinere*[2].

Voilà bien la description d'un livre où la disposition des matières rappelle merveilleusement celle de la Cosmographie quadripartite d'Éthicus, ou des *Excerpta* de Julius Honorius publiés par les Gronov, comprenant de même, et précisément dans l'ordre indiqué, les mers, îles, montagnes, provinces, villes, fleuves et nations. Bien plus, ces *Excerpta* offrent, dans leur *explicit*, le nom même de Julius Orator : il n'est donc guère possible de douter qu'ils ne nous représentent aujourd'hui, plus ou moins complétement, le livre de Julius Orator mentionné par Cassiodore.

---

de villes, et la description abrégée du cours des principaux fleuves; le second, intitulé *Cosmographie d'Éthicus*, est absolument de la même nature. »

[1] Bernhardy, *Grundriss der römischen Litteratur,* p. 283, note 523 : « Solange « nicht genauere forschungen über bieder « werke und namen, die keine kritische « sicherheit haben, angestellt sind. »

[2] Magni Aur. Cassiodori senatoris *Opera,* Paris 1588, in-4°; *De Institutione divinarum scripturarum liber* (vulgo De divinis lectionibus), cap. xxv : *Cosmographos legendos a monachis;* p. 243.

Ces *excerpta* sont acéphales dans le manuscrit d'après lequel Jacques Gronov les a fait imprimer, et c'est d'après l'épilogue et l'*explicit* qu'il a suppléé le titre. Le dernier feuillet du manuscrit contient, en effet, les indications que voici : « Hæc omnia in descriptione recta Orthographiæ transtulit pu-« blicæ rei consulens Julius Honorius magister peritus atque « sine ulla dubitatione doctissimus. Illo nolente ac subterfu-« giente, nostra parvitas protulit, divulgavit, et publicæ scien-« tiæ obtulit..... Excerptorum excerpta explicita Orthographiæ « a Julio Oratore utriusque artis, feliciter[1]. »

C'est-à-dire, en deux mots, que c'est là un résumé fidèle du livre intitulé *Orthographia;* que cet extrait a été fait par Julius Honorius, et mis en circulation par un éditeur anonyme, abréviateur peut-être lui-même de ces extraits, ainsi que semblent l'indiquer les mots *Excerptorum excerpta.* Cela suppose trois textes successifs : celui de l'*Orthographia,* celui des Extraits de Julius Orator, et celui enfin que nous avons sous les yeux dans les éditions gronoviennes.

Il en faut conclure que si ce n'est pas là le texte original de Julius Orator, c'en est au moins un abrégé. Nous ne dissimulerons point que l'analogie de disposition, les rapports mutuels d'étendue entre la Description quadripartite d'Éthicus et les *Excerpta* de Julius Honorius tels que nous les possédons, pourraient aisément faire considérer ceux-ci comme abrégés de celle-là. Cependant il y a quelques différences de détail, et de plus une interversion notable dans l'ordre des matières, puisque les *Excerpta* se terminent par une récapitulation numérique des mers, îles, montagnes, provinces, villes, fleuves et nations, qui dans la Cosmographie d'Éthicus est placée au contraire vers le commencement.

[1] Ms. 4808, 2ᵉ pièce. — Comp. Gronov, pp. 701, 702 de l'édition de 1722.

Mais les *Excerpta* mêmes offrent la trace d'une coupure profonde avant cette récapitulation, qui a un intitulé particulier (*Incipiunt Excerptorum hæc*), en même temps que le texte qui précède se trouve clos par cette formule : *quatuor oceanorum continentia explicit*. On peut donc supposer que là était originairement la fin du morceau, d'autant mieux que la portion qui vient ensuite offre, dans sa rédaction même, la preuve qu'elle devait occuper une tout autre place, et précéder les *compendia* des quatre océans : « sequuntur enim », y est-il dit, « compendia quæ infra scripta videbis ».

Cette disposition est confirmée par deux autres exemplaires du même ouvrage, qui se trouvent parmi les manuscrits de la Bibliothèque royale, non plus, il est vrai, sous le titre d'*Excerpta* ni le nom de Julius Orator, mais avec des caractères de conformité qui ne permettent pas d'y méconnaître la transcription d'un texte presque identique : ils se terminent à l'endroit précis que nous venons de signaler, par ces mots : *Explicit Cronica* (ou *Cosmographia*) *Julii Cæsaris* [1].

Ces exemplaires offrent d'autant plus d'intérêt, qu'ils permettent de combler la lacune existante dans les éditions, au commencement des *Excerpta*, qui débutent, en l'état actuel, par cette phrase évidemment tronquée : « Excerpta ejus sphere « vel continentia propter aliquos anfractos ne intellectum forte

---

[1] L'un de ces manuscrits est celui de Saumaise, du IXe siècle, que nous avons déjà cité; l'autre, provenant de la bibliothèque Thuanéenne, porte le n° 4871; la *Cosmographia Julii Cesaris* y occupe les feuillets 99 à 104; il est du XIe siècle. — C'est le même texte qui se trouve dans le manuscrit du Vatican n° 3864, autant qu'on en peut juger par l'échantillon envoyé de Rome à M. Frédéric Ritschl par M. E. Braun, et publié par le premier dans le *Rheinisches Museum für Philologie* (neue folge, erster Jahrgang, Frankfurt am Main 1842, in-8°), en son mémoire intitulé : *Die Vermessung des römischen Reichs unter Augustus, die Weltkarte des Agrippa, und die Cosmographie des sogenannten Æthicus (Julius Honorius)*, p. 489 du recueil cité, ou p. 9 du tirage à part.

« legentis perturbet, et vitio nobis acrosticis esset, hic excer-
« pendam esse credidimus [1]. »

Dans les deux autres manuscrits, au contraire, se présente d'abord, comme dans la Cosmographie d'Éthicus, mais d'une rédaction plus abrégée, la *Dimensio universi orbis,* puis l'exposé récapitulatif du nom des mers, îles, montagnes, provinces, villes, fleuves et nations; après quoi viennent naturellement ces mots : « Explicit expositio excerpta ejus sphæræ vel conti-« nentiæ »; et l'on doit considérer comme une transition à un tableau plus développé la phrase qui suit immédiatement : « Propter aliquos anfractus ne intellectus forte legentis turbe-« tur, et vitia nobis adscriberentur, hic exponendum esse cre-« didimus [2]. »

Nous avons encore trouvé dans un troisième manuscrit [3] cette même *Dimensio universi orbis,* ainsi que l'*Expositio,* qui en est comme la suite obligée; l'une et l'autre formant deux petits chapitres intercalés entre des extraits d'Isidore de Séville, confondus avec d'autres pièces sous le nom de Bède le Vénérable. Aucune indication d'auteur ou de rédacteur ne s'y trouve consignée.

---

[1] P. 691 de l'édition gronovienne de 1722.

[2] Manuscrit de Saumaise, p. 238. — On voit au premier coup d'œil combien cette leçon est préférable au galimatias du manuscrit 4808, fidèlement reproduit par Gronov, p. 691 : « Propter aliquos an-« fractos ne intellectu forte legentis per-« turbet, et vitio nobis achrosticis esset, « hic excerpendam esse credidimus. »

[3] Manuscrit 7418, in-4° sur parchemin, écriture du xive siècle, ayant précédemment appartenu à Philibert de la Mare. Voir folio 8 du cahier xviiij; ces deux chapitres, numérotés x et xi, sont précédés et suivis de deux chapitres extraits d'Isidore, savoir : viiii, *De Libya et partibus ejus,* et ensuite xii, *De Mensuris agrorum.* Le volume, écrit en entier d'une même main, offre un index final où cette portion du manuscrit est ainsi désignée : « Bedæ de naturis rerum, « et sequuntur duo libri per capitula « distincti qui sumuntur ex Isidori Ety-« mologiis, sicut ibidem in titulis præ-« notavi. »

§ III.

En déduisant de la combinaison des trois manuscrits un texte tolérable des *Excerpta*, il en résultera une rédaction entièrement conforme, dans sa disposition générale, à l'*Opus quadripartitum* d'Éthicus ; et nous nous souviendrons en même temps que cette rédaction, suivant l'énonciation formelle du manuscrit thuanéen du viiie siècle[1], est celle d'un humble éditeur du travail de maître Julius Honorius, dont la modestie se refusait, à ce qu'il paraît, à cette publication.

Nous pourrions ici élever la question incidente de savoir si l'habile maître Julius Honorius est bien le même personnage que le Julius Orator de Cassidore ; mais cette identité ayant été admise sans contestation par les érudits des deux derniers siècles, nous la considérerons comme définitivement jugée.

Nous devons notre attention à une question plus grave : cette rédaction, faite par un éditeur anonyme d'après le texte de Julius Orator, étant évidemment, sauf quelques restrictions dont nous nous occuperons plus tard, un simple abrégé à l'é-gard de la Cosmographie quadripartite d'Éthicus, n'y a-t-il pas lieu de reconnaître, précisément dans ce dernier ouvrage, le texte même de Julius Orator ?

Pour résoudre ce problème, il nous faut revenir à l'énonciation du manuscrit de Pithou, que nous avons déjà transcrite et expliquée tout à l'heure, savoir : que Julius Honorius avait emprunté ses matériaux à un ouvrage antérieur intitulé *Orthographia* : « Hæc omnia in descriptione recta Orthographiæ « transtulit. » Cette énonciation avait déjà frappé Targioni Tozzetti, et nous devons avouer que son explication n'est pas entièrement conforme à celle que nous avions nous-même

---

[1] Manuscrit 4808, 2e pièce.

adoptée avant de connaître la sienne, dont voici le résumé.
« Les *Excerpta* de Julius Honoratus (lisez Honorius), tels que
nous les avons dans l'édition de Gronovius, sont tirés mot pour
mot de la Cosmographie attribuée vulgairement à Éthicus.
Or il résulte des propres termes du compilateur, que ces *Excerpta* avaient été transportés par Julius Honorius dans son
ouvrage intitulé *Descriptio recta* ou *Orthographia*, et que c'est de
là que l'ignorant excerpteur les avait tirés à son tour, pour les
réunir à un traité de la Sphère, ce qui lui fait dire : « Hic li-
« ber Excerptorum ab Sphæra ne separetur ». Ainsi il n'y a aucun
motif d'enlever à Éthicus la composition de sa Cosmographie
pour l'attribuer à Julius Honorius, qui n'a été que son abréviateur [1]. » Voilà l'explication de Targioni.

Cette explication cadre si bien, dans son résultat définitif,
avec celle que nous avons, de notre côté, conclue des mêmes
éléments, qu'il peut sembler oiseux de s'arrêter à quelques
différences de détail; cependant nous ne voulons même pas
négliger ces points secondaires, qui ont aussi leur importance
pour l'ensemble de la question.

[1] Targioni Tozzetti, *Relazioni d'alcuni viaggi*, t. IX, pp. 161-162 : « Questi Escerti « di Giulio Onorato, tali quali gli ha pub- « blicati il Gronovio, sono cavati parola « per parola dalla Cosmographia divulgata « sotto nome d'Etico Istro, e l'affare a mio « giudizio va inteso così. Etico Istro com- « pose una Cosmografia.... Dalle parole « poi dell' anonimo escertore di sopra ri- « portate io deduco che anche Giulio Ono- « rato ricavò da questa Cosmographia un « solo pezzo, e *transtulit* cioè lo inserì, tra- « dusse, o compendiò in una sua opera « intitolata *Descriptio recta* ovvero *Orthogra- phia*, dalla quale l' ignorante escertore « suo scolare, ne copiò il solo pezzo pub- « blicato dal Gronovio, affine di unirlo ad « un certo trattato di Sfera, e però dice « *hic liber excerptorum ab Sphœrâ ne sepa- retur*, etc. E di fatti l'escerto di Giulio « Onorio è veramente escerto, perchè, se « non altro, compendia la descrizzione del « corso d'alcuni fiumi, la quale è più dis- « tesa in Etico, e oltrediciò tralascia sicu- « ramente il proemio dell' opera, e veri- « similmente tutto ciò che seguitava nel « testo d'Etico verso la fine dell' edizione « vulgata..... Dal fin qui detto parmi si « possa inferire che non vi sia giusto mo- « tivo di levare ad Etico Istro la sua Cos- « mographia per darla à Giulio Onorio suo « escertore. »

D'après Targioni, le premier texte est la *Cosmographia* d'É-
thicus, le second l'*Orthographia* ou *Descriptio recta* de Julius
Honorius, le troisième les *Excerpta* anonymes publiés par les
Gronov, et destinés à demeurer réunis à un traité de la Sphère,
« ab Sphæra ne separetur. »

Un mot d'abord sur cette dernière assertion : pour la mieux
juger, revenons au texte qui l'a suggérée. Dans cette portion
du manuscrit de Pithou [1] où nous avons reconnu la trace d'une
transposition, on trouve, après le *Quatuor oceanorum continentia
explicit*, 1° la récapitulation numérique, en quatre groupes
corrélatifs aux quatre océans, des mers, îles, montagnes, provinces, villes, fleuves et nations; 2° le texte invoqué, suivi
d'une nouvelle récapitulation générale et unique pour les quatre
océans; 3° l'épilogue final et l'*explicit*. Le texte à examiner,
placé comme on voit entre quatre récapitulations partielles
d'un côté, et une récapitulation générale de l'autre, s'exprime
ainsi : « Et ut hæc ratio, ad compendia ista deducta, in nul-
« lum errorem cadat, (sicut a magistro dictum est) hic liber
« excerptorum ab sphæra ne separetur; sequuntur enim com-
« pendia quæ infra scripta videbis : quatuor, ut iterum dicam,
« oceanorum ratio non prætermittenda; sunt enim per orbem
« totum terræ Cosmographiæ maria xxv, etc. », ce qu'il faut
traduire librement, ce nous semble, de la manière que voici :
« Et afin que ce calcul ainsi résumé en sommes partielles ne
puisse être affecté d'erreur, ayons soin (suivant la recomman-
dation du maître) de ne pas séparer ces récapitulations par
océans, de la récapitulation générale pour le globe entier, car
elle fournit les sommes ci-après pour le calcul d'ensemble des
quatre océans, qu'il faut, encore une fois, se garder de perdre

---

[1] Et par conséquent des éditions Gronoviennes de 1684, 1696 et 1722, qui repro-
duisent fidèlement ce manuscrit.

de vue : on trouve, en effet, sur toute la surface terrestre comprise dans la Cosmographie, vingt-cinq mers, etc. »

Cette paraphrase, plus intelligible qu'une version littérale qui aurait à son tour besoin de développements explicatifs, offre, si je ne m'abuse, une reproduction rigoureusement exacte du sens de l'original ; c'est ce dont il est facile de se convaincre par une collation comparative, dans laquelle on remarquera que nous avons écrit *ces récapitulations par océans,* là où l'original porte « hic liber excerptorum, » et *récapitulation générale pour le globe entier,* là où l'original porte simplement « sphæra ». La justification de cette manière d'entendre notre texte est aussi brève qu'aisée. Qu'est-ce, d'après le texte lui-même, que ce *liber excerptorum ?* Tout simplement les quatre petites récapitulations partielles intitulées *Incipiunt excerptorum hæc,* et immédiatement suivies de la phrase où figurent les mots « hic liber excerptorum » ; donc, pour ce premier objet, nul doute possible. Mais il y a plus de difficulté pour retrouver la valeur du mot « sphæra », si l'on ne se reporte à un manuscrit plus complet, tel que celui de Saumaise[1]. Dans celui-ci, comme nous l'avons indiqué plus haut, on trouve, après la *Dimensio universi orbis,* l'*Expositio excerpta ejus sphæræ vel continentiæ ;* ainsi « sphæra » ou « continentia universi orbis » sont, dans le livre même qui nous occupe, deux expressions parallèles, synonymes ; il n'est donc aucunement nécessaire de supposer, comme Targioni, l'existence d'un traité de la Sphère dont nous n'aurions d'autre trace que ce seul mot. Encore une fois, le compilateur se borne à cette phrase toute simple : « Voilà les sommes partielles corrélatives aux quatre océans ; de crainte d'erreur ayez soin de les conférer avec les sommes totales pour l'ensemble du globe. »

[1] Ms. 685 du supplément latin ; ou encore le ms. 4871, anciennement thuanéen.

Les *Excerpta* anonymes que nous avons sont donc un ouvrage entier en lui-même, et avec Targioni nous les tenons pour extraits du livre de Julius Honorius ; nous regardons également avec lui ce livre de Julius Honorius comme un extrait de la Cosmographie d'Éthicus ; mais nous croyons ne devoir point accorder à cette œuvre de Julius le titre d'*Orthographia* que lui attribue Targioni. Le texte d'après lequel le docte italien s'est déterminé porte littéralement : « Hæc omnia « in descriptione recta orthografie transtulit publice rei con- « sulens Julius Honorius », etc. Il a sans doute restitué, dans sa pensée, « in Descriptionem rectam vel Orthographiam », traduisant dès lors : « dans sa *Descriptio recta* ou *Orthographia* », ce qui est en quelque sorte justifié par la synonymie complète des mots. Néanmoins, il nous paraît plus prudent de s'abstenir d'une restitution là où le sens du texte ne la réclame pas impérieusement, et malgré la tautologie désagréable qui semble en résulter (mais dont le même livret nous offre, dans le titre *Excerptorum Excerpta*, un autre exemple non moins choquant), nous lirons simplement, avec G. J. Vossius[1], « in descriptione « recta Orthographiæ », que nous traduïsons dès lors : « dans un résumé fidèle de l'*Orthographia* ». Pour Targioni il y a là deux titres synonymes d'un même ouvrage de Julius Honorius ; pour nous, il n'y aurait qu'un seul titre d'ouvrage, *Orthographia*, et la mention du travail de reproduction[2] fidèle, par compilation ou abréviation, de la part de Julius Honorius. Ainsi donc le livre *Orthographia* ne serait point l'œuvre de Julius

[1] *De Philologia*, p. 59.

[2] Le mot *descriptio* a précisément cette acception. Cependant, en tenant compte du double titre du manuscrit laurentien d'Éthicus, *Descriptiones terrarum et Orthographia*, peut-être vaudrait-il mieux se déterminer ici à une restitution, et lire *Hæc omnia e Descriptione recta id est Orthographia transtulit, publicæ rei consulens Julius Honorius*. Les mots *id est*, dont l'abréviation consiste en un seul *i*, ont pu aisément être oubliés dans les manuscrits.

Honorius, mais bien l'original qui lui a servi de type ; et puisque nous avons déjà reconnu que ce type n'était autre que la Cosmographie d'Éthicus, *Orthographia* serait donc un autre titre de cette même Cosmographie.

Or cette conclusion n'a rien de hasardé ; elle n'est que l'expression d'un fait ; et si nous osions emprunter le langage des sciences exactes, nous dirions que ce n'est pas seulement un résultat conclu, mais aussi un résultat observé ; car nous avons à signaler l'énonciation formelle d'un manuscrit de la Cosmographie d'Éthicus, du xe siècle, appartenant à la bibliothèque Laurentienne de Florence, soigneusement décrit par Bandini sous le n° 67, et dont nous possédons une collation entière, exécutée par les soins du savant bibliothécaire, l'abbé Francesco del Furia : ce manuscrit, après le titre *Descriptiones terrarum et aquarum a Romanis scriptarum,* offre immédiatement l'intitulé *Incipit Orthograφia* [1].

Le texte de Julius Honorius l'orateur étant extrait de l'*Orthographia,* n'est donc point le même que celui qui, sous ce titre, ou sous celui de *Cosmographie,* est vulgairement attribué à Éthicus, et il lui est, en outre, nécessairement postérieur. Il ne nous est parvenu, au surplus, que sous la forme en laquelle nous l'a donné son éditeur anonyme.

Ainsi, en résumé, la Cosmographie quadripartite d'Éthicus n'est point l'œuvre de Julius Honorius ; elle lui a plutôt servi de type, et ce n'est point le nom de l'abréviateur qu'il peut convenir de donner à l'ouvrage original.

---

[1] Bandini, *Catalogus codd. lat. Bibliothecæ Laurentianæ,* t. III, p. 324 : « Varia « continet hic antiquissimus codex, quæ « sunt a nobis accurate recensenda. Pri-« mum igitur opus hunc præ se fert titu-« lum : Descriptiones terrarum et aquarum « a Romanis scriptarum. Incipit Ortogra-« φia. Lectionum pervigili cura comperi-« mus », etc. — C'est bien, comme on voit, la Cosmographie même d'Éthicus.

§ IV.

Avant d'aller plus loin, il est temps de donner place à une observation restrictive sur la similitude que nous avons proclamée entre les textes parvenus jusqu'à nous des *Excerpta* de Julius Honorius d'une part, et de l'*Opus quadripartitum* d'Éthicus de l'autre, car nous ne voulons pas encourir le reproche d'éviter ou de dissimuler aucun des embarras de la question.

Qu'il y ait conformité parfaite dans la disposition générale des deux rédactions, c'est chose hors de doute possible; que le texte des *Excerpta* soit presque en entier une transcription abrégée de celui de la Cosmographie, le fait n'est pas moins palpable; et la discussion à laquelle nous venons de nous livrer ne peut laisser aucune incertitude sur l'âge relatif des deux écrits. Mais, indépendamment des petites différences de détail qu'on aperçoit en quelques endroits, la comparaison entière des deux morceaux donne lieu de reconnaître une différence très-notable dans les derniers paragraphes de l'un et de l'autre : il s'agit des fleuves et des nations de la plage méridionale.

Au contraire de ce qui avait eu lieu généralement pour le reste de l'inventaire géographique consigné dans les deux ouvrages, c'est le texte des *Excerpta* qui, pour ces deux articles, est plus développé que celui de la Cosmographie.

Dans la Cosmographie, « Oceanus meridianus habet flumina « duo »[1]; dans les *Excerpta* on compte six fleuves[2].

Dans la Cosmographie : « Oceanus meridianus habet in- « numerabiles gentes quæ nec colligi numero nec existimari « aut comprehendi præ interjacentibus eremis possunt »[3].

---

[1] P. 722 de l'édition gronovienne de 1722.

[2] Édition gronovienne, pp. 700-701.

[3] *Ibid.* p. 722, *ad calcem.*

Dans les *Excerpta,* on trouve une liste nominative de vingt-trois nations[1].

Force nous est de reconnaître qu'en cette partie les *Excerpta* ne sont point tirés de la Cosmographie, telle du moins que nous la possédons.

Et ce n'est pas le seul indice que nous ayons de l'existence d'un texte plus complet, en certains points, que les rédactions imprimées : Dicuil, vers le milieu du viiie siècle, cite, dans son livre *De mensura orbis Terræ,* plusieurs passages de la Cosmographie qui ne s'y retrouvent pas tous.

Ainsi la crue et l'abaissement périodiques du lac des Salines dans la Tripolitaine[2], mentionnés par le moine irlandais *d'après la Cosmographie,* ne sont aucunement dans celle que nous possédons sous le nom d'Éthicus, non plus que dans les *Excerpta* d'Honorius. La description d'un certain nombre de fleuves[3] est, au contraire, conforme en général à la Cosmographie d'Éthicus, sauf quelques rares indications omises dans celle-ci, mais conservées dans les *Excerpta.* Le dégorgement du Nil dans la mer Rouge[4], le fleuve Malua[5], et l'île du Soleil[6], pareillement décrits dans les *Excerpta* et dans Dicuil, ne se re-

---

[1] Pp. 700-701 de l'édition gronovienne de 1722.

[2] Dicuili *Liber de mensura orbis Terræ,* édition de Letronne, Paris 1814, in-8° ; cap. VIII, § vii, n° 1, p. 64 : « In Cosmo- « graphia legitur quod Salinarum lacus in « Africa, qui est in Tripolitana provincia « et in regione Byzacio, in lunari mense « crescit atque decrescit. »

[3] *Ibid.* cap. VI, § ix ; pp. 33 à 35.

[4] *Ibid.* cap. VI, § iv, n° 9 ; p. 26 : « Hodie in « Cosmographia.... scriptam inveni partem « Nili fluminis exeuntem in Rubrum mare « juxta civitatem Clysma et Castra Moysis. »

Ce passage n'est point dans les *Excerpta* imprimés, mais bien dans le manuscrit intitulé *Cosmographia Julii Cæsaris.*

[5] Dicuili, etc. cap. VII, § 1, n° 5 ; p. 36 : « In Cosmographia fluvius Malva sub insula « Fortunata nasci fertur. » — Comp. Julius Honorius, dans l'édition gronovienne de 1722, p. 700.

[6] *Ibid.* cap. VII, § vi, n° 1 ; pag. 43 : « In prædicta Cosmographia legitur esse « insula Solis, quæ appellatur Perusta, ubi « Ganges intrat in mare. » — Comparez Julius Honorius, *ubi supra,* p. 691 et p. 692. — Comparez aussi Éthicus, *ibidem ;* p. 708.

trouvent plus dans la Cosmographie. Enfin Dicuil transcrit la récapitulation numérique des mers, îles, montagnes, provinces, villes, fleuves et nations [1], avec des chiffres qui ne sont ni ceux de la Cosmographie imprimée, ni ceux des *Excerpta* : il donne un nombre précis, comme Honorius, pour les nations du midi, et comme lui il compte six fleuves en cette partie ; mais pour tout le reste il se rapproche beaucoup plus de la Cosmographie.

Les chiffres que présente celle-ci sont généralement les plus élevés, et ceux qu'a transcrits Dicuil occupent le degré intermédiaire dans la progression décroissante dont ceux des *Excerpta* marquent le dernier terme.

On peut conclure, ce semble, de tous ces faits, que Dicuil a eu entre les mains une rédaction plus abrégée il est vrai que la Cosmographie d'Éthicus, mais plus développée que les *Excerpta*, et contenant même, autant que nous en pouvons juger, les indications omises dans nos exemplaires de la Cosmographie et conservées dans les *Excerpta*. Il est donc permis de conjecturer que le texte consulté par Dicuil était celui-là précisément d'où auraient été tirés les *Excerpta*, ou, en d'autres termes, que Dicuil aurait travaillé sur la rédaction même de Julius Honorius.

Mais, comme nous l'avons formellement constaté dans les *Excerpta,* Julius Honorius avait tiré son propre travail de l'*Orthographia ;* et l'*Orthographia* est la même chose que la Cosmographie d'Éthicus. Or on ne trouve point dans celle-ci diverses indications que les *Excerpta* et les citations de Dicuil démontrent avoir existé dans le texte de Julius Honorius. Il en résulte que la Cosmographie ou *Orthographia* qui a servi de type à ce dernier n'était pas absolument identique à celle que

---

[1] Dicuili, etc. cap. VIII, § viii ; pp. 64 et 65.

nous possédons, à moins que l'abréviateur n'eût ajouté de son chef les indications dont il s'agit, ce qui paraît, au surplus, fort vraisemblable.

Il n'est point, toutefois, interdit de penser qu'il y ait eu précédemment en circulation des textes plus complets que celui dont il est parvenu jusqu'à nous des exemplaires. Faudrait-il alors considérer celui-ci comme un abrégé, ou comme une transcription mutilée? C'est un point pour la solution duquel nous n'aurions d'autre donnée que ce texte même abrégé ou mutilé. Dans l'un ou dans l'autre cas, il aurait pu suffire d'un seul manuscrit ainsi tronqué pour servir de type à toutes nos copies : nous aurons lieu de signaler tout à l'heure une omission involontaire commise par un ancien copiste, et qui affecte presque tous nos manuscrits de la Cosmographie.

En définitive, comme la Cosmographie d'Éthicus est le plus considérable des morceaux du même genre que nous connaissions aujourd'hui, et que les lacunes, dont une confrontation avec les citations de Dicuil aussi bien qu'avec les *Excerpta* de Julius Honorius a fait découvrir l'existence, accuseraient des coupures locales plutôt qu'un travail général d'abréviation, nous conclurons de tout ce qui précède que notre texte de la Cosmographie, à quelques imperfections près, est une reproduction pure et simple de l'original, et doit légitimement le représenter à nos yeux.

§ V.

Divers écrivains ont fait honneur de ce travail à Jules César lui-même, soit comme rédacteur primitif, soit seulement comme instigateur : et déjà nous avons vu que le livret (*libellus*) de Julius Honorius porte, dans l'*explicit* du manuscrit thuanéen, le nom de *Cosmographia Julii Cæsaris*[1], et celui de *Chronica Cæsaris* dans le manuscrit de Saumaise et le manuscrit du Vatican.

Jean Spiesshammer (Cuspinianus) avait en sa possession un très-vieux manuscrit *d'un auteur incertain*, mais qu'aux extraits qu'il en donne il est aisé de reconnaître pour la Cosmographie d'Éthicus, et qu'il dit être attribué à Jules César[2].

Le moine dominicain Valério de Faënza, contemporain de Spiesshammer, connaissait également et cite de son côté la Cosmographie de Jules César[3]. Mais Gérard-Jean Vossius se trompe lorsqu'il attribue la même chose à Albert le Grand, que le frère Valério aurait, à ce qu'il croit, simplement copié[4]; l'erreur du docte hollandais vient de ce qu'il a trouvé Albert

---

[1] Ms. 4871, fol. 104.

[2] Joannis Cuspiniani.... *De consulibus Romanorum commentarii, ex optimis vetustissimisque auctoribus collecti,* Francfort 1601, in-fol. p. 257 : « Habeo itinerarium « vetustissimum incerti authoris quod Julio « Cæsari ascribitur, in quo hæc verba tra- « duntur: A Julio Cæsare et Mense ac An- « tonii consulatu orbis terrarum metiri « cœpit : hoc est a consulatu suprascripto « usque in consulatum Augusti tertium et « Crassi ».... etc.

[3] Valerii Faventies ordinis prædicatorum *De montium origine dialogus,* Venise 1561, in-4°; p. 15 : « Si quis ascendat super mon- « tem qui dicitur Caldicus, videt mare, « quod distat ab eo, adeo quod illi qui sunt « in planicie versus mare, nullos fines « mari propinquos videre possunt. Hic « autem mons sub meridie situs est, versus « ea signa in quibus hiemis tempore oritur « sol : qui forsitan, ut refert Albertus, est « Atlas, quoniam est in meridie, sicut in

« Cosmographia Julii Cæsaris habetur. « Mare autem quod inde videtur existima- « tur Amphitrites. » On voit que le bon moine n'était pas fort en géographie puisqu'il suppose qu'une montagne au levant d'hiver, c'est-à-dire au sud-est, peut être l'Atlas. Remarquons d'ailleurs que de cette montagne on voit la mer *amphitrite*, c'est-à-dire l'Océan, *mare ambiens, el-bahhr el-mohhyth* des Arabes. Mais ce qui nous intéresse exclusivement dans la question actuelle, c'est qu'à ce propos il cite Albert le Grand et la Cosmographie de Jules César comme mettant l'Atlas au midi, ce qui est exact de l'un et de l'autre.

[4] G. J. Vossius, *De historicis latinis,* p. 693 : « Mirum vero hanc Cosmographiam « esse tributam Julio Cæsari. Sane Albertus « Magnus id facit, eumque sequutus Va- « lérius Faventius academicus Venetus, « libro de Montium origine. » Albert le Grand parle en réalité de César Auguste et non de Jules César.

le Grand et la Cosmographie de Jules César cités côte à côte dans le même passage du moine italien, et qu'il ne s'est pas donné la peine de vérifier ce qui appartenait en propre à chacune des deux sources alléguées par Valério.

Le suisse Félix Hemmerlein (Malleolus), qui écrivait dans la première moitié du xve siècle, appelle aussi le même livre Cosmographie de Jules César, tout en admettant le concours ultérieur d'Octavien Auguste[1].

L'évêque Baudry, auteur de la Chronique de Cambrai et d'Arras, lequel avait terminé son ouvrage avant l'année 1082, parle de même de l'ouvrage intitulé Cosmographie, composé par de très-savants hommes sur l'ordre de Jules César[2] ; et le docte Colvener, éditeur de Baudry, se figure qu'il s'agit là d'un livre réellement écrit sous Jules César et mentionné par Hemmerlein ainsi que par Éthicus, mais qui se serait depuis lors perdu[3] ; tandis que très-certainement c'est de la Cosmographie d'Éthicus que veut parler Baudry, aussi bien que Hemmerlein.

---

[1] Felicis Malleoli, *vulgo* Hemmerlein, *De nobilitate et rusticitate dialogus*, in-fol. gothique, sans lieu ni date d'impression [Strasbourg 1496]; fol. 49 : « Colligere « possumus ex Cosmographia Julii impera- « toris et ex descriptione Octaviani Au- « gusti, tempore Christi completa, et ex « dictis Solini philosophi, quod sunt plura « regna, quondam vel pronunc propriis « suis regibus provisa, aliqua unita, aliqua « plura per unum regem gubernata. » — Voir encore foll. 37 verso, 78, 104 recto et verso, 105.

[2] Balderici Noviomensis et Tornacensis episcopi *Chronicon Cameracense et Atrebatense,* Douai 1615, in 8°; lib. I, cap. III, p. 8 : « Liber namque qui jubente Julio « Cæsare senatûs consulto a prudentissimis « viris *de Cosmographia* inscribitur, ubi « quidem totius orbis Romani nominis « universa loca famosa distinguit, Camera- « cum etiam intromittit. »

[3] Georgii Colvenerii *in Chronicon Cameracense et Atrebatense notæ seu scholia,* à la suite de l'ouvrage précédent; p. 383 : « Utinam extaret hic liber, Cæsaris jussu, « de Cosmographia scriptus. Magnam certe « lucem præferret omnibus cosmographis « et historicis, tam sacris quam profanis. « Meminit ejus Æthicus initio suæ Cosmo- « graphiæ, et Felix Malleolus in Dialogo de « nobilitate. Vicem ejus aliquatenus supplet « Itinerarium Antonini imp. (vel ut alia ha- « bent exempla Antonio Augusto inscrip- « tum), et jamdicta Æthici Cosmographia, « in quam videatur præfatio Josiæ Simleri ».

Nous pourrions encore remonter jusqu'au milieu du VIIIe
siècle, où Dicuil citait pareillement la Cosmographie faite sous
le consulat de Jules César et de Marc Antoine[1].

Évidemment aucun de ces écrivains n'a pu croire que la
Cosmographie quadripartite d'Éthicus, telle que nous la possédons, fût l'œuvre directe de Jules César: quelques-uns l'ont
seulement crue rédigée sur des mémoires dont la date remontait jusqu'à Jules César; et sous ce point de vue nous aurions
encore à grossir notre liste des noms de Bergier, de Burton,
de Schœpflin et de Schœll[2]; les autres ont seulement désigné
le livre d'après certains manuscrits, par un intitulé dont il est
facile de trouver l'origine dans la mention initiale du mesurage entrepris sous Jules César et par ses soins. Le texte
prouve suffisamment, par certains noms géographiques d'une
date bien connue, qui s'y trouvent disséminés, qu'il ne peut
remonter au delà du IVe siècle[3]. Nous n'avons donc pas à ré-

---

[1] Dicuili *Liber de mensura orbis Terræ*,
p. 26: « Hodie in Cosmographia quæ sub
« Julio Cæsare et Marco Antonio consu-
« libus facta est, scriptam inveni »…. etc.

[2] Nicolas Bergier, *Histoire des grands
chemins de l'empire romain*, Bruxelles 1736,
in-4°; t. 1, p. 340: « Pour ce qui est de
la Cosmographie [d'Éthicus], il confesse
lui-même que les sujets qui y sont traités,
et l'ordre qu'il y a tenu est celui même
que les trois qui ont mesuré la terre du
temps de Jules et d'Auguste César, ont
rapporté au sénat romain », etc. — Burton, *A commentary on Antoninus his Itinerary*,
p. 6: « Though we have the testimony but
« of an uncertain author, we are bold from
« thence to affirm that some such descrip-
« tion…. was published by Cesars' autho-
« rity,.. out of which, after many altera-
« tions and additions, and interpolations
« by the injury of time and bad hands, we
« have only continued to us these imper-
« fect and corrupted peices, which in some
« copies may perchance have retained their
« names by whose appointment such works
« were first instituted and begun, though
« now in a manner wholly changed and
« different from their first originalls. » —
Schœpflin, *Alsatia illustrata*, t. 1, p. 614.
— Schœll, *Histoire abrégée de la littérature
romaine*, t. III, p. 260: « L'auteur de cette
Cosmographie paraît avoir eu sous les
yeux les travaux de Zénodoxe, de Théodote et de Polyclète, qui, sous Jules César et Auguste, avaient relevé les distances dans toutes les provinces de l'empire. »

[3] Tels que Constantinople, et Constan-
tine de Numidie.

futer sérieusement l'idée qu'il soit l'œuvre directe de Jules César.
Nous en pouvons dire autant d'Antoine, sous le nom duquel cette Cosmographie a pareillement été citée, non-seulement en compagnie de Jules César, comme l'a fait Dicuil, mais encore tout spécialement, ainsi qu'on le peut voir dans la *Chronica parva Ferrariensis,* publiée dans le recueil de Muratori, et qui date de l'année 1264 environ : le chroniqueur attribue exclusivement aux soins du consul Marc Antoine l'exécution de ce mesurage ordonné par un sénatus-consulte et qui exigea plus de trente années de travaux ; mais il parle uniquement des mémoires qui furent alors dressés, comme de la source où fut puisée une rédaction ultérieure[1]. Nous aurons, au surplus, à revenir bientôt sur ce passage pour une autre portion de notre examen.

Ce que nous avons dit de Jules César et d'Antoine, quant à la composition de la Cosmographie d'Éthicus, nous pouvons le dire aussi d'Auguste, sous le nom duquel elle a également été désignée, notamment par Albert le Grand, auteur luimême d'un abrégé assez fidèle de ce livre[2].

Ainsi, en définitive, ni Jules l'Orateur, ni Jules César, ni Antoine, ni Auguste, n'est l'auteur de la Cosmographie quadripartite que nous avons sous le nom d'Éthicus.

---

[1] *Chronica parva Ferrariensis, seu chronicon parvum ab origine Ferrariæ ad annum circiter 1264, autore anonymo;* dans Muratori, *Rerum italicarum scriptores,* Milan 1726, in-fol. t. VIII, p. 474, col. 2 : « Ante « Christi nativitatem per annos triginta et « amplius, decreto senatus romani, in « Europa, Asia et Africa, M. Antónii con- « sulis romani studio facta est divisio itine- « rum de distantiis quæ erant inter præci- « puas civitates Imperio romano subjectas. »

[2] Alberti Magni *De natura locorum liber,* Strasbourg 1515, in-4° : *Distinctio tertia.... in qua est Cosmographia ;* fol. 31 : « Volu- « mus autem in hac descriptione, præcipue « imitari descriptionem quæ facta est ab « Augusto Cæsare, qui primus mandavit « quod totus orbis describeretur. » Voir encore foll. 34 verso, 35 recto et verso, 36 recto et verso, 37 verso, 38. — Hemmerlein, *Dialogus de nobilitate,* foll. 49, 104, 105.

§ VI.

Le nom d'Éthicus est-il, lui-même, à meilleur droit attribué à ce morceau? Les manuscrits les plus anciens, en tête desquels il faut placer sans contredit celui de Vienne qui est du VIIIe siècle, ne donnent aucun nom d'auteur ou de rédacteur; les catalogues de manuscrits des bibliothèques étrangères, où l'on voit indiqués divers exemplaires de la Cosmographie d'Éthicus, ne sont point, en général, assez détaillés pour nous permettre de déterminer avec certitude sur quels manuscrits ce nom d'É-thicus se trouve porté de la main même du scribe qui a exécuté le volume; quant à ceux que nous avons vus de nos propres yeux, nous n'avons à signaler que celui de Pithou[1], qui a servi de type à l'édition de Simler, et par conséquent à toutes les édi-tions, comme offrant, en grosses majuscules rouges, le titre *Ethici Cosmographia* : on sait que ce manuscrit est du XIIe siècle.

Il y a peu d'intérêt à rechercher quels écrivains postérieurs à Simler ont admis, sans contestation, le nom d'*Éthicus* comme celui de l'auteur ou rédacteur de la Cosmographie, tant qu'elle n'a été connue que par l'édition en tête de laquelle ce nom était inscrit; tels furent Ortels, David Powell, Stewech, Vel-ser, Baronius, Philippe Bertier, Savaron, Colvener, Bergier, Barth, Saumaise lui-même, avant qu'il eût opté pour Julius Orator, sur la foi du manuscrit des *Excerpta*[2].

Mais depuis cette indication de Saumaise, on peut mettre

---

[1] Ms. 4808 de la Bibliothèque royale.

[2] Ortelii *Thesaurus geographicus,* aux mots *Ganges, Minturnæ, Tabursus, Astrixis, Gangines,* etc. — Giraldi Cambrensis *Iti-nerarium Cambriæ cum annotationibus Davi-dis Poveli,* Londres 1585, petit in-8°, p. 185. — Godescalci Stewechii *Com-mentarius ad Flavii Vegetii Renati de Re militari libros,* Leyde 1592, in-8°; p. 410. — Marci Velseri *Opera historica et philolo-gica sacra et profana accurante Cristophoro Arnoldo,* Nuremberg 1682, in-fol. p. 214. — Cæsaris Baronii *Annalium ecclesiasti-corum apparatus,* Lucques 1740, in-fol.;

quelque curiosité à recenser les érudits qui n'ont point partagé la nouvelle opinion du maître, déjà émise, ainsi que nous l'avons dit, par Nicolas Lefèvre. Nous ne rappellerons pas tous les écrivains déjà nommés quelques pages plus haut comme rapporteurs indécis des deux opinions en litige, bien que, parmi eux, Burton, Adrien de Valois, Schœpflin et Bernhardy[1] semblent pencher pour Éthicus; mais nous pouvons signaler Opitz, Briet, Godefroy, Lambeck, Baudrand, Vaugondy, Bayer, Scheyb, Meermann, Sprengel, Grâberg, Schœll, Walckenaer, Daunou, Ukert, et Mannert[2], comme ayant maintenu le nom d'Éthicus, bien que le dernier regarde comme interpolée la

p. 468, §§ 97, 98. — Philippi Berterii *Pithanôn diatribæ duæ quibus civilis Imperii romani notitia et Ecclesiæ politia illustrantur,* Toulouse 1608, in-4°; pp. 49, 53, 73. — Joannes Savaro ad Caii Sollii Appollinaris Sidonii *Opera;* ad Epist. pp. 121, 123, 477, 498; ad Carm. pp. 4, 12, 30, 42, 43, 71, 116, 130. — Colvenerius ad Baldrici *Cronicon Cameracense,* p. 383; *Idem* ad Flodoardi *Historiam ecclesiæ Remensis,* p. 3. — Bergier, *Histoire des grands chemins de l'empire romain,* t. I, pp. 335 à 340. — Barthii *Adversaria,* pp. 557, 564, 974, 1977, 2085 à 2088, 2099. — Salmasii *Plinianæ exercitationes,* pp. 227 *b* F, 296 *b* B, 352 *b* D, 442 *b* G, 587 *b* C, 783 *a* F.

[1] Burton, *A Commentary on Antoninus his Itinerary,* p. 6. — Hadriani Valesii *Notitia Galliarum,* préface p. iv, et pp. 46 *a*, 216 *a*, 219 *b*, etc. — Schœpflini *Alsatia illustrata,* t. I, p. 614. — Bernhardy, *Grundriss der römischen Litteratur,* p. 283.

[2] Opitius ad *Incerti poetæ teutonici Rhythmum,* pp. 41, 45, 47, où il cite Éthicus d'après le ms. de Saumaise, en même temps que d'après l'édition de Simler. — Brietii *Parallela geographiæ,* t. I, p. 10.

— Jacobus Gothofredus, ad *veterem orbis Descriptionem,* p. 4 des prolégomènes. — Lambecii *Commentaria de Bibliotheca Vindobonensi,* t. II, p. 36, et t. VI p. 268. — Baudrand, *Geographia ordine litterarum disposita,* t. II, p. 444. — Vaugondy, *Essai sur l'histoire de la Géographie,* Paris 1755, in-12; p. 33. — Bayer, *Paradoxa russica,* dans Lilienthal, *Acta borussica,* t. I, pp. 888 à 891. — Scheyb, *Peutingeriana tabula itineraria,* pp. 11, 12. — Gerardus Meermann, dans Petri Burmanni *Anthologia veterum latinorum epigrammatum et poematum,* Amsterdam 1773, in 4°; t. II, p. 393, col. 2. — Sprengel, *Geographische Entdeckungen,* p. 131. — Grâberg de Hemsö, *Annali di geographia e di statistica,* t. II, p. 144. — Schœll, *Histoire abrégée de la littérature romaine,* t. II, p. 220; t. III, p. 260. — Walckenaer, *Éthicus,* dans la Biographie universelle. — Daunou, *Cours d'études historiques* (professé en 1820), Paris 1842, in-8°; pp. 347, 348. — Ukert, *Geographie der Griechen und Römer,* t. I, p. 193. — Mannert, ad *Tabulam Itinerariam Peutingerianam,* édition de Thiersch, Leipzig 1814, gr. in-4°, pp. 4, 8.

majeure partie de cette première section de la Cosmographie. Quoi qu'il en soit, comme on peut, avec juste raison, observer que tous ces témoignages, en remontant jusqu'à Simler, ne sont qu'une adhésion pure et simple à l'énonciation formelle du manuscrit de Pithou, il est surtout important, quelque autorité qu'ait d'ailleurs ce manuscrit, de rechercher les témoignages antérieurs qui peuvent, comme lui, faire preuve en faveur d'Éthicus. Or, au commencement du XIIe siècle, et même à la fin du siècle précédent, Hugues de Flavigny nous offre, dans sa Chronique de Verdun, un passage où figure la Cosmographie d'Éthicus[1]; et nous trouvons une citation toute pareille dans la Chronique de Reims du chanoine Flodoard, qui écrivait vers le milieu du Xe siècle[2]. Nous nous bornons, quant à présent, à cette simple allégation, parce que nous aurons à revenir bientôt sur ces deux passages, pour en faire ressortir des conséquences plus étendues que celles dont nous avons ici besoin.

Il nous suffit d'avoir montré que la Cosmographie quadripartite d'Éthicus ne peut raisonnablement être attribuée à un auteur autre que celui dont elle porte le nom, et que ce nom lui-même est justifié par l'accord des manuscrits et des témoignages anciens.

§ VII.

Avant de quitter cette première portion du livre d'Éthicus, nous nous permettrons ici une petite digression relativement à une lacune importante qui existe dans la préface, telle du moins qu'on la trouve dans les éditions imprimées, et il faut le dire aussi, dans presque tous les manuscrits; lacune dont

[1] Hugonis Flaviniacensis *Chronicon Virdunense*, apud Ph. Labbæi *Nova Bibliotheca manuscriptorum librorum*, Paris 1657, in-fol., p. 79.

[2] Flodoardi presbyteri *Historiæ Remensis ecclesiæ libri IIII*, édition de Colvener, Douai 1617, in-8°; lib. I, cap. 1, p. 5.

personne ne semble s'être aperçu[1], et qui cependant eût été dès longtemps reconnue et corrigée, si plusieurs érudits ne se fussent contentés de citer, sans l'avoir lu, un passage où cette lacune se trouve remplie.

Il s'agit de la désignation des géodètes qui effectuèrent l'arpentage général de l'empire romain, en se partageant cette tâche en quatre divisions correspondantes aux quatre points cardinaux : *quadripartito cœli cardine investigarunt.* Dans les éditions imprimées, comme dans la plupart des manuscrits, on ne trouve de désignation précise que pour trois des points cardinaux : Zénodoxe à l'orient, Théodote au nord, et Polyclète au midi. Évidemment il manque à cette liste l'indication du géodète qui eut pour son lot le mesurage de l'occident.

Mais il paraît qu'un premier manuscrit défectueux avait, de bonne heure, servi de type à la plupart des copies répandues en Europe, à tel point que l'omission était, en quelque sorte, consacrée dès le temps d'Albert le Grand ; elle est, en effet répétée par lui dans son abrégé, où il dit : « Orientales « partes descripsit Eudoxus quidam philosophus, septentrio- « nales autem Theodorus alius philosophus ; Polibius autem « sapiens meridianas descripsit partes : occidentales autem per « itinera sua sciverunt Romani, eo quod in occidente præcipue « erant dominia eorum et viæ[2]. »

Un autre monument du même siècle nous offre une nouvelle preuve de cette imperfection des manuscrits d'Éthicus :

[1] M. Ritschl, qui connaissait l'existence de notre travail, mais non le travail lui-même, a été de son côté frappé à son tour de cette lacune, et de la négligence des précédents éditeurs à la remplir ; et, comme à nous, le nom de Didyme lui a d'abord été révélé par un ms. de l'abrégé de Julius Honorius, celui du Vatican, avant qu'il l'eût retrouvé dans un ms. d'Éthicus, celui de Rehdiger : voir *Rheinisches Museum für Philologie,* neue folge, 1ᵉʳ Jahrgang, p. 489, et 2ᵗᵉʳ Jahrgang, p. 157.

[2] *Alberti Magni Cosmographia,* p. 31.

je veux parler de la curieuse carte de Richard de Haldingham, de six pieds de haut et cinq pieds de large, conservée en original dans la bibliothèque de la cathédrale de Hereford, et dont la Société royale géographique de Londres possède un *fac-simile*, d'après lequel a été faite une copie pour le département des cartes de la Bibliothèque royale de Paris[1]. On en trouve une notice détaillée dans l'*Essay* de Richard Gough « on the « rise and progress of geography in Great-Britain and Ireland. » Elle est ornée, à l'angle inférieur de gauche, d'un cartouche où l'on voit César Auguste coiffé de la tiare et assis sur son trône ; au-dessus de sa tête la légende : « Lucas in Evang : Exiit « edictum ab Augusto Cæsare ut rescriberetur huniversus or-« bis » ; en ses mains un rescrit portant cet ordre : « Ite in univer-« sum et de omni ejus continentia referte ad senatum : et ad is-« tam confirmandam huic scripto sigillum meum apposui » ; et, en conséquence, la figure d'un sceau ovale avec l'exergue : « S. Augusti Cæsaris imperatoris. » Or ce rescrit est délivré, par le monarque, à trois personnages dont les noms sont respectivement ainsi indiqués : *Nichodoxus, Theodocus, Policlitus.* Le planisphère lui-même est entouré d'un double cercle inscrit dans un carré servant de bordure, et portant cette inscription : « A « Julio Cesare orbis terrarum metiri cœpit. ⊹ A Nichodoxo « omnis oriens dimensus est. ⊹ A Theodoco septentrion et occi-« dens dimensus est. ⊹ A Policlito meridiana pars dimensa est[2]. »

<hr>

[1] M. Jomard a reproduit cette copie par la lithographie, dans sa belle collection des Monuments de la Géographie, dont la publication est depuis longtemps annoncée et attendue : voir le Bulletin de la Société de Géographie de septembre 1847, 3ᵉ série, t. VIII, pp. 180 à 185. — L'auteur de la carte connaissait également bien les deux Cosmographies d'Éthicus, car on voit figurer dans son œuvre des légendes empruntées respectivement à l'une et à l'autre; le nom même de l'Éthicus hiéronymien est cité dans l'inscription de l'une de ces îles océaniques que lui seul avait vues : « *Insula Sirtinice ubi Ethicus invenit bestiolas* « *adibsistas, aculeis plenas velut istrix* ».

[2] Richard Gough, *An Essay on the rise and progress of Geography in Great-Britain*

Ainsi, au xiiie siècle, Albert le Grand ni Richard de Halding-ham n'avaient de manuscrits plus entiers que celui d'après lequel Simler a donné en 1575 son édition princeps, source de toutes les autres, et par suite, de toutes les citations ultérieures.

Bergier paraphrasant à sa fantaisie le texte tronqué, raconte « qu'il fut député trois excellents personnages de ce temps-là, dont l'un mesura l'Asie sous le nom de partie orientale, l'autre l'Europe sous celui de partie septentrionale, et le troisième l'Afrique sous celui de partie méridionale : et quant à l'occidentale, elle demeura sans nom, étant comprise, partie dans l'Europe et partie dans l'Afrique, l'une et l'autre faisant la fin du monde vers l'occident »[1].

Est-il besoin de dire que Baronius, Barth, Burton, Wesseling, Gourné, Scheidt, Bayer, Scheyb, Vaugondy, Meermann, Gråberg de Hemsö, Schœll, Ukert et le collaborateur de la *Penny Cyclopedia*, ont tour à tour répété que le mesurage dont nous parlons fut confié à *trois* arpenteurs[2]. C'était une consé-

---

and *Ireland, illustrated with specimens of our oldest maps*, Londres 1780, in-4°; pp. 17 à 19. — Je dois à mon excellent ami le capitaine Washington, R. N., alors secrétaire de la Société Géographique de Londres, un calque qui m'a donné lieu de reconnaître quelques inexactitudes dans la notice de Gough. La carte est orientée l'est en haut ; la vignette que nous décrivons est donc à l'angle nord-ouest, et c'est dans ce coin du cadre qu'est la portion d'inscription relative à Téodocus ; celle qui concerne Nichodoxus est au sud-est ; celle qui regarde Policlitus, au sud-ouest. — M. Wright a donné aussi une courte notice de ce monument dans une communication verbale à la séance de la *British archæological association* du 18 mars 1846,

reproduite par les journaux anglais, et traduite par M. Vivien de Saint-Martin dans les Nouvelles annales des voyages, cahier d'avril 1846, pp. 17 à 28 ; puis revue et corrigée par l'auteur, et publiée sous ce titre : *On the ancient map of the world preserved in Hereford cathedral, as illustrative of the history of geography in the middle ages*, dans les *Transactions of the British archæological association at its third congress held at Gloucester*, Londres 1848, in-8°; pp. 25 à 42.

[1] Bergier, *Histoire des grands chemins de l'empire romain*, t. I, p. 336.

[2] *Baronii Apparatus*, p. 468. — *Barthii Adversaria*, p. 1087. — *Burton's Commentary on Antoninus' Itinerary*, pp. 4, 5.— *Vesselingii Vetera Romanorum Itineraria,*

quence naturelle de la confiance accordée, sans examen, à un texte incomplet; et il faut convenir, pour leur excuse, que la division supposée du travail en trois fractions correlatives à l'orient, au nord et au midi, pouvait raisonnablement être regardée comme une conséquence des idées en circulation au moyen âge, sur la division du monde en trois parties, et sur la disposition mutuelle de celles-ci; car on projetait la surface terrestre en un disque parti du nord au sud en deux hémicycles dont l'un, à l'orient, recevait le nom d'Asie, tandis que l'autre, coupé en travers d'orient en occident, offrait deux parts, l'une septentrionale appelée Europe, et l'autre méridionale, où l'on inscrivait le nom d'Afrique[1].

Si l'on s'en rapportait à l'édition gothique du *Dialogus de nobilitate* de Hemmerlein (Malleolus), on croirait que cet écrivain, auquel on ne peut dénier une connaissance très-précise

p. 6 de la préface. — Gourné, *Essai sur l'histoire de la Géographie*, p. xxvj. — Scheidii *Præfatio ad Eccardum*, p. 45. — Bayer *Paradoxa Russica*, dans les *Acta Borussica*, t. I, p. 891. — Scheyb, ad *Peutingerianam Tabulam*, p. 9.—Vaugondy, *Essai sur l'histoire de la Géographie*, p. 18. — Meermani *Commentarius*, apud Burmanni *Anthologiam*, p. 393, col. 2.—Gråberg de Hemsö, *Annali di Geografia e di Statistica*, t. I, p. 162.—Schœll, *Littérature romaine*, t. II, p. 220, et t. III, p. 260. — Ukert, *Geographie der Griechen und Römer*, t. I, p. 193. — *Penny Cyclopedia*, t. II, p. 131, col. 2.

[1] Éthicus lui-même énonce clairement cette disposition dans ce passage de sa description tripartite (p. 723 de l'édition de 1722) : « Asia tribus partibus Oceano cir-« cumcincta, per totam transversi plagam « orientis extenditur. Hæc, occasum versus, « a dextra sui, sub axe septentrionis inci-« pientem contingit Europam; a sinistra « autem Africam dimittit. » C'est cette même disposition qu'on retrouve dans de nombreux planisphères mss. tels qu'on en voit divers *fac-simile* dans Spohn, *Nicephori Blemmidæ duo opuscula geographica*, Leipzig 1818, in-4°, p. 43, et plus anciennement dans Lilio Zacharia, *Orbis Breviarium*, Naples 1496, in-4°, après le proëme. — Il en a été reproduit un grand nombre dans le magnifique *Atlas composé de mappemondes et de portulans du moyen âge*, que publie M. le vicomte de Santarem, Paris 1842-49, in-fol.; et M. Lelewel en a regravé plusieurs dans l'Atlas de sa Géographie du moyen âge, Bruxelles 1849, in 4° oblong, pll. 5, 6, 7, 20, 22 et 26. Sur l'une des planches les plus nouvellement exécutées par M. de Santarem, nous avons remarqué particu-

de la préface d'Éthicus, ainsi que de l'abrégé d'Albert le Grand, aurait parlé non de trois, mais de deux cents arpenteurs[1] : ce que Scheyb a voulu expliquer en supposant que l'opération aurait en effet été exécutée par deux cents arpenteurs placés sous les ordres de trois géomètres en chef[2]. Quelque ingénieuse que soit cette explication, comme le discours de Hemmerlein n'est qu'une analyse, et une paraphrase en même temps, de la préface d'Éthicus, nous croyons plus sûr de mettre sur le compte de l'imprimeur la transformation en *ducentis* du mot *diversis* que portait sans doute le manuscrit autographe du docte chanoine.

Que Simler et Gronov dans leurs éditions, que Targioni et Bandini dans leurs notices, n'aient rapporté que les trois noms consignés dans les manuscrits qu'ils copiaient ou qu'ils décrivaient, c'est une chose toute simple et toute naturelle ; mais, on peut être surpris que Gentillotti, dans la notice que Scheyb

lièrement, parce que c'est en quelque sorte une *carte d'Éthicus*, un planisphère ainsi intitulé : « Mappemonde du XIIᵉ siècle, du Manuscrit de Lambertus de Gand, et qui dans le texte porte le titre : *Spera triplicata gentium mundi.* » — *Triplicata* est probablement une inadvertance de lecture pour *tripartita.*

[1] Hemmerlein, *Dialogus de Nobilitate,* fol. 104 : « Fuerunt consules usque ad « tempus Julii Cæsaris inclusive, qui bis- « sextilis rationis inventor, divinis que hu- « manis rebus singulariter plus cæteris im- « butus et naturali magnificentia decoratus, « et senatoris urbis consultus senatus cen- « suit omnem orbem jam Romani nominis « imperio parentem per prudentissimos « viros et omni philosophiæ munere redi- « mitos conscribi. Et ita tempore suo lau- « dabiliter incepit, et post mortem suam « Octavianus Augustus diligenter consum-

« mavit. Ita ut ducentis dimensoribus om- « nis orbis terræ per annos XXXIJ peragra- « tus est et de omni ejus continentia per- « latum est ad Octavianum et senatum per « dictos. » Il est évident que cela est calqué sur la préface d'Éthicus. — Dans un autre endroit (fol. 37 verso), il cite expressé- ment Albert le Grand : « Harum autem « gentium nomina, taliter per Albertum « Magnum in sua Cosmographia et in Itine- « rario Julii Cæsaris comprehensa, novissi- « mis diebus sunt sæpe mutata. »

[2] Scheyb, *Peutingeriana Tabula,* p. 32 : « Quippe tanta intercapedine a sese distant, « ut Æthicus trium solummodo, Malleo- « lus vero ducentorum mensorum memi- « nerit... quandoquidem nihil magis veri- « simile est quam quod a Julio Cæsare tres « potuerunt designari provinciarum præ- « fecti, quorum cura ducenti mensores or- « bis dimetiendi negocium perfecerint. »

a empruntée à son catalogue inédit de la bibliothèque de Vienne[1], n'ait transcrit qu'imparfaitement le passage du manuscrit palatin du viiie siècle, que nous savons, par le docteur Endlicher, offrir plus complétement la désignation des géodètes employés par Jules César et Antoine.

M. Endlicher, de son côté, s'est mépris en cet endroit de son catalogue, si bien fait et si utile d'ailleurs, en énonçant, d'une part, que le manuscrit laurentien du xe siècle décrit par Bandini est conforme en cette partie au manuscrit impérial de Vienne, et d'une autre part, que le géodète oublié dans les éditions est celui qui avait mesuré l'*Orient*[2]. C'est sur l'*Occident* que porte en réalité la lacune; et il résulte de la notice de Bandini, aussi bien que de la recension existante en nos mains, que trois géodètes seulement sont désignés dans le manuscrit de Florence[3].

Mais ce dont il y a grandement à s'étonner, c'est que Simler, que Bergier, que Gérard-Jean Vossius, que Burton, que Wesseling, que Schœpflin aient cité le passage où Spiesshammer énonce avoir entre les mains un manuscrit très-ancien en tête duquel se trouve le nom de Jules César[4]; que ce manuscrit ait

---

[1] Scheyb, *Peutingeriana Tabula,* p. 12, à la note; on n'y trouve, du passage signalé, que les simples indications morcelées que voici : « Ergo a Julio Cæsare et « Mense Antonius consulis orbis terrarum « metiri cœpit, etc... A consulatu item Ju-« lii Cæsaris et Mense Antonii, etc... A « consulatu item Julii Cæsaris et Mense « Antonii, etc. » Voilà tout : or il n'y a là de désignées par leurs premiers mots que les trois phrases habituelles des éditions.

[2] Endlicher, *Catalogus,* p. 229 : « Est « eadem Æthici recensio quam exhibet co-« dex Mediceus sæculi X (Bandini Cata-« log. III, 324), in quo et nostro Didymi « dimensio orientis commemoratur, et loco « M. Antonii perperam Mense Antonio « scribitur. »

[3] Bandini, *Catalogus codd. lat.* t. III, p. 324. On peut d'autant moins s'y tromper que le scrupuleux bibliothécaire transcrit en entier la préface d'Éthicus, telle que la donne le ms. laurentien; il transcrit de même, p. 331, cette même préface d'après le ms. ci-devant Gaddien.

[4] Simler ad Æthici *Cosmographiam,* page 6e de la préface : « Postremo Joannes « Cuspinianus scribit se habere Itinerarium « vetustissimum incerti auctoris quod Ju-« lio Cæsari ascribitur, e quo hæc eadem « profert quæ ab initio Æthici nostri legun-« tur. » — Bergier, *Grands chemins de l'em-*

bien été reconnu pour celui de la Cosmographie d'Éthicus, et que nul pourtant n'ait remarqué dans ce passage la désignation complète des quatre géodètes, textuellement rapportée d'après ce même manuscrit.

Or ce manuscrit c'était précisément celui de Vienne, du viiie siècle; ce qui le prouve jusqu'à l'évidence, c'est que la copie du manuscrit palatin, exécutée de la propre main de Spiesshammer, se trouve encore aujourd'hui dans la bibliothèque de Vienne, comme le constate le catalogue d'Endlicher[1].

Ainsi, dès 1540, époque de la publication posthume du livre de Spiesshammer où le nom des quatre géodètes est rappelé, chacun a eu à sa portée les moyens de rétablir le passage tronqué de la préface d'Éthicus; nombre d'érudits ont transcrit, traduit, allégué, commenté cette préface; plusieurs ont cité Spiesshammer à ce propos, et nul ne s'est avisé de la correction implicitement indiquée par ce rapprochement. Il faut dire aussi que, tout en parlant de Spiesshammer, personne ne

pire romain, t. I, p. 335 : « Tel est celui que « Jean Cuspinien écrit avoir par devers « soi, qui porte pour titre, Itinerarium « Julii Cæsaris. » — G. J. Vossius, *De Philologia*, p. 59 : « Non defuere tamen qui « propterea conjectarent esse id opus Julii « Cæsaris, cui tributum fuisse hoc opus- « culum liquet ex Cuspiniano. » — Burton's *Commentary on Antoninus' Itinerary*, p. 4 : « Having spoken of Alexander, I may by « no means leave out his great parallel « Julius Cesar, who though he hath left « little to this purpose in those immortall « commentaries of his owne expedition; « yet there are (*Joan. Cuspinian. et Felix « Malleolus,* etc...) that will tell you they « have seen an Itinerary of his, or Description of the world. » Voir encore pp. 5 et 6.

— Wesseling, *Vetera Romanarum Itineraria*, p. 1 de la préface : « Cæsari quidem « Julio Felix Malleolus.... adscripsit : « Joan. Cuspinianum, ut idem faceret, ve- « tus movit codex, *Itinerarium Julii Cæsa- « ris* in fronte gerens. » — Schœpflin, *Alsatia illustrata*, t. I, p. 613 : « Illi ergo qui « Julium Cæsarem.... auctorem consti- « tuunt », etc... et en note : « Baldericus, « Felix Malleolus, item Jo. Cuspinianus « hujus sententiæ sunt. »

[1] Endlicher, *Catalogus*, p. 230, n° 330 : « Codex manuscriptus chartaceus sæculi « xvi, foliorum 182, in-quarto. — 2° fol. « 11-34 : Æthici Cosmographia, apogra- « phum præcedentis codicis, Cuspiniani « manu, ut videtur, scriptum. »

désignait l'ouvrage où il avait donné ce précieux échantillon
de son manuscrit; et la raison, c'est que Simler d'abord n'a-
vait pas cru nécessaire d'être plus explicite dans une épître
dédicatoire adressée d'ailleurs à un homme qui devait bien
connaître les écrits de Spiesshammer[1]; et qu'ensuite Bergier,
Vossius, Burton, Wesseling, Schœpflin, ont simplement copié
Simler, ou se sont copiés les uns les autres. Pour réparer une
fois enfin l'omission qu'ils ont faite d'une citation précise, aujourd'hui indispensable comme justification d'une étude réelle
des sources, nous désignerons spécialement le traité des Consuls romains, et dans ce traité le chapitre consacré au cinquième consulat de Jules César, avec Marc Antoine pour collègue[2].

Une indication non moins explicite, quoique plus abrégée,
était également depuis nombre d'années à la portée des érudits dans l'introduction de la Chronique Albeldense, du IXe siècle,
publiée à Barcelone, en 1663, par Joseph Pellicer, ensuite à
Madrid, en 1721 par Francisco de Berganza, en 1724 par Juan
del Saz, et en dernier lieu, en 1756 et 1782, dans l'*España sagrada* d'Henrique Florez, qui a soin de faire remarquer que le

---

[1] Josiæ Simleri tigurini *Præfatio :* « Ad
« generosum et magnificum dominum D.
« Joannem Balassam de Gyarmath, etc.
« orthodoxæ religionis et bonarum artium
« summum in Hungaria patronum. »

[2] Joannis Cuspiniani *De Consulibis Romanorum commentarius*, pp. 257, 258 : « A
« consulatu suprascripto usque in consula-
« tum Augusti tertium et Crassi annis xxj,
« menses v, dies viiij, a Notodoxo omnis
« oriens dimensus est. A consulatu item
« Julii Cæsaris et mense ac Antonii usque
« in consulatum Augusti septimum et
« Agrippæ, a Didymo occidens ut pars

« dimensa est annis xxxj, menses iij, dies
« xij. A consultatu item Julii Cæsaris et
« Antonii usque in consulatum Augusti
« decimum, annis xxviiij, menses viij, dies
« x, a Theodoto septentrionalis pars di-
« mensa est. A consulatu similiter Julii
« Cæsaris usque in consulatum Saturni et
« Cimræ, a Polyclito meridiana pars di-
« mensa est annis xxxij, mensem j, dies xx.
« Et sic omnis orbis terræ intra annos
« xxxij a dimensoribus peragratus est, et
« de omni ejus continentia perlatum est
« ad senatum. »

chroniqueur n'a point oublié le géodète chargé de mesurer l'Occident, et dont le nom manque dans les éditions de la Cosmographie d'Éthicus[1].

Avant que le catalogue du docteur Endlicher nous eût éclairé tout à la fois sur l'énonciation du quatrième géodète dans le manuscrit de Vienne, et sur l'identité de ce manuscrit avec celui de Spiesshammer, nous avions retrouvé, dans trois manuscrits de la Bibliothèque royale de Paris, le nom de cet arpenteur de la partie occidentale du monde romain : d'abord dans les manuscrits de Saumaise et de Thou de la *Cosmographia* ou *Chronica Julii Cæsaris* que nous avons mentionnée un peu plus haut[2], puis dans un fragment de cette Cosmographie intercalé entre des extraits d'Isidore au milieu d'un volume du XIVe siècle que nous avons pareillement signalé[3]. Nous avons eu plus tard entre les mains le manuscrit de Reims, qui paraît une reproduction directe de celui de Vienne.

[1] Henrique Florez, *España sagrada,* t. XIII, Madrid 1756, in-4° : *Apendice VI, Chronicon Albeldense,* p. 433 : « Exquisitio « totius mundi. Omnis mundus descriptus « est a viris sapientissimis, videlicet Nico- « doso, Didimito, Theudoto, et Polyclito, « tempore Julii Cæsaris, etc. » Il est aisé de reconnaître que ce n'est qu'un emprunt de seconde main à la Cosmographie d'Éthicus , à travers les Excerpta de Julius Honorius. Nous serions assez disposé à croire que le mot *Exquisitio* n'est qu'une mauvaise lecture pour *Expositio.* — Comparant à ces indications le texte tronqué des éditions Gronoviennes d'Éthicus, Florez ajoute dans une note : « Frustra hîc occidentis di- « mensionem quæras, quæ ex nostro est « Didimito seu Didimico tribuenda, an- « nis 26 peracta. »

[2] Mss. de la Bibliothèque royale de Paris, 685 suppl. latin, p. 238, ou 4871, fol. 99 : « *Incipit dimensio universi horbis.* « *A Julio Cæsare August. et Antonino* « Omnis orbis peragratur per sapientissi- « mos et electos viros. Nicodoro orientem. « Didimo occidui. Teodoto septentrionali. « Policrito meridiano. »

[3] Ms. 7418, fol. 8e du cahier xviiij : « X. *De Cosmographia.* Julio Cæsare, Marco « Antonino consulibus omnis orbis pera- « gratus est per sapientissimos et electos « viros. A Nicodoxo oriens, a Didimo occi- « dens, a Theodoto septentrion, a Policlito « meridies. »

§ VIII.

Dans presque tous ces documents, le quatrième géodète, si longtemps laissé en oubli, est uniformément appelé *Didymus*[1],

[1] Le résumé placé en tête de la Chronique d'Albelda, seul, porte, comme on l'a vu dans la note 1 de la page précédente, *Didimitus* ou *Didimicus*, ce qui n'est évidemment qu'une grossière altération graphique du nom de *Didymus*, en passant probablement par la forme *Didijmius*.

Des quatre géodètes signalés par Éthicus, Didymus est le seul dont le nom ne soit pas absolument inconnu dans l'histoire littéraire : elle nous offre au moins neuf personnages de ce nom, depuis Didyme Chalcentéros, comtemporain d'Auguste, jusqu'à Didyme l'Aveugle au iv° siècle de notre ère. Le cardinal Mai a publié en 1819, d'après un ms. de la bibliothèque Ambrosienne de Milan, un petit traité grec intitulé Διδύμου Ἀλεξανδρέως Μέτρα μαρμάρων καὶ σαντοίων ξύλων, à la fin de son beau volume *Iliadis fragmenta et picturæ, accedunt scholia vetera ad Odysseam, item Didymi Alexandrini marmorum et lignorum mensuræ,* Milan 1819, in-fol. pp. 153 à 163. — (Pour le dire en passant, Hoffmann, *Lexicon bibliographicum,* Leipzig 1833, in-8°, t. II, p. 48, et Brunet, *Manuel du Libraire,* Paris 1842, gr. in-8°, t. II, p. 87, mentionnent une édition imaginaire grecque-latine, qu'ils supposent paruc à Milan en 1817, dans le format in-8°.)—Cet écrit mathématique d'un Didyme d'Alexandrie n'appartiendrait-il pas au fécond Chalcentéros, dont la plume infatigable avait produit jusqu'à six mille volumes, au dire d'Origènes? — Dans cet écrit se trouve nommé à deux reprises (p. 161, col. 2, et p. 162, col. 1) et même copié textuellement, ainsi que l'a remarqué le savant éditeur (*ibidem,* p. 151), Héron d'Alexandrie, dont un fragment se lit imprimé dans les *Analecta græca* de Montfaucon. (Paris 1688, in-4°, t. 1, pp. 308 à 315.) Or, on connaît trois mathématiciens du nom de Héron : l'un disciple de Ctésibius cent ans avant notre ère, le second maître de Proclus dans le v° siècle, et le troisième auteur d'un traité de géodésie dans le vii° siècle suivant les uns, dans le x° suivant d'autres. Un homme compétent en ces matières, le savant helléniste Bœckh (*Metrologische Untersuchungen,* Berlin 1838, pp. 8 à 11) a reconnu que le style des fragments de Héron reproduits par Didymus accuse un auteur au moins du ii° ou du i° siècle, *sinon plus ancien;* ces fragments ne peuvent donc appartenir au Héron du v° siècle, pas plus qu'à Héron le Jeune, à qui on les avait d'abord attribués, et l'on se trouve ainsi conduit à les rapporter à Héron l'Ancien, qui vivait un siècle avant Jésus-Christ; rien ne s'oppose donc à ce que Didyme, qui l'a cité, ne fût un contemporain de César et d'Auguste, et ne puisse être identifié avec le géodète mentionné par Éthicus.

M. Ritschl (*Die Vermessung der römischen Reichs,* p. 11.) a exprimé la même opinion quant à l'identité possible du Didyme d'Éthicus avec l'auteur des Μέτρα μαρμάρων de Mai, sans émettre aucune conjecture sur l'identité possible de tous

et le temps employé par lui au mesurage de l'Occident, est
énoncé avoir été de 31 ans, 3 mois et 12 jours, suivant le manuscrit de Vienne et celui de Reims, ou de 26 ans, 3 mois et
17 jours, suivant les deux manuscrits parisiens, ce délai étant
compris, dans tous les cas, entre le consulat de Jules César
avec Antoine, et celui d'Auguste avec Agrippa.

Nous pourrions montrer comment xxxi ans et xxvi ans
peuvent résulter de deux lectures diverses des mêmes chiffres
écrits en caractères romains, et tenter l'application d'un procédé analogue pour concilier entre elles les variantes des manuscrits; mais il nous semble qu'au lieu de s'arrêter à des
nombres sur lesquels l'erreur est aisée et fréquente, il est plus
sage de s'attacher d'abord aux noms des consuls, sur lesquels
il est toujours moins facile aux copistes de se méprendre.

Le consulat de Jules César et d'Antoine, point de départ
commun pour toute l'opération confiée aux quatre arpenteurs,
est bien connu pour se rapporter à l'année 44 avant notre ère;
et le consulat d'Auguste et d'Agrippa n'est pas moins certainement fixé à l'année 27, ce consulat étant pour Auguste le
septième, et pour Agrippa le troisième; or, entre ces deux
dates, on ne peut évidemment compter que 16, 17 ou 18 années, suivant l'époque de l'année à laquelle se rapporte chacune

---

les deux avec le Didyme Chalcentéros, qui
vivait précisément à la même époque. —
Le hasard nous fait apercevoir que l'identité du Chalcentéros avec l'auteur des
Μέτρα μαρμάρων est indiquée par M. Bouil-
let (*Dictionnaire d'histoire et de géographie,*
Paris 1845, gr. in-8°, p. 492.) comme
vulgairement admise.

C'est peut-être le nom de Héron qu'il
faut lire dans Cassiodore (*Variarum* lib.
III, form. lii, p. 57 des œuvres), lorsqu'en parlant des opérations cadastrales

il dit : « Hoc auctor *Hyrummetricus* redigit
« ad dogma conscriptum. » Nicolas Rigault,
dans ses observations sur Hygin (*Rei
agrariæ scriptores,* p. 272 de l'édition de
Van der Goes), avait proposé de lire
« *Hyginus gromaticus* », et cette correction
est adoptée par M. Huschke, et louée
par M. Ritschl; nous ne croyons pas
inadmissible de lire, en s'écartant moins
de la leçon des manuscrits : « *Hero in me-
« tricis.* »

des dates extrêmes; mais la fraction d'année résultant du compte de mois et de jours exclut le dernier chiffre : la durée du travail de Didyme aura donc été de 16 à 17 ans, 3 mois, et 12 à 17 jours.

Des corrections analogues ont depuis longtemps été reconnues nécessaires dans les chiffres relatifs aux trois autres géodètes.

Celui qui mesura l'Orient, appelé *Zenodoxus, Notodoxus, Nicodomus, Nicodorus, Nichodoxus, Nicodosus* ou *Eudoxus*, au gré des diverses leçons des manuscrits, ayant terminé son travail sous le consulat d'Auguste avec Crassus, c'est-à-dire en l'année 30 avant notre ère, la durée de sa mission, au lieu d'avoir été de 21 ou 25 ans, 2 ou 5 mois et 9 jours, doit être calculée à 13 ou 14 ans, 5 mois et 9 jours.

Le mesurage du Nord, effectué par *Theodotus, Theudotus, Teodocus* ou *Theodorus*, ayant été terminé sous le dixième consulat d'Auguste, qui tombe en l'année 24 avant notre ère, ne put durer 29 ans, 8 mois et 10 jours, mais seulement 19 à 20 ans, 8 mois et 10 jours.

Enfin le mesurage du Midi, effectué par *Polyclitus, Polycritus, Polliditus* ou *Polybus*, et terminé sous le consulat de Saturninus et de Cinna, c'est-à-dire en l'année 19 avant notre ère, n'employa point 22 ou 32 ans, 1 ou 2 mois et 20 jours, mais bien 24 ou 25 ans, 1 ou 2 mois et 20 jours.

Et ce dernier délai étant le plus long des quatre, il s'ensuit que la durée totale de l'arpentage général de l'empire fut pareillement de 24 ou 25 ans, 1 ou 2 mois, et 20 jours, ainsi que Wesseling et Mannert[1], et bien d'autres sans doute, l'ont depuis longtemps reconnu.

---

[1] Wesseling, *Vetera Romanorum Itineraria*, pp. 6ᵉ et 7ᵉ de la préface. — Mannert, *ad Tabulam Itinerariam Peutingerianam*, p. 4. — *Penny Cyclopædia*, t. II, p. 131.

C'est donc à l'avenir ces chiffres corrigés [1] qu'il faut porter dans les éditions nouvelles d'Éthicus.

ARTICLE III.

DE LA DESCRIPTION TRIPARTITE DU MONDE.

§ I.

Occupons nous maintenant de la Description tripartite, qui forme la section immédiatement suivante du livre d'Éthicus.

[1] Remarquons toutefois que le calcul des consulats nous donne, pour chaque chiffre d'années, un maximum et un minimum offrant des chances égales d'exactitude, et entre lesquels cependant il faut opter : malheureusement, les indications de la paléographie ne suffisent pas à résoudre la question. On sait que rien n'est si commun dans les manuscrits que les variantes résultant de la permutation erronée des chiffres romains x et v dans l'écriture gothique, v et ii dans l'écriture onciale ; d'où il suit que, dans les essais de restitution des nombres, on peut recourir sans hésitation à la substitution mutuelle des chiffres x, v et ii. Mais en appliquant ce procédé au nombre d'années que présentent les leçons diverses des manuscrits d'Éthicus, il est aisé de vérifier qu'on ne fait pas disparaître l'incertitude du choix à faire entre ces variantes. En effet, pour le mesurage de l'Orient, où nous avons à opter, d'après le calcul des consulats, entre treize et quatorze années, les manuscrits nous offrent xxi et xxv, dont le premier se restitue aisément en xiii et le second en xiiii, précisément les deux nombres entre lesquels il s'agit de choisir. De même, pour le mesurage du Midi, où le choix est à faire entre vingt-quatre et vingt-cinq années, les manuscrits nous offrent xxxii et xxii, dont le premier se restitue aisément en xxiiii et le second en xxv, ce qui laisse subsister toute notre incertitude. Pour le mesurage de l'Occident, où l'option doit avoir lieu entre seize et dix-sept années, les manuscrits offrent xxxi et xxvi, qui se restitueraient uniformément en xviii, nombre inadmissible. Enfin, pour le mesurage du Nord, où il s'agit de se déterminer entre dix-neuf et vingt années, les manuscrits donnent sans variantes xxviiii, qui n'est susceptible d'aucune transformation qui l'amoindrisse. Il faut donc, en définitive, se résoudre à entrer dans la voie des corrections proprement dites, lesquelles laissent toujours une part à l'arbitraire, et ne peuvent dès lors écarter complétement l'incertitude.

M. Ritschl (*Die Vermessung der römischen Reichs*, pp. 9 et 10) a abordé la question des corrections, sans s'occuper des permutations fondées sur l'indécision des formes graphiques ; et il a procédé par voie de retranchement ou d'addition de caractères, après avoir préalablement opté, quant

Simler, dans son édition, lui a, de son chef, imposé le titre de *Alia totius orbis descriptio*[1], religieusement conservé dans toutes les éditions ultérieures, et qui n'est cependant justifié par aucun manuscrit, soit celui de Pithou qui a servi de type pour cette publication, soit tout autre que nous ayons pu vérifier[2]; on n'y voit, au contraire, entre les deux morceaux, d'autre séparation qu'un simple alinéa.

Cette coupure a l'inconvénient de faire supposer une distinction tranchée, qui devait éveiller l'attention et les scrupules aux variantes des manuscrits, pour celles qui offrent les nombres les moins élevés. Ce parti pris, il lui a paru que xxvi pour l'Occident et xxviii pour le Nord devaient subir uniformément le retranchement d'un x, ce qui lui procure, sans équivoque et sans autre embarras d'option, les chiffres définitifs xvi et xviii; il fait également subir le retranchement préalable d'un x au chiffre xxi concernant l'Orient, afin de le transformer en xi, puis il corrige encore ce nouveau nombre xi pour l'Orient, ainsi que xxii pour le Midi, par l'addition uniforme de deux ii, ce qui lui procure, en définitive, les chiffres xiii et xxiiii. En dernier résultat, les nombres ainsi obtenus par M. Ritschl sont, pour la durée de chaque mesurage, le minimum du compte d'années déduit du calcul des consulats

Bien que, dans ce travail *sur Éthicus*, nous n'ayons point voulu aborder les questions qui se rattachent au fond des choses *rapportées par Éthicus*, nous indiquerons du moins, en passant, une idée ingénieuse de M. Ritschl sur la signification des nombres d'ans, mois et jours supputés par notre cosmographe pour le mesurage de chacune des quatre parties du monde romain :

d'après le savant Allemand (*ubi supra,* pp. 12 à 14), ces nombres n'expriment pas la durée respective de quatre opérations simultanées, mais bien les dates successives d'achèvement, pour chaque partie, d'une opération unique commencée par l'Orient et poursuivie en Occident, puis au Nord, et finissant au Midi. Il suppose que l'entreprise, ordonnée en l'an 709 de Rome par Jules César, aura pu, après quelques travaux préliminaires, être suspendue, puis être reprise par les ordres d'Auguste vers 717 à 720, achevée en 723 pour l'Orient, continuée en Occident de 723 à 726, puis au Nord de 726 à 729, et enfin au Midi de 729 à 734. Cette explication sourit à l'esprit, mais il se présente plus d'une difficulté pour la concilier avec les termes exprès de l'exposition d'Éthicus.

[1] *Æthici Cosmographia,* édition de Simler, p. 32, ou p. 723 de l'édition gronovienne de 1722. Il est remarquable que Jacques Gronov, nouveau collateur du manuscrit, n'ait fait aucune observation à ce sujet.

[2] Notamment celui de Vienne, et le fragment du *British Museum,* tous deux du viiiᵉ siècle, et qui ont été obligeamment collationnés pour moi, le premier par M. de Karajan, le second par M. Wright.

de quelques érudits, tels que M. Ukert, qui veut bien citer Éthicus pour le premier fragment, mais qui, pour le second, cite tout aussitôt *der Verfasser einer anderen Erbbeschreibung* [1].

Quoi qu'il en soit, il était aisé d'apercevoir que ce deuxième morceau est à peu près littéralement semblable au second chapitre de l'histoire d'Orose, consacré à une brève description du monde; aussi le premier éditeur, Josias Simler, n'avait point oublié d'en faire la remarque, laissant indécise, il est vrai, la question de savoir si c'était Éthicus qui avait copié Orose, ou Orose qui avait copié Éthicus, bien qu'il admît plus volontiers cette dernière hypothèse [2].

Le savant Gaspard de Barth, qui a consacré à Éthicus deux chapitres entiers de ses *Adversaria,* ne met pas en balance l'antériorité d'Éthicus sur Orose; pour lui Éthicus est l'auteur original, et Orose le simple transcripteur [3].

Gérard-Jean Vossius, au contraire, flotte incertain entre ces diverses suppositions : ou que ce morceau peut avoir été ajouté après coup, et par une main étrangère, à la Cosmographie d'Éthicus; ou qu'il peut avoir été emprunté par Éthicus lui-même à Orose; ou bien enfin qu'Orose peut l'avoir copié d'É-thicus [4].

Mais Guillaume Burton revient à l'opinion tranchée de

---

[1] Ukert, *Geographie der Griechen und Römer,* t. 1, p. 281.

[2] Simler, ad *Æthici Cosmographiam,* p. 16ᵉ de la préface : « Est autem hæc illius pos- « terior descriptio totius orbis, pene ad « verbum suæ historiæ inserta a Paulo « Orosio, sive hanc Æthicus ab Orosio ac- « ceperit, sive, quod magis credo, alter « illam ab Æthico nostro mutuatus sit. »

[3] Barthii *Adversaria,* p. 2086 : « Fuit « autem multis abhinc seculis nobilis hic « auctor, et receptus inter idoneos ad tes- « timonii dictionem, cum Orosius et Isido- « rus multa ex eo mutuati sint. » — *Infra :* « Nec obest quod integra ejus verba mu- « tuetur aut transcribat Orosius... etc. »

[4] Vossius, *De Historicis latinis,* p. 692 : « In ea (*Æthici Cosmographia*) se gemina « orbis descriptio offert. Sed posterior, quæ « aliquammultis et ipsa paginis constat, « eadem est ac illa Orosii lib. I, cap. II, « sive Æthico ea sit assuta ab aliquo, sive « Æthicus ab Orosio mutuatus sit, sive « Orosius ex Æthico descripserit. »

Barth, et pour lui pareillement, Paul Orose est le copiste d'Éthicus[1].

Adrien de Valois n'hésite pas davantage à considérer au contraire Orose comme l'original, transcrit presque littéralement par Éthicus en sa Cosmographie, aussi bien que par Robert en sa Chronique, et par d'autres encore[2].

§ II.

Sans nous arrêter à une longue digression sur ce passage, nous ne pouvons cependant nous dispenser de quelques mots d'éclaircissement. Cette Chronique de Robert, citée par Adrien de Valois sur la même ligne que la Cosmographie d'Éthicus, en est cependant à une énorme distance; ce n'est autre chose que la Chronique de Saint-Marien d'Auxerre, écrite au moins de trois différentes mains, qui l'ont conduite jusqu'à l'année 1227; en tête de cette Chronique est une courte description du monde, que le rédacteur énonce lui-même, en sa préface, avoir été tirée des écrits d'Orose et d'Isidore[3].

Cet ouvrage a été publié en entier à Troyes, en 1608, par Nicolas Camuzat, sans désignation de l'auteur ou des auteurs; mais comme le nom du moine Robert est inscrit à la fin de l'année 1211 par le continuateur anonyme qui lui a succédé[4], il est advenu que l'on a désigné la Chronique entière sous le nom

[1] Burton's *Commentary on Antoninus' Itinerary*, p. 4 : « We will therefore hear what « Æthicus in his Cosmography sayes to it, « who is indeed an author ancient enough, « as being transcribed in some places by « Paulus Orosius in his histories dedicated « to S. Austin. »

[2] Hadriani Valesii *Notitia Galliarum*, p. 216, col. 1re : « Orosium Æthicus in « Cosmographia, Robertus in Chronico, « aliique, ad verbum transcripsere. »

[3] *Chronologia seriem temporum et Historiam rerum in orbe gestarum continens, auctore anonymo, sed cœnobii S. Mariani apud Altissiodorum monacho... opera et studio Nicolai Camuzæ tricassini;* Troyes 1608, in-4°, f° 7 : « Verumtamen præmisimus quandam « orbis, regionumque in orbe, et insularum, « descriptiunculam, ex Orosii, Isidorique « libris, succincte ut quivimus effloratam. »

[4] *Ibid.* p. 106 : « Huc usque perduxit « Chronica sua frater Robertus. »

de Robert, dans la supposition que tout ce qui précède l'année
1211 est de lui; et l'abbé Lebeuf a consacré une dissertation
spéciale à la défense de cette thèse[1], adoptée aussi par Daunou
dans l'article *Robert Abolant* de l'Histoire littéraire de la France[2].

Cependant le père Chifflet a montré que le premier rédacteur ne pouvait avoir conduit son œuvre que jusqu'à l'année
1202 au plus tard, et que Robert Abolant ne pouvait être lui-
même qu'un continuateur depuis cette époque jusqu'en 1211,
la première portion devant être attribuée à un moine nommé
Hugues[3], ce qui a été admis par Mabillon[4]; mais peut-être y
a-t-il, à l'égard de ce nom, quelque confusion avec Hugues
de Saint-Victor, qui a servi de guide pour la chronologie[5].

Quoi qu'il en soit sur ce point, il nous semble qu'on peut
arriver à une détermination un peu plus précise de la date à
laquelle il convient de faire remonter la rédaction du corps
principal de la Chronique; car il résulte de la préface qu'il y
a eu, avant l'accession des continuateurs, une œuvre principale
compilée d'un seul jet, terminée à l'époque de la composition
de la préface[6], et à laquelle avait été jointe, comme intro-

---

[1] *Lettre de M. Le B., c. d'A.* (Le Beuf, chanoine d'Auxerre) *sur le véritable auteur de la Chronique de saint Marien d'Auxerre,* dans la Continuation des Mémoires de littérature et d'histoire, t. VIII, part. 1, Paris 1729, in-12; pp. 412 à 438. — Voir aussi, du même auteur, les Mémoires concernant l'histoire ecclésiastique et civile d'Auxerre, Paris 1743, in-4°, t. II, p. 490. — On trouve un bon article sur Robert d'Auxerre, par M. L'Écuy, dans la Biographie universelle, t. XXXVIII (1824), pp. 212 à 214.

[2] T. XVII, Paris 1832, in-4°; pp. 110 à 121.

[3] Petr. Franc. Chiffletius, *Sancti Bernardi genus illustre assertam,* Dijon 1660, in-4°; pp. 674 et 675, dans l'*appendix.*

[4] Joh. Mabillon, *Annales ordinis sancti Benedicti,* Paris 1713, in-fol.; t. V, p. 502, § 27, sous l'année 1107. — Il est vrai que Mabillon conserve ce nom de Hugues même à la portion de la chronique postérieure à 1202, ainsi qu'on le voit, pour l'année 1205, dans ses *Vetera analecta,* Paris 1723, in-fol. p. 384, col. 1.

[5] Le Beuf, *Lettre sur le véritable auteur, etc.* p. 420.

[6] *Chronologia S. Mariani,* fol. 7 : « Porro « ad id peragendum non modice præstitit

duction, la *Descriptiuncula orbis, regionumque in orbe, et insula-rum*, à laquelle Valois fait allusion. Or cette préface constate que le livre a été écrit par un moine de Saint-Marien, à l'instigation et avec l'aide de l'abbé Milon (de Trainel), que l'on sait d'ailleurs avoir siégé de 1155 à 1202 [1]; voilà le cercle dans lequel Chifflet et Mabillon ont déjà reconnu qu'il fallait circonscrire l'œuvre du premier rédacteur; d'où il suit que Robert Abolant, qui n'est devenu moine de Saint-Marien qu'en 1205, ne peut être pris pour ce rédacteur originaire.

Mais, comme dans l'introduction même est insérée une liste chronologique des rois de France et des empereurs d'Allemagne [2], nous devons y trouver un nouvel élément de calcul; malheureusement les continuateurs y ont touché, et l'on est embarrassé de reconnaître où le rédacteur primitif s'était arrêté. Cependant, nous avions rencontré à la Bibliothèque royale un manuscrit [3] contenant un morceau désigné au Catalogue sous le titre de *Anonymi Compendium geographicum*, et dans lequel nous avons bientôt reconnu la *Descriptiuncula* du moine de Saint-Marien : or ce manuscrit, dont l'écriture est du xvie siècle seulement, offre d'autant plus d'intérêt, que les listes chronologiques n'y sont pas poussées plus loin que le roi Philippe-Auguste et l'empereur Frédéric Ier, aux noms desquels aucun chiffre n'est joint, signe évident que l'un et l'autre régnaient encore. Il en résulte que le rédacteur écrivait certainement après l'année 1180, date de l'avénement de Philippe,

---

« quod venerabilis abbas noster D. Milo,
« qui ad agendum nos compulit, in agendo
« quoque strenuè coadjuvit : ipsius namque
« ducente ac docente industria, nostraque
« parvitate pariter annitente, cœptum pe-
« regimus, et si non competenter usque-
« quaque, utcumque tamen. »

[1] *Gallia Christiana*, t. XII, Paris 1770, in-fol. pp. 473 et 474.

[2] Folio 5 recto et verso de l'édition de Camuzat.

[3] Manuscrit 4831, in-4°, sur papier, provenant de Baluze.

et avant l'année 1190 date de la mort de Frédéric[1]. Que le compilateur ait copié Orose, c'est chose incontestable, puisqu'il le déclare lui-même.

Nous ne savons à quels autres copistes d'Orose Adrien de Valois fait allusion dans le même passage ; Jornandes, le plus ancien de tous peut-être, se trouvait sans doute dans sa pensée, car ce chroniqueur se réfère expressément à Orose pour l'introduction géographique de son livre *De rebus geticis*[2]. Il avait probablement aussi en vue Gervais de Tilbury, qui nomme pareillement Orose dans la seconde partie de ses *Otia imperialia*, où il reproduit souvent la Description tripartite d'Éthicus[3] ; et de même aussi Pierre d'Ailly, dans son *Imago mundi*, où il déclare suivre principalement Orose[4]. Nous en pouvons indiquer un autre encore, dont l'ouvrage, compris dans un manuscrit du xe siècle appartenant à la Bibliothèque royale[5],

[1] Dans l'édition de Camuzat les noms de Philippe-Auguste et de Frédéric Ier sont aussi les derniers sur les deux listes, et nul chiffre n'est joint au nom de Frédéric ; mais pour Philippe-Auguste, le chiffre des années de règne a été rempli, ce qui nous conduirait jusqu'en 1223 ; mais on voit que si ce chiffre n'était point une interpolation, celui du règne de Frédéric Ier devrait aussi se trouver rempli, et son nom être suivi de ceux de ses deux successeurs Henri VI et Frédéric II, dont le second avait déjà 25 ans de règne à la date de 1223.

[2] Jornandes, *De rebus geticis*, inter *Historiæ augustæ scriptores*, page 1087 de l'édition de Grüter : « Majores nostri, « ut refert Orosius, totius terræ circu- « lum oceani limbo circunseptum trique- « trum statuere, ejusque tres partes, « Asiam, Europam et Africam vocavere. « De quo tripartito orbis terrarum spa-

« tio, innumerabiles pæne scriptores exis- « tunt, etc. »

[3] Gervasii Tilberiensis *Otia imperialia ad Ottonen IV imperatorem*, inter *Scriptores rerum Brunsvicensium*, cura God. Guil. Leibnitii, Hanovre 1707, in-fol. t. II, p. 908 à 923, ce qui comprend les douze premiers chapitres de la *secunda decisio*, lesquels, hors le premier, sont corrélatifs à la description tripartite d'Éthicus ; le premier, qui sert d'introduction, et le treizième, qui complète la description du monde, sont puisés à une autre source.

[4] [Petri de Allyaco, episc. Camerac. et card. presb. tituli S. Grisogoni] *Ymago mundi incipit* : in-fol. gothique, sans lieu ni date, ni pagination ; chapp. xiv à xxxvii.

[5] Manuscrit 4841, in-4e sur parchemin, effacé par l'usure en quelques endroits : ce volume provient de la Bibliothèque colbertine.

est assez exactement désigné au Catalogue sous le titre de *Anonymi commentarius de situ orbis, ex Orosio et Isidoro concinnatus;* l'intitulé du livre porte lui-même : *Incipit situs orbis terræ vel regionum, de libro beati Orosii presbyteri sive de libro domini Isidori episcopi.*

Il convient peut-être de mentionner en outre ici, en passant, Jean de Beauvau [1], qui, dans son *Livre de la figure et de l'ymaige du monde,* translaté de latin en français, a fait entrer presque intégralement la Description quadripartite aussi bien que la Description tripartite d'Éthicus, sans le nommer, et qui ensuite, répétant quelques passages de celle-ci, les présente sous le nom d'Orose.

§ III.

Hâtons-nous de revenir à Éthicus.

Théophile - Sigefroi Bayer pense ou qu'Orose a copié

[1] Manuscrit français 7094, in-fol. sur parchemin. Jean de Beauvau, qui termina son livre à Angers le 30 mars 1479, explique ainsi lui-même l'ordre qu'il a adopté pour sa composition : « Ce présent livre sera divisé en troys parties : la première sera de la création du monde; la secunde sera de la division de la terre; la tierce de la souveraine espere du ciel. » La seconde partie (foll. 21 à 100) « qui est de la division de la terre et de ses parties » ne contient pas moins de soixante et quinze chapitres, parmi lesquels le plus simple examen suffit pour distinguer entre eux divers documents juxtaposés; les chapitres III à VII (foll. 23 à 33) contiennent la description quadripartite d'Éthicus, et les chapitres VIII, IX, X (foll. 34 à 38), la description tripartite. On trouve dans l'épilogue placé à la suite du dernier chapitre,

des répétitions nombreuses, notamment à l'article de la Gaule (fol. 98), où il est dit : « Et de ceste Gaule parle brefvement Ysodore; mais Orose la divise plus clèrement et la descript en la manière qu'il s'ensuit, etc. » et ce qui suit n'est en réalité que la reproduction de ce qu'on avait déjà pu lire au chapitre IX (fol. 37). — Legrand d'Aussy, en signalant cet ouvrage (*Notices et extraits,* t. V, p. 266), avait fait espérer qu'il en donnerait une notice, mais il n'a point exécuté ce projet. — M. Paulin Pâris a décrit ce volume dans *Les manuscrits français de la Bibliothèque du roi,* t. V, Paris 1842, in-8°, pagg. 191 à 197; et tout nouvellement M. de Santarem en a inséré quelques extraits dans son *Essai sur l'histoire de la Géographie et de la Cartographie pendant le moyen âge,* t. I, Paris 1849, in 8°, pagg. 375 à 386.

Éthicus, ou qu'ils ont tous deux puisé à une même source[1].
Malgré l'espèce de prédilection exclusive à laquelle un éditeur se laisse d'ordinaire entraîner en faveur de l'auteur dont
il a fait l'occupation de ses veilles, cependant le plus savant des
éditeurs d'Orose, Sigfried Havercamp, n'a point partagé l'opinion tranchée d'Adrien de Valois sur l'originalité de la composition du prêtre espagnol : il se borne à avertir le lecteur
que tout le chapitre d'Orose qui traite de la division du globe
terrestre se trouve à peu près mot pour mot dans les extraits
publiés à diverses reprises sous le nom d'Éthicus[2]. Aucune
réflexion n'accompagne ce rapprochement.

On voit de même, dans les Parallèles géographiques du père
Briet, copié en cette partie par Baudrand, et dans la Bibliothèque historique de Meusel, une mention pure et simple de la
conformité presque entière qu'offrent entre eux Éthicus d'une
part et Orose de l'autre[3].

Sainte-Croix donne sans hésitation Orose pour l'auteur véritable, et Éthicus pour un simple copiste[4].

Gossellin revient à une solution formelle en faveur d'Éthi-

---

[1] Th. Sig. Bayer, dans les *Acta Borus-sica*, t. I, p. 889 : « Paulus Orosius Æthi-« cum pene ad verbum traduxit in Histo-« riam, sive jam tum extiterit Æthicus, « sive ex eodem fonte et Orosius hauserit, « et Æthicus. »

[2] Sigebertus Havercampus, ad Pauli Orosii presbyteri hispani *adversus paganos historiarum libros septem*, Leyde 1738, in-4° ; p. 10 : « Admoneri autem lector de-« bet universum hoc Orosii caput, quod « de divisione orbis terrarum agit, verbo-« tenus fere legi inter excerpta quædam « sæpius in libello publicata, qui Æthici « Cosmographia inscribitur. »

[3] Briet, *Parallela geographiæ*, t. I, p. 10 : « Æthicus Ister contexuit duplicem orbis « descriptionem post Constantinum, qua-« rum altera apud Orosium tota et ad ver-« bum legitur. » — Baudrand, *Geographia ordine litterarum digesta*, t. II, p. 444 : « Æthicus Ister contexuit duplicem orbis « descriptionem post Canstantinum, qua-« rum altera apud Orosium tota legitur. » — Meusel, *Bibliotheca historica*, t. IV, 1re partie, p. 127 : « Cosmographiam istam « duplicem (posterior integra fere etiam « apud Orosium, lib. I, cap. 11, extat), etc. »

[4] Sainte-Croix, *Sur une nouvelle édition des petits géographes anciens*, dans le Journal des Savants d'avril 1789, p. 249 : « Cet au-teur a divisé son ouvrage en deux parties ;

cus, et il s'étaye d'un argument particulier, tiré de ce que, dans deux manuscrits de la Bibliothèque royale, le texte même d'Orose renferme la mention d'une description originale à laquelle il se réfère[1]; il est vrai que c'est Solin qui y est nommé; mais il est certain aussi, comme Gossellin le fait observer, qu'Orose n'a point copié Solin : le savant académicien, persuadé que Julius était le véritable nom d'Éthicus, aussi bien que de Solin, en conclut que cette homonymie aura causé toute la confusion, et qu'il faut dès lors restituer à Éthicus l'ouvrage qui lui appartient[2].

M. Gråberg de Hemsö énonce assez brièvement que l'une des deux Descriptions du monde, dues à Éthicus, nous a été conservée en entier dans les Histoires d'Orose son contemporain[3].

.... la seconde n'est qu'une copie de la description de la terre que Paul Orose a faite au commencement de son Histoire. »

[1] D'après une vérification faite à ma prière par l'obligeante amitié de M. Thomas Wright, sur sept manuscrits d'Orose conservés au Musée britannique, il en est un où se trouve pareillement l'addition remarquée par Gossellin sur les deux manuscrits parisiens; celui de Londres est le manuscrit harléyen 2765, du xvᵉ siècle.

[2] Gossellin, *Recherches sur la Sérique des anciens*, ubi supra, p. 722, note c : « On n'a pas encore décidé si c'est Æthicus qui a copié Paul Orose, ou si c'est ce dernier qui a copié Æthicus. Il existe à la Bibliothèque royale deux manuscrits de Paul Orose, sous les numéros 4873 et 4882, dans lesquels, après les mots *Percensui breviter, ut potui, provincias et insulas orbis universi*, on lit *quas Solinus ita descripsit*. Ces derniers mots ne paraissent pas avoir été connus des éditeurs, et ne se trouvent point dans l'édition d'Havercamps, p. 35. Mais il est certain qu'Orose n'a point copié Solin, et il faut nécessairement que ce soit par erreur que son nom se trouve dans les manuscrits dont je parle. On convient que le vrai nom d'Æthicus était Julius Orator ou Julius l'Orateur, et comme Solin s'appelait aussi Julius, il me paraît très-vraisemblable que les copistes, croyant qu'il était question de Julius Solinus, auront substitué le dernier de ces noms au premier. Je pense donc qu'il faut lire *quas Julius ita descripsit*, et restituer à Æthicus l'ouvrage qui lui appartient. »

[3] Gråberg, *Annali di geografia e di statistica*, t. II, p. 144 : « Etico... compose « due descrizioni della terra, una delle « quali ci è stata conservata intieramente « nelle storie di Orosio, autore contempo- « raneo. »

Malte-Brun professe une opinion pareille, mais en des termes plus brefs encore et plus vagues, au point qu'il semble avoir à peine entrevu la question; il se borne en effet, dans un volume consacré tout entier à l'Histoire de la géographie, à octroyer une mention rapide et fugitive à la Cosmographie d'Éthicus conservée par Orosius[1].

M. Walckenaer n'adopte point l'explication proposée par Gossellin sur l'intrusion du nom de Solin dans les deux manuscrits d'Orose : le savant géographe suppose que l'écrivain espagnol est réellement l'auteur de cette Description du monde que l'on a cru devoir joindre aux extraits cosmographiques d'Éthicus et de Julius; et Orose lui paraît avoir voulu dire en effet que ce chapitre de son ouvrage est un extrait du livre de Solin[2].

Enfin, Mannert, repoussant comme une interpolation les listes quadripartites qui viennent à la suite de la préface, considère au contraire comme l'œuvre légitime d'Éthicus précisément la Description tripartite, qu'il suppose avoir, dans le principe, suivi immédiatement la préface[3].

[1] Malte-Brun, *Précis de la géographie universelle*; t. I, *Histoire de la géographie*, Paris 1812, in 8°; p. 355 : « La géographie d'Éthicus conservée par Orosius, les diverses notices des provinces, et d'autres ouvrages de nomenclature, malgré leur sécheresse et l'ignorance assez générale de leurs auteurs, nous fournissent des renseignements utiles. » — Ce n'est pas qu'il ne parle ailleurs d'Éthicus (p. 285), mais c'est là tout ce qu'il dit de ses rapports avec Orose, sans distinguer les deux sections de la Cosmographie.

[2] Walckenaer, *Éthicus*, dans la Biographie universelle, t. XIII, p. 426, col. 2 : « M. Gossellin pense que comme Solin se nommait *Julius* ainsi que *Julius* Honorius l'Orateur, auteur du premier extrait, les copistes ont pris un nom pour un autre; nous croyons plutôt qu'Orose est réellement l'auteur de cette description du monde, que l'on a cru devoir joindre aux extraits cosmographiques d'Éthicus ou de Julius; mais par ces mots *quas Solinus ita descripsit*, Orose nous paraît avoir voulu dire que ce chapitre de son ouvrage est un extrait du livre de Solin. »

[3] Mannert, ad *Tabulam Itinerariam Peutingerianam*, p. 8 : « Cave tamen confundas « genuina cum intrusis. Post enim eam quo « primi Itinerarii indicantur auctores intro- « ductionem, homo insulsus, ut puto oc-

M. Beck, qui a publié une dissertation ayant expressément pour objet la détermination des sources d'Orose, et qui consacre un paragraphe spécial au chapitre géographique du prêtre tarragonais, ne prononce même pas le nom d'Éthicus, et indique la Géographie de Ptolémée comme la principale source où ce morceau aurait été puisé [1].

M. de Cœlln, auteur de l'article *Orosius* dans la grande Encyclopédie allemande d'Ersch et Gruber, ne nomme pas davantage Éthicus, et fait honneur à Pomponius Méla d'avoir fourni, pour la majeure partie, l'aperçu géographique mis par Orose en tête de son histoire [2].

Moins aventureux, M. Grubitz, dans ses Émendations Orosiennes, après avoir constaté la conformité littérale d'Orose et

« tavi sæculi, insipidissimam enarrationem « marium, fluminum, urbium, summa « confusione atque ignorantia inseruit, « vera falsis, vetusta recentioribus mis-« cens. Quibus omnibus haud cunctanter « rejectis, Æthicum invenies ab eo loco « cui titulus præfixus : *Alia totius orbis « descriptio;* exinde cuncta justo suo pro-« cedunt ordine. Idem tamen falsarius com-« plura compendii ipsius corrupit, ut ma-« nifestum est ea introductione, ubi auctor « verus a Zenodoxo orientem esse demen-« sum affirmat, adjunctis verbis : « Sicut « inferius demonstratur, » cujus tamen de-« monstrationis ne levissima quidem men-« tio in posterioribus quæ incipiunt : « Hanc « quadripartitam totius terræ continen-« tiam, etc. » Sed frustra de quadripartita « ista terra quidquam quæsiveris. Omissa « permulta inde clarum est. » — C'est, il le faut avouer, traiter légèrement un livre, que de lui reprocher d'omettre précisé-ment ce qu'on vient de lui enlever.

[1] Georg.-Fred.-Henri Beck, *Dissertatio de Orosii historici fontibus et auctoritate,* Gotha 1834, in-8°; p. 8 : « In eo (cap. II) « potissimum usus est Ptolemæi Geogra-« phia, quacum nomina plurima conve-« niunt : siquidem in tanta corruptione et « Ptolemæi et capitis hujus satis certa pro-« nunciari possunt. Ab aliis geographis, « Strabone, Plinio, Mela, sæpe toto cœlo « differunt nomina quæ apud Orosium vi-« demus. »

[2] Ersch und Gruber, *Allgemeine Encyclopädie der Wissenschafften und Künste,* section III, theil V, Leipzig 1834, in-4°; verbo Orosius (*von Cölln*), p. 511, col. 2 : « Nachdem er alsdann eine, grösstentheils « aus Pomponius Mela geschöpfte, geogra-« phische Uebersicht des Schauplatzes der « alten Geschichte voraus gesandt hat. » — Cette opinion se trouve réfutée d'avance dans la phrase qui termine la note précédente.

d'Éthicus, se réfère à l'opinion de Mannert sur l'antériorité chronologique d'Éthicus, et il en conclut qu'Orose, suivant ses habitudes d'emprunt, a purement et simplement copié l'œuvre de son devancier [1].

M. Ritschl, au contraire, regarde comme plus vraisemblable que l'emprunteur soit Éthicus, qui se serait borné à rattacher, par quelques mots de transition, la Description tripartite d'Orose à l'Exposition quadripartite de Julius Honorius [2].

Mais M. de Mœrner, dans son livre sur la vie et les écrits d'Orose, où il a consacré un chapitre étendu aux sources de cet auteur, et un paragraphe particulier à Éthicus, revient à l'opinion de Mannert et de Grubitz, qui lui paraît bien plus conforme aux habitudes d'emprunt qu'il est aisé de constater dans tout le cours de l'ouvrage d'Orose [3].

Ainsi Josias Simler, Barth, Burton, Gossellin, Gråberg,

---

[1] Ernest Grubitz, *Emendationes Orosianæ ex codice Portensi aliisque fontibus ductæ*, Leipzig 1836, in-4°; p. 6 : « De « Æthico auctore litem dudum inter viros « doctos agitatam postquam Mannertus ita « diremit, ut scriptorem christianum fuisse « et sæculo quarto floruisse statueret, idem « hac re demonstrata simul comprobavit, « Orosium, ut in historiis quoque assolet, « id opus bona fide descripsisse, cum ab « ipsius doctrina minimam ejus partem « proficisci potuisse veri sit simillimum. »

[2] Ritschl, *Die Vermessung des römischen Reichs*, pp. 5-6 : « Das zweite Stück unter « der ueberschrift *Alia totius orbis descrip-* « *tio.* . . . findet sich mit geringen Varian- « ten wörtlich wieder bei Orosius, *Hist.* 1, « 2, so dass bald dieser, bald Æthicus für « den Entlehner gehalten worden ist; al- « lem Anschein nach ist es aber der letz- « tere, indem er den wahren Anfang *ma-* « *jores nostri orbem totius terræ, etc.* durch « den Zusatz einiger Worte mit der *Expo-* « *sitio* in Verbindung setzte. »

[3] Theod. de Mœrner, *De Orosii vita ejusque Historiarum libris septem adversus paganos*, Berlin 1844, in-8°; pp. 83 à 86 : « Orosium, quum brevem terrarum de- « scriptionem necessariam, quæ operi suo « præmitteretur, censuisset, illam Æthici, « aut cuicunque vindicanda est, Cosmo- « graphiam ad verbum suis historiis inse- « ruisse credo. . . . Quibus accedit Orosii « fontes tractandi ratio, qua vel excerpit « eos, ipsorum usus verbis, ubi largiora « præbent, vel adeo describit, ubi concin- « nam et brevem rerum narrationem operi « Orosiano aptam offerunt. »

Malte-Brun, Mannert, Grubitz et Mœrner, ne voient dans Orose que le copiste d'Éthicus; Adrien de Valois, Sainte-Croix, Walckenaer, Beck, Cœlln, et Ritschl, prennent au contraire Orose pour l'auteur original; Vossius, Bayer, Havercamp, Briet, Baudrand, Meusel, restent neutres dans ce litige.

§ IV.

On nous pardonnera d'éprouver quelque embarras à prendre un parti au milieu du conflit de tant de savants hommes. Cependant, après l'examen direct et approfondi d'une question dont aucun d'eux ne paraît avoir voulu faire l'objet d'une étude spéciale, nous essayerons d'ajouter quelques considérations à celles qui ont été invoquées contre l'antériorité de Paul Orose.

Et d'abord, si l'on se rappelle qu'Orose a voulu écrire une Histoire générale des misères de l'humanité, on comprendra aisément qu'une description géographique du globe terrestre ne pouvait prendre place dans son livre que comme une sorte de proème, comme un coup d'œil préparatoire sur le théâtre où l'auteur va montrer les nations jouant tour à tour les grandes scènes de ce drame immense qu'on appelle l'histoire du monde. Historien avant toutes choses, et nécessairement compilateur à raison de la nature même de son sujet, Orose a dû, pour l'unique chapitre géographique qu'il a placé vers le commencement de son ouvrage, non-seulement compiler les descriptions antérieures, mais probablement même prendre une description toute faite, s'il s'en trouvait une qui fût précisément à la mesure de son livre.

Ce qui, dans ces termes, n'est qu'une conjecture probable, acquiert l'autorité d'un fait dès qu'on se souvient que Gossellin a reconnu dans deux manuscrits d'Orose la mention expresse d'un emprunt. Cette mention, il est vrai, désigne un auteur, et cet auteur est Solin; mais, sans adopter ni repousser l'explication de Gossellin sur le quiproquo dont ce nom serait le résultat, nous nous demanderons si le docte critique n'avait pas à bon escient considéré comme certain qu'Orose n'a point reproduit Solin? C'est une vérification aisée à faire, puisque nous avons à notre disposition les pièces du procès : et il importe d'y recourir, alors surtout qu'une autre autorité contemporaine, non moins imposante pour nous que celle de Gossellin, regarde comme possible une référence intentionnelle d'Orose à Solin.

La comparaison des deux textes aura bientôt levé toute incertitude à ce sujet. La disposition des matières est toute différente entre les deux auteurs; et autant on voit dans Orose d'attention à déterminer la division tripartite du monde, autant on peut remarquer dans Solin d'indifférence à cet égard : il est vrai toutefois que les contrées de chacun des trois continents se succèdent chez lui de manière à pouvoir être séparées en trois groupes consécutifs représentant l'Europe d'abord, puis l'Afrique, et enfin l'Asie, tandis qu'Orose recense tour à tour l'Asie en premier lieu, ensuite l'Europe, puis l'Afrique, et enfin les îles de la Méditerranée. Mais la disposition des contrées dans chaque groupe ne présente non plus aucune trace d'un même système de distribution dans les deux auteurs; et si l'on veut encore ne se point arrêter à cette dissemblance de forme, et rapprocher, province par province, les articles corrélatifs des deux textes, on sera frappé de telles dissidences, qu'on ne pourra plus conserver aucun doute : l'abréviateur se trouvera, en quelques endroits, plus riche de détails que son modèle prétendu; en quelques autres on le verra donner à certaines contrées des limites très-différentes, et assez frequem-

ment ne pas compter les provinces d'après un même système
de subdivision, indépendamment d'une divergence assez notable dans la nomenclature.

Et si l'on en veut des exemples, que l'on confère les chapitres que Solin a consacrés à la Grèce [1], avec les trois articles
Thrace, Macédoine et Achaïe, dans Orose [2]; que réciproque-
ment on place en regard la Gaule d'Orose et celle de Solin [3];
que l'on mette en parallèle la division et la nomenclature des
provinces africaines de part et d'autre [4]; qu'arrivant enfin à
l'Asie Mineure, bornée, chez Solin, à l'est par la Lycie et la
Phrygie, à l'ouest par la côte Égéenne, au sud par la mer d'É-
gypte, et au nord par la Paphlagonie [5], on veuille bien se re-
porter aux abornements que lui assigne Orose, où l'on voit à
l'est la Cappadoce et la Syrie, au nord le Pont-Euxin, à l'ouest
la Propontide et l'Hellespont, au midi la Méditerranée [6]; et la
question, ce nous semble, demeurera définitivement jugée
contre l'hypothèse que Solin ait pu servir de modèle à Orose.

§ V.

Quel a donc été le type choisi par Orose? Évidemment la
Cosmographie tripartite d'Éthicus, puisque la conformité est
presque littérale, et que, indépendamment de l'aveu fait par
Orose lui-même de son rôle de transcripteur, il est tout naturel d'attribuer au géographe de profession la composition d'un

---

[1] C. Julii Solini *Polyhistor,* ch. XIII à XVI de l'édition de Leyde (1646, in-12), pp. 234 à 257; ou ch. VII à X de l'édition de Saumaise (Utrecht 1689, in-fol.), pp. 16 à 21.

[2] Orosii *Historiæ,* édition de Haver-camp, pp. 23-24.

[3] Orose, p. 25. — Solin, ch. XXIV, pp. 298-299 de l'édition in-12; ch. XXI, p. 30 de l'édition de Saumaise.

[4] Orose, pp. 28 à 32. — Solin, ch. XXVII à XXXIV, pp. 311 à 351 de l'édition in-12; ch. XXIV à XXXI, pp. 33 à 42 de l'édition de Saumaise.

[5] Solin, ch. XLIII, p. 384 de l'édition in-12; ch. XL, p. 50 de l'édition de Saumaise.

[6] Orose de Havercamp, p. 16.

fragment géographique encadré dans son œuvre, au lieu d'en faire honneur à l'historien qui l'a mis dans son livre comme une simple pièce de rapport, n'ayant avec ce qui précède et avec ce qui suit aucune liaison étroite, et ne s'y rattachant qu'au moyen de transitions expressément destinées à sauver ce défaut de connexité[1].

Que l'on remarque au contraire combien ce fragment se trouve convenablement placé dans Éthicus à la suite de la description quadripartite, à laquelle il est rattaché, non plus par simple voie de transition, mais par l'ensemble même de la rédaction[2], qui se réfère, au fond comme en la forme, à l'introduction commune placée en tête de la première partie: on n'a point encore assez aperçu qu'Éthicus, dans cette introduction, indique dès l'abord le double point de vue sous lequel il va considérer le monde : on a mesuré l'empire romain suivant les quatre points cardinaux, « quam vicerant « quadripartito cœli cardine investigarunt »; mais on a divisé tout le globe, par la pensée, en ses trois parties d'Asie, Europe

---

[1] Orosii *Historiæ*, lib. I, cap. 1, p. 9 de l'édition de Havercamp : « Dicturus « igitur ab orbe condito usque ad Urbem « conditam, dehinc usque ad Cæsaris prin- « cipatum nativitatemque Christi, ex quo « sub potestate Urbis orbis permansit im- « perium : vel etiam usque ad dies nos- « tros, in quantum ad cognitionem vacare « suffecero, conflictationes generis humani « et veluti per diversas partes ardentem « malis mundum, face cupiditatis incen- « sum, e specula ostentaturus, necessa- « rium reor ut primum ipsum terrarum « orbem quem inhabitat humanum genus, « sicut est a majoribus trifariam distri- « butus, deinde regionibus provinciisque « determinatus, expediam : quo facilius « eum locales bellorum morborumque cla- « des ostentabuntur, studiosi quique non « solum rerum ac temporum sed etiam lo- « corum scientiam consequantur. »

[2] Æthici *Cosmographia*, p. 723 de l'édition de 1722 : « Hanc quadripartitam to- « tius terræ continentiam hi qui dimensi « sunt longe majores nostri, tripartitam « reputari definierunt, investigantes uni- « versum orbem Oceani maris limbo cir- « cundatum : easque tres partes Asiam, « Europam et Africam reputaverunt. Quan- « vis non defuerunt qui duas partes, sicut « diximus, perhiberent, Asiam et Euro- « pam, » etc. — Comparez l'introduction, p. 705.

et Afrique, « et intellectu æthereo totum quod ab oceano cin-
« gitur tres partes esse dixerunt, Asiam, Europam et Africam
« reputantes. » Voilà le plan formel de l'ouvrage, et après la
description quadripartite par laquelle l'auteur a commencé,
on devait s'attendre à cette description tripartite déjà annoncée, et qui traite de l'Asie, de l'Europe et de l'Afrique, dans
l'ordre même qu'avait indiqué l'introduction. L'auteur de la
première partie est donc aussi l'auteur de la seconde; et nous
n'avons pas à examiner de nouveau, sous ce point de vue, lequel d'entre tous les personnages à qui cette Cosmographie a
été conjecturalement attribuée, nous devons, d'après les lois
d'une saine critique, regarder comme le rédacteur probable :
l'intitulé des manuscrits et les témoignages anciens nous ont
formellement désigné Éthicus.

Ainsi la commune renommée, qui longtemps avait attaché
ce nom aux deux fragments dont nous venons de nous occuper, avait complétement raison contre l'espèce de purisme
scientifique qui prétendait la réformer.

DEUXIÈME SECTION.

DE L'OUVRAGE PUBLIÉ SOUS LE TITRE D'ITINÉRAIRE D'ANTONIN.

ARTICLE PREMIER.

DE L'INTITULÉ DU LIVRE.

§ I.

Enfin nous arrivons au troisième point de notre thèse, et
nous avons à rechercher l'auteur ou le compilateur véritable
de l'ouvrage que l'on est convenu d'appeler aujourd'hui l'Itinéraire d'Antonin.

Notre premier soin doit être de vérifier l'origine et la légitimité de cette désignation consacrée par l'usage.

Elle ne paraît pas s'être introduite ou du moins s'être répandue avant la fin du xve siècle. Nous n'examinerons pas jusqu'à quel point Jean Nanni de Viterbe y peut avoir contribué; nous annoterons seulement que ce fameux fabricateur de prétendus monuments historiques avait inséré, dans le recueil des documents apocryphes qu'il mit en lumière, un *Fragmentum Itinerarii Antonini Pii,* donnant l'indication de six routes différentes qui conduisaient de Rome dans les Gaules, sans aucune mention des distances ; avec une petite préface faisant allusion à une description du monde composée par Auguste [1]. On peut soupçonner que Nanni avait en vue la Cosmographie tripartite d'Éthicus, désignée en effet sous le nom d'Auguste, ne fût-ce que par Albert le Grand ; et l'on peut croire qu'en forgeant son prétendu fragment de l'Itinéraire d'Antonin le Pieux, il entendait bien faire passer son œuvre frauduleuse pour des restes d'un original imparfaitement reproduit par l'abrégé qui circulait sous ce nom, et désormais perdu, comme les histoires de

[1] Fratris Joannis Annii Viterbiensis theologiæ professoris ordinis prædicatorum *De commentariis antiquitatum, etc.* Rome, 1498, in fol; fol. Niii verso : *Ejusdem fratris Annii Viterbiensis comentaria super duo fragmenta Itinerarii Antonii Pii.* « Anto-« ninus Pius Cæsar Augustus, etiam pie-« tatis laudem confirmavit, dum hoc Iti-« nerarium scripsit........ Porro quæ « habentur nunc Itineraria, Antonini non « sunt, sed forte ex fragmentis aliquot « collecta, et pauca his addita, multa « diminuta, plura immutata. Argumento « sunt duo fragmenta quæ apud me sunt « ex collectaneis magistri Guillelmi, col-« lecta anno salutis 1315. Nam primum « fragmentum ex proemio est : at in his « quæ modo habentur nullum proemium « est. Deinde in secundo fragmento sex « celebratissima tunc itinera ab urbe Roma « in Gallias docentur : at in his quæ vul-« gantur, nullius memoria fit... Ex qui-« bus patet hos vulgatos codices non esse « totos Antonini Itinerarium.... etc. »

Cette préface, ainsi que le commentaire sur les deux prétendus fragments, sont curieux à lire en entier, et l'on peut regretter que les fragments dont il s'agit aient été reproduits dans les éditions de Torin, de Simler, et de Wesseling, sans être accompagnés des explications de Nanni.

Bérose, de Manéthon, de Mégasthènes, d'Archiloque, et autres, dont il opérait la palingénésie.

Quoi qu'il en soit des fraudes de Nanni et de leur motif, un homme d'un tout autre poids, et dont la célébrité s'est conservée sans tache, le patriarche d'Aquilée, l'épurateur de Pline et de Méla, le savant vénitien Ermolao Barbaro, répétait cent fois le nom d'Antonin dans ses doctes *Castigationes*, dont trois éditions simultanées parurent dès 1492. Quatre fois, il est vrai, c'est *Antonius*, ou *Iter Antonii*, ou *Itineris Antoniani codex*, que portent les citations[1] ; mais quatre-vingts fois il reproduit celle d'*Antoninus*, en y joignant à trois reprises l'épithète caractéristique *Pius*[2], bien qu'il dise aussi dans un endroit *Antonini Cæsaris iter*[3]. Évidemment, dans l'opinion d'Ermolao Barbaro, c'est du nom d'Antonin le Pieux qu'était intitulé cet itinéraire.

Est-ce à tort ou à raison qu'il pensait ainsi? Nous ne voulons point nous prononcer immédiatement sur cette question; mais nous devons constater que son autorité fut considérée comme décisive par les éditeurs subséquents, qui ne trouvaient point ce nom dans les manuscrits.

Et cependant il n'est pas sans intérêt d'observer que le savant philologue semble n'avoir eu entre les mains qu'une copie moderne de l'Itinéraire, puisque, pour alléguer une leçon ancienne, il se réfère au témoignage de ceux qui en ont vu à Rome un vieux manuscrit[4] : et chose remarquable, ce n'est plus alors le nom d'Antonin, mais celui d'Antoine, qui figure dans la citation : « Vetustus Itineris Antoniani

---

[1] *Castigationes Plinii* Hermolai Barbari, in-folio, sans lieu, date, pagination ni réclames : ex libro III, capp. I, X, XI; et lib. IV, cap. VII.

[2] *Castigationes Plinii* : ex libro III, bis cap. I, et semel cap. XXV.

[3] *Ibid.* Ex libro IV, cap. XXII.

[4] *Ibid.* Ex libro IV, cap. VII.

« codex, in quo ita scriptum esse testes mihi sunt in Urbe plu-
« rimi. »

§ II.

Cet Itinéraire n'était point publié, et ne pouvait être consulté
que dans les manuscrits. Le savant Christophe de Longueil en
possédait un exemplaire, qu'il prêta en 1508 à Geoffroy Torin,
lequel en prit copie pour un de ses amis ; le messager à qui
fut confiée cette copie, ayant eu l'impudeur d'en disposer autrement, Torin en projetait une nouvelle transcription, quand
Longueil le chargea de faire imprimer l'ouvrage. Ce labeur
fut confié aux presses d'Henri Estienne, le chef de cette illustre
famille de typographes ; et l'édition fut exécutée en 1512, en
un petit volume in-16, rare aujourd'hui, et dont la Bibliothèque royale conserve un bel exemplaire sur vélin[1]. Le *titre
d'entrée* (pour nous servir de l'expression technique) reproduisit fidèlement l'intitulé du manuscrit : « Incipit Itinerarium
« provinciarum omnium Antonii Augusti » ; Torin n'osa y rien
changer ; mais dans le frontispice il se donna plus de liberté :
le nom de l'auteur lui semblait fautif dans le manuscrit, et
d'un autre côté Ermolao avait cité fréquemment Antonin dans

---

[1] *Itinerarium provinciarum omnium Antonini Augusti, cum fragmento ejusdem, nec
non indice haudquaquam aspernendo. Cum
privilegio, ne quis temere hoc abhinc duos
annos imprimat. Venale habetur ubi impres-
sum est, in domo Henrici Stephani e regione
scholæ decretorum Parrhisiis.*

L'épître dédicatoire, où l'histoire de
cette édition est racontée, porte l'intitulé :
« Godofredus Torinus Bituricus Philiberto
« Baboo viro modestissimo, S. P. D. » C'est
donc par une confusion des deux personnages que Targioni Tozzetti (*Relazioni
d'alcuni viaggi*, t. IX, p. 160) attribue
l'édition à *Filiberto Torino*.

Peut-être est-ce la copie de Torin qui
est conservée aujourd'hui à Orléans, où le
Catalogue de la bibliothèque d'Orléans (Orléans 1820, in-8°, p. 157) signale, sous
le n° 265, un volume manuscrit de 280
pages in-12, copié en 1511 sur deux exemplaires différents, dont les variantes sont
indiquées en encre rouge et bleue, comme
on les voit imprimées en rouge dans l'é-
dition de 1512.

ses *Castigationes Plinianæ* : il prit le parti de s'en tenir au manuscrit pour le texte, mais de suivre Ermolao pour le frontispice : tel est l'aveu qu'il fait dans son épître dédicatoire, en date du 16 août 1512 [1].

Les Aldes donnèrent en 1518, à Venise, dans le format petit in-8°, à la suite de Méla et de Solin, une nouvelle édition de l'Itinéraire, laquelle servit de type à d'autres éditions publiées en 1519 à Florence par les Juntes, en 1521 (à Venise ou à Tusculum) par Alexandre Paganini, et en 1540 à Lyon par les héritiers de Simon Vincent [2]. Aucune préface, aucune annotation ne fait connaître d'après quel manuscrit fut faite cette deuxième publication, généralement signalée comme très-inférieure à la première [3]; nous ne savons donc pas si le titre d'*Itinerarium*

---

[1] *Itinerarium provinciarum, etc.* p. 3° de l'épître dédicatoire : « Unum est quod hîc « tangere non verebor, authoris nomen in « exemplari fuisse meo judicio imperfectum « (nam et Antonius Augustus inscribitur). « Ab Hermolao viro alioqui nitido Antoninus « multis in locis apud suas in Plinium Casti- « gationes allegatur. Viderint qui legent. In « textu exemplar ipsum secutus sum. In sus- « criptione libri Hermolaum sum imitatus. »

[2] Nous n'avons pas vu l'édition florentine de 1517, qui est mentionnée par Fabricius (*Bibl. lat.* p. 346) et par Tzschucke dans sa Dissertation sur Pomponius Méla (Pomponii Melæ *De Situ orbis libri III,* Leipzig 1807, 7 vol. in-8°; t. I, p. lxxxv, n° 22); le savant éditeur n'avait pu la voir non plus, et M. Renouard (*Annales de l'imprimerie des Alde,* Paris 1834, in-8° maj., p. 83, col. 2) croit qu'elle n'a jamais existé. — Nous n'avons pas vu non plus une édition aldine de 1521 mentionnée par Fabricius à côté de celle de 1518;

ni une édition juntine de 1526 désignée par André Schott, page 5° de sa préface au lecteur (édition de Cologne, de 1600; ou page 741 de l'édition de Vesseling). — Quant à l'édition aldine de 1518, elle forme un volume petit in-8° contenant, suivant l'indication du frontispice : *Pomponius Mela, Julius Solinus, Itinerarium Antonini Aug., Vibius Sequester, P. Victor de regionibus urbis Romæ, Dionysius Afer de situ orbis Prisciano interprete.* — Ce volume est reproduit d'un bout à l'autre par l'édition juntine de 1519, dont nous possédons un exemplaire, aussi bien que dans l'édition vénitienne ou tusculane de 1521, véritable miniature, que nous possédons également. — Quant à l'édition de Lyon, que nous avons aussi, elle n'est point datée, et elle ne contient ni Méla, ni Solin; les opuscules qu'elle reproduit sont d'ailleurs annoncés comme *ad exemplar Aldinum diligenter emendata.*

[3] Andreas Schottus, ad *Itinerarium An-*

Antonini Augusti, qui y est uniformément reproduit, a un meilleur fondement que dans l'édition parisienne de 1512.

Quand Simler donna en 1575 à Bâle son édition d'Éthicus et de l'Itinéraire, il ne se crut pas autorisé à changer l'intitulé du manuscrit de Pithou sur lequel il travaillait, et il transcrivit religieusement sur le frontispice, comme dans le titre d'entrée, *Antonii Augusti Itinerarium provinciarum*, avec une légère inversion de mots sur laquelle nous aurons à revenir. Un second manuscrit, mais tout à fait moderne, qui lui avait été communiqué par Gilles de Tschudi, était intitulé du nom d'*Antonius Augustalis*[1]; il est probable que la fantaisie du transcripteur avait fait les frais d'une telle désignation, comme la fantaisie de Fabricius y a accollé le nom d'*Antonius Augustulus*[2].

André Schott publia en 1600 une édition plus ample que les précédentes, enrichie qu'elle était des recensions et des notes posthumes du savant Jérôme Zurita, historiographe d'Aragon, mort en 1580. Dans le titre figure exclusivement le nom d'Antonin; or une annotation de Zurita sur ses autorités nous apprend qu'il avait eu entre les mains trois manuscrits, savoir: un acéphale du xvᵉ siècle, passé de la bibliothèque du roi de

---

tonini Augusti, Cologne 1600, in-8°; p. 5ᵉ de la seconde préface : « In Aldino exemplari integrum quaternionem omissum, « tres vero in compaginando loco motos « observavi. Quare perturbate omnia in « illa Veneta editione leguntur, quæ in « Parisiensi Christoph. Longolii, hominis « disertissimi, omnium ad eam diem optima, an. 1512, et in Basiliensi an. 1575, « ordine collocata leguntur : Aldini vero « libri error in multa exemplaria propagatus, ut Florentino Juntarum an. 1526 « et Lugdunensi Simonis Vincentii inveteravit. » — Comp. Wesseling, *Vetera Romanorum Itineraria*, p. 14ᵉ de la préface.

[1] Simler ad Æthici *Cosmographiam*, p. 5ᵉ de la préface : « Habui etiam alterum exemplar quod Ægidius Scudius, quem honoris causa nomino, ex veteri quodam « codice bibliothecæ, ni fallor, S. Galli, descripserat : in eo liber hic Antonino Augustali inscribitur. » — V. aussi *ibid.* p. 9.

[2] Jo. Alb. Fabricii *Bibliotheca latina*, p. 175 : « Opus.... editum est sub nomine Æthici Istri et Antonini Augusti. « In aliis quibusdam codd. mss. Antonio « Augustulo vel Augustali, in aliis Julio « Honorio Oratori tribuitur. »

Naples dans celle du cardinal Orsini ; un autre appartenant à
la bibliothèque Blandinienne, du XIIe siècle, offrant l'intitulé :
Incipit Itinerarium provinciarum omnium Antonii Augusti; le dernier appartenant à la bibliothèque royale de l'Escorial, écrit
en l'ère (d'Espagne) 920, ce qui revient à 882 de l'ère vulgaire,
était l'unique source où s'était rencontré le nom d'Antonin,
et encore, est-ce exclusivement en tête de l'Itinéraire maritime, placé, par une interversion singulière, avant les routes
de terre, dont il est même séparé par plusieurs autres morceaux[1]. Schott ajouta les variantes de deux manuscrits qui lui
furent communiqués à Saragosse et à Valence; mais il ne paraît s'être aucunement préoccupé du titre[2].

L'édition de Schott servit de type à la reproduction que
Pierre Bertz fit de l'Itinéraire dans son *Theatrum geographiæ
veteris,* publié à Amsterdam en 1618 : ce n'était point une recension nouvelle, mais une simple réimpression[3] : nous n'avons
donc à faire aucune observation spéciale à son sujet.

Il n'en est pas ainsi de l'insertion du même document dans
l'ouvrage posthume d'Emmanuel de Schelstraten, publié à
Rome en 1697 sous le titre de *Antiquitas Ecclesiæ dissertationi-
bus, monimentis ac notis illustrata :* l'Itinéraire y est imprimé sous
le nom d'Antonin, et l'on y trouve l'indication du manuscrit
1833 [lisez 1883] de la bibliothèque Vaticane comme ayant
servi de type[4]; ce manuscrit est du commencement du XIVe
siècle, et bien que l'éditeur n'en ait rien dit, nous savons que

---

[1] Voir pp. 174-175 de l'édition de Cologne, qui est celle de Schott. — Les
mêmes indications sont réimprimées p. 751
et p. 1 de l'édition de Wesseling.

[2] Ces variantes, avec toutes celles que
Schott avait recueillies dans les éditions,
occupent, dans celle de Cologne, la feuille
signée Yy, et non paginée, qui termine le
volume.

[3] Petri Bertii *Theatrum Geographiæ veteris,* Amsterdam 1618, in-fol.; t. II,
pp. 1 à 34.

[4] Emmanuelis a Schelstrate *Antiquitas
Ecclesiæ,* Rome 1697, in-fol.; t. II, pp. 569

c'est le nom d'Antoine et non celui d'Antonin qui figure dans l'intitulé de cet exemplaire.

Enfin Pierre Wesseling donna en 1735, à Amsterdam, son édition in-4° des *Itinéraires*, qui devait effacer toutes les autres par la réunion des notes de Simler, de Zurita, de Schott, et des siennes propres : il reproduisit dans le titre le nom d'Antonin d'après l'autorité de Zurita et de Schelstraten, sans dissimuler que les manuscrits de Paris et de Leyde, dont il ajoutait la collation au travail de ses devanciers, s'accordaient, avec ceux de Blandini, de Pithou, de Longueil, et plusieurs autres, à désigner Antoine au lieu d'Antonin ; mais comme beaucoup de gens instruits, sachant que jamais Antoine n'avait porté le titre d'Auguste, substituaient à ce nom celui d'Antonin, consigné dans le manuscrit de l'Escorial, et à ce qu'il croyait aussi, dans celui du Vatican, Wesseling, à leur exemple, préféra le nom impérial d'Antonin, déjà passé dans l'usage vulgaire[1].

En 1845 a enfin paru une édition depuis longtemps an-

à 620 : « Antonini Itinerarium, ex ms. « Bibl. Vaticanæ 1833. Incipit Itinerarium « provinciarum Antonini Augusti. » — En marge sont les variantes de l'édition de Lyon de 1540.

A défaut d'indication de l'âge du manuscrit, nous avions cru pouvoir le déduire, par conjecture, d'un rapprochement dont l'ouvrage de Schelstraten et la *Bibliotheca Bibliothecarum* de Montfaucon (Paris 1739, in-fol.) nous ont fourni les éléments. On trouve dans ce dernier répertoire, à la page 105 D, la désignation du manuscrit du Vatican dont il s'agit ici, avec le double numéro 1833 d'abord, et puis 244 ; or Schelstraten a publié aussi (pp. 525 à 527) un autre morceau géographique d'après le manuscrit 244 du Vatican, qu'il dit, en cet endroit, avoir deux cent vingt ans de date, ce qui équivaut à la seconde moitié du xv° siècle. — D'après la description du manuscrit nouvellement donnée dans l'édition toute récente de MM. Parthey et Pinder, c'est un volume dont le numéro véritable est 1883, et qui se compose de plusieurs morceaux de divers âges et de différentes mains ; la Cosmographie d'Éthicus et l'Itinéraire sont du commencement du xiv° siècle. Voir la préface des nouveaux éditeurs, pp. xix et xx, lettre N.

[1] Wesselingii *Vetera Romanorum Itineraria*, pp. 1ʳᵉ, 2ᵉ, 7ᵉ et 8ᵉ de la préface, et note à la page 2 du texte.

noncée, depuis longtemps attendue, exécutée aux frais du marquis de Fortia d'Urban, avec le concours de plusieurs savants académiciens, et accompagnée d'une carte géographique en neuf feuilles, d'une grande beauté. Le texte de Wesseling y est reproduit sous une disposition typographique particulière, avec l'annotation des variantes de six manuscrits de la Bibliothèque royale de Paris, soigneusement collationnés par M. Guérard. L'intitulé portant le nom d'Antonin y est conservé sans altération, et même sans mention aucune de la leçon différente des manuscrits sur ce point[1].

Une nouvelle édition critique, moins ample, sans commentaires, mais où sont réunies avec un soin particulier les variantes de plus de vingt manuscrits les plus importants, a été récemment publiée à Berlin, en 1848, par MM. Parthey et Pinder, qui ont aussi conservé sur le titre le nom d'Antonin, mais en constatant l'accord général des manuscrits à donner celui d'Antoine[2].

Il serait oiseux de passer en revue toutes les publications qui ont été faites de certains fragments détachés de l'Itinéraire; presque toujours ces fragments ont été empruntés aux éditions antérieures, et dans tous les cas ils n'ont point un rapport direct avec la question qui nous préoccupe.

§ III.

En faisant, au contraire, un relevé exact des manuscrits qui

---

[1] *Recueil des Itinéraires anciens, comprenant l'Itinéraire d'Antonin, la Table de Peutinger* (disposée en itinéraires), *et un choix des périples grecs, avec dix cartes dressées par M. le colonel Lapie, publié par M. le marquis de* Fortia d'Urban, *membre de l'Institut,* Paris 1845, in-4°. — La préface est de M. Emmanuel Miller. La carte en neuf feuilles, de l'*Orbis romanus*, porte la date de 1834.

[2] *Itinerarium Antonini Augusti et Hierosolymitanum ex libris manu scriptis ediderunt* G. Parthey *et* M. Pinder. *Accedunt duæ tabulæ.* Berlin 1848, in-8°.

ont servi de type aux éditions, ou desquels nous avons une connaissance un peu précise, nous aurons réuni les données les plus importantes dont nous ayons à tenir compte.

Nous rappellerons d'abord que Schott ne nous a rien indiqué de l'âge ni du titre des deux manuscrits de Saragosse et de Valence dont il a fait usage; que le titre manquait dans deux des manuscrits qui ont servi à Zurita; qu'il manque pareillement dans le manuscrit Gaddien décrit par Targioni-Tozzetti. Nous pouvons ajouter ici qu'il en est de même d'un manuscrit de la fin du XIVe siècle, appartenant à la bibliothèque royale de Madrid, et dont nous devons personnellement une recension complète à l'obligeance du savant Martin Fernandez de Navarrete; et en outre, que la Bibliothèque royale de Paris possède deux manuscrits qui sont encore dans le même cas, savoir : l'un du commencement du Xe siècle, provenant de la bibliothèque de Noailles, et inscrit au catalogue sous le n° 7230 A; l'autre du XVe siècle, n° 671 du supplément latin, et que nous avons déjà désigné sous le nom de manuscrit de Lamoignon. Les deux manuscrits vénitiens du XVe siècle décrits par Morelli se bornent à reproduire textuellement celui-ci, et comme lui sont acéphales. Il en est de même enfin du manuscrit d'Egerton du VIIIe siècle, réduit, comme nous l'avons déjà remarqué, à quelques feuillets inconnexes.

Quant aux manuscrits dont le titre nous est bien connu par une indication formelle ou par l'examen que nous en avons fait de nos propres yeux, nous devons constater que le nom d'*Antonius* se trouve : 1° dans le manuscrit de Longueil, qui a servi à l'édition princeps d'Henri Estienne [1]; 2° dans le manuscrit de Thomas Gale [2]; 3° dans celui d'Arras, dont Bentley

---

[1] Voir p. 3 de l'épître dédicatoire de Torin; nous avons, dans une précédente note, rapporté le passage à ce relatif.

[2] Thomas Gale, *Antonini iter Britan-*

avait relevé les variantes pour Gale[1]; 4° dans celui du couvent de Saint-Pierre de Gand, dont les variantes se trouvent rapportées à la main sur un exemplaire de l'édition de Lyon appartenant à la Bibliothèque royale de Paris[2] : — l'âge d'aucun de ces manuscrits n'est désigné par les savants qui en ont fait usage; — 5° dans le manuscrit de Fillastre, du xv⁰ siècle, conservé à Reims; 6° dans le manuscrit du Vatican [du xiv siècle], qui a servi à Schelstraten; 7° dans le manuscrit de Vossius [du xiii⁰ siècle], employé par Wesseling[3]; 8° dans le manuscrit de Blandini, du xii⁰ siècle, recensé par Zurita[4]; 9° dans le manuscrit de Pithou, du xii⁰ siècle, reproduit dans l'édition de Simler[5]; 10° dans le manuscrit royal 4807, du x⁰ siècle, provenant de Conrad Meissel; 11° dans le manuscrit royal 4806, pareillement du x⁰ siècle; 12° dans le manuscrit Laurentien, encore du x⁰ siècle, décrit par Bandini[6]; 13° enfin dans le manuscrit palatin de Vienne, qui remonte jusqu'au viii⁰ siècle[7].

Le nom d'*Antoninus*, au contraire, n'est fourni incontestablement que par le manuscrit de l'Escorial; et encore celui-ci ne le donne-t-il qu'en tête de l'Itinéraire maritime, qui lui-même ne fait point corps avec le document principal, et se

---

niarum commentariis illustratum, opus posthumum, Londres 1709, in-4°; page 1 : « Codex noster ms. legit *Antonii.* »

[1] Th. Gale, *Antonini iter Britanniarum,* p. 1 : « Antonii Augusti. *Bentl.* »

[2] Cet exemplaire est classé au département des imprimés sous la quote G 432 : il est interfolié, et chargé de notes manuscrites.

[3] Wesseling, pp. 1 et 16 de la préface. —Van der Aa, *Catalogus Bibliothecæ Lugdunensis Batavicæ,* p. 372, ms. n° 60. — MM. Parthey et Pinder font connaître dans leur préface (p. xxij, lettre S), que ce manuscrit est du commencement du xiii⁰ siècle.

[4] Zurita, dans l'édition de Schott, p. 175, ou dans celle de Wesseling, p. 1.

[5] Ms. 4808 de la Bibliothèque royale.

[6] Bandini, *Catalogus codd. lat. Bibliothecæ Laurentianæ,* t. III, p. 327.

[7] Endlicher, *Catalogus codd. Bibliothecæ palatinæ Vindobonensis,* p. 229. Nous avons déjà dit que nous en possédons une copie textuelle, due à l'exquise obligeance du docteur Endlicher lui-même.

trouve placé dans une autre partie du volume ainsi que l'a
expliqué Zurita[1].

ARTICLE II.

HYPOTHÈSES DIVERSES SUR L'AUTEUR DE L'ITINÉRAIRE.

§ I.

En présence de tels résultats, il serait difficile de méconnaître qu'il est ici un point de fait bien évident, savoir : que l'Itinéraire est réellement intitulé du nom d'Antoine, et non de celui d'Antonin. Et dès lors le problème se présente sous cette nouvelle phase : est-ce le nom d'Antonin qu'il faut substituer à celui d'Antoine ?

Dans la série des empereurs qui ont porté le nom d'Antonin, deux seulement ont été signalés comme auteurs possibles de l'Itinéraire. Ermolao Barbaro, Geoffroi Torin, et le commun des érudits de ce temps-là, croyaient que le document dont il s'agit provenait en réalité d'Antonin le Pieux; aussi Nanni de Viterbe et Jérôme de la Higuera[2] accommodaient-ils leurs fraudes à cette idée. Zurita préférait Antonin Caracalla[3], à raison des indications contenues dans l'Itinéraire en ce qui concerne la Grande-Bretagne, lesquelles ne pouvaient être antérieures à cet empereur; et cette opinion a été partagée par les nouveaux éditeurs, MM. Parthey et Pinder[4].

Mais Simler de son côté faisait ressortir les noms caractéristiques de *Diocletianopolis, Maximianopolis, Constantinopolis,*

[1] Zurita, *ubi supra.*

[2] Hieronymus de la Higuera, *Luitprandi subdiaconi Toletani, Ticinensis diaconi, tandem Cremonensis episcopi Opera quæ extant, chronicon et adversaria; nunc primum in lucem exeunt,* Anvers 1640, in-fol.; p. 463, § 31; p. 483, § 132; p. 512, § 300.

[3] Zurita, p. 173 de l'édition de Schott, ou pp. 750, 751 de l'édition de Wesseling.

[4] Parthey et Pinder, *Itinerarium Antonini Augusti,* p. vj de la préface.

Constantia, Curia[1], qui nous font descendre de règne en règne jusqu'à Constantius fils du grand Constantin, dans la seconde moitié du ive siècle, plus d'un siècle après l'entière extinction du nom des Antonins. Et Panciroli, Velser, Cluvers, Bergier, Dempster, Gérard-Jean Vossius, Burton, Berretta, Wesseling, Schœpflin, Scheyb, Targioni-Tozzetti, Meermann, Sax, Meusel, Gråberg de Hemsö, Schœll, Mannert, Bæhr, ont répété, rappelé ou développé cet argument, qui ne peut laisser aucune hésitation sur ce point, que, dans son état actuel, l'Itinéraire n'est l'œuvre d'aucun des Antonins[2].

Mais ne peut-on, quel qu'en soit le dernier rédacteur, supposer qu'une édition antérieure en aurait été faite sous le règne et par les ordres de l'un des Antonins?

Simler était d'avis qu'un document de cette nature devait être émané des empereurs, et que, retouché, augmenté de règne en règne, suivant les modifications apportées à la direction ou au nombre des routes, il put être désigné par le nom des princes qui en avaient successivement promulgué des éditions, et porter à ce titre le nom d'Antonin[3]. Cette thèse fut repro-

---

[1] Simler, pp. 6 et 7 de la préface.

[2] Guidi Panciroli *Commentarium in Notitiam utramque dignitatum*, Venise 1602, in-fol.; f° 2 *verso*. — Velseri *Opera*, p. 214. — Philippi Cluverii *Germaniæ antiquæ libri tres*, Leyde 1631, in-fol.; pp. 353-354. — Bergier, *Grands chemins de l'empire romain*, t. I, p. 339. — Thomæ Dempsteri *Historia ecclesiastica gentis Scotorum*, Bologne 1627, in-4°; pp. 59-60. — Vossius, *De Philologia*, p. 60. — Burton's *Commentary on Antoninus' Itinerary*, p. 6. — Berretta, dans Muratori, t. X, p. lii. — Wesseling, *Vetera Romanorum Itineraria*, p. 2 de la préface. — Schœpflin, *Alsatia illustrata*, t. I, p. 613. — Scheyb, *Peutingeriana Tabula*, p. 12. — Targioni-Tozzetti, *Relazioni d'alcuni viaggi*, t. IX, pp. 158-159. — Meermann, dans Burmann, t. II, p. 394. — Saxii *Onomasticon litterarium*, t. I, p. 414. — Meusel, *Bibliotheca historica*, t. IV, 1re partie, p. 127. — Gråberg, *Annali di Geografia e di Statistica*, t. II, p. 139. — Schœll, *Littérature romaine*, t. III, p. 258 — Mannert, *ad Tabulam Itinerariam*, p. 7. — Joh. Chr. Felix Baehr, *Geschichte der römischen Litteratur*, p. 686 (ou t. II, p. 523 de l'édition de 1845).

[3] Simlerus ad Æthici *Cosmographiam*, p. 7 de la préface : « Non tamen propterea « nihil ad Julium aut Antoninos hoc opus

duite tour à tour, avec plus ou moins d'étendue ou de restrictions, par Velser, Bergier, Burton, Riccioli, Wesseling, Jordan, Schœpflin, Scheyb, Targioni, Meermann, Sax, Meusel, Sprengel, Schœll, Mannert, Parthey et Pinder [1]. Dans cette hypothèse générale, l'œuvre remontait jusqu'à Jules César, et descendait jusqu'à Théodose.

Le proème de la Cosmographie d'Éthicus venait confirmer cette origine; mais Wesseling refuse d'y ajouter foi, et reproche à Velser et à Burton, ainsi qu'à Bergier et à Vossius, la confiance qu'ils lui ont accordée [2]. Scheidt de son côté, dans sa préface à l'Origine des Germains de Eckhardt, s'étonne que Bergier n'ait pas rougi de croire qu'une pareille description du monde eût été faite sous César et Auguste; et il fait rersortir

« pertinere censeo : sed existimo descri-« ptionem aliquam regionum et urbium « illorum jussu primum factam et postea « sæpe mutatam aut auctam, nomen vetus « servasse, ut Julii aut Antonini diceretur. « Video enim descriptiones hujusmodi « semper magnis Imperatoribus et regibus « curæ fuisse. »

[1] Velseri *Opera*, p. 214 : « Verum « principium et institutum multo vetus-« tius, et qui a Julio, Æthici verbis per-« suasi, deducunt, me volente faciunt. » — Bergier, *Grands chemins*, t. I, pp. 339-340. — Burton's *Commentary on Antoni-nus' Itinerary*, p. 6. — Riccioli, *Geographia reformata*, préface, p. 2.—Jo. Christ. de Jordan, *De originibus Slavicis*, Vienne 1745, in-fol.; t. II, p. 30. — Wesseling, *Itineraria*, pp. 8 et 9 de la préface. — Schœpflin, *Alsatia illustrata*, t. I, p. 614, § 307. — Scheyb ad *Peutingerianam Tabulam*, p. 12.—Targioni, *Relazioni*, t. IX, p. 164. — Meermann, dans Burmann,

t. II, p. 394. — Saxii *Onomasticon*, t. I, p. 414. — Meusel, *Bibliotheca historica*, t. IV, 1" partie, p. 127. —Sprengel, *Geographische Entdeckungen*, p. 131.— Schœll, *Littérature romaine*, t. III, p. 258.—Mannert, ad *Tabulam Peutingerianam*, pp. 4, 7. — Parthey et Pinder, *Itinerarium Antonini*, p. vj.

[2] Wesseling, *Vetera Romunorum Itineraria*, pp. 7, 8 et 11 de la préface : « Neque « enim ulla veri specie se commendare « potest N. Bergerii conjectura, qua Itine-« rarium ejusque prima initia in Julium « Cæsarem et Augustum.... rejicit;.... « Æthicus enim quem fundum hujus opi-« nationis vir doctus et Jo. Ger. Vossius « habuerunt, vereor ut persuadere hoc « possit. » *Infra*: « Alii...... conjecturis « indulgere, valido tibicine defectis, no-« luere : in quorum numerum et M. Vel-« serum, et Guill. Burtonum referrem « nisi uterque nimium Æthici præfation « fidisset. »

avec grand soin l'argument négatif énoncé d'abord par Bertz, répété plus tard par Wesseling et par Andrés, et qui résulte du silence de Pline et des autres historiens sur les opérations des géodètes dénommés par le seul Éthicus[1].

Malgré le discrédit où Bertz, Wesseling et Scheidt veulent reléguer ce récit d'Éthicus touchant le mesurage de l'empire romain exécuté sous Jules César et Octavien Auguste, leur défiance et leur dédain n'ont point été partagés par les savants qui ont examiné la question après eux, soit qu'ils aient simplement fait pressentir leur dissidence, comme Schœpflin, à

[1] Scheidii *præfatio ad* Eccardi *Originem Germanorum*, p. 46 : « Nihil in contrarium « me movet doctissimi Galli Nic. Bergierii « auctoritas, qui..... hujusmodi orbis « descriptionem sub Cæsaris et Augusti « principatu factam esse, scriptoque signa- « tam, credere non erubuit. Licet enim « idem etiam credere Petr. Bertius..... « qui.... subjungit optare quidem se *ut* « *extaret Theodoti illius septentrionis descrip-* « *tio;* mox tamen addit : *Sed si meliora illa* « *certioraque non sunt iis quæ ab Æthico,* « *qui se illa proditurum initio suo Geogra-* « *phiæ pollicetur, notata sunt, non videre se* « *quomodo ex illis distinctam locorum noti-* « *tiam haurire potuissemus.* Suppeditat deinde « novum argumentum ex quo totam hanc « fabulam factæ a Theodoto septentrionis « adeoque etiam Germaniæ descriptionis, « egregie confutare possumus. *Plinius,* in- « quit, *accuratus ut aliarum rerum omnium* « *ita et istarum lector et observator, in toto* « *suo opere quo naturæ historiam complexus* « *est, ne citat quidem Theodotum.* En argu- « mentum ex quo discas eum nullibi exti- « tisse nisi in cerebro Æthici. » — Wesseling, *ubi supra*, p. 8 : « Ecquis enim credide- « rit Plinium scriptorem diligentissimum « præterire Zenodoxi, Polycliti et Theodoti « mensorum operam voluisse, si quæ hac « in re extitissent? Et qui potuit Theo- « dotus, homo græcus, in intimam Ger- « maniam, quam septentrionalem partem « Æthicus appellat, Romanorum armis « nondum domitam, penetrare eamque « mensurare? » — Andrés, *Dell' origine, progressi e stato attuale d'ogni letteratura,* t. III, p. 421 : « Che Giulio Cesare, portando « le vaste sue mire sopra tutte le parti delle « scienze, attendesse eziandio alla Geogra- « fia, come si vuole comunemente, pare « assai naturale; mà che abbia egli man- « dati i greci geometri Zenodotto all'oriente, « al settentrione Teodoto, e Policlito al « mezzogiorno per misurare l'estensione e « le provincie dell'impero romano, e con- « segnarne alle carte una geografica des- « crizione, come narra Etico, non è appog- « giato à valevole fondamento, poichè nè « Polybio nè Suetonio nè verun altro scrit- « tore di que' tempi fino ad Etico non ci fa « motto di fatto si memorando. » — Conf. Bertii *Commentariorum rerum germanicarum lib. tres,* Amsterdam 1634, in-12 : lib. I, cap. xviii, p. 139.

côté duquel on peut ranger Sax et Meusel[1]; soit qu'ils aient ouvertement professé une foi entière en la véracité d'Éthicus, comme Baronius, Barth, Fabricius, Schelstraten, Scheyb, Targioni, Meermann, Sprengel, Schœll, Ukert, Mannert, Frandsen, Huschke, et Ritschl[2], sans parler de nombre d'autres qui se groupent autour de ceux-là, tels que l'abbé de Gourné, Vaugondy, Gråberg de Hemsö, etc.[3].

C'est en effet un argument bien faible que celui du silence de Pline à l'égard des noms mêmes des géodètes qui ont exécuté une opération dont la réalité n'est d'ailleurs point révoquée en doute, et se trouve attestée par Pline lui-même[4]. N'est-il pas naturel de penser que la vanité romaine laissait volontiers en oubli les noms propres grecs auxquels appartenait, il est vrai, l'exécution matérielle, mais non la pensée directrice, ni par conséquent l'honneur de l'entreprise[5]. Aucun doute sérieux ne

---

[1] Schœpflin, *Alsatia illustrata*, t. I, pp. 614-615. — Saxii *Onomasticon*, t. I, p. 414. — Meusel, *Bibliotheca historica*, t. IV, 1re partie, p. 127.

[2] Baronii *Annalium ecclesiasticorum apparatus*, p. 468. — Barthii *Adversaria*, pp. 2087, 2088. — Fabricii *Bibliotheca latina*, p. 175. — Schelstraten, *Antiquitas Ecclesiæ*, t. II, p. 528. — Scheyb ad *Peutingerianam Tabulam*, p. 9. — Targioni, *Relazioni*, t. IX, pp. 162, 164. — Meermann, apud Burmann, t. II, p. 393. — Sprengel, *Geographische Entdeckungen*, p. 131. — Schœll, *Littérature romaine*, t. II, p. 220, et t. III, p. 260. — Ukert, *Geographie der Griechen und Römer*, t. I, p. 193. — Mannert, *ad Tabulam Peutingerianam*, p. 4. — Frandsen, *M. Agrippa's Leben*, p. 184. — Huschke, *Ueber den Census*, pp. 8-9. — Ritschl, *Die Vermessung des römischen Reichs*, pp. 4, 11, etc.

[3] Gourné, *Préface historique*, p. 26. — Vaugondy, *Essai sur l'histoire de la géographie*, p. 18. — Gråberg, *Annali di Statistica*, t. I, p. 162. — Bähr, *Geschichte der römischen Litteratur*, p. 686.

[4] Plinii *Historia naturalis*, lib. III, cap. III, § 14; édition de Lemaire, Paris 1828, t. II, p. 32; et quantité d'autres passages, qui ont été réunis par M. Frandsen, *M. Agrippa's Leben*, cap. XXXIII, pp. 195 à 200.

[5] Dans les passages signalés en la note précédente, tous les résultats numériques sont exclusivement attribués à Agrippa, et un écrivain postérieur, Martianus Capella, *De Nuptiis philologiæ*, lib. VI, reproduisant les chiffres qui déterminent l'étendue de la Narbonnaise, dit plus explicitement encore : « sicuti Agrippa dimensus est. » Il n'y a nullement à s'étonner que la désignation du second person-

peut donc être élevé sur la vérité historique du mesurage exécuté sous les règnes de César et d'Auguste, et au moyen duquel fut obtenu le routier officiel qui servait à dresser la feuille d'étapes des armées, telle que nous la font connaître Lampridius dans la Vie d'Alexandre Sévère, et saint Ambroise en son Commentaire sur le psaume 118 [1].

nage de l'empire, qui eut, suivant toute apparence, la direction supérieure de l'opération dans son ensemble, ait paru à des Romains la seule convenable en pareil cas. — Les quatre géodètes grecs durent avoir sous leurs ordres des arpenteurs d'un rang secondaire, répartis dans les provinces : on trouve, dans les *Rei agrariæ auctores* (édition de van der Goes, Amsterdam 1674, in-4°; pp. 141, 148), et dans la Géométrie de Boèce (Boethi *Opera omnia*, Bâle 1570, in-fol.; p. 1540), la mention répétée d'un Balbus mensor « qui « temporibus Augusti omnium provincia- « rum formas et civitatum mensuras com- « pertas in commentarios retulit », ce qui semble devoir s'entendre spécialement des provinces d'Italie. — La suite du passage de Boèce constate la liaison intime de ces opérations d'arpentage avec les détermi- nations itinéraires : « Omnes enim limites « itineri publico servire debebunt… etc. » — Ce Balbus, dont nous ne savons pas autre chose, n'est pas nommé non plus dans Pline, quoique romain, sans doute parce que son travail demeurait confondu, pour l'encyclopédiste latin, dans la grande opération dont il reportait tout l'honneur à Agrippa ; tandis qu'il lui est arrivé (lib. VI, cap. XXXI, § 14, p. 705) de men- tionner Denis de Charax « quem ad com- « mentanda omnia in Orientem præmisit Divus Augustus », et dont la mission

géographique ne peut, vu sa date (l'an 2 avant Jésus-Christ, suivant Noris, *Cenota- phia pisana*, Venise 1681, in-fol., pp. 192- 193), se rattacher au travail accompli par Zénodoxe une trentaine d'années aupara- vant. — Comp. Huschke, *über den Census*, pp. 8 à 11 ; et Ritschl, *Die Vermessung der römischen Reichs*, pp. 1 à 3.

[1] Ælii Lampridii *Alexander Severus*, inter *Historiæ Augustæ scriptores*, cap. XLV, p. 351 : « Tacebantur secreta bellorum. « Itinerum autem dies publice propone- « bantur, ita ut edictum penderet ante « menses duos, in quo scriptum esset : « *illa die, illa hora ab Urbe sum exiturus*, « *et si Dii voluerint, in prima mansione man-* « *surus;* deinde per ordinem mansiones, « deinde stativæ, deinde ubi annona esset « accipienda, et id quidem eo usque quam- « diu ad fines barbaricos veniretur. Jam « enim inde tacebatur, etc. » — Sancti Am- brosii Mediolanensis episcopi *Opera*, édi- tion des Bénédictins de Saint-Maur, Paris 1686, in-fol.; t. 1 : *In psalmum David cxviii Expositio*, sermo V, § 2, p. 1018 : « Miles qui ingreditur iter, viandi ordinem « non disponit sibi, nec pro suo arbitrio « viam carpit, nec voluptuaria captat com- « pendia ne recedat a signis ; sed itinera- « rium ab imperatore accipit, et custodit « illud : præscripto incedit ordine, cum « armis suis ambulat, rectaque via conficit « iter ut inveniat commeatuum parata sibi

Mais aussi, qu'on le remarque, pour justifier le nom d'Antonin, il faut supposer une série d'éditions successives qui ne nous sont pas parvenues : la seule que nous ayons est postérieure à Constantius ; Lampridius nous en signale peut-être une dans ces marches d'Alexandre Sévère qui avaient été rédigées par Acholius[1] ; et nous avons le témoignage de la préface d'Éthicus pour l'édition princeps entreprise sous César et achevée sous Auguste. Nulle mention particulière nulle part pour aucun des Antonins.

N'est-ce pas le cas de conclure que si un nom quelconque est à substituer à celui d'Antoine dans l'intitulé de l'Itinéraire, ce n'est pas celui d'Antonin, qui n'a pour lui que des hypothèses tout à fait arbitraires. Du Cange suppose même qu'il n'aura été appliqué par certains écrivains modernes, au routier des provinces de l'empire romain, que par suite d'une confusion, telle qu'en commettent souvent des esprits superficiels, avec un *Itinerarium Antonini* auquel appartient légitimement ce titre[2], et qu'Henri de Valois a souvent cité dans

« subsidia. Si alio ambulaverit itinere, an-
« nonam non accipit, mansionem paratam
« non invenit, quia imperator iis jubet hæc
« preparari omnia qui sequuntur, nec
« dextra nec sinistra a præscripto itinere
« declinant, meritoque non deficit qui im-
« peratorem sequitur suum. Moderate enim
« ambulat, quia imperator non quod sibi
« utile sed quod omnibus possibile consi-
« derat ; ideo et stativa ordinat : triduo am-
« bulat exercitus, quarto requiescit die.
« Eliguntur civitates in quibus triduum,
« quatriduum et plures interponantur dies,
« si aquis abundant, commerciis frequen-
« tantur : et ita sine labore conficitur iter,
« donec ad eam urbem perveniatur quæ
« quasi regalis eligitur, in qua fessis exer-
« citibus requies ministratur. » Simler en son édition d'Éthicus (p. 18 de la préface), Velser en son commentaire sur deux spécimens d'un fragment de la Table peutingérienne (p. 711 de ses œuvres), et Scheyb dans sa Dissertation (p. 27), ont transcrit avec raison ce curieux passage.

[1] Ælii Lampridii *Alexander Severus*, cap. LXIV, *ubi supra*, p. 356 : « Historicos « ejus temporis legant, et maxime Acho- « lium, qui et itinera hujus principis scrip- « sit. » S'agit-il là d'itinéraires proprement dits, de vrais routiers, ou bien des expéditions militaires de cet empereur : c'est ce que nous n'osons décider.

[2] Du Cange, *Constantinopolis Christiana*, p. 62 : « Constat Itinerarium istud falso

ses annotations sur Eusèbe de Césarée, dont cet Antonin, moine et martyr, visitateur et descripteur des saints lieux, était, dit-il, contemporain [1]. Le célèbre Huet avait sans doute aussi la même idée que Du Cange à ce sujet; car sur son exemplaire des *Historiens latins* de Vossius, en marge de l'article consacré à l'Itinéraire romain, le savant évêque a noté, de son

« Antonii vel Antonini nomen præferre in « aliis codicibus; quod inde forte accidit, « quod circumferatur vetus quoddam Iti- « nerarium quod Antonini monachi nomen « præfert, tametsi nihil habeat commune « cum eo quod Antonini seu Æthici Itine- « rarium vulgo inscribitur ? »

[1] Henrici Valesii *Annotationes* in Eusebii Pamphili *Ecclesiasticæ Historiæ libros de- cem, ejusdem de vita imp. Constantini li- bros IV*, etc. Paris 1659, in-fol.; p. 40 : « Cujus rei illustre exemplum est in Itine- « rario Hierosolymitano Antonini mona- « chi; » — p. 304 : « Cui (Eusebio) con- « sentit auctor Itinerarii Hierosolymitani, « qui iisdem fere temporibus scripsit qui- « bus Eusebius. » (Voir encore pp. 140, 230, 233, 305, 306.) La Bibliothèque royale de Paris possède plusieurs ma- nuscrits de cet Itinéraire d'Antonin mar- tyr, sous les numéros 2335, 4226 et 4847 : il a été imprimé par Daniel Pape- broch, en tête du second volume du mois de *mai*, dans les *Acta Sanctorum* (Anvers 1680, in-fol.; pp. x à xv, avec des notes jusqu'à la page xviii), d'après un manus- crit de Saint-Martin de Tournai, colla- tionné avec le manuscrit n° 636 du Vati- can. L'éditeur suppose que c'est une rela- tion apocryphe composée dans le x° ou le xi° siècle; et Jean-Baptiste Sollier, dans la Vie de saint Antonin de Plaisance (t. II de *juillet*, Anvers 1721 ; pp. 17-18) rejette les légendes qui attribuent à ce martyr l'Iti- néraire dont il s'agit, bien que Plaisance y soit précisément indiquée comme la pa- trie du pieux pèlerin et de ses compa- gnons. Une grande confusion, relevée par Sollier, ainsi que par Jean Stilting en la Vie de saint Antonin d'Apamée (t. I de *septembre*, Anvers 1746; pp. 340 à 356), a été commise par les légendaires entre divers personnages du nom d'Antonin : il en est résulté pour tous une grande in- certitude de dates; mais loin d'attribuer au martyr plaisantin une date du III° au IV° siècle, que rien ne justifie, il nous semblerait plausible de fixer son époque par celle du pèlerinage ou itinéraire même. Or on y voit que le bois de la sainte croix était encore alors à Jérusalem, ce qui dé- signe un voyage antérieur à l'enlèvement de cette précieuse relique par Chosroès II en 614; on y voit d'un autre côté que Justinien était déjà mort, ce qui ne per- met pas de remonter au delà de 565 : mais le fameux tremblement de terre qui renversa Berythe, et qu'Agathias (lib. II, cap. IX) rapporte à l'année 556, était ra- conté au voyageur par un témoin ocu- laire, l'évêque même de Berythe, comme un événement encore peu ancien; en sorte que l'on peut approximativement fixer la date du pèlerinage vers 570 ou 575.

écriture menue, plusieurs des passages où Henri de Valois mentionne l'Itinéraire du moine Antonin[1].

Nous ne savons donc trouver non-seulement aucun motif raisonnable, mais même aucune excuse, à l'introduction qui a été faite, à la fin du xve siècle à ce qu'il semble, du nom d'Antonin sur le frontispice du routier officiel de l'empire.

§ II.

Examinons sous quelles autres désignations diverses ce routier a été tour à tour allégué, afin d'en peser la valeur relative et d'opter pour celle qui peut réunir en sa faveur le plus de chances raisonnables et de motifs plausibles.

Je ne citerai que pour ordre l'assertion d'un savant étranger, qui énonce avoir vu des manuscrits de cet Itinéraire où étaient respectivement signalés, comme auteurs ou promoteurs de l'œuvre, Jules-César, Caracalla, Théodose et enfin Anasthase[2]. Quand on a vu de tels manuscrits, on ne saurait mettre

---

[1] Voici cette note en son entier : « Vales. « *Annot. in Hist. Euseb.* p. 4o : Itinerarium « Hierosolymitanum Antonini monachi. « *Idem in Epist. de Anastasi, ad calcem Eu-* « *sebii, p. 304 et séq.* : Antoninus martyr « in Itinerario; *et in Euseb. Hist. libr. VII,* « *cap. v, p. 140* : Itinerarium Antonini « scriptum post imperium Constantini. *Et in* « *cap. xxxix, lib. III, de Vita Const., p. 230* : « In Itinerario Antonini martyris. *Et in* « *cap. LIII, p. 233* : Auctor Itinerarii Hie- « rosolymitani qui vixit temporibus Cons- « tantini Magni. *Ibid :* Antoninus martyr « in Itinerario. »

[2] Gråberg, *Annali di Statistica,* t. II, p. 139 : « Io ho veduto de' manoscritti di « questo itinerario che accennavano come « autori o promotori di questa opera ora « Giulio Cesare, ora Caracalla, ora Teo- « dosio, e perfino Anastasio I. » — Il y a là confusion de l'intitulé des manuscrits avec l'opinion de divers écrivains sur l'auteur du livre, au moins en ce qui touche Jules César, Caracalla, et Théodose : encore faut-il dire que le nom de Caracalla est le seul relatif à l'Itinéraire, comme désignation individuelle du personnage d'Antonin supposé l'auteur de ce routier; les noms de Jules César et de Théodose se rapportent, ainsi qu'on l'a pu voir, à la Cosmographie quadripartite. Il en faut dire autant d'Anastase; mais à l'égard de celui-ci la méprise est plus grande, car il ne saurait être question ni de l'empereur Anastase I, ni de l'Itinéraire, ni de l'auteur présumé de la Cosmographie; mais

trop de soins à les décrire de la manière la plus précise, à en faire connaître l'âge, le possesseur, et même les possesseurs successifs, à rapporter surtout textuellement les intitulés où se peuvent lire ces noms restés cachés jusqu'alors à tout le monde savant; sans toutes ces précautions, de pareilles découvertes ne sauraient être considérées que comme de pures hallucinations, auxquelles il serait oiseux de s'arrêter.

Lorsque Thomas Dempster, en son *Histoire ecclésiastique de l'Écosse,* énonça, comme le rappelle Usher[1], avoir vu un manuscrit où l'Itinéraire était attribué à un anonyme écossais[2], il eut soin de dire en même temps que ce manuscrit appartenait au célèbre avocat parisien Étienne Pavillon, qui l'avait acheté très-cher, à raison de l'ancienneté et de la beauté du volume, qui était sur vélin, supérieurement écrit, enrichi de belles miniatures et de capitales magnifiquement ornées; offrant d'abord une pièce dont le titre, écrit de la même main que tout le reste, portait : *Cosmographia Scoti, lib. I;* après cette pièce, qui n'était autre, dit-il, que la *Notitia utriusque Imperii,* était

seulement d'une nomenclature probablement empruntée à Éthicus par Anastase le Bibliothécaire dans son Abrégé des Chroniques du Mont-Cassin (*Epitome chronicorum Cassinensium jussu sanctissimi Stephani papæ II ab* Anastasio seniore *sedis apostolicæ bibliothecario*), imprimé dans Muratori, *Rerum Italicarum scriptores,* t. II, partie I (Milan 1723), p. 351.

[1] Jacobi Usserii *Britannicarum ecclesiarum antiquitates,* Dublin 1639, in-4°; cap. VI, p. 78.

[2] Dempsteri *Historia ecclesiastica gentis Scotorum,* p. 60 : « Ego illum non conjec- « turis sed certa ms. codicis fide deprehendi « Scotum esse. Codex iste est apud cl. v. « D. Pavillonum advocatum Parisiensem, « in membrana, proba manu, exquisito « charactere, oblonga forma, miniatis pul- « cherrimis, et vividis coloribus capitalibus « elementis; ibi habetur, eadem qua reli- « qua manu, *Cosmographia Scoti lib. I.* Ea « est Notitia utriusque imperii, ut suo loco « fusius; tum in fine, eadem manu, deli- « neatis perbelle litteris, *sequitur Itinera- « rium Scoti,* quasi utrumque opus esset « opus autoris ejusdem; quod in patriæ « meæ decus vir ille litteratissimus mihi « ostendit, et ego volens libensque posteris « dono. » (Voir ci-après, 3ᵉ section, art. 1ᵉʳ, pp. 186, 187.) Comp. Morelli, *Bibliotheca manuscripta græca et latina,* t. I, pp. 389-390. — Bœcking, *über die Notitia dignitatum utriusque imperii,* pp. 32, 37, 38.

écrit encore de la même main, en belles capitales ornées : *Sequitur Itinerarium Scoti*. Quelles que soient les conjectures que Dempster bâtit sur ce texte pour faire attribuer à un enfant de sa chère Écosse la composition des deux pièces ainsi désignées, nous nous bornerons à rappeler que le nom du moine écossais *Marianus*, qui mourut à Mayence en 1088, s'est trouvé sur divers manuscrits de la Notice, d'où il est advenu qu'elle a été citée plus d'une fois sous ce nom, et que l'illustre Cujas, ainsi que Delrio, et Zurita (à qui Berretta en fait un dur reproche), l'ont même regardée comme l'œuvre de ce Marianus Scotus[1]; mais il est bien reconnu que le nom de Marianus Scotus n'a pu figurer sur les manuscrits de la Notice qu'en

[1] Jacobi Cujacii *Opera*, édition de Fabroti, Paris 1658, in-fol.; t. II, part. II, col. 312; ad Cod. libr. XII, tit. xix, leg. 13 : « Laterculum in scrinio memoriæ « fuit duplex, majus et minus : minus sub « cura et dispositione quæstoris; majus sub « cura primicerii notariorum, ut Marianus « scribit. In lege 3 tituli sequentis, codices « appellantur, et vere codices fuisse idem « Marianus docet, dignitatum et adminis- « trationum civilium vel militarium et « mandatorum principalium et promotio- « num et consuetudinum notitiam conti- « nentes. » — Mart.-Ant. Delrii *Notæ*, in Claudii Claudiani *Opera quæ extant omnia*, édition de Burmann, Amsterdam 1760, in-4°; p. 239. *De Bello Gildonico*, vers 526 : « Gildonis possessiones fisco fuisse adscri- « ptas declarant libri XVI et XIX codicis « Theodosiani, de Bonis proscriptorum, « earumque administrationi præpositus a « Mariano comes Gildoniaci patrimonii vo- « catur. Mariani enim libellum illum No- « titiæ Orientis et Occidentis censeo, licet « aliis alii adscribant. » — Zurita ad *Itinerarium Antonini*, pp. 238-239 de l'édition de Schott, ou p. 74 de celle de Wesseling : « Hic limes tripolitanus Thamallensis vi- « detur cognominari in Notitia provincia- « rium romani Imperii cujus auctor Ma- « rianus Scotus fuisse perhibetur. »—Briet, *Parallela geographica*, t. 1, p. 10 : « Noti- « tia Imperii..... tribuitur..... ab aliis « ineptissime Mariano Scoto. » — G. J. Vossius, *De Historicis latinis*, p. 385 : « Imo « et Mariano huic Scoto Notitiam imperii « Romani, opus præclarum, adscriptum it « doctissimus Cujacius. » — Idem, *De Philologia*, p. 58 : « Valde eos fallit opinio « qui auctorem putarunt (*Notitiæ*) mona- « chum Fuldensem. » — Berretta, dans Muratori, *Rerum italicarum scriptores*, t. X, p. lii : « Nec mirum Suritam non novisse « Itinerarii auctorem, cum neque alterum « Notitiæ dignitatum Imperii ipse noverit, « dum Mariano Scoto scriptori sæculi xi, « deceptus a Cujacio, Notitiam illam attri- « buit. »

qualité de transcripteur[1], et cette explication s'étend tout naturellement au manuscrit de Pavillon cité par Dempster.

Fabricius a cru que dans la *Cosmographia Scoti* Dempster signalait celle d'Éthicus[2]; quelque envie que nous eussions de le penser avec lui, la description de Dempster est trop précise, trop formelle, pour qu'il puisse rester aucun doute, et nous sommes forcé de reprocher à Fabricius un défaut d'exactitude que trop souvent nous avons eu le regret de découvrir chez lui. Nous en avons un nouvel exemple dans l'opinion qu'il met sur le compte de Naudé, d'avoir attribué pareillement à *Marianus Scotus* la rédaction de l'Itinéraire : il est très-certain que Gabriel Naudé, en sa *Bibliothèque politique*, parlant occasionnellement de l'Itinéraire, l'attribue, non à *Marianus*, mais à *Marcianus*[3]; c'est-à-dire qu'il partage ou admet l'opinion d'A-

---

[1] Pancirolus, *ad Notitiam*, fol. 2 verso : « Sed ut ad Notitiam nostram revertamur, « cum multo tempore latuisset, tandem « quæ a Mariano Scoto monacho Fuldensi « scripta fuerat, in ultimis Britanniis annis « abhinc 36 inventa, in lucem prodiit. » — Dempster, *ubi supra*, p. 388 : « Cl. vir « Jac. Cujacius Mariano Scoto monacho « Fuldensi attribuit... Antiquiorem multo « illius scripti autorem fuisse ex dictis satis « evici; potuit tamen Marianus transcri- « psisse, atque ita gloriam compositi operis « vindicasse, quod frequenter accidisse viri « docti sciunt..... Ita Marianum Notitiæ « tantum exscriptorem perperam autorem « fecere. » — Martini Hankii, *De Romanarum rerum scriptoribus liber*, Leipzig 1669, in-4°; p. 184 : « Quid de illorum sententia « qui hanc Imperii Romani notitiam au- « tori Mariano Scoto (a quo descripta in « ultimis Britanniis inventa fuit) attri- « buunt, judicandum sit, satis patet. »

[2] Fabricii *Bibliotheca latina*, p. 349 : « Cosmographiam (Ethici) Mariano Scoto « tribuebat Naudæus in Bibliographia po- « litica, et Scoti nomen in codice suo re- « perit Dempsterus. » Il y a, dans ce peu de mots, plusieurs inadvertances : d'abord, comme nous le disons un peu plus bas, Naudé a parlé de Marcien d'Héraclée et non de Marien Scot; en second lieu, ce n'est pas de la Cosmographie qu'a parlé Dempster, mais de la Notice des dignités; enfin ce n'est pas dans son manuscrit, mais dans celui de Pavillon, que Dempster avait vu le nom de Scot. — Hallervord, *De Historicis latinis*, p. 11, avait déjà commis les mêmes erreurs en ce qui concerne l'assertion de Dempster.

[3] Gabrielis Naudæi *Bibliographia politica*, Venise 1633, in-12; p. 75 : « Hujus « modi vero sunt.... et quæ optimus Im- « perator Antoninus, non quidem de Iti- « neribus ad clariora Imperii Romani loca,

drien Der Jonghe qui, dans sa *Batavie*, avait considéré Marcien d'Héraclée comme l'auteur probable de ce routier[1], par suite d'une confusion contre laquelle auraient dû le tenir en garde la nature différente du livre de Marcien et la langue dans laquelle il est écrit.

Une autre confusion non moins singulière a introduit dans la question les noms de Julius Orator et d'Orose, et l'on peut à bon droit être surpris que de tels écarts soient imputables, le premier à Gérard-Jean Vossius, suivi par Lotter et par Schœpflin[2], le second au père Briet, suivi par Riccioli et par Vinding[3], sans parler des compilateurs qui ont simplement copié leurs paroles. Évidemment, on n'a transporté Julius Orator et Orose dans les discussions relatives à l'Itinéraire, qu'à raison du nom d'Éthicus qu'on y voyait figurer, et avec lequel les nouveaux venus n'avaient maille à partir ni l'un ni l'autre pour l'Itinéraire, mais bien exclusivement le premier pour la description quadripartite, et le second pour la description tripartite, dont nous nous sommes déjà occupé.

Targioni-Tozzetti, en sa Dissertation sur les voies romaines de la Toscane, énonce que certains manuscrits offrent l'Itiné-

« cùm Martiani cujusdam potius illa sint « nec quidquam ad præsens institutum fa- « ciant, sed de vita sua conscripsit. »

[1] Hadriani Junii Hornani medici *Batavia*, Leyde 1588, in-4°; p. 263 : « Anto- « ninus, romani Itinerarii, ut libri præ se « fert titulus, auctor; si non potius ille « Marcianus sit dicendus, quem Stephani « Byzantii testimonio librum scripsisse com- « perimus, cui titulus sit alteri consonus, « τὰ ἀπὸ Ῥώμης ἐπὶ τὰς δωσήμους πόλεις, « hoc est Itinera ab Roma ad clariora op- « pida : quem non absurde suspicari licet « latine fuisse transcriptum, ne tam super- « vacaneam molestamque operam inter « gravissimas Imperii occupationes et cu- « ras Antoninum suscepisse credamus. »

[2] G. J. Vossius, *De Philologia*, p. 59, § 16. — Jo. Georgii Lotteri, *Dissertatio de Tabula Peutingeriana*, dans [Ant. Fr. Gorii] *Symbolæ litterariæ*, Rome 1752, in-8°; p. 46. — Schœpflin, *Alsatia illustrata*, t. I, p. 613, note (*i*).

[3] Brietii *Parallela Geographiæ*, t. I, p. 10. — Riccioli, *Geographia reformata*, préface, p. 2. — Vindingii *Epistola ad Deckherrum*, p. 189.

raire sous le nom de Bède le Vénérable, et d'autres sous celui d'Isidore de Séville[1]. Nous aurions peine à nous persuader qu'on pût trouver, ailleurs que sur la couverture ou les gardes de ces manuscrits, de telles indications, aventurées sans doute par une main étrangère, sous l'inspiration de quelque conjecture, dont nous croyons apercevoir l'origine dans une confusion analogue à celles que nous avons tout à l'heure signalées : du moins est-il certain que nous avons relevé des fragments caractéristiques de la Cosmographie d'Éthicus, ou des *Excerpta* de son abréviateur Julius Honorius, au milieu d'extraits d'Isidore mêlés eux-mêmes parmi des compilations de Bède le Vénérable[2]. Voilà, ce nous semble, comment le nom de Bède et celui d'Isidore, refluant sur les fragments de la Cosmographie, et par une suite naturelle sur la Cosmographie entière, auront encore, de conséquence en conséquence, pris place au frontispice de l'Itinéraire, qui n'est lui-même qu'une suite de la Cosmographie.

Philippe Cluvers, en sa *Germanie antique*, développe cette nouvelle thèse, que l'Itinéraire, dont les rapports avec la Table peutingérienne sont si intimes, est, suivant toute probabilité, l'ouvrage du même auteur; et tirant argument de l'âge de certaines villes germaniques y dénommées, et qu'il ne croit pas antérieures à Valentinien, ainsi que des dénominations des cités gauloises qui y sont appliquées aux chef-lieux de ces cités, de même qu'on le voit dans Ammien Marcellin et dans les écrivains postérieurs, il en conclut qu'Ammien lui-même pourrait bien être l'auteur de l'Itinéraire et de la Table, ou

[1] Targioni-Tozzetti, *Relazioni*, t. IX, pp. 174-175 : « In alcuni manoscritti l'Itinerario va sotto nome del Venerabil Beda, « ed in altri di S. Isidoro Ispalense, ma « già dai suoi dottissimi editori e commen-« tatori è stato dimostrato che non può es-« ser di veruno dei due. »

[2] Manuscrit 7418. — (Voir ci-dessus, IIe partie, 1re section, art. 2, § 2, p. 90.)

du moins que ces deux morceaux, quel qu'en soit l'auteur, ont été certainement rédigés vers cette époque[1]. Nous n'avons pas besoin de mettre, à repousser l'hypothèse de la collaboration d'Ammien, plus d'insistance que Cluvers lui-même n'en a mis à la proposer.

Enfin, Jean Astruc, en ses Mémoires pour l'histoire naturelle de Languedoc, adoptant l'idée de Cluvers sur la communauté d'origine de l'Itinéraire et de la Table, conclut du nom de *Castorius,* qui accompagne presque toujours, dans l'anonyme de Ravenne, les emprunts faits à ces routiers, que ce Castorius était l'auteur original, ou le compilateur, ou au moins le copiste de ces deux importants morceaux[2]. Nous n'avons pas

---

[1] Cluverii *Germania antiqua,* pp. 353-354 : « Hoc, nulla alia re quam nudo An- « tonini nomine, contendere queas, quasi « Imperator Antoninus fuerit auctor Itine- « rarii. Certe nihil minus; nam si id paulo « diligentius cum Tabula contuleris, facilè « ex itinerum et millium numerorum non « modo verorum justorumque, sed et cor- « ruptissimorum, parilitate deprehendes « aut unum eundemque fuisse utriusque « operis auctorem, aut certe duos sibi in- « vicem coætaneos.... Tum vero in Anto- « nini hujus Itinerario simulque in Tabula, « pleræque Galliarum urbes, quæ capita « fuerint nationum, ipsarum nationum, « ut ante dictum, vocabulis adpellantur, « propriis nominibus abjectis;.... idèm « cum illis facit Ammianus in historiis « suis : unde etiam sæpius suspicatus sum « hunc fuisse auctorem utriusque operis. « Verum quicumque is fuerit, certum est « circa hujus sæculum utrumque fuisse « compositum. »

[2] [Jean Astruc], *Mémoires pour l'histoire naturelle de la province de Languedoc,* Paris 1737, in-4°; pp. 176-177 : « Le parallèle qu'on vient de faire entre les descriptions géographiques de la Gaule narbonnaise qu'on trouve dans l'anonyme de Ravenne, et différentes routes des Tables de Peutinger et de l'Itinéraire d'Antonin, donne droit de tirer les conséquences suivantes : 1° que le Castorius dont l'Anonyme emprunte les descriptions que nous avons examinées, avait copié lui-même les Tables de Peutinger et l'Itinéraire d'Antonin, ou peut-être que ces tables et cet itinéraire avaient été dressés sur les mémoires de ce Castorius, dont on ignore l'âge; 2° que peut-être même ce Castorius, que l'Anonyme cite si souvent, est l'auteur lui-même des Tables de Peutinger et de l'Itinéraire d'Antonin, dont le véritable auteur est demeuré jusqu'à présent inconnu. »— Wesseling, en la préface de sa *Diatribe de Judæorum archontibus* (Utrecht 1738, in-8°; pp. 2 et suiv.), réfute ce nouveau système d'explication : « Quæ mira mihi « cum legerem, neque enim diffitebor, ac- « cidebant. Sic enim mecum ipse puta-

à nous préoccuper de cette thèse conjecturale plus que de celle de Cluvers à l'égard d'Ammien.

§ III.

Après avoir ainsi passé en revue les conjectures émises par les modernes, remontons à des témoignages plus anciens; ils appellent d'autant plus notre attention, qu'ils constatent, en général, non plus des opinions individuelles écloses dans le but exprès de fournir une explication cherchée, mais des traditions plus ou moins enracinées, qui doivent être considérées elles-mêmes comme des données dans le problème dont nous voulons obtenir l'équation finale : et il est tout simple de penser que ces témoignages acquerront d'autant plus de valeur, qu'ils se rapprocheront davantage, par leur date, de l'époque où la vérité a dû être universellement connue sur le point qui fait l'objet de notre recherche.

Félix Hemmerlein, qui écrivait dans la première moitié du xve siècle, énonce avoir diligemment vu et examiné l'*Itinerarium urbis Romæ,* où les distances d'un lieu à l'autre sont très-soigneusement indiquées en milles et en lieues; il l'appelle ailleurs *Octaviani Augusti Itinerarium urbis Romæ,* ou bien *Itinerarium Julii Cæsaris;* il ne laisse du reste aucun doute sur l'origine de ces dénominations, qu'il emprunte à la préface d'Éthicus, ou, comme il l'appelle, à la *Cosmographia Julii imperatoris*[1].

Il semblerait, au surplus, que le nom de Jules César fût quelquefois inscrit dans l'intitulé même des manuscrits : du

« bam : Si Lollianus, Aristarchus, Liba-
« nius, Sardatius, et reliqui Ravennatis
« auctores, iisdem fontibus quibus Casto-
« rius hortulos suos irrigarunt, quid tan-
« dem illud erit quod officiet quominus et
« illi eandem opem ad Tabulam et Itine-
« rarium novo cultu ornandum conferre
« possint ? » etc.

[1] Hemmerlein, *Dialogus de Nobilitate,* foll. 37 *b*, 49 *a*, 78 *a*, 104 *a* et *b*, et 105.

moins plusieurs érudits, tels que Bergier et Wesseling, ont-ils cru qu'on lisait le titre *Itinerarium Julii Cæsaris* sur le manuscrit appartenant à Spiesshammer[1]; celui-ci toutefois n'est pas, à beaucoup près, aussi explicite lui-même, car il dit seulement avoir « un très-ancien itinéraire, d'un auteur incertain, et qui est attribué à Jules César. » Mais ainsi qu'il arrive presque toujours, les témoignages se défigurent dans les citations de seconde main : Simler avait exactement rapporté la phrase de Spiesshammer; Bergier a été moins scrupuleux à transcrire la citation de Simler, et Wesseling a simplement copié Bergier[2]; bien d'autres encore, ainsi que nous avons eu occasion de le remarquer déjà, ont cité Spiesshammer sur la seule foi de Simler[3]. La lecture directe de ce que le savant critique de Vienne rapporte de son manuscrit, démontre incontestablement, ce nous semble, que, comme Hemmerlein, il empruntait simplement le nom de Jules César à la préface d'Éthicus; et la description, donnée par le docteur Endlicher, du manuscrit copié de la main de Spiesshammer, ainsi que de l'original sur lequel a été exécutée cette copie, ne permet plus aucun doute à cet égard[4].

Cette tradition du nom de Jules César remontait assez haut, et nous en avons un exemple dès le xɪᵉ siècle, dans un passage de la *Chronique de Cambrai*, écrite avant 1082 par Bau-

---

[1] Bergier, *Grands chemins de l'empire romain*, t. I, p. 355 : « Tel est celuy que Jean Cuspinien escrit avoir par devers soy, qui porte pour titre, *Itinerarium Julii Cæsaris*. » — Wesseling, *Vetera Romanorum Itineraria*, p. 1 de la préface : « Joan. Cuspinianum, ut idem faceret, vetus movit codex *Itinerarium Julii Cæsaris* in fronte gerens. »

[2] Simler ad *Æthici Cosmographiam*, p. 6 de la préface.—Voir plus haut, IIᵉ partie, 1ʳᵉ section, art. 2, §§ 5 et 7, pp. 101, 113.

[3] G. J. Vossius, *De Philologia*, p. 59. Burton, *On Antoninus' Itinerary*, p. 4. — Schœpflin, *Alsatia illustrata*, t. I, p. 613, note *d*.

[4] Endlicher, *Catalogus bibliothecæ palatinæ Vindobonensis*, pp. 229-230, nᵒˢ cccxxix et cccxxx.

dry, qui depuis fut évêque de Noyon et de Tournai : on y
trouve allégué, pour la distance de Cambrai à Bavai, telle que
la donne l'Itinéraire, « le livre qui, par ordre de Jules César,
et en vertu d'un sénatus-consulte, avait été rédigé par de très-
savants hommes, sous le titre de *Cosmographie*[1]. »

Ainsi, l'on ne trouve mention de l'Itinéraire sous le nom de
Jules César, que par référence à ce qui est dit dans la Cosmographie d'Éthicus, du mesurage général entrepris sous le
dictateur.

§ IV.

Mais on sait qu'Antoine était, au consulat, le collègue de
Jules César quand fut commencée cette grande opération ; et
nous avons déjà eu occasion de remarquer que la Chronique
anonyme de Ferrare, vers le milieu du xiiie siècle, en faisait
exclusivement honneur à Antoine, en des termes qui expli-
quent, de la manière la plus formelle, que les résultats en
sont consignés dans l'Itinéraire : « M. Antonii Cos. R. studio
« facta est divisio itinerum de distantiis quæ erant inter præci-
« puas civitates Imperio Romano subjectas, ut de ipsis distan-
« tiis omnibus per scripturas constaret ; et ex iis scripturis
« confectus est codex qui Itinerarium appellatur, quem perlegi
« non semel[2] ». C'est là un témoignage qui vient donner une
nouvelle valeur au nom d'Antoine, répété dans l'intitulé de
tant de manuscrits que nous avons énumérés ; on ne peut, ce
semble, après une indication si précise, conserver le moindre
doute sur ce point, que le nom d'Antoine est bien celui que

----

[1] Balderici *Chronicon Cameracense*, lib. I, cap. iii, pag. 8. (Voir ci-dessus IIe partie, 1re section, art. 2, § 5, p. 102.)

[2] *Chronica parva Ferrariensis*, dans Muratori, t. VIII, p. 474, col. 2.

les copistes ont voulu écrire, et qu'il n'a point été mis là par erreur pour celui d'Antonin.

Mais il n'est pas moins certain que jamais Antoine n'a été décoré du titre d'Auguste, et cette considération avait surtout contribué à faire accueillir la correction qui substituait le nom d'Antonin à celui d'Antoine [1]. Comme cette correction, cependant, ne faisait que déplacer la difficulté sans la résoudre, il fallait bien rechercher ailleurs l'explication de l'association des deux mots *Antonii Augusti*. Il en a été proposé deux, qui l'une et l'autre rempliraient directement les conditions du problème, si d'autres circonstances que le double nom d'Antoine Auguste ne compliquaient la question.

Quant à la première, elle a été donnée par Simler, et pouvait paraître excellente : c'est qu'il y avait, au nombre des écrivains géoponiques, un personnage appelé précisément Antonius Augustus, lequel aurait été l'auteur de l'Itinéraire [2]. Cette explication cependant, faiblement énoncée par Simler, répétée faiblement aussi par Vossius, Briet, Baudrand et Hoffmann, n'a jamais pris de consistance; et cela se concevra aisément, si l'on recherche la trace de cet Antonius Augustus

---

[1] Wesseling, *Vetera Romanorum Itineraria*, p. 7 de la préface : « Indidem porro « *Antonii Augusti* titulum. . . . in *Antonii* « *Augustalis* ut in Ægidii Schudii mem- « branis, et *Antonini Augusti* nomina dein- « ceps ab aliis commutatum, qui M. Anto- « nium *Augusti* cognomine haud unquam « insignem fuisse noverant. »

[2] Simler ad Æthici *Cosmographiam*, p. 5 de la préface : « Nominatur autem « quidam Antonius Augustus inter Geopo- « nicorum scriptores. » — G. J. Vossius, *De Philologia*, p. 59 : « In nonnullis in- « scribitur Antonio Augusto; quo nomine « quidam est inter Γεωπονικῶν scriptores. » — Briet, *Parallela geographica*, t. I, p. 10 : « Tribuitur Antonino Imperatori, « vel Antonio Augusto Geoponicorum scri- « ptori, vel Æthico, vel Orosio. » — Baudrand, *Geographia ordine litterarum disposita*, t. II, p. 444 : « Tribuitur Antonino « Imperatori, vel Antonino Augusto Geo- « ponicorum scriptori, vel Æthico. » — Hoffmann, *Lexicon universale*, t. I, p. 248 : « Antoninus Augustus, scriptor Geoponi- « corum, auctor Itinerarii Antonini secun- « dum quosdam. »

écrivain géoponique, dont probablement aucun de ceux qui l'ont allégué n'était parvenu à constater l'existence; car les listes les plus complètes des auteurs de cette catégorie, soit conservés, soit perdus, ne contiennent aucun autre Antonius que le célèbre médecin d'Auguste, Antonius Musa[1] : et peut-être le géoponique Antonius Augustus n'est-il autre chose qu'un être fantastique né d'une amphibologie latine telle que l'offriraient les mots *Antonii Augusti medici liber*, pouvant à la fois se traduire : « Le livre d'Antoine, médecin d'Auguste »; ou bien : « Le livre du médecin Antonius Augustus ». Nous n'avons point à nous arrêter sur une solution qui ne repose pas sur des bases plus solides.

Quant à la seconde explication, elle est de Jacques Godefroy, qui propose de considérer, ou plutôt qui considère en effet *Antonius Augustus* comme un des commissaires envoyés dans les provinces par l'empereur Théodose, la quinzième année de son règne, pour effectuer un mesurage général dont les résultats sont indiqués dans le livre de Dicuil *De mensura orbis terræ*[2]. Mais précisément parce que ces résultats sont

---

[1] Voir dans Joachimi Camerarii (Liebhard) Ἐκλεκτὰ Γεωργικά, Nuremberg 1696, petit in-8° : *Catalogus auctorum quorum scripta tam extant quam desiderantur, qui aliquid in Georgicis, Re herbaria, et similibus scripserunt;* p. 217 : « *Veteres latini editi.* Antonii Musæ medici Augusti « ad M. Agrippam de Betonica commen- « tarius, impressus cum Apuleio. »

[2] Jacobi Gothofredi *Codex Theodosianus cum perpetuis commentariis*, Leipzig 1737, in-fol. t. II, p. 353; Lib. VII, *De Re militari;* tit. VIII, *De Metatis;* lex x, *Impp. Honorius et Theodosius AA. Joanni Pf. P.* (ann. 413); col. 2 du commentaire : « To- « gati seu mensores limitum ab Imperato- « ribus subinde missi fuerunt : et quidem « sub hoc ipso Theodosio juniore, ut os- « tendit Itinerarium Antonini vel Antonii « Augusti, qui et ipse togatorum horum nu- « mero fuit; cujus ms. regio hæc quoque « continentur : « In quinto decimo anno « regni Imperatoris Theodosii præcepit ille « missis suis provincias orbis terræ in lon- « gitudinem et latitudinem mensurari, » etc. — Le manuscrit royal cité par Godefroy est le n° 4806, du Xe siècle, où le livre de Dicuil se trouve immédiatement à la suite de l'Itinéraire. — Parmi les adhérents de Godefroy il faut compter sans doute Grä-

ceux qui font la base du livre de Dicuil, ce ne sont point ceux de l'Itinéraire; et l'existence d'un personnage d'*Antonius Augustus* parmi les commissaires de Théodose est d'ailleurs une supposition entièrement gratuite, et dès lors sans consistance aucune.

Nous n'avons pas la prétention de trouver à notre tour une explication plus satisfaisante; mais nous croyons que les conjectures, quelles qu'elles soient, auxquelles on peut se livrer pour rendre raison de l'accouplement des mots *Antonii Augusti,* doivent se renfermer dans un cercle tel, que ce nom d'*Antonius* soit appliqué au triumvir Marc Antoine.

On a, dans ces limites, le choix de diverses hypothèses, dont la plus simple nous paraît celle-ci : que les manuscrits sur lesquels ont été faites les copies qui nous sont parvenues, au lieu de porter en toutes lettres les mots *Antonii Augusti* n'offraient peut-être qu'en abrégé le deuxième de ces noms, en cette forme : *Antonii Aug.* et il nous semble en trouver une preuve en ce que, dans sa copie du manuscrit de Saint-Gall communiquée à Simler, Gilles Tschudi avait transcrit non pas *Augusti,* mais bien *Augustalis*[1]; d'où il faut conclure qu'il lisait à sa manière ce que d'autres lisaient d'une manière différente, et que, par conséquent, il s'agissait d'une abréviation que chacun traduisait au gré de son intelligence. Or, si l'on admet cette abréviation *Aug.* au lieu de *Augusti,* on aura purement et simplement un titre qui accompagne généralement sur les médailles le nom d'Antoine le triumvir, et qui doit se lire *Augur,* ainsi que la chose est familière à tous les numismates[2].

---

berg, *Annali di Statistica,* t. II, p. 139 : « L'opinione peró la più adottata si è quella « che attribuisce quest' opera ad un certo « Antonino Augusto, che fiorì poco tempo « dopo del regno di Constantino il Grande. »

[1] Simler ad Æthici *Cosmographiam,* p. 5 de la préface. (Voir ci-dessus IIe partie, 2e section, art. 1, § 2, p. 142.)

[2] Ezechielis Spanhemii *Dissertatio de præstantia et usu numismatum antiquorum,*

On pourrait encore supposer, en admettant le nom *Augusti* dans son entier, qu'il représente ici celui de l'empereur Octavien Auguste, sous le règne duquel fut terminé le mesurage qui avait été commencé sous le consulat d'Antoine; en sorte que l'Itinéraire qui en résulta aurait été intitulé de leurs deux noms à la fois, sans conjonction intermédiaire, comme il était d'usage de le faire pour les lois, dont la dénomination se formait de la réunion des noms des deux consuls, comme la loi *Ælia Sentia*, la loi *Junia Norbana*[1]; et l'on aurait dit par analogie, dans cette hypothèse, *Itinerarium Antonii Augusti*.

Sans vouloir multiplier davantage les essais d'explication de l'intitulé qui nous préoccupe, il convient peut-être cependant de tenir compte d'une circonstance qui n'est pas dénuée d'intérêt dans la question : c'est que le nom d'Antoine Augure, ou le double nom d'Antoine et d'Auguste, se présente dans cet intitulé comme corrélatif, moins à la composition de l'Itinéraire, qu'à la possession des provinces à travers lesquelles sont dirigées les routes comprises dans ce document. La généralité des manuscrits porte, en effet : « Incipit Itinerarium provin-« ciarum Antonii Augusti : in primis provinciæ Africæ. » Il est certain que les triumvirs s'étaient partagé les provinces, et qu'après la bataille de Philippes l'Afrique échut à Antoine[2].

Rome 1664, in-4°; p. 176 : « Auguris « dignitas non lituo solum frequenter de-« signata, sed ipso nomine expressa in num-« mis M. Antonii etiam Triumviri, ut vel « inde muneris illius prærogativam abunde « liceat æstimare. » — Josephi Eckhel *Doctrina numorum veterum*, Vienne 1796, in-4°; t. VI, p. 66 : « Tituli M. Antonii. « *Augur*. Ejus mentio in Antonii numis « fere constans, inscripto AVG—AVGV— « AVGVR. » — Barthélemy, *Des Médailles de Marc Antoine*, dans ses OEuvres complètes, Paris 1821, in-8°; t. IV, p. 170.

[1] Jo. Gottl. Heineccii *Antiquitatum romanarum Jurisprudentiam illustrantium syntagma*, Strasbourg 1741, p. 43 : « Nomina « leges plerumque accipiebant ab utroque « consule, ex. gr. lex Ælia Sentia, Papia « Poppæa, Fusia Caninia. »

[2] Appiani Alexandrini *Romanarum Historiarum quæ supersunt*, édition stéréotype, Leipzig 1829, in-16; t. III, p. 5 : *De*

Si donc, comme l'énonce le chroniqueur de Ferrare, la première rédaction de l'Itinéraire a été formée de la réunion des documents partiels précédemment recueillis par les soins d'Antoine, il a pu se faire qu'une partie de ces documents particuliers fût d'abord désignée sous le titre d'Itinéraire des provinces d'Antoine, et que ce titre eût persisté, même après la mort du rival d'Octavien ; une autre partie des routiers aurait pareillement été appelée du nom d'Octavien, qui échangea bientôt ce nom pour celui d'Auguste. Dans la compilation d'ensemble on réunit bout à bout les routiers divers, plaçant en tête celui des provinces d'Antoine ; et l'intitulé qui s'est conservé jusqu'à nos jours ne serait autre que celui de ce premier fragment, *Itinerarium provinciarum Antonii Auguris, inprimis Africæ*, ou bien ce serait un titre général pour le tout : *Itinerarium provinciarum Antonii et Augusti* [1].

Bellis civ., lib. I, cap. v : « Προϊόντες τε τὴν « Ῥωμαίων ἀρχὴν, ὡς ἰδιωτικὸν σφῶν κτῆμα « διενείμαντο ἐφ' ἑαυτῶν τρεῖς οἴδε ἄνδρες, « Ἀντώνιος τε, καὶ Λέπιδος, καὶ ὅτῳ πρό- « τερον μὲν Ὀκταούιος ὄνομα ἦν, Καίσαρι « δὲ πρὸς γένους ὢν, καὶ Θετὸς ἐν διαθή- « καις ὑπ' αὐτοῦ γενόμενος, Καῖσαρ ἐκ τοῦδε « μετωνομάζετο. » — Cassii Dionis Cocceiani *Historiæ Romanæ quæ supersunt*, édition stéréotype, Leipzig 1829, in-16 ; t. II, p. 314 : Lib. XLVIII, cap. xxi : « Δύο « μὲν δὴ ἔθνη τοῖς Ῥωμαίοις ἐν τῇ Λιβύῃ « ἐκείνῃ, ὥσπερ εἶπον, ἦν · ἦρχον δὲ πρὸ « τῆς τῶν τριῶν ἀνδρῶν συνωμοσίας, τοῦ « μὲν Νομαδικοῦ, Τῖτος Σέξτιος · τοῦ δὲ « ἑτέρου, ὅ, τε Κορνουφίκιος, καὶ Δέκιμος « Λαίλιος · ὁ μὲν, τὰ τοῦ Ἀντωνίου, οἱ δὲ, « τὰ τοῦ Καίσαρος φρονοῦντες. » — *Infra*, p. 316, cap. xxii : « Ὡς μέντοι ἥ τε μάχη « ἡ κατὰ τὸν Βροῦτον τόν τε Κάσσιον ἐγέ- « νετο, καὶ ὁ Καῖσαρ ὅ, τε Ἀντώνιος τά τε « ἄλλα ἀνεδάσαντο, καὶ τῆς Λιβύης Καῖσαρ « μὲν τῆς Νουμιδίαν, Ἀντώνιος δὲ τὴν Ἀφρι- « κὴν ἔλαβεν. »

[1] Cette opinion, que l'Itinéraire serait un assemblage de fragments divers, avait été professée dès la fin du xvie siècle par Théodore Marcile, lecteur royal au collége de France, ainsi que le remarque Dempster, *Hist. eccl. gentis Scotorum*, pp. 59-60 : « Itinerarium quod Antonini Augusti no- « mine circumfertur, utile sane et perve- « tustum opus : non esse illius principis « multa convincunt, sed illud maxime quod « recentia quædam nomina, post mortem « demum Antonini recepta, in eo legan- « tur. Theodorus Marcilus professor nuper « Lutetiæ, non unius opus, sed miscellum « putavit. » — Mais Bayer, dans ses *Paradoxa russica* (Lilienthal, *Acta Borussica*, t. 1, p. 892), repousse l'assemblage des noms d'Auguste et d'Antoine : « Nunc quo-

Quoi qu'il en soit de toutes ces conjectures, auxquelles nous sommes loin d'attacher plus d'importance qu'il ne convient, toujours est-il que le nom d'Antoine, conservé par l'intitulé de la plupart des manuscrits aussi bien que par la Petite chronique de Ferrare, et le nom d'Auguste conservé pareillement dans les manuscrits et les témoignages reçus comme autorités par Hemmerlein, et enfin le nom de Jules César, qui se retrouve dans la Chronique de Cambrai comme dans la citation de Spiesshammer; toujours est-il, disons-nous, que ces trois noms se rapportent à une rédaction première, dont l'existence est constatée de la manière la plus explicite par le récit d'Éthicus.

Mais encore une fois, cette rédaction première n'est pas celle que nous possédons, et il nous reste à déterminer l'auteur de celle-ci.

ARTICLE III.

QUEL EST LE VÉRITABLE RÉDACTEUR DE L'ITINÉRAIRE.

§ 1.

Les seuls témoignages explicites que l'on puisse invoquer à cet égard désignent formellement Éthicus : ils nous sont fournis par deux anciens chroniqueurs français, Hugues de Flavigny et Flodoard de Reims, que Malte-Brun a ridiculement transformés en *deux savants de Franconie*, dans un passage qu'il traduit ou prétend traduire de Sprengel [1].

« que habemus cum dimensionibus (dit-il) « inscriptum Antonini Augusti Itinerarium, « aut, ut alii, Antonii et Augusti, quos mi- « nime probo. Quid enim? Antonio vivo « Augusti nomen auditum fuit? »

[1] Malte-Brun, *Histoire de la géographie*, p. 285 de l'édition de 1812, ou p. 340 de celle de 1834 : « Quelques savants ont pensé que l'Itinéraire tel que nous l'avons a été compilé par Æthicus, parce que la Cosmographie de l'empire romain de cet auteur est souvent placée à la tête de cet

Hugues de Flavigny, à la fin du xie siècle ou au commencement du xiie, remarque, en sa Chronique de Verdun, qu'*Éthicus* nomme cette ville *Virodunum* dans son *Itinerarium mundi*[1]; or cet Itinéraire du monde, que Léon évêque d'Ostie, antérieur de quelques années, appelle de même *Itinerarium totius orbis* dans sa Chronique du Mont-Cassin[2], et que nous voyons Hugues de Flavigny mettre sous le nom d'Éthicus, ne saurait être autre que celui-là même que nous possédons.

Flodoard, vers le milieu du xe siècle, nous fournit à cet égard un témoignage tellement explicite, qu'on ne peut conserver le moindre doute sur ce point, car c'est précisément une citation textuelle de plusieurs des routes de l'Itinéraire qu'il introduit dans sa Chronique de Reims en les donnant comme empruntées de la Cosmographie d'Éthicus[3].

Itinéraire dans les manuscrits; ils citent encore le témoignage de deux savants de Franconie, du xe et du xie siècles, qui attribuent cet ouvrage à Æthicus. » — Sprengel, *Geographische Entdeckungen*, p. 131 : « Dass Æthicus wol Verfasser desselben « seyn kann, ergiebt nicht nur die noch « von diesem alten Istrier vorhandene Cos- « mographie des römischen Reichs, welche « jenem Wegweiser zur Enleitung dient, « daher auch häufig den verschiedenen « Handschriften vorgesetzt ist, sondern « auch das Zeugniss zweier fränkischen Ge- « lehrten des zehnten und eilften Jahrhun- « derts, die das Werk dem Æthicus beile- « gen. »

[1] Hugonis *Chronicon Virdunense*, ubi supra, p. 79 : « Has autem omnes conjec- « tiones Æthicus in Cosmographia exclu- « dens, in Itinerario mundi vocat eam Vi- « rodunum ob virorum fortium industriam « longe lateque celebratam. »

[2] Leonis card. episc. Ostiensis *Chronica sacri monasterii Casinensis*, lib. II, cap. lii, dans Muratori, *Rerum Italicarum scriptores*, t. IV, Milan 1723, in-fol.; p. 372 : « *Qualiter idem abbas* (Theobaldus « abbas xxxii, ann. 1022-1035) *multa* « *bona eidem monasterio acquisivit*. . . . . Co- « dices quoque nonnullos quorum hic « maxima paupertas usque ad id temporis « erat, describi præcepit, quorum nomina « indicamus : . . . . Itinerarium totius « orbis, cum chronica Jeronimi. »

[3] Flodoardi *Historia Remensis ecclesiæ*, p. 5 de l'édition de Colvener, ou folio 4 verso de l'édition de Sirmond : « Æthicus « etiam in Cosmographia sic memorat : « A Mediolano per Alpes Cottias Vien- « nam m. p. m. cccclx. « Inde Durocortorum m. p. m. cccxxxij; « quæ fiunt leugæ ccxxj. « Item a Durocortoro Divodorum usque, « m. p. m. lxij.

Et comme il n'existe point de témoignage qui démente nos deux chroniqueurs, et qu'il ne s'élève non plus aucune difficulté historique ou chronologique contre la désignation qu'ils font d'Éthicus, il faut bien reconnaître que c'est là, suivant toutes les probabilités admissibles par une critique raisonnable, le véritable rédacteur de l'Itinéraire tel que nous le possédons aujourd'hui.

Il y a plus : Flodoard ne sépare point l'Itinéraire de la Cosmographie; il en fait un seul et même ouvrage, ou du moins présente-t-il l'Itinéraire comme l'une des parties intégrantes de la Cosmographie d'Éthicus. C'est aussi ce que fait Hugues de Flavigny; et Baudry de Tournai milite pour l'établissement du même fait en citant la *route de Cambrai à Bavai* d'après la *Cosmographie* composée par ordre de Jules César[1].

Il en est encore de même de la *Parva chronica Ferrariensis,* car elle rappelle d'abord (à l'honneur spécial d'Antoine) le mesurage de l'empire, effectué pendant trente ans et plus, en vertu d'un sénatus-consulte, comme le rapporte le proème d'Éthicus ; et elle ajoute ensuite que les résultats de cette opération sont consignés dans le livre appelé *Itinerarium,* dont elle fait aussitôt une citation textuelle, annoncée en des termes que Wesseling n'a pas compris : « In ultima parte ejus operis », dit le chroniqueur, « inveni rubricam de spatio et dimensione « facta ab Aquilegia usque Bononiam, » etc.[2]. Wesseling croit

« Item alio itinere a Durocortoro Divo-
« dorum usque, m. p. m. lxxxviij.

« Item a Durocortoro Treveros usque, leugæ xcviiij.

« Item a Bagaco Nerviorum Durocor-
« torum Remorum usque, m. p. m. liij. »

[1] Balderici *Chronicon Cameracense,* p. 8 : « Liber namque qui jubente Julio Cæsare « ex Senatus consulto a prudentissimis vi-

« ris de Cosmographia inscribitur, ubi « quidem totius orbis romani nominis uni- « versa loca famosa distinguit, Cameracum « etiam intromittit, et quantum a Bagaco « castro distet, id est xviij milibus, evi- « denter ostendit. »

[2] *Chronica parva Ferrariensis,* dans Muratori, t. VIII, p. 474 : « Facta est divisio « (*lisez* dimensio) itinerum de distantiis

trouver dans les mots *in ultima parte* une preuve certaine, ou que l'Itinéraire que nous possédons est tronqué, ou que l'ordre des routes y a été interverti, puisque celle d'Aquilée à Bologne ne s'y trouve point dans la dernière partie, qui est l'Itinéraire maritime. Mais si l'on prend garde que Flodoard, Baudry de Tournai, Hugues de Flavigny, et le chroniqueur ferrarois lui-même, regardent ce que nous appelons vulgairement la *Cosmographie d'Éthicus* et l'*Itinéraire d'Antonin* comme deux parties consécutives d'un même ouvrage, on trouvera tout naturel qu'une citation de l'Itinéraire soit présentée comme extraite de la dernière partie de l'ouvrage entier.

Hemmerlein n'a pas séparé non plus la Cosmographie de l'Itinéraire; et à l'exemple du chroniqueur de Ferrare, c'est le nom d'*Itinéraire* qu'il attribue à tout l'ouvrage; car, après un compte assez détaillé des opérations racontées dans la préface d'Éthicus, il ajoute que toutes les mers, îles, montagnes, provinces, villes, fleuves, et nations, sont énumérés dans l'*Itinerarium urbis Romæ*[1].

Et de même Spiesshammer, qui transcrit une partie de la

« quæ erant inter præcipuas civitates imperio romano subjectas, ut de ipsis distantiis omnibus per scripturas constaret, et ex iis scriptis confectus est codex qui Itinerarium appellatur, quem perlegi non semel. In ultima parte ejus operis inveni rubricam de spatio et dimensione facta ab Aquilegia usque Bononiam, quæ sic stabat, ut vidi :

« Ab Aquilegia usque Bononiam sunt ccxv m. p.

« Ab Aquilegia Concordiam m. p. xxxj. » etc.

— Wesseling, *Vetera Romanorum Itineraria,* p. 281 : « Jam quod in ultima parte Itinerarii hæc sese reperisse dicit, id mihi certo videtur argumento aut codicem eum decurtatum, aut ordinem itinerum fuisse perturbatum. »

[1] Hemmerlein, *Dialogus de Nobilitate,* folio 104 verso : « Et hæc omnia videlicet maria, insulæ, montes, provinciæ, civitates, oppida, flumina, et gentes, singulariter singuli et singulæ propriis nominibus sunt in Itinerario urbis Romæ mirabiliter conscripta, prout diligenter vidi et perspexi : etiam cum leucis et milliaribus distantiarum de locorum locis propriissime designata. »

préface d'Éthicus, annonce qu'il l'emprunte à un manuscrit très-ancien de l'Itinéraire [1].

Ainsi, toutes les mentions que l'on rencontre de la Cosmographie et de l'Itinéraire avant l'édition princeps de Simler, s'accordent unanimement à ne faire qu'un seul et même ouvrage de ces deux morceaux.

§ II.

Depuis cette publication, les critiques ont raisonné et déraisonné sur l'ensemble total et sur chacune des sections de l'ouvrage, de manière à se partager entre un assez grand nombre d'opinions divergentes, que nous avons successivement rappelées et examinées ; mais en définitive, des autorités nombreuses et graves s'accordent à reconnaître, d'une façon plus ou moins explicite, la part qu'il y a lieu de faire à Éthicus dans cette œuvre.

Simler tout le premier avoue que, sans oser affirmer qu'Éthicus soit l'auteur ou l'éditeur de l'Itinéraire, c'est là cependant l'opinion pour laquelle il se sent le plus d'affection [2].

David Powell, en son commentaire sur Girauld de Galles, n'exprime pas autrement son opinion, qu'en citant l'Itinéraire sous le nom d'Éthicus [3].

Saumaise, dans sa dissertation anonyme *De Suburbicariis regionibus*, cite pareillement Éthicus, ajoutant expressément que c'est bien lui, et non Antonin, qui est l'auteur de l'Itinéraire, ainsi que l'atteste Flodoard [4].

---

[1] Joannis Cuspiniani *De Consulibus Romanorum commentarii*, p. 257.

[2] Simlerus ad Æthici *Cosmographiam*, pp. 8 et 9 de la préface : « Cæterum an « Æthicus Itinerarium scripserit, aut auxe- « rit, ut Flodoardus censere videtur, affir- « mare non ausim, etsi animus huc incli- « nat, eundem utriusque libelli auctorem « esse. »

[3] Powell ad Giraldi Cambrensis *Itinerarium*, p. 185.

[4] [Salmasii] *De Suburbicariis regionibus*

Colvener, l'éditeur de Flodoard et de Baudry, regarde comme vraisemblable qu'Éthicus soit l'auteur et de la Cosmographie et de l'Itinéraire [1].

Bergier adopte et développe cette thèse en l'appuyant de considérations tirées de la préface d'Éthicus, et de la réunion habituelle des deux morceaux dans les manuscrits; il pense en définitive qu'Éthicus est l'auteur de l'un et de l'autre, et qu'il a lui-même cité Antonin comme son autorité pour l'Itinéraire, de même qu'il avait cité Zénodoxe et ses collègues pour la Cosmographie [2].

Le savant Gaspard de Barth accorde à Éthicus une attention toute particulière : il recherche son âge, discute son texte, et il propose en définitive cette opinion, qu'Éthicus est incontestablement l'auteur de l'Itinéraire, qui ne doit point être séparé de la Cosmographie, avec laquelle il forme un seul corps d'ouvrge; et de même, pense-t-il, on doit former un seul nom

---

et ecclesiis seu præfecturæ et episcopi urbis Romæ diœcesi conjectura; Francfort 1617, in-4°; cap. IV, p. 24 : « Et apud Æthicum « (is enim auctor est itinerarii, non Antoninus, teste Flodoardo, lib. I Rhem. hist.) « descriptum iter his verbis notatur : *De « Aquitania in Gallias.* »

[1] Colvenerii ad Flodoardum *Scholia,* p. 3 : « Verba quæ citat leguntur in Itinerario provinciarum quod Antonio Augusto, alias Antonino Imp. adscribitur, « et in editione Basileensi 1575, Æthici « Cosmographiæ subjungitur; estque verisimile Æthicum utriusque auctorem « esse. »

[2] Bergier, *Grands chemins de l'empire romain,* t. I, pp. 339-340 : « Et quant à Éthicus, la Cosmographie duquel se trouve jointe de si près audit Itinéraire, il est à croire qu'ayant pris des Romains l'une et l'autre de ces deux œuvres, il les a descrit et augmenté à sa mode et accommodé à son style..... Pour ce qui est de sa Cosmographie...... ses démonstrations et sa forme d'escrire dépend de Zénodoxus pour ce qui est de la partie orientale; et aussi il en dit tout de mesme de la partie septentrionale et méridionale, en la description desquelles il dit avoir suivi Théodotus et Polyclitus. Il est donc à présumer qu'il en aura fait autant de l'Itinéraire que nous trouvons joint à sa Cosmographie, et que l'ayant trouvé sous le nom de l'un des Antonins, il ne l'a pas voulu changer d'intitulation, ny le confondre avec sa Cosmographie, mais l'a distingué d'icelle par son titre ancien, et s'est contenté de l'accroître du nombre des villes qu'il a sçu estre basties par l'empire jusques à son temps, qui est échu après Constantin. »

de ceux qui sont à tort distinctivement appliqués à ces deux documents, en sorte que le nom entier soit *Antoninus Æthicus*,
bien qu'il paraisse que le premier soit corrompu, et peut-être
aussi le second : on peut croire que ceux de Jules César, d'Antoine, d'Auguste, ont été puisés dans la préface de la Cosmographie ; mais Éthicus est bien le nom véritable du premier
éditeur, contemporain de Symmaque et de Rutilius, puis successivement interpolé par les copistes des âges suivants[1]. Fabricius, trop souvent inexact dans ses citations, transforme en
un témoignage formel de manuscrits la simple conjecture de
Barth sur la formation du double nom d'*Antoninus Æthicus*; et
Schœpflin, trop confiant en Fabricius, Scheyb à son tour d'a-
près Schœpflin, ont répété cette assertion erronée[2].

Jacques Godefroy, sous la plume duquel se présente occasionnellement le nom d'Éthicus, n'oublie pas de rappeler
qu'outre la Cosmographie, il faut lui attribuer aussi, d'après
Flodoard, l'Itinéraire d'Antonin[3].

---

[1] Barthii *Adversaria*, p. 2085 : « Neque « illud dubitare sinunt viri doctissimi qui « in eam opinionem ante nos, non futi- « libus argumentis, venerunt, Antonini « quod inscribitur Itinerarium, ad eundem « hunc scriptorem pertinere, neque divel- « lendum ab eo esse si accuratius jus suum « huic adscribere voluerimus... Est vero « idem sine dubio auctor hic Æthicus qui « et Antoninus Itinerarii conditor appel- « latur..... Videtur itaque subjiciendus « hujus Cosmographiæ fini Antoninus ille, « et continuato ordine ex male disjunctis « nominibus unus porro scriptor concin- « nandus, cujus titulus sit *Antoninus Æthi- « cus* aut *Æthicus Antoninus*, quamquam « prius nomen corruptum videatur, for- « tassis et posterius. »

[2] Fabricii *Bibliotheca latina*, p. 175 : « Barthius in suo se codice *Antonini Æthici* « nomen reperisse testatur, cujus rei apud « ipsum fides esto. » — Schœpflini *Alsatia illustrata*, t. I, p. 614 : « Æthicus, cui co- « dices plures Itinerarium adscribunt, non- « nullique Antonini vel Antonii nomen « Æthico præfigunt. » — Scheyb ad *Peutin- gerianam Tabulam*, p. 12 : « Hoc tamen, « uti dixi, a Schœpflino in sua Alsatia il- « lustrata Antonino Æthico tribuitur, quia « nonnulli codices mss. Itinerarii hujus « nomen Antonini vel Antonii nomini « Æthico præfixum exhibent. »

[3] Jacobi Gothofredi *Vetus orbis Descrip- tio*, p. 4 des prolégomènes : « Fidem facit « quoque Æthicus et ipse sophista (quo « etiam nomine indigitari solet) qui Cos-

Gérard-Jean Vossius trouve raisonnable de penser avec Barth que l'auteur des deux traités est *Antoninus Æthicus*, ou que l'un des deux ouvrages fait partie de l'autre, c'est-à-dire que l'Itinéraire est une section de la Cosmographie d'Éthicus[1]. Et sans doute Isaac Vossius partageait à cet égard les idées de son père, lorsque, dans ses annotations sur Scylax, il cite l'Itinéraire d'Antonin sous le nom d'Éthicus[2].

Burton rappelle le témoignage de Flodoard et les conclusions de Simler et de Barth, de façon à impliquer une adhésion tacite, très-conciliable d'ailleurs avec son opinion sur la première origine plus ancienne de l'un et l'autre document[3].

Adrien de Valois déclare à son tour que la Cosmographie et l'Itinéraire, en admettant toutefois que ce soient deux ouvrages distincts, n'ont eu qu'un seul et même titre, un seul et même auteur[4].

« mographiam et ipse scripsit, imo, si Flo-
« doardo credimus, Itinerarium quod vulgo
« Antonini. »

[1] J. G. Vossius, *De Historicis latinis*, pp. 695-696 : « Imposuit fortasse Flodoardo, « quod Æthicus et Antoninus soleant con-« jungi. Quamquam nec video cur absurde « opinemur operis ejus auctorem esse An-« toninum Æthicum, vel Æthicum Anto-« ninum : aut cur dicere non liceat alterum « alterius opus opere suo esse complexum ? « ut nempe pars Æthici sit Antoninus, uti « opinio est Barthii. » — Comp. *Idem, De Philologia*, pp. 59-60.

[2] Isaac Vossius, *Periplus Scylacis Caryandensis cum tralatione et castigationibus*, Amsterdam 1639, in-4°; notes, p. 21 : « Itinerarium Antonini, sive potius Æthici » (p. 507 de l'édition de Gail).

[3] Burton, *on Antoninus' Itinerary*, p. 6 : « Indeed Flodoardus the presbyter seems « to make both these [*Itinerary and Cos-« mography*] but one man's work ; for « Æthicus is quoted by him for two seve-« ral journeys which are not to be found « otherwere than in Antoninus.... And « again, before that Itinerary, in a very « ancient copy, the preface concerning the « dimension of the Earth, belonging to « Æthicus, was found præfixt, as Simlerus « informs us. And in a word, Caspar Bar-« thius, the flourishing philologer of this « age, tells us plainly he had observed « that Æthicus was the author of both pei-« ces. »

[4] Hadriani Valesii *Notitia Galliarum*, p. 4 de la préface : « Apparet utriusque « operis, videlicet Cosmographiæ et Itine-« rarii (si tamen duo opera fuerunt) unum « eundemque titulum, unum auctorem ex-« titisse. »

Du Cange établit aussi, pour sa part, la liaison intime qui fait de l'Itinéraire une suite immédiate de la Cosmographie d'Éthicus, et qui concourt avec le témoignage de Flodoard pour faire reconnaître ces deux morceaux comme l'œuvre du même compilateur[1].

Fabricius, simple rapporteur des opinions de ses devanciers, met en relief celles de Vossius, de Du Cange et de Bergier, de manière à montrer suffisamment qu'il se range lui-même à leur avis[2].

Schœpflin, réunissant les arguments de Barth, de Vossius et de Du Cange, pour les faire siens, arrive de son côté à cette conclusion, qu'Éthicus a été le dernier éditeur et compilateur, soit, d'une part, de la Cosmographie (que, dans la pensée du docte Alsacien, Julius Honorius l'Orateur avait précédemment rédigée dans des proportions plus étendues), soit, d'autre part, de l'Itinéraire, dont la rédaction originale remontait aux premières années de l'empire : en sorte que ces deux morceaux ne sont point deux ouvrages séparés, mais bien deux parties d'un même ouvrage[3].

---

[1] Du Cange, *Constantinopolis christiana*, p. 62 : « Æthici Cosmographiæ verba.... « satis convincunt Cosmographiæ eundem « auctorem esse qui Itinerarii, cum loco- « rum distantias ab urbe Roma fere sem- « per ordiatur, et Cosmographiæ Æthici « adjungatur. Quod præterea indicat titu- « lus codicis regii » (4807).

[2] Fabricii *Bibliotheca latina*, pp. 175-176.

[3] Schœpflini *Alsatia illustrata*, t. I, p. 614 : « Itinerarius hic libellus, a primis « Imperii temporibus usitatus, unoquoque « seculo mutationibus, correctionibus, ad- « ditionibus obnoxius, statum seculi quarti « exeuntis repræsentat : initio quinti enim « Barbarorum invasio turbaverat omnia... « Verisimilis conjectura est eum (*Æthi- « cum*) post tot alios qui sub præcedentibus « Impp. idem præstiterant, recognovisse « postremum, ultimamque ei imposuisse « manum ; Cosmographia præfixa, quam « ex Julii Honorii vel Oratoris ampliore « Cosmographia a Cassiodoro monachis « commendata, deprompsit, atque in bre- « viarium, ut Plinium Julius Solinus, re- « degit.... Sic omnia argumenta si jun- « gas, Cosmographiam et Itinerarium non « duos libros, sed duas unius libri partes « fuisse, haud difficulter largieris. »

Scheyb se range expressément à l'opinion de Schœpflin, mais il la corrobore d'un argument déjà employé par Du Cange, et qui est tiré de l'intitulé de certains manuscrits où l'on voit annoncés dans un même contexte la Cosmographie et les Itinéraires[1] : cette considération se produit ici avec d'autant plus d'autorité, qu'elle est fournie par le plus ancien des manuscrits connus d'Éthicus, celui de Vienne, dont Scheyb rapporte une notice empruntée au catalogue inédit de Gentillotti.

Targioni-Tozzetti arrive, par les mêmes motifs, à la même conclusion, d'après l'examen du manuscrit de la bibliothèque Gaddienne ; et pour lui, l'Itinéraire, avec les quelques bagatelles qui accompagnent l'*explicit,* est certainement l'œuvre d'Éthicus, et fait partie de sa Cosmographie[2].

Meermann se rallie à l'opinion de Bergier et à celle de Schœpflin, rejetant comme très-peu valables les motifs de doute opposés par Wesseling[3].

Sprengel trouve aussi, dans les rapports intimes de la Cos-

---

[1] Scheyb ad *Peutingerianam Tabulam,* p. 12 : « His addi potest sententia verisi- « milior Schœpflini, qui ex Barthio et Fa- « bricio eruit Itinerarium Antonini et Cos- « mographiam esse partus ejusdem aucto- « ris, nimirum Æthici, etc. » — Après la notice de Gentillotti sur le manuscrit de Vienne, Scheyb ajoute : « Igitur sane abs- « que negotio eruitur Schœpflini senten- « tiam non vanis inniti argumentis, quod « nimirum idem Antonius Augustus utrius- « que auctor sit, scilicet Cosmographiæ et « Itinerarii. »

[2] Targioni, *Relazioni d'alcuni viaggi,* t. IX, p. 164 : « Dal fin quì detto parmi « si possa dedurre che l'Itinerario d'Anto- « nino e le altre tre consecutive bagattelle, « siene tutte opere dell' autore medesimo « della Cosmografia ; .... valo a dire l'Iti- « nerario sia opera di Etico Istro, o di « Giulio Onorio come pensò anche il Vos- « sio, ... e parte integrante della sua Cos- « mografia. »

[3] Meermann dans Burmanni *Anthologia latina,* t. II, p. 394 : « Ex his viarum « seu Itinerum mappis confectum Itinera- « rium, nostris postremum libellis haud ab- « simile, quod sub Antonini nomine cir- « cumfertur, et sub primis Impp. jam natum « incrementa sensim accepisse videtur, ut « bene animadversum Bergerio et Schœp- « flino, repugnante tamen ob rationes mi- « nime validas Cl. Wesselingio. »

mographie et de l'Itinéraire, ainsi que dans les témoignages exprès de Flodoard et de Hugues de Flavigny, des raisons déterminantes pour considérer Éthicus comme éditeur de l'un et de l'autre document[1].

M. Walckenaer cite, relativement à l'Itinéraire, l'autorité de Flodoard et d'Adrien de Valois en faveur d'Éthicus, sans exprimer lui-même d'opinion personnelle à cet égard[2].

Le savant Mannert s'étonne de l'hésitation de Wesseling à reconnaître un fait attesté par des témoignages positifs, tels que ceux de Flodoard et de Hugues de Flavigny, même ceux de Baudry et du chroniqueur ferrarois, qui font incontestablement allusion à Éthicus, et par-dessus tout la Cosmographie même de celui-ci, presque toujours placée dans les manuscrits en tête de l'Itinéraire, et lui servant en réalité d'introduction[3].

Se mettant à un autre point de vue, M. Bœcking a été frappé de cette considération, qu'il a dû exister dans les bureaux de l'administration romaine certains documents officiels dont il aura été fait des copies ou des abrégés, pour leur usage ou leur

---

[1] Sprengel, *Geographische Entdeckungen*, p. 131, ut supra.

[2] Walckenaer, *Éthicus*, dans la Biographie universelle, t. XIII, p. 427 : « Enfin, l'Itinéraire d'Antonin est aussi attribué à Éthicus; et Flodoard, auteur du VI° (lisez X°) siècle, cite cet Itinéraire comme étant l'ouvrage d'Éthicus et faisant partie de sa Cosmographie. Adrien de Valois, dans sa Notice des Gaules, cite aussi toujours l'Itinéraire sous le nom d'Éthicus. »

[3] Mannert, ad *Tabulam Peutingerianam*, p. 8 : « Editorem (*Itinerarii*) autumo eundem esse Æthicum, de cujus præfatione supra sermo fuit, ut et alii rationibus minus enucleatis autumarunt; Wesselingium in sententia nutantem demiror,

« quum is ipse sollicite congesserit quæ ad « rem faciant. In plerisque iisque antiquis- « simis Itinerarii codicibus Æthici Cosmo- « graphia juncta est Itinerariis; scriptores « noni sæculi Flodoardus, Hugo Flavinia- « censis Æthicum Itinerarii auctorem de- « clarant; alios e. g. Baldericum et chro- « nographum Ferrariensèm a Wesselingio « citatos, dum Jul. Cæsarem, Antoniumve « consulem nominant, ex eodem fonte hau- « sisse manifestum est. Hisce testibus junge « ipsius Cosmographiæ Æthici textum, ut « appareat magno Itinerarii opere nil nisi « nomine numerosque continenti, eum ad- « jungere voluisse compendium, provin- « ciarum suppeditans brevem descriptio- « nem, pro seculi genio satis concinnam. »

satisfaction personnelle, par divers fonctionnaires, ou même par des particuliers qui seraient parvenus à se frayer l'accès des bureaux ; que dès lors plusieurs de ces documents auront été réunis habituellement dans un même cahier, sans que cela implique unité de rédacteur : et que tel aura été le cas pour la Cosmographie d'Éthicus et l'Itinéraire d'Antonin[1].

Mais M. de Mœrner, après avoir mis en balance les opinions contradictoires de ses devanciers depuis Simler jusqu'à Mannert, trouve que les raisons pour attribuer à un même rédacteur la Cosmographie et l'Itinéraire valent bien autant, et même mieux, que les motifs de doute produits à l'encontre par un certain nombre d'érudits[2].

Je me dispense, après toutes ces autorités, de citer encore Jœcher et Adelung, Sax, Struve et Meusel, Gråberg, Malte-Brun, Schœll, Bernhardy, Bæhr, et quelques autres, qui se bornent à rappeler, en simples compilateurs, des opinions sur lesquelles leur propre critique ne s'est point exercée[3].

---

[1] Bœcking, *Ueber die Notitia dignitatum*, pp. 83-84 : « Aus solchen officiellen Ver- « zeichnissen nun... sind meines Erach- « tens die meisten jener oben beschrie- « benen Stücke, die sich desshalb auch « nicht zufällig so häufig zusammen den- « selben Handschriften finden, Auszüge, « die von kaiserlichen Beamten oder Pri- « vatpersonen, welche sich Zugang zu den « kaiserlichen Bureaus zu verschaffen wuss- « ten, zu eigenem Gebrauche oder Verg- « nügen gemacht wurden. So erklärt es « sich, ohne dass man.... Identität des « Verfassers anzunehmen braucht, die sich « noch dazu vollständig widerlegen lässt, « dass der sogenannten Æthicus so regel- « mässig dem Itinerarium Antonini vor- « hergeht. »

[2] Mœrner, *De Orosii vita*, pp. 83 à 85 : « At mihi quidem quæ pro opinione illa, « eundem esse auctorem Cosmographiæ et « Itinerarii Antonini, proferuntur causæ « idem, adeo plus valere videntur quam « quæ contra illam protulere viri docti du- « bia. »

[3] Jœcher, *Gelehrten Lexicon*, t. I, p. 130. — Adelung, *Fortsetzung*, t. I, p. 280. — Saxii *Onomasticon*, t. I, p. 414. — Meusel, *Bibliotheca historica instructa a Struvio*, t. IV, 1re partie, p. 127. — Gråberg, *Annali di Statistica*, t. II, p. 144. — Malte-Brun, *Histoire de la géographie*, p. 285. — Schœll, *Littérature romaine*, t. III, p. 260. — Bernhardy, *Römische Litteratur*, p. 283. — Bæhr, *Geschichte der römischen Litteratur*, p. 686. — Gourné, *Préface his-*

§ III.

Ainsi l'accord général des critiques les plus graves ne laisse plus de place au doute sur le véritable rédacteur de l'Itinéraire. Comment se fait-il donc qu'il n'ait pas acquis la notoriété à laquelle son droit a été constaté tant de fois?

Il en faut accuser l'incurie des érudits à répudier les chaînes d'une routine dont ils ont cependant bien reconnu la fausseté. Quelques-uns, il est vrai, tels qu'Adrien de Valois, conséquents avec eux-mêmes, n'ont voulu citer l'Itinéraire que sous le nom d'Éthicus[1]; d'autres, comme Saumaise, ont du moins employé des formes dubitatives : *auctor Itinerarii,* ou tout au plus *Itinerarium sub nomine Antonii Augusti*[2]; mais la plupart ont, malgré leur opinion expresse, conservé le titre donné par les éditions qu'ils avaient entre les mains, se faisant, disent-ils, un scrupule de le changer, à défaut de preuves manifestes[3].

Avec ce système de scrupule envers des erreurs vulgaires bien reconnues pour telles, et de négligence pour une vérité qui n'a point en sa faveur une évidence complète, on en se-

---

torique, p. xliij. — Briet, Baudrand, Riccioli, etc.

[1] Hadriani Valesii *Notitia Galliarum,* pp. 3, 6, 7, 10, 20, 24, 25, 27, 29, 31, 32, 33, 38, 40, 41, 42, 44, et ainsi de suite dans tout le cours de l'ouvrage.

[2] Salmasii *Plinianæ Exercitationes,* pp. 227 *a* B, 318 *a* D, 321 *b* C, 443 *b* C. Cependant il dit simplement, une fois, p. 834 *a* B : « In Itinerario Antonii Augusti. »

[3] Simler, ad *Æthici Cosmographiam,* p. 9 de la préface : « Attamen quoniam in « vetustis et manuscriptis exemplaribus « prior (*liber*) Æthico, posterior Antonio « Augusto inscribitur, nihil hîc mutare « voluimus. » — Bergier, *Grands chemins de l'empire romain,* t. 1, p. 340 : « Donc pour conclusion de ce discours, sans nous arrêter davantage sur l'auteur dudit Itinéraire, nous nous en servirons en l'état qu'il est parvenu jusques à nous, et l'alléguerons sous le nom d'Itinéraire d'Antonin, sous lequel Andreas Schottus nous l'a fait imprimer, avec les commentaires de Jeronimus Surita, et les siens. » — Schœpflini *Alsatia illustrata,* t. 1, p. 615 : « Potiores tamen rationes pro Æthico pu-« gnare intelligo, recepto licet notoque An-« tonini sub nomine testimonia ejus ubique « produxerim : religioni mihi ducens, re « ad liquidum non omnino deducta, libri « rubrum mutare. »

rait encore à mettre sous le nom d'Émilius Probus l'œuvre de Cornélius Népos, sous le nom de Cornélius Népos lui-même ou sous celui de Pline le Jeune, le livre d'Aurélius Victor, ou au contraire sous leurs noms d'emprunt les écrits forgés par Nanni de Viterbe et d'autres faussaires.

Il faut savoir rompre avec des erreurs accréditées, et se garder de les enraciner davantage par une adhésion de complaisance qui trompe le vulgaire et réagit sur les gens de savoir. Certes la question de la valeur historique et littéraire du nom d'Éthicus ne serait pas encore dans l'obscurité où nous l'avons rencontrée, si les critiques avaient, comme Adrien de Valois, substitué constamment à une désignation reconnue fausse celle qu'ils croyaient véritable, ou même si, comme Saumaise, ils avaient seulement répudié en toute occasion cette désignation erronée, d'autant plus à combattre qu'elle s'est impatronisée au frontispice des éditions imprimées, contrairement à l'énonciation de la généralité des manuscrits.

Si nous avions à donner une édition nouvelle de l'Itinéraire, nous nous garderions de le séparer de la Cosmographie, à laquelle il est à peu près constamment réuni dans les manuscrits; et, sans effacer peut-être, je ne dis pas le nom d'Antonin, qui n'a pour lui qu'un seul ou tout au plus deux manuscrits relativement peu anciens, mais le double nom *Antonii Augusti,* qui du moins figure souvent dans les plus anciens exemplaires, nous aurions soin d'inscrire exclusivement, au frontispice du livre, le nom d'Éthicus, que Flodoard, Hugues de Flavigny, Simler, Powell, Colvener, Bergier, Barth, Godefroy, Vossius, Burton, Valois, Du Cange, Fabricius, Bayer, Schœpflin, Scheyb, Targioni, Meermann, Sprengel, Mannert, sans parler de leurs copistes ou de leurs adhérents, s'accordent à proclamer ou à reconnaître pour le véritable rédacteur.

TROISIÈME SECTION.

DE DIVERS OUVRAGES QUI N'APPARTIENNENT PAS À ÉTHICUS.

ARTICLE PREMIER.

DE LA NOTICE DES DIGNITÉS.

Nous avons encore à examiner si le nom d'Éthicus doit ou ne doit point figurer aussi en tête de certains autres ouvrages à la désignation desquels il a quelquefois été mêlé.

Un savant étranger, qui a écrit une histoire de la Géographie avant que Malte-Brun publiât la sienne, y a consigné le passage suivant : « Beaucoup d'écrivains attribuent à Éthicus l'Itinéraire d'Antonin ; mais presque tous conviennent qu'il est auteur de la célèbre Notice de l'empire, publiée entre les années 400 et 453 [1]. »

Malgré ce prétendu assentiment général, il serait difficile de rassembler des témoignages de quelque valeur pour justifier une telle assertion. Vaugondy, à la vérité, énonce que c'est l'opinion de quelques-uns ; l'abbé de Gourné avait précédemment dit la même chose ; Fabricius renvoie sur cette question à Ferrari et à Baudrand, ce qui n'est exact que pour le second, lequel dit en effet que la Notice est attribuée *par quelques-uns* à Éthicus ; et Baudrand, comme on sait, n'est ici que le copiste du père Briet [2]. Mais quels sont ces *quelques-uns* auxquels Briet

---

[1] Grâberg, *Annali di Statistica*, p. 144 : « Molti autori attribuiscono ad Etico il sullodato Itinerario di Antonino ; ma tutti « quasi convengono ch' egli sia stato l'autore della celebre *Notizia dell' Impero* « pubblicata appunto fra gli anni 400 e « 453, opera stimatissima, e preziosa pei « lumi di cui fornisce la storia e la geografia. »

[2] Vaugondy, *Essai sur l'Histoire de la géographie*, p. 33 : « Éthicus, que quelques-uns regardent comme l'auteur de la Notice de l'empire, vivait entre 400 et 450 selon Pancirole. Son ouvrage est pré-

fait allusion? Nous avouons humblement notre ignorance sur ce point.

Dempster, il est vrai, mettait sur le compte d'un seul auteur la Notice et l'Itinéraire, qu'il trouvait réunis dans un même manuscrit intitulé du mot *Cosmographia*, et dans lequel une désignation uniforme d'auteur, rédacteur ou transcripteur, se trouvait répétée en tête de chaque pièce; mais cette désignation n'est point celle d'Éthicus. Les rubriques *Cosmographia Scoti*, *Liber Scoti de Notitia utriusque Imperii*, *Itinerarium Scoti*, se rapporteraient, suivant Dempster, à un auteur unique, anonyme, écossais de nation[1] : mais cette désignation de *Scotus*, déjà employée par André Alciati et par Wolfgang Laze[2], ré-

cieux par les lumières qu'il fournit, tant pour la géographie que pour l'histoire. » — Gourné, *Préface historique*, p. xliij: «On attribue à Æthicus Ister, écrivain postérieur à Constantin, une Cosmographie latine imprimée sous son nom.... On doute que l'ouvrage en question lui appartienne, mais en récompense on lui donne une part dans l'Itinéraire d'Antonin et dans la Notice de l'empire. »—Fabricii, *Bibliotheca latina*, p. 753 : « Æthico a qui- «busdam adscribi (*Notitiam dignitatum*) «ait Phil. Ferrarius sive Antonius Bau- «drand in Notitia geographorum Lexico «geographico subjecta. » — Baudrand, *Geographia ordine litterarum digesta*, t. II, p. 444 : «Notitia Imperii edita est intra «annos Christi 400 et 453, ut recte de- «monstrat Pancirolus; et tribuitur a qui- «busdam Æthico. » — Brietii *Parallela geographica*, t. I, p. 10 : «Notitia Imperii «edita est intra annum Christi 400 et 453, «ut recte demonstrat Pancirolus. Tribui- «tur a quibusdam Æthico, ab aliis inep- «tissime Mariano Scoto. »

[1] Dempsteri *Historia ecclesiastica gentis Scotorum*, p. 60 : «*Cosmographia Scoti...* «ea est Notitia utriusque Imperii;... se- «quitur *Itinerarium Scoti*, quasi utrumque «opus esset opus autoris ejusdem, quod «in patriæ meæ decus vir ille literatis- «simus (*Pavillonus*) mihi ostendit. » — *Ibid.* p. 389 : «Antiquissimus codex ms. «pulcherrimo charactere, figuris etiam, «miniatisque literis, diversicoloribus deli- «neamentis in membrana oblonga venustis- «simus, quem ingenti pretio emptum «cl. vir Pavillonus, senatus Parisiensis «advocatus, possidet, ac mihi humanis- «sime communicavit, hunc titulum præ- «fert : *Liber Scoti de Notitia utriusque Im-* «*perii.* »—Voir ci-dessus, 2ᵉ partie, 2ᵉ section, art. 2, § 2, p. 157.

[2] Andreæ Alciati *Omnes qui in hunc usque diem prodierunt in utrumque jus civile et canonicum luculentissimi commentarii*, Bâle 1571. 6 vol. in-fol.; t. II, col. 128: *In XII librum Cod. Justiniani annotationes; de Agentibus in rebus* : «Scotus ad Theodo- «sium imperatorem in schola Agentium

pétée sous forme dubitative par Godescalc Stewech en son commentaire sur Végèce, et tranformée en *Sextus* dans la Bibliothèque latine de Fabricius par une de ces inadvertances qu'on regrette d'y rencontrer si fréquemment[1]; cette désignation de *Scotus*, dis-je, est spécialisée, ainsi que nous l'avons déjà expliqué à propos de l'Itinéraire, par le nom entier de *Marianus Scotus* inscrit en tête de certains exemplaires de la Notice; et il est bien reconnu qu'elle n'est relative qu'au transcripteur du xie siècle, dont l'édition a servi de type aux copistes ultérieurs[2].

Une remarque essentielle, d'ailleurs, contre l'unité de rédacteur pour la Notice, d'une part, et l'Itinéraire, de l'autre, c'est que celui-ci date évidemment d'une époque antérieure à la séparation définitive des empires d'Occident et d'Orient, tandis que la Notice est non moins évidemment postérieure à ce partage[3].

« tradit fuisse ducenarios, qui in præfectorum officio in provinciis fiebant officii principes. » — Wolfgang Lazius, *Reipublicæ Romanæ, in exteris provinciis bello acquisitis constitutæ, commentariorum libri duodecim*, Francfort 1598, in-fol.; lib. XII, sect. 3, cap. vii, p. 975 : « Vindobonæ municipii, quod equidem sciam, præter Itinerarium Antonini,..... mentionem facit etiam codex Præfecturarum Romanarum a Scoto quodam scriptus. »

[1] Stewechii *Commentarius ad Vegetii de re militari libros*, p. 79 (ad cap. i, lib. II) : « Certe sive Scotus sive alius quicunque auctor Notitiæ Imperii, quam magno rei litterariæ bono, ex ultimis Britanniis antiquariorum studiis repetitam, primus in lucem protulit vir cl. Sig. Gelenius, etc. » *Infra*, p. 162 (ad cap. xviii) : « Docuit me Scotus sive quicunque auctor est Notitiæ Imperii sive libri de dignitatibus tam civilibus quam militaribus.... etc. » — Fabricii *Bibliotheca latina*, p. 753 : « Stewechius ad Vegetii lib. II, cap. xviii : ‹ Docuit me *Sextus*.... › etc.... Sunt qui *Mariano Scoto* tribuunt. »

[2] Pancirolus *ad Notitiam*, fol. 2 verso : « A Mariano Scoto monacho Fuldensi scripta. » — Dempster, *ubi supra*, p. 388 : « Potuit tamen Marianus transcripsisse... Ita Marianum Notitiæ tantùm exscriptorem. » — Hankius, *De Romanarum rerum scriptoribus*, p. 184 : « Mariano Scoto, a quo descripta..... » etc. — Bœcking, *Ueber die Notitia dignitatum*, pp. 107-108. — Voir ci-dessus, 2e section, art. 2, § 2, pp. 157 à 159.

[3] Bœcking, *Ueber die Notitia dignitatum*, pp. 107 à 123, a examiné et discuté avec

Le nom d'Éthicus, inconsidérément prononcé dans la question relative à la composition de la Notice, en doit donc être soigneusement écarté.

ARTICLE II.

DE LA DESCRIPTION DE ROME.

Targioni-Tozzetti voyant, à la fin de la Cosmographie, la phrase qui annonce formellement une continuation du texte quelque étendue les opinions qui s'étaient produites avant lui sur l'âge de ce document, et qui en laissent flotter la date entre la mort du premier Théodose et celle du second, c'est-à-dire entre les années 395 et 450. L'inscription, dans la Notice, d'un *comes Gildoniaci patrimonii*, lui paraît offrir un moyen de circonscrire la question dans des bornes assez étroites, et de restreindre l'incertitude entre les années 400 et 404, seul intervalle pendant lequel aurait existé, à ce qu'il croit, le fonctionnaire ainsi désigné. Malheureusement son argumentation repose sur une base peu solide : une loi du 18 février 405 adressée au comte des largesses impériales, relativement aux usurpations commises sur le patrimoine Gildonien, lui semble exclure, à cette date, l'existence d'un fonctionnaire spécialement chargé de l'administration de ce patrimoine : il en conclut que l'emploi avait alors cessé d'exister, et que par conséquent la Notice, où figure cet emploi, est d'une date antérieure. Mais on en peut conclure tout aussi bien, comme Panciroie et Godefroy, que l'emploi n'existait point encore; et c'est à d'autres indices qu'il faut recourir pour la fixation d'une date. Tout en admettant, sous certaines réserves, les motifs développés par Schœpflin et reproduits textuellement par Bœcking, pour ne point éloigner cette date du commencement du ve siècle, on ne peut toutefois se dispenser de tenir compte en même temps des faits constatés dans la Notice même, qui sont postérieurs à la limite chronologique au-dessous de laquelle ces deux savants croyaient ne pouvoir descendre : telle est la séparation des deux dignités de *magister peditum* et de *magister equitum* en Occident; on sait que Stilichon réunissait en sa personne ces deux grands commandements sous le titre de *magister utriusque militiæ*, ou de *magister militum*, et ce n'est qu'après sa mort, en 408, que la séparation put avoir lieu : donc la rédaction de la Notice est postérieure à 408. En rétorquant l'argument tiré par Bœcking d'une loi impliquant la non existence du *comes Gildoniaci patrimonii*, nous citerons une autre loi, du 6 août 409 (*Cod. Theod.* VII, viii, 9; t. II, p. 351, édit. de Ritter), qui est dans le même cas, et d'où il faut conclure que la Notice est postérieure également au 6 août 409. — Godefroy s'était arrêté à la date de 427.

ajouter en même temps les mots : « Ex æterna urbe Roma ini-
« tium sumens », pensa d'abord que cela excluait l'adjonction
immédiate de l'Itinéraire, puisque celui-ci, loin de partir de
Rome, commence à Tingis de Mauritanie ; et Mannert fait la
même remarque[1]. De là Targioni était porté à conclure qu'il
y avait primitivement, à la suite de la Cosmographie, la *Descriptio urbis Romæ*, qui accompagne d'ordinaire, dans les manuscrits et les éditions, la *Notitia utriusque Imperii*[2] ; mais en
réfléchissant que la topographie de Rome ne s'encadrait pas
naturellement dans une cosmographie générale, telle qu'était
celle d'Éthicus, et que d'ailleurs c'est l'Itinéraire même qui
se trouvait placé, dans les manuscrits, immédiatement après
la phrase en discussion, il se ravisa, et reconnut que l'adhésion mutuelle des deux morceaux était trop manifeste pour
être contestée[3].

[1] Mannert, ad *Tabulam Peutingerianam*, p. 8 : « Pronunciare conantem rejicit ipse « Æthicus additis hisce paucis : « Ex æterna « urbe Roma initium sumens quæ caput « est orbis et domina senatus ». Cujus pe- « riodi Itinerarium ipsum continuatio sta- « tui nequit, cum id non ab urbe Roma, « sed ab extremis Africæ regionibus des- « criptionis initium faciat. »

[2] Voir la *Notitia utraque dignitatum ;* la description de Rome et celle de Constan- tinople se trouvent imprimées avant la préface dans l'édition de Pancirolo que nous avons déjà citée. Dans la petite édi- tion de Philippe Labbe (*Notitia dignitatum Imperii Romani ex nova recensione,* Paris 1651, petit in-12), cette description de Rome se trouve après la Notice, pp. 128 à 148, sous ce titre : « Descriptio urbis « Romæ, quæ aliquando desolata, nunc « gloriosior, piissimo imperio restaurata,

« incerto auctore, qui vixit sub Honorio « aut Valentiniano III. »

[3] Targioni-Tozzetti, *Relazioni d'alcuni viaggi,* t. IX, pp. 164-165 : « Confesso però « che mi fanno scrupolo le parole *ab æterna « urbe Roma initium sumens,* quando egli « comincia da Tingi di Mauritania, la quale « secondo lui medesimo Africæ ultima est « totius ; ed ho avuto qualche dubbio, che « nell' originale antico dopo le parole Do- « mina senatûs seguitasse Descriptio urbis « Romæ, pubblicata dal Pancirolo nella « sovraccitata Notitia dignitatum Imperii « occidentalis ; ma dall' altra parte in un « trattato di Cosmografia, com' era quello « d'Etico, pare che convenga un itinerario « scritto, il quale dà una certa idea della « lunghezza delle provincie, piuttosto che « una Topografia ; e oltre di ciò nel codice « Gaddiano è troppo manifesta la conti- « nuazione e l'attacco d'un' opera coll' al-

Au surplus, Du Cange n'avait pas trouvé, dans les mots *ex æterna urbe Roma initium sumens*, un argument contraire à cette liaison ininterrompue; tant s'en faut : ce lui était un motif de plus de reconnaître dans l'Itinéraire la continuation légitime de la Cosmographie d'Éthicus, attendu, disait-il, que les distances de route y sont presque toujours comptées à partir de Rome[1].

Nous n'osons partager à cet égard la préoccupation de Du Cange; mais nous ferons remarquer du moins que plusieurs manuscrits ne contiennent pas la portion de phrase qui embarrassait Targioni et Mannert[2]. On a pu voir, d'un autre côté, que Hemmerlein n'était pas plus que Du Cange arrêté par la mention de la ville de Rome en cet endroit, puisqu'il appelle l'Itinéraire même *Itinerarium urbis Romæ*[3], ainsi que nous l'avons fait remarquer quelques pages plus haut.

Quoi qu'il en soit, la *Descriptio urbis Romæ* ne s'est présentée que fugitivement à la pensée de Targioni comme l'œuvre possible d'Éthicus, et nous ne croyons pas nécessaire d'insister beaucoup sur le peu de consistance d'une idée que son auteur a lui-même abandonnée aussitôt que conçue. Qu'il nous suffise de rappeler, après Du Cange et Fabricius[4], que cette des-

---

« tra, sicchè vengono a formare il medesimo contesto. »

[1] Du Cange, *Constantinopolis Christiana*, p. 62. — Vide supra, sect. II, art. 3, § 2, p. 179.

[2] Les deux exemplaires compris dans le manuscrit de Baluze (n° 4840) sont dans ce cas.

[3] Hemmerlein, *Dialogus de Nobilitate*, folios 104 *b* et 105 *a*.

[4] Du Cange, *Constantinopolis Christiana*, p. 62 : « Ne quid accuratæ deesset provinciarum omnium descriptioni, utramque « totius orbis μητρόπολιν, uti Roma et « Constantinopolis appellantur a Themistio, « simili compendio perstrinxerint iidem. » — *Ibid.* p. 63 : « Incertum præterea an « urbem utramque Romam et Constanti- « nopolim idem scriptor descripserit, quod « suadere videtur simillimus scriptionis, « divisionis, et collectionis modus. » — Fabricii *Bibliotheca latina*, pp. 754-755 : « Descriptio urbis Romæ secundum XIV re- « giones, quæ aliquando desolata nunc glo- « riosius piissimo Imperio restituta : in- « certo quidem auctore, sed qui vixisse

cription de Rome est parallèle à une description de Constantinople qui semble l'ouvrage du même auteur, et qui offre en soi des indices d'une rédaction contemporaine de Théodose le Jeune[1], c'est-à-dire postérieure à la séparation des deux empires ; ces deux descriptions jumelles forment une sorte d'appendice à la *Notitia utriusque Imperii,* et appartiennent visiblement à la même époque. Le nom d'Éthicus ne doit donc rien avoir de commun avec aucune d'elles.

ARTICLE III.

DE LA TABLE PEUTINGÉRIENNE.

§ 1.

Nous ne pouvons nous dispenser de rappeler encore ici l'opinion hasardée par Philippe Cluvers, en sa *Germania antiqua,* et par Jean Astruc en ses Mémoires pour l'histoire naturelle de Languedoc, que la Table Peutingérienne serait l'œuvre du même auteur que l'Itinéraire[2]. La Table devrait donc aussi être comptée parmi les productions du zèle et du talent cosmographique d'Éthicus.

Sans vouloir, à cette occasion, refaire ici l'histoire de ce document, déjà faite avec un soin particulier par Lotter, par Scheyb et par Mannert, nous rappellerons cependant en peu de mots que le rouleau de onze peaux de parchemin[3] où il

---

« videtur sub Honorio post annum Christianæ salutis ccccx, aut sub Valentiniano III. — Descriptio brevis urbis « C. Pol. secundum XIV regiones, incerto « similiter autore, quem post Arcadii obitum vixisse par est credere sub Theodosio juniore. »

[1] Du Cange, *Constantinopolis Christiana,* p. 62 ; et la *Præfatio,* pp. 63-64.

[2] Cluverii *Germania antiqua,* pp. 353-354. — [Astruc] *Mémoires pour l'histoire naturelle du Languedoc,* pp. 176-177.

[3] Endlicher, *Catalogus,* p. 228, numéro cccxxviii : « Volumen membranaceum 21 1/4 ped. Vindobon. longum, « unum pedem latum, ex undecim pellibus conglutinatum, sæc. xiii exaratum. » — Scheyb ad *Peutingerianam Tabulam,*

est contenu (et qui laisse à désirer à l'ouest un complément auquel devait être consacrée une douzième peau) nous offre évidemment un manuscrit du XIIIe siècle, répondant à merveille à cette mention du moine annaliste de Colmar, sous l'année 1265 : *Mappam mundi descripsi in pelles duodecim pergameni*[1].

Cette pièce se retrouva en 1507 à Worms, où elle fut acquise par le bibliothécaire impérial Conrad Meissel (Celtis Protucius), qui en fit don à son ami Conrad Peutinger, chancelier d'Augsbourg, à la seule condition d'en faire jouir le public après sa mort[2], ce qui ne fut pas exécuté. Didier-Ignace Peutinger, cinquième descendant de Conrad et dernier rejeton de cette famille[3], céda le manuscrit en 1714 au libraire

p. 30 : « Hæc nostra tabula undecim fere « æqualibus et integris pellibus, nullibi « deficiente termino vel limbo, compacta, « uti ex consilio destinato ad explorandam « hujus rei veritatem, eas diligenter ins- « pexi et observavi. » — Mannert ad *Tabulam Itinerariam*, p. 21 : « Ne autem, lector « benevole, incertus hæreas cum de un- « decim membranis nos pronuntiantes le- « gis, in nostra editione duodecim folia ad « manus habens : monendum, Scheybium « undecim illas membranas in duodecim « distinxisse sectiones, ne in nimiam lati- « tudinem excrescerent folia chartæ im- « pressa. » — Cependant le Père Mathieu-Pierre Katancsich (*orbis Antiquus ex Tabula Itineraria quæ Theodosii imp. et Peutingeri audit, ad systema geographiæ redactus et commentario illustratus*, Bude 1825, 2 vol. in-4° et atlas in-fol.; t. I, préface, p. IV) se figure que l'original se compose de douze peaux correspondantes aux douze segments gravés, d'où il conclut que dans son intégrité primitive il était formé de treize peaux; c'est une erreur née de ce que le bon moine n'avait jamais vu cet original en parchemin, mais seulement un exemplaire assemblé et colorié du *facsimile* de Scheyb.

[1] *Christiani Urstisii Germaniæ historicorum illustrium tomus unus*, Francfort 1585, in-fol.; pars altera : *Chronici Dominicanorum Colmariensium pars prior continens Annales;* p. 8.

[2] *Jahrbücher des Literatur, XLV Band*, Vienne 1829, in-8°; dans un article non signé (mais que nous savons être du Dr Endlicher), contenant une analyse de l'ouvrage de M. Engelbert Klüpfel, *De Vita et scriptis Conradi Celtis Protucii*, se trouve rapporté en note le testament qui contient cette disposition, que nous reproduirons nous-même plus loin.

[3] Fréret, dans sa notice *sur la Table itinéraire publiée par Velser sous le nom de Table de Peutinger* (*Œuvres complètes*, édit. de Septchênes, Paris 1796, in-18; t. XVI, p. 182), fait Desidere Peutinger quatrième

Paul Kuhz, qui le revendit en 1720 au prince Eugène de Savoie, dont la bibliothèque fut réunie en 1738 à celle de l'empereur à Vienne. C'est là que ce curieux monument est depuis lors conservé[1].

Le bruit courut, il y a quelques années, que le professeur Wyttenbach avait découvert à Trèves la douzième peau de parchemin qu'on avait pu croire dès longtemps perdue à tout jamais; et ce bruit sans garanties, nous le répétâmes nous-même alors en le stigmatisant[2]. Il trouva pourtant accueil, l'année suivante, dans le Catalogue du docteur Endlicher[3]; et plus nouvellement encore nous le voyons reproduit dans le compte annuel des travaux de l'Académie royale de l'histoire, à Madrid, par le savant don Martin Fernandez de Navarrete[4] :

descendant de Conrad ; mais o a pprend de Lotter, en son *Historia vitæ atque meritorum Conradi Peutingeri* (Leipzig 1729, in-4°; p. 20), que Didier-Ignace était fils de Marc, fils de Conrad V, fils de Claude-Narcisse, fils de Claude-Pic, fils de Conrad IV, le légataire de la fameuse Table.

[1] Est-il besoin de relever ici la singulière méprise d'un savant étranger qui, parlant de ce monument, ajoute : « Dai « manoscritti ch' esistono a Vienna ed a « Parigi (!) si scorge che il copista o l'au- « tore ne dev' essere stato christiano, etc. » (*Annali di Statistica*, t. II, p. 140). — Ce n'est pas qu'il n'ait sans doute existé, même au XVIe siècle, plusieurs cartes de ce genre; du moins trouvons-nous dans H. Nuenarii *De Gallia Belgica commentariolus* (Anvers 1584, in-12, p. 15), la mention expresse d'un exemplaire différent de celui de Peutinger, et conservé dans la bibliothèque de Spire; il a, dit-il, partagé une erreur géographique de ses devanciers, « donec Itinerarium Theodosia-

« num in Spirensi Bibliotheca, ac postea « etiam clarissimi Conradi Peutingeri pro- « tonotarii Augustensis civitatis aliud Itine- « rarium vetustissimum, perlustrassem. »

[2] *Notice des travaux de la Société de géographie de Paris, et du progrès des sciences géographiques pendant l'année 1835*, dans le Bulletin de la Société de géographie, 2e série, t. IV, cahier de novembre 1835, pp. 271-272 : « Nous annoterions ici avec joie, si elle ne nous paraissait malheureusement apocryphe, la nouvelle de la découverte qui aurait été faite à Trèves, de la première feuille, réputée perdue, de la fameuse Table peutingérienne. »

[3] Endlicher, *Catalogus*, p. 228 : « Pellis « primæ quam totam desideramus, parti- « culam a cel. Wyttenbachio nuper Tre- « veris fuisse repertam fama est. »

[4] Don Martin Fernandez de Navarrete, *Discurso leido à la Real Academia de la Historia, en junta de 24 de noviembre de 1837*, Madrid 1838, in-8°; pp. 19-20 : « Con no- « ticia que tuvo la Academia (en 1° de marzo

tant il est vrai qu'une erreur est aisée à répandre et difficile à extirper.

§ II.

On sait que Conrad Peutinger avait eu d'abord le projet de publier une réduction du trésor géographique tombé en sa possession; il s'était fait délivrer, dès 1511, le privilége de l'empereur à cet effet[1]. Mais le premier spécimen du dessin lui déplut, un second le dégoûta tout à fait, et il ne donna plus aucune suite à son projet.

Quatre-vingts ans après, Marc Velser, parent de la famille Peutinger, s'étant mis à la recherche du fameux rouleau, mais n'ayant pu découvrir d'abord, au milieu du fatras d'une bibliothèque longtemps abandonnée, que les deux spécimens mis jadis au rebut, les trouva dignes d'être publiés en 1591, à Venise[2], avec un commentaire; et ils furent reproduits plus tard dans le *Theatrum Geographiæ veteris* de Pierre Bertz, et dans l'édition complète des œuvres de Velser.

Le rouleau ayant enfin été retrouvé, Velser en fit faire par

« de 1835) de haber descubierto M. de Witembach, director del gymnasio de Tréveris, parte de la hoja que faltaba al « mapa Peutingeriano, que contiene caminos militares por el imperio Romano en « tiempo de Teodosio, donde se halla comprendida la Hispania, acordóse oficiase « al profesor Witembach pidiéndole una « copia de la hoja descubierta, y ofreciéndole los auxilios literarios de la Academia si los necesitase para la publicacion; « y aun para afianzar mas sus deseos de « ilustrar con este nuevo hallazgo la geografia antigua de nuestra península, ofició « al Sr Don Federico-Guillermo Lembke,

« su individuo residente ahora en Madrid, « para que escriviese al Sr baron de Humbold afin de que se interesase con el citado profesor para que nos proporcionase una copia de la mencionada hoja « que habia descubierto. Hasta ahora no « ha logrado la Academia el recoger el « fruto de sus averiguaciones, pero las « continúa con incesante solicitud, y no « las interrumpirá hasta alcanzarle. »

[1] Cette pièce est rapportée en entier, d'après le document original, par Lotter, *Historia vitæ C. Peutingeri*, pp. 65-66, note r.

[2] Chez les Alde, dans le format in-4°.

Jean Moller, d'Augsbourg, une réduction exacte, à l'échelle de moitié environ[1], et l'envoya à Anvers, où elle fut gravée par les soins de Jean Moret, qui en donna en 1598 la première édition entière, en huit feuilles formant un petit atlas in-quarto oblong. Les mêmes cuivres servirent en 1618 à un second tirage, inséré dans la seconde partie du *Theatrum Geographiæ veteris*, de Bertz, où les segments sont imprimés deux à deux sur chaque feuille, l'un au-dessous de l'autre. Un troisième tirage en fut fait avec la même disposition, pour l'édition donnée en 1624 par Balthasar Moret, du *Parergon* d'Ortels.

Cette disposition, qui était plus commode pour le format des atlas, fut suivie dans la gravure de nouveaux cuivres offrant les huit segments sur quatre planches, qui servirent pour l'*Accuratissima orbis antiqui delineatio*, de George Horn, et pour le sixième volume du grand atlas de Jansson, publiés à Amsterdam, le premier en 1653, le second en 1659, et plusieurs fois reproduits l'un et l'autre à de nouvelles dates.

Ce furent encore de nouveaux cuivres, formant cette fois douze segments distincts, qui furent gravés, assez grossièrement, il le faut avouer, d'après ceux de Jansson, pour les Œuvres complètes de Marc Velser, publiées en 1682 à Nuremberg par Christophe Arnold; tandis que les huit segments primitifs, gravés encore à neuf d'après les cuivres de Jansson, reparurent dans la seconde édition de l'Histoire des grands chemins de l'empire romain, de Nicolas Bergier, donnée à Bruxelles en 1728, et reproduite encore en 1736.

[1] Fréret ne s'est aucunement rendu compte du rôle de Jean Moller d'Augsbourg dans cette publication, et il lui attribue une troisième édition, tout à fait imaginaire, de la Table. Il énonce d'ailleurs que la réduction publiée par Moret est à l'échelle de moins d'un tiers, tandis qu'elle est d'un peu plus de moitié. (Voir la Dissertation de Scheyb, pp. 36 et 39, et celle de Mannert, p. 36.)

25.

Jusque-là, c'était toujours une reproduction, de première ou de seconde main, du dessin réduit de Jean Moller[1].

François-Christophe de Scheyb entreprit de donner une édition plus digne de l'original; c'est un *fac-simile* complet, qu'il fit exécuter sur douze planches de cuivre, et qu'il publia à Vienne, en 1753, avec une dissertation étendue et un bon index[2].

Une copie en fut faite en Italie, en 1796, et publiée en 1809 à Jesi dans le Picentin, aux frais de Stefano Bellini, évêque de Loreto, par le frère Jean-Dominique Podocatharo Christianopulo, de l'ordre des prédicateurs, qui exécuta de sa main la gravure des douze planches, et y joignit une nouvelle dissertation : cette édition est peu répandue, et nous n'avons pu réussir, non plus que Mannert, à en voir un seul exemplaire[3].

[1] Ainsi nous reconnaissons, d'après un examen très-attentif et une collation mutuelle de toutes les éditions antérieures à celle de Scheyb, que la réduction de Moller a été gravée quatre fois:

1° Pour l'édition princeps de Jean Moret, et les tirages de Pierre Bertz et de Balthazar Moret, en 1598, 1618, et 1624, à Anvers;

2° Pour les atlas de Horn et de Jansson, en 1653 et 1659, à Amsterdam;

3° Pour les OEuvres de Velser, en 1682, à Nuremberg;

4° Enfin pour les Grands chemins de Bergier, en 1728 et 1736, à Bruxelles.

Fréret, dans la notice faite en 1738 pour l'Académie des Inscriptions (*OEuvres complètes*, t. XVI, pp. 180, 181), parle de trois éditions, qu'il distingue ainsi:

1° Celle de Jean Moret, en 1598;

2° Celle de Pierre Bertz, en 1619;

3° Enfin celle de Jean Moller d'Augsbourg, mentionnée par Mérula en 1605 (dans la préface de sa Cosmographie), et copiée successivement pour l'atlas de Jansson en 1659, pour les OEuvres de Velser en 1682, et enfin pour les Grands chemins de Bergier.

Ce relevé n'est point exact et témoigne d'une étude très-superficielle des planches, à la distinction ou à l'identité desquelles un œil attentif ne saurait se méprendre.

[2] Cette édition fut, après sa première émission, très-rare dans le commerce, les exemplaires en étant restés longtemps perdus, avec les cuivres, dans un fond de magasin, jusqu'à ce que l'Académie de Munich les eût achetés et écoulés, avant de songer à sa nouvelle édition. (Voir à ce sujet la Dissertation de Mannert, pp. 1 et 2.) Il semble qu'une circonstance analogue cause aussi la rareté actuelle de l'édition italienne de Jési.

[3] Outre les citations que nous avons relevées de cette édition dans le catalogue de vente de la bibliothèque Reina de

La Table a été gravée une troisième fois d'après le *fac-simile* de Scheyb, ou plutôt d'après un calque fait en 1788 et 1793 sur ce *fac-simile*, pour accompagner un ample commentaire, en deux gros volumes in-4°, présenté en 1803 à l'université royale de Pesth, et imprimé à Bude en 1824 et 1825, aux frais de cette université, sous le titre de *Orbis antiquus, ex tabula itineraria, quæ Theodosii imperatoris et Peutingeri audit, ad systema geographiæ redactus, et commentario illustratus*[1]. L'auteur

Milan (p. 181, n° 1804), dans la Dissertation de Mannert (p. 40) et dans un article de M. Schaffarik inséré dans le *Jarbücher der Literatur* de Vienne (1829, in 8°, t. XLVI, p. 30), outre l'indication très-précise recueillie par Brunet dans son *Manuel du libraire et de l'Amateur de livres* (3ᵉ édition, Paris 1820, t. III, p. 302, col. 2), nous avons trouvé quelques détails sur l'ouvrage dans le *Journal général de la littérature étrangère* de Treuttel et Würtz (Paris 1818, in-8°; t. XVIII, pp. 43-44), qui a servi de guide à Brunet, et qui a lui-même puisé dans une Notice de trois pages, fournie, à ce que nous croyons, par l'illustre professeur Heeren, aux *Göttingische gelehrte Anzeigen* (petit in-8°, t. III de 1817, pp. 1846 à 1848); nous nous bornerons à transcrire ici le titre entier de l'édition, et quelques brèves indications sur la manière dont elle est disposée.

« *Tabula itineraria militaris romana antiqua, Theodosiana et Peutingeriana nuncupata, quam ex Vindobonensi editione clarissimi viri Christophori de Scheyb anni M DCC LIII accurate descripsit, manu sua in æs incidit ac primus in Italia edit frater* Johannes Dominicus Podocatharus Christianopulus, *ordinis prædicatorum; Æsii in Piceno, typis Vincentis Cherubini*, 1809;

« xxvj und 68 seiten in gross folio, mit « zwölf Kupfertafeln.

« Seine Abhandlung enthält in vier Ka-« piteln eben so viele verschiedene Unter-« suchungen : I. *De publicis apud Romanos* « *Itinerariis....* II. *An Tabulæ itinerariæ* « *volumen in Vindobonensi regia Bibliotheca* « *asservatum autographum sive apographum* « *sit : quove sæculo descriptum?* Der Ver-« fasser gibt zwar zu, dass die Tafel aus « dem Zeitalter von K. Theodosius sey; « bestreitet aber die Meinung von Scheyb, « der das wiener Exemplar für das Original « selbst hielt; und behauptet es sey nur « eine Copie, welche nicht vor dem 11 ten, « warscheinlich aber erst im 13 ten Jahr-« hundert gemacht sey. Die Gründe des « Verfassers sind aus der Form der einzel-« nen Buchstaben hergenommen, und er-« forden eine eigene ausführliche diplo-« matische Prüfung. III. *De antiquo Roma-« norum pede ac milliari, tam de stadio....* « IV. *De antiqua leuca gallica..... Index* « *regionum, insularum, etc..... Adnota-* « *tiones in indicem typographicum.* »

[1] La Table forme, dans cette édition, un atlas in-folio de douze feuilles coloriées, avec ce titre : « *Peutingeriana Tabula* « *itineraria ex Bibliotheca Cæsarea Vindo-* « *bonensi, cura Francisci Christophori de*

est le frère Mathieu-Pierre Katancsich, franciscain, qui a voulu sans doute, par ce travail, nous consoler de l'oubli où est resté celui qu'avait préparé Menson Alting, et qu'une mort prématurée empêcha Reland de faire imprimer[1].

D'un autre côté, les cuivres de Scheyb, soigneusement collationnés sur l'original, et corrigés en nombre d'endroits, ont fourni en 1824 un second tirage, publié au nom de l'académie royale des belles-lettres de Münich, par son secrétaire M. Frédéric Thiersch, avec une nouvelle dissertation due au savant Mannert[2].

C'est pour ne rien laisser en oubli que nous mentionnerons encore une réduction à l'échelle d'environ un sixième, en trois segments réunis sur une même feuille, dans l'atlas qui accompagne la nouvelle édition, publiée en 1834, de la Géographie de Malte-Brun[3]; et enfin une petite esquisse, à l'é-

« Scheyb edita M DCC LIII, sumtibus regiæ « scientiarum Universitatis Hungaricæ, typo- « graphiæ recusa M DCCC XXV. » — Les corrections effectuées, en 1822, d'après la recension de Valentin Vodnik et de Frédéric de Bartsch, sur les cuivres de Scheyb, ne se trouvent faites ni dans la copie du père Katancsich, qui remonte, comme nous l'avons dit, à 1788 et 1793, ni dans celle du père Podocatharo, qui date de 1796; ces copies ont en outre le désavantage de n'être que des reproductions, d'abord calquées sur la copie de Scheyb, puis gravées d'après ce calque : double opération dans laquelle il a pu se glisser quelque erreur nouvelle; tandis que l'édition de Munich, exécutée au moyen des cuivres collationnés de rechef sur l'original, offre une reproduction directe de celui-ci.

[1] Voir Lotteri *Dissertatio de Tabula Peutingeriana*, dans les *Symbolæ litterariæ*, p. 57. — Lotter, au surplus, a consacré un paragraphe tout entier, qui est le XIe, à rappeler les travaux ou les projets de tous ceux « qui Tabulam ex parte inlustra- « runt, aut inlustrare etiam integram pro- « miserunt. »

[2] *Tabula Itineraria Peutingeriana, primum æri incisa et edita a Franc. Christoph. de Scheyb, M D CC LIII. Denuo cum codice Vindoboni (sic) collata, emendata et nova Conradi Mannerti Introductione instructa, studio et opera Academiæ litterarum regiæ Monacensis*, Leipsig 1824, in-folio : avec une préface de M. Thiersch, la dissertation de Mannert, et un copieux index.

[3] *Table Théodosienne dite Carte de Peutinger (carte routière de l'empire romain réduite au sixième de la grandeur du manuscrit qui existe à la Bibliothèque impériale et royale de Vienne)*, planches XVIII et XIX de l'atlas. — Par une singulière inad-

chelle d'un quatorzième à peu près, très-nettement gravée au bas de la carte de l'empire romain, dans l'atlas de Brué, afin de donner une idée générale de l'ensemble de ce curieux routier[1].

Mais nous n'avons pas dessein de joindre à cette énumération celle des auteurs tels que Dom Bouquet pour le Recueil des Historiens des Gaules et de la France, Schœpflin pour son *Alsatia illustrata*, Shaw pour ses *Travels or observations relating to several parts of Barbary*, et autres, qui ont inséré de simples fragments dans leurs ouvrages.

Des dissertations séparées ont été publiées à diverses fois sur ce monument : nous connaissons celle de Jean-George Lotter, qui parut à Leipzig en 1734, et qui se trouve réimprimée dans le sixième volume des *Symbolæ litterariæ* de Gori[2]; celle

---

vertance du dessinateur, les trous et les déchirures du manuscrit original sont devenus des îles sur la copie, et les marges onduleuses du parchemin se sont transformées en rivages extérieurs destinés à ceindre l'Océan ; c'est l'Océan lui-même (et non la perte de la feuille initiale) qui coupe brusquement, à l'ouest, l'Afrique, l'Aquitaine et la Grande-Bretagne ; la chaîne continue de montagnes qui termine l'Afrique au sud a été complétement oubliée, etc. etc.

[1] *Carte routière de l'empire romain, dite de Peutinger,* au bas de la Carte générale de l'empire romain sous Théodose, feuille 13° dans l'atlas en 65 feuilles, ou 9° dans l'atlas en 36 feuilles. — C'est par notre conseil que le propriétaire actuel de l'Atlas de Brué a inséré sur cette carte une réduction en miniature de la Table Peutingérienne, qui a été exécutée avec un soin et une exactitude qui manquent à la précédente.

[2] [Antonii Francisci Gorii] *Symbolæ litterariæ, opuscula varia philologica, scientifica, antiquaria, signa, lapides, numismata, gemmas et monumenta medii ævi nunc primum edita complectentes*; volumen sextum, Rome 1752, in-8°; pp. 17 à 58 : Jo. Georgii Lotteri *Dissertatio de Tabula Peutingeriana.* — Nous n'avons point vu l'édition originale de cette dissertation, dont le titre, moins concis, est ainsi rappelé dans l'avertissement de Gori, p. 3 : « Dis-« sertationem addidi....... quæ prodiit « Lipsiæ, præside *Jo. Georgio Lottero,* et de « qua disseruit *Jo. Christophorus Schade* « Scandaviensis misnicus anno 1732, iv « non. octobr. » Sur la foi de ce titre, quelques savants (Buache entre autres) ont regardé Schade comme le véritable auteur de la Dissertation, supposant une méprise de la part de Gori dans le nouvel intitulé qu'il donne à ce morceau; et l'inadvertance de la part de celui-ci eût été d'autant moins surprenante que, dans le mor-

de Jean-Christophe de Jordan, renfermée dans son traité posthume Des Origines slaves, imprimé à Vienne en 1745[1]; celle de Gérard Meermann, imprimée à Amsterdam en 1773 dans les notes de l'Anthologie latine de Burmann[2]; la première de celles de Mannert, imprimée à Nuremberg en 1793, à la suite de ses *Res Trajani imperatoris ad Danubium gestæ*, et publiée en 1808 en français dans le premier volume des Annales des voyages de Malte-Brun[3]; celle de G. Avienti, parue à Rome en 1809 sous le titre d'*Osservazioni*[4]; enfin celle de Sébastien Günthner, insérée en 1812 dans le tome IX des *Beyträge* de Westenrieder[5].

ceau qui précède, il met sous le nom de Pierre Bertz la préface donnée en 1591 par Velser (p. 709 des OEuvres), et que Bertz avait réimprimée dans son *Theatrum Geographiæ veteris* sans rappeler le nom de l'auteur, ainsi que le lui a reproché Fréret (t. XVI, p. 179). Mais la lecture de la Dissertation même, et la comparaison attentive de celle-ci avec l'*Historia vitæ atque meritorum Conradi Peutingeri*, qui est incontestablement de Lotter, ne permettent pas de douter que cette même Dissertation ne soit aussi de Lotter, comme le dit Gori, et comme le répètent Scheyb, Mannert et d'autres.

[1] Jo. Christoph. de Jordan, *De Originibus slavicis*, t. II, pp. 30 et 185 à 191; sa thèse est ainsi formulée : « Tabula de « se ipsa luculentissime testatur originem « suam Probi imperio deberi adeoque Pro- « bianam potius quam a possessore in his « posterioribus temporibus Peutingero Peu- « tingerianam appellandam esse. ».

[2] Gerardi Meermanni *Commentarius in Epigramma anonymi vel potius Sedulii presbyteri de Tabula orbis terrarum jussu Theodosii Junioris imp. facta, in quo cum de illias,*

tum de Peutingerianæ origine, ætate, ac natura ex professo agitur; dans l'Anthologie de Burmann, t. II, pp. 392 à 397.

[3] Conrad Mannert, *Res Trajani imp. ad Danubium gestæ, libellus a societate scient. regia quæ Gottingæ splendet præmio donatus; addita est dissertatio de Tabulæ Peutingerianæ ætate;* Nuremberg 1793, in-8°. — *Dissertation sur la carte géographique de Peutinger;..... traduit sous les yeux de l'auteur, par M. Barbier,* dans Malte-Brun, *Annales des voyages, de la géographie et de l'histoire,* t. I, Paris 1808, in-8°; pp. 345 à 360.

[4] G. Avienti, *Osservazioni,* etc. Rome 1809, in-8°. Malgré nos efforts pour nous procurer cet écrit, nous n'avons pu parvenir à l'avoir, et nous le signalons uniquement d'après une citation de M. Bernhardy, *Grundriss der römischen Litteratur,* p. 284, note 529.

[5] Lorenz Westenrieder, *Beyträge zur vaterlandischen Historie, Geographie, Staatistik,* etc. t. IV (ou *Neue Beyträge,* t. I) pp. 156 à 184. Article III : *Ueber den Verfasser der Peutingerischen Tafel, von* Sebastian Günthner *aus Tegernsee.*

On pourrait encore mentionner quelques notices dignes de remarque, telles que celle de Fréret, lue en 1738 à l'Académie des inscriptions, imprimée dans le recueil de cette académie, et réimprimée dans les OEuvres complètes du savant critique[1]; celle de l'abbé Lebeuf, lue en 1744 à la même académie, et imprimée dans son recueil[2], en même temps qu'une lettre d'Edmond Brutz à Jean-Vincent Pinelli, sur le même sujet, datée du 6 juin 1659, et retrouvée dans les manuscrits de Dupuy[3]; la notice de Nicolas Buache, lue en 1799 à la classe des sciences morales et politiques de l'Institut, et imprimée parmi les Mémoires de ce corps savant[4]; celle d'Astruc dans ses Mémoires pour l'histoire naturelle de Languedoc[5]; celle de Schœpflin dans son *Alsatia illustrata*[6]; et celle de Schœll dans son Histoire abrégée de la littérature romaine[7].

---

[1] *Histoire de l'Académie royale des inscriptions et belles-lettres*, t. XIV, Paris 1743, in-4°; pp. 174 à 178. — *OEuvres complètes de Fréret*, Paris 1796, in-18; t. XVI (IIᵉ de la Geographie), pp. 175 à 185.

[2] *Ibid.* t. XVIII, Paris 1753, in-4°; pp. 249 à 254 : « Supplément à la notice de « la Table de Peutinger, insérée dans le « XIVᵉ volume de nos Mémoires ».

[3] *Ibid.* pp. 254 à 256 : « *Viri acutissimi* « *Edmundi Brutii Angli de Tabula Itinera-* « *ria antiqua Peutingerorum Augustanorum* « *ejusque structura et usu* ». — Une chose qui paraîtra incroyable, bien que nous ayons d'autres exemples de l'inconcevable légèreté du chanoine d'Auxerre, c'est que l'abbé Lebeuf, dissertant sur cette lettre, paraît croire que Brutz n'avait pas vu l'original de la fameuse Table, tandis que

la lettre même, publiée par ses soins, commence précisément par ces mots : « Illus-« trissime Pinelli, te adjuvante et procu-« rante *vidi* et *pervidi* antiquam illam « Tabulam itinerariam ».

[4] Buache, *Observations sur la carte itinéraire des Romains appelée communément carte de Peutinger, et sur la Géographie de l'Anonyme de Ravenne*, dans les *Mémoires de l'Institut national des sciences et arts : Sciences morales et politiques*, t. V, Paris 1802, in-4°; pp. 53 à 62.

[5] [Astruc.] *Mémoires pour l'Histoire naturelle de la province de Languedoc*, pp. 88 à 90, et *passim* jusqu'à 178.

[6] Schœpflini *Alsatia illustrata*, t. I, pp. 610 à 612.

[7] Schœll, *Littérature romaine*, t. III, pp. 247 à 258.

§ III.

On nous pardonnera ce coup d'œil rétrospectif sur la destinée de la Table Peutingérienne, en considération de l'analogie de ce document avec l'Itinéraire d'Éthicus; analogie tellement prochaine, que Conrad Meissel dans son testament, aussi bien que Conrad Peutinger dans le catalogue de sa propre bibliothèque, et dans le privilége impérial qu'il se fit délivrer pour la publication de sa carte, n'appelaient point celle-ci autrement qu'*Itinéraire d'Antonin*[1]; et que plus tard, lorsqu'on fut à portée d'examiner comparativement l'un et l'autre, Joseph Scaliger et Isaac Vossius voulaient que la carte eût été tracée d'après l'Itinéraire; Meermann, que l'Itinéraire fût le relevé de la carte; Cluvers et Astruc, enfin, que la carte et l'Itinéraire fussent l'œuvre d'un seul et même rédacteur[2].

[1] *Jahrbücher der Literatur*, t. XLV, p. 165, à la note : « Item ego lego do- « mino doctori Conrado Peutinger Itinera- « rium Antonini Pii, qui etiam eundem « nunc habet; volo tamen et rogo ut post « mortem ejus ad usum publicum, puta « aliquam librariam, convertatur ». *Infra :* « Item Itinerarium Antonini est apud do- « minum Peutinger ». — Scheyb ad *Peu- tingerianam Tabulam,* p. 33, note *p* : « Iti- « nerarium Antonini in charta longa a « Celte nobis testamento legata (*Peutinge- « rus ad Catalogum bibliothecæ propriæ*) ». — Lotter, *Vita Peutingeri*, pp 65-66, note *r :* « *Imperatoris diploma :* . . . . . Cum itaque « honorabilis Conradus Peutinger, juris u. « doctor, consiliarius noster fidelis dilectus « exemplaria Itinerarii Antonini Cæsaris « prædecessoris nostri . . . . . formis excudi « atque in publicum prodire constituit », etc.

[2] *Josephi Scaligeri Epistolæ omnes quæ reperiri potuerunt, nunc primum collectæ et editæ,* Francfort 1628, in-8°; lib. IV, epist. CCCLXXXIV : *Davidi Hœschelio;* p. 672 : « Vidi inter manus Pauli Merulæ historia- « rum professoris chartam Itinerarii veteris « Antwerpiæ exaratam ex bibliotheca Peu- « tingerorum vestratium opera nobilis viri « Marci Velseri nostri. Velim scire ex te « an vetus sit ea ex qua editio illa prodiit. « Nam quantum conjicere potui, qui ejus « auctor est, Itinerarium Antonini et Pto- « lemæum fere totum descripsit. » — Is. Vossius, *Periplus Scylacis,* not. p. 21 : « Male in « Tabulis Peutingerianis legitur Antipege « pro Antipygus, quamvis in Itinerario An- « tonini sive potius Æthici non habeatur, « unde tamen haustum est quicquid in illis « legitur tabulis. » — Meermann, dans Burmann, t. II, p. 394 : « Ex his viarum seu « itinerum mappis confectum Itinerarium, « nostris postarum libellis haud absimile,

Mais pour Cluvers ce rédacteur était Ammien peut-être,
ou du moins un de ses contemporains; il n'a point, toutefois,
insisté assez fortement sur cette idée pour qu'on puisse croire
qu'il y attachât une grande importance; et il s'est contenté de
quelques considérations générales pour montrer la coétanéité
plus encore que la commune origine des deux routiers.

Pour Astruc, c'est le nom de Castorius qui forme le lien
commun des deux ouvrages, soit que Castorius les eût effectivement rédigés lui-même, soit qu'un compilateur plus récent
en eût puisé les éléments dans les mémoires de ce géographe,
soit enfin que Castorius n'eût fait, au contraire, que relever sur
ces deux documents les indications géographiques transcrites
au IXe siècle par l'anonyme de Ravenne. On voit que l'opinion d'Astruc flottait incertaine entre diverses explications
conjecturales de la similitude dont on ne peut manquer d'être
frappé entre l'anonyme de Ravenne et les deux routiers de
l'empire romain.

Cependant, des dissemblances tranchées ont aussi été remarquées par les critiques entre ces deux monuments itinéraires, comme, par exemple, l'insertion, dans l'un, de certaines mutations et même de certaines routes entières omises
dans l'autre[1] : or, il y a lieu de penser qu'un auteur commun
se fût mieux accordé avec lui-même. Une hypothèse qui n'a
d'autre fondement que des similitudes partielles là où il devrait y avoir concordance complète, ne peut être sérieusement soutenue : et ce motif suffirait pour nous empêcher

----

«quod sub Antonini nomine circumfer-
«tur.» — Cluverii *Germania antiqua*, pp.
353, 354. — [Astruc], *Mémoires sur le
Languedoc*, pp. 176, 177. — Voir ci-dessus, section II, art. 2, § 2, p. 162.

[1] Jo. Chr. de Jordan, *De originibus slavicis*, t. II, pp. 188 à 190, en donne spécialement des exemples : il cite en particulier trois routes à travers la *Valérie*,
données par l'Itinéraire, et dont pas une
n'est dans la Table.

d'attribuer à Éthicus, rédacteur de l'Itinéraire écrit, la composition de l'Itinéraire peint, copié en 1265 par le moine de Colmar.

Nous admettrons volontiers, avec Mannert, que la rédaction première de cette carte remonte jusqu'à Alexandre Sévère, sous lequel on peut même penser qu'elle eut pour type une rédaction plus ancienne, remontant de proche en proche jusqu'à Agrippa, le gendre d'Auguste, dont la carte est vantée par Pline[1]. Menson Alting ne doutait pas qu'elle n'eût d'abord été dressée conformément à la description de Jules César et d'Auguste[2].

Mais il faut admettre aussi que la carte rédigée ou modifiée sous Sévère a dû subir des altérations successives, soit lors de la copie qui en fut faite sous Théodose, ainsi que le rapportent les douze vers conservés par Dicuil et commentés par Meermann[3], soit lors de la copie exécutée par l'annaliste de Colmar, au XIIIe siècle.

Il est indubitable que certaines indications de l'exemplaire qui nous est parvenu sont d'une date postérieure au règne de Sévère : telles sont, entre autres, les diverses inscriptions qui dénotent un rédacteur chrétien[4], et les trois figures qui déco-

---

[1] Mannert *ad Tabulam Peutingerianam*, pp. 12 à 16. — Plinii *Historia naturalis*, lib. III, cap. III, § 14; édition de Lemaire, t. II, p. 32.

[2] Mensonis Alting *Descriptio secundum antiquos agri Batavici et Frisii una cum conterminis, sive Notitia Germaniæ inferioris*, p. 1, A. 1 : « Seculum fere est, postquam « ex bibliotheca Augusta Peutingerorum « in lucem edita primum fuerit integra « Tabula Itineraria, concinnata ad primam « Julii Cæsaris et Augusti descriptionem. »

[3] Dicuili *Liber de mensura orbis terræ*, p. 12 de l'édition de Walckenaer, ou p. 18 de l'édition de Letronne. Ces vers ont été répétés nombre de fois, par Jacques Godefroy, par Du Cange, par Scheyb, par Mannert; ils sont dans l'Anthologie de Burmann, dans les *Poetæ latini minores* de Wernsdorff, etc. — Mannert, *ad Tabulam Peutingerianam*, p. 11, en donne la seule interprétation admissible.

[4] Segment V, près de Rome : « Ad sanc- « tum Petrum. » — Segment IX : « Deser- « tum ubi quadraginta annis erraverunt « filii Israel ducente Moyse ». Et un peu plus bas : « Hic legem acceperunt in monte « Syna. »

rent respectivement l'emplacement de Rome, celui de Constantinople, et celui d'Antioche[1]. Mannert attribue tout cela au
moine de Colmar : à Rome, la figure lui paraît représenter un
empereur; à Constantinople, un chevalier, qui pourrait bien
être Baudoin de Flandres; à Antioche, une femme et un enfant, qui ne peuvent être que la Vierge Marie et son fils[2]. Aux
yeux de Meermann, au contraire, la figure dessinée sur l'emplacement de Constantinople est si loin de représenter un
chevalier, qu'il en fait une impératrice, et de la figure qui est
à Antioche il fait un évêque; quant à celle de Rome, il admet
qu'elle désigne en effet un empereur[3]. On voit que les deux
savants critiques ne sont guère d'accord sur la détermination
des trois personnages dessinés sur la carte.

Mais il nous semble que ce dont on ne peut douter en aucune manière, c'est que ces trois figures sont uniformément
assises sur un trône; et la conséquence la plus simple à en tirer n'est-elle pas que les trois villes ainsi décorées d'un trône
étaient toutes trois des capitales, et chacune la résidence d'un
empereur? La question de l'âge auquel remonte cette édition
de la carte se résoudrait, dès lors, en une recherche de l'é-
poque où Rome, Constantinople et Antioche se sont trouvées
à la fois des résidences impériales.

§ IV.

L'assurance donnée par le moine de Colmar, qu'il n'a fait
qu'une simple copie (*descripsi*), et la démonstration présentée
par Mannert, que l'édition exécutée sous Théodose n'a été
non plus, d'après les vers conservés par Dicuil, que la re-

---

[1] Segments V, VIII, et X.

[2] Mannert, *ad Tabulam Peutingeria-*
nam, pp. 17 à 19.

[3] Meermann, dans Burmann, tome II,
pp. 395, 396.

production d'un document antérieur [1], sont des arguments en faveur de notre manière d'interpréter la représentation de ces trois figures impériales.

Ainsi le moine de Colmar les a portées sur son dessin parce qu'elles étaient dans l'original qu'il transcrivait; et les serviteurs de Théodose les avaient marquées de même dans leur soigneux travail (*opus egregium*), parce qu'ils les trouvaient ainsi dans le vieil exemplaire qu'ils copiaient en l'embellissant (*veterum monumenta secuti, in melius reparamus opus*).

Or les trois capitales réveillent naturellement dans notre esprit le souvenir du partage de l'empire entre les trois fils de Constantin, d'autant plus que l'on sait qu'Antioche fut la résidence favorite de Constantius; il est vrai qu'il posséda aussi Constantinople, et que la résidence de Constans fut le plus habituellement à Sirmich en Pannonie, comme celle de Constantinus à Trèves dans les Gaules. Mais cet état de choses ne fut pas immédiat, et lors de leur prise de possession des lots qu'ils s'étaient faits des domaines enlevés à leurs cousins Dalmatius et Hannibalianus, Constantinus se trouva maître de Constantinople, avec les Gaules, la Bretagne et l'Hispanie; Constans avait Rome et l'Italie, avec l'Illyrie et l'Afrique; et Constantius tenait Antioche avec tout l'Orient [2]. Ce partage,

---

[1] Mannert, *ad Tabulam Peutingerianam*, p. 11.

[2] Tillemont, *Histoire des empereurs et des autres princes qui ont régné durant les six premiers siècles de l'église*, Bruxelles 1709, in-12; t. IV, 2ᵉ partie, pp. 651, 652; et la note 2, *Sur le partage de l'empire entre les enfants de Constantin*, pp. 1088 à 1090, ainsi que la note 3, *Sur l'entrevue de ces princes dans la Pannonie*, pp. 1091 à 1093. — *Chronicon Alexandrinum idemque astronomicum et ecclesiasticum*, opera et studio Matthæi Raderi de societate Jesu, Münich 1615, in-4°; p. 670 : « Ῥω- « μαίων λε΄ ἐϐασίλευσεν μετὰ θάνατον τοῦ « πατρὸς αὐτοῦ Κωνσταντίνου Κωνσταντῖ- « νος ὁ νέος, καὶ Κώνστας καὶ Κωνστάντιος « ἔτη κδ΄, ὁμοῦ ͵εωο΄, καὶ ὁ μὲν νέος Κων- « σταντῖνος ἐϐασίλευσεν ἐν Κωνσταντινου- « πόλει ἔτος α΄. Κώνστας δὲ ἐν Ῥώμῃ ἔτη

postérieur à septembre 337, fut remplacé par de nouveaux
arrangements concertés dans une entrevue entre les trois empereurs vers la fin de juillet 338. C'est donc à cet intervalle
de neuf mois qu'il faudrait rapporter la date réelle de l'édition
de la carte routière parvenue jusqu'à nous par le moyen des
deux copies successives des deux serviteurs de Théodose d'une
part, et du moine de Colmar de l'autre.

Pour que le nom d'Éthicus pût être rattaché à la rédaction
de la Table Peutingérienne, il faudrait donc que notre cosmographe eût exécuté, au plus tard en 338, cette édition reproduite sans altération par les copies subséquentes. Et l'on
verra tout à l'heure que cette date ne s'accorde point avec
celle qui nous paraît devoir être adoptée pour les compilations
cosmographiques dont nous avons reconnu Éthicus pour le
véritable auteur.

En résumé, aucun motif quelconque ne saurait favoriser
l'idée que la Table Peutingérienne ait pu être l'œuvre d'Éthicus.

QUATRIÈME SECTION.

DE L'ÉPOQUE À LAQUELLE ÉTHICUS A ÉCRIT.

ARTICLE PREMIER.

HYPOTHÈSES EXTRÊMES.

§ I.

Nous avons maintenant à rechercher l'âge de cet Éthicus
latin, rédacteur du corps d'ouvrage dont la Cosmographie et
l'Itinéraire forment les deux parties consécutives. Les indices

« ιβ', καὶ μετὰ τὴν αὐτοῦ Κώνσ1αντος τε-
« λευτὴν τὰ λοιπὰ ιβ' ἔτη ἐβασίλευσεν ἐν

« Ῥώμῃ Κωνσ1άντιος ὁ αὐτῶν ἀδελφὸς ὢν,
« τὸ κατὰ μέρος ἐσ1ὶν οὕτως. »

puisés respectivement dans l'une ou dans l'autre de ces parties
auront naturellement une application solidaire, en telle sorte
que les conclusions qui en pourraient être déduites soient valables pour tout l'ouvrage.

Les opinions des érudits sur la question de l'âge d'Éthicus,
comme sur toutes celles qui nous ont occupé jusqu'ici, présentent de notables divergences [1], renfermées toutefois dans
des limites déterminées d'un côté par le règne de Dioclétien,
qui a commencé en 284, et de l'autre par le règne de Théodose le jeune, qui a fini en 450.

Ces hypothèses extrêmes, dont la fausseté ressort clairement
de la contexture même de l'œuvre d'Éthicus, ont cependant
été proposées et soutenues par des critiques d'une grande autorité, dont il ne nous est pas permis de répudier les assertions
sans les avoir mûrement discutées.

§ II.

Quant à la date la plus tardive, peut-être devons-nous citer
en premier lieu Dempster, non que son hypothèse se rapporte
à Éthicus même, puisqu'il l'a méconnu, mais parce que la
date par lui proposée lui a paru du moins conciliable avec
l'ouvrage auquel il l'applique [2].

Il en est de même de Jacques Godefroy qui, à propos d'une
loi de Théodose le jeune sur les arpentages, attribue à ce
prince le mesurage que Dicuil, et les douze vers tant de fois
reproduits, énoncent avoir été exécuté en la quinzième année
d'un empereur de ce nom, et que, par un nouveau rappro-

---

[1] Georg. Matthias Kœnig, *Bibliotheca
vetus et nova*, Altdorf 1778, in-4°; p. 14 :
« Æthicus, cosmographus, quando vixerit
« non certe constat. Scriptor est, inquit Vos-
« sius, junior Constantino. . . . . Casp. Bar-
« thius. . . eum Theodosiano seculo vixisse
« affirmat. . . . . »

[2] Dempsteri *Historia ecclesiastica gentis
Scotorum*, p. 60 : « Floruisse videtur (*auc-
« tor videlicet Itinerarii*) anno salutis 440. »

chement, le savant critique considère comme ayant servi de base à l'Itinéraire, œuvre, à son avis, de l'un des arpenteurs de Théodose [1].

Du Cange, à l'exemple de Godefroy, regarde l'Itinéraire comme le résultat du mesurage fait en la quinzième année de Théodose; de plus, pour lui, l'Itinéraire est inséparable de la Cosmographie, et tous deux sont indubitablement l'œuvre d'Éthicus; il trouve, en outre, des passages de la Cosmographie, ainsi que le mesurage même de Théodose, rappelés par une allusion directe dans la préface de la Description anonyme de Constantinople, habituellement jointe, dans les éditions manuscrites ou imprimées, à la Notice des deux empires, description qui ne peut être chronologiquement rapportée qu'à Théodose le Jeune; mais Du Cange n'ose se prononcer sur la double question de savoir si la Description de Constantinople et le mesurage de Théodose appartiennent à la même époque et aux mêmes auteurs, et si ce mesurage est l'œuvre de Théodose le Grand en 393, ou de Théodose le Jeune en 423 [2].

Dans cette alternative où Du Cange semble vouloir rester neutre, d'autres n'ont pas balancé à se déterminer pour la date la plus tardive. Laurent Guazzesi, en sa dissertation sur la voie Cassienne, énonce que, d'après les discussions dont

---

[1] Jacobi Gothofredi *Codex Theodosianus*, t. II, p. 353.

[2] Du Cange, *Constantinopolis christiana,* pp. 62, 63 : « Cosmographiæ eumdem « auctorem esse qui Itinerarii… Id etiam « astruere videntur Relationis, urbis Cons- « tantinopolitanæ descriptioni præfixæ, « verba ista : « Illis igitur terrena passibus, « freta stadiis, cœlestia conjectura captanti- « bus », etc… Quæ quidem ad ista Æthici « spectant : « Et ne divinam eorum men- « tem », etc. *Infra :* « Incertum maneat an… « Theodosio Magno attribui debeat Des- « criptio illa terrarum orbis, cum ex alla- « tis elici haud queat illi-ne an Juniori de- « beat ascribi, cum Magnus imperii an- « num xvi, Junior xlii attigerint, ac « proinde quod factum est anno xv utri- « que possit convenire. Utcumque sit de « hac controversia, saltem a quo confectum « sit quod Antonini præfert nomen Itine- « rarium, docemur. »

l'Itinéraire a été l'objet de la part des érudits, il faut conclure, sans hésitation, que c'est un monument du v⁰ siècle, postérieur aux règnes d'Arcadius et d'Honorius [1].

Sainte-Croix [2], qui regarde la Cosmographie d'Éthicus comme copiée de Julius Honorius et d'Orose, en conclut que le compilateur vivait vers la fin du v⁰ siècle.

M. Gråberg de Hemsö, dans son Histoire de la Géographie, détermine à son tour l'époque d'Éthicus entre les années 400 et 450 [3].

Un grand critique contemporain, dont l'autorité en ces matières est de la plus haute gravité, est venu appuyer cette opinion de son suffrage; et dans le savant commentaire dont il a enrichi le livre de Dicuil, il énonce, en citant les fragments attribués à Éthicus, que des raisons particulières l'engageaient à en faire descendre la rédaction jusqu'au commencement du v⁰ siècle [4]; ces raisons, il promettait de les exposer dans un second ouvrage [5] consacré à des recherches sur un point important de l'histoire littéraire du moyen âge [6]; malheureusement un quart de siècle a passé sans que l'ouvrage ait été accompli, et nous avons à regretter l'oubli dans lequel le savant académicien, détournant sur d'autres objets une attention trop exclusive, a laissé se perdre la riche moisson de faits et d'aperçus qu'il avait alors amassée relativement aux compilations géographiques du moyen âge. A défaut d'un tel guide et des lumières

---

[1] *Dissertazioni del cavaliere* Lorenzo Guazzesi, Pise 1761, in-4°; *Dissertazione V, intorno alla via Cassia per quel tratto che guidava da Chiusi à Firenze;* p. 222 : « Dalle riflessioni che sono state « fatte sopra un tal monumento dal Ber- « gero e da molti altri eruditi, si conchiude « senza alcun dubbio esser questa un' ope- « ra del quinto secolo dell'era nostra, e fatto « doppo l'imperio d'Arcadio e di Onorio.

[2] Sainte-Croix, dans le Journal des Savants, d'avril 1789, p. 249.

[3] Gråberg, *Annali di statistica,* t. II, p. 144.

[4] Letronne, *Recherches sur Dicuil,* pp. 215, 220.

[5] *Ibid.* p. 25.

[6] *Ibid.* p. vi de l'avertissement.

qui nous eussent révélé sans doute, dans la question actuelle, des phases que nous n'avons point entrevues, force nous est de laisser notre thèse dans les termes où nous l'avons posée, et de garder des convictions contre lesquelles nous n'avons recueilli aucun argument susceptible de les changer[1].

§ III.

Wesseling a combattu sur certains points l'hypothèse de Godefroy, et Schœpflin celle de Du Cange.

Le premier fait observer que rien n'étaye la conjecture d'après laquelle Antonin, ou l'auteur, quel qu'il soit, de l'Itinéraire, aurait été un des arpenteurs de Théodose; que, d'ailleurs, la peinture faite, dans les vers rapportés par Dicuil, du travail de ces arpenteurs, n'est aucunement applicable à l'Itinéraire, ce dont, ajoute-t-il, Godefroy n'eût jamais douté s'il eût consulté de plus longs extraits du texte qui lui a fourni ces vers; texte, au surplus, publié par Emmanuel de Schelstraten en son *Antiquitas ecclesiastica*[2].

---

[1] L'article *Éthicus* de la Biographie universelle contient l'énonciation suivante, au sujet de l'époque présumée de cet auteur : « Cette époque ne peut être fort ancienne ni antérieure au ve siècle, puisque, dans la description de Rome, il y est fait mention des portes de *Saint-Pierre et Paul* et *Saint-Félix* ». — Nous avons déjà eu lieu de remarquer combien de fautes typographiques défigurent cette notice; ici même, on voit qu'il faut lire les portes de *Saint-Pierre, Saint-Paul et Saint-Félix*; le chiffre du ve siècle n'est-il point aussi imprimé par erreur au lieu du iiie, comme on voit, quelques lignes plus loin, le vi^e siècle (*sixième*), imprimé pour le xe (*dixième*), en parlant de Flodoard. Il est certain que le martyre de saint Pierre et celui de saint Paul sont du i^{er} siècle, et que le martyre de saint Félix est du iiie (1er janvier 274); voilà donc le terme au-dessus duquel le savant académicien avait sans doute écrit qu'on ne pouvait remonter. — Les portes indiquées par Éthicus (p. 716 de l'édition Gronovienne de 1722) avaient sans doute pris leur nom des églises qui avaient été bâties au voisinage sous le règne de Constantin; celles de Saint-Pierre et de Saint-Paul furent consacrées par le pape saint Sylvestre, le 18 novembre 324; et saint Félix avait été enterré dans une église que lui-même avait élevée près de la voie Appienne.

[2] Wesseling, *Vetera Romanorum itinera-*

27.

Cette dernière indication exige un mot de rectification : les vers dont il s'agit se trouvent, comme chacun sait, dans les manuscrits de Dicuil, dont le livre *De mensura orbis terræ*, suivant son propre témoignage, a été composé d'après le résultat de l'arpentage ordonné par Théodose[1]. D'un autre côté, Schelstraten a publié, d'après les manuscrits 244 et 247 du Vatican, un morceau intitulé *Dimensuratio provinciarum*, qui a été publié de nouveau en 1831 par M. Angelo Mai, réimprimé en 1834 par le docteur George-Henri Bode, et qui se trouve aussi dans un manuscrit de Florence décrit par Targioni et par Bandini, ainsi que dans un manuscrit de Venise décrit par Morelli[2]. Mais ce document n'est pas, comme l'a cru Wesseling, identique au texte de Dicuil consulté par Godefroy, et il ne renferme pas non plus les douze vers tant répétés. L'erreur de Wesseling à cet égard s'expliquerait par l'énonciation de Meer-

---

ria, p. 4 de la préface : « Antoninum sive « Antonium inter mensores fuisse Theo- « dosii incertissima doctissimi viri conjec- « tura est, et cui nullum in regii ms. « verbis præsidium ; versus præterea aliud « opus requirunt..... Respiciunt, nisi me « omnia fallunt, *codicem missorum Theo- «dosii*, non Itinerarium ; id verba ipsa « suadent..... Quod ipsum evidentissime « liqueret si plura ex illis schedis Jac. Go- « thofredus excerpsisset ; editas enim ha- « bemus, ut contendendi sit facultas, ab « Emm. Schelstrateno, t. II *Antiq. Eccles.* « p. 525 ».

[1] Dicuili *Liber de mensura orbis terræ*, p. 1 : « Cogitavi ut liber de mensura pro- « vinciarum orbis terræ sequeretur, secun- « dum illorum auctoritatem quos sanctus « Theodosius imperator ad provincias « prædictas mensurandas miserat ».

[2] Emm. a Schelstrate, *Antiquitas Ec-* *clesiæ*, t. II, p. 525 : *Appendix ad opus geo- graphicum* : « *1. Dimensuratio provinciarum* « *ex ms. ccxx annorum cod. Vaticano 244;* « *correctione indigeret lectio, sed fideliter ut* « *jacet in codice hîc exhibetur* ». A la marge sont ajoutées les « *Variæ lectiones ex cod. 247 Vat.* ».—Ang. Maii *Classici auctores ex codicibus Vaticanis editi*, t. III, pp. 410 à 415 : « *Demonstratio provinciarum* ».— Georgius Henricus Bode, *Scriptores rerum mythicarum latini tres*, t. II, pp. xx à xxiv. — Targioni Tozzetti, *Relazioni d'alcuni viaggi*, t. IX, p. 175 : « Finalmente nel codice « Gaddiano a car. 75. in ultimo luogo si « legge : *Dimensurationes provinciarum, quæ* « *non erant in præcedenti codice* (celui de « Dicuil), *sed de antiquissimo libro excerptæ* ». — Bandini, *Catalogus codicum latinorum*, t. III, p. 333. — Morelli, *Bibliotheca ma- nuscripta græca et latina*, t. I, p. 390.

mann, que le docte professeur de Franeker n'avait pas, plus que lui-même, vu l'ouvrage de Schelstraten [1]. Ce dernier, en publiant la *Dimensuratio provinciarum*, incline à croire, sans oser l'affirmer, que c'est peut-être là le mesurage entrepris sous Jules César et mentionné dans la Cosmographie d'Éthicus [2] : mais il suffit de comparer ce fragment avec la Cosmographie pour s'assurer qu'il n'a pu servir de type à celle-ci ; ses rapports, au contraire, sont assez prochains avec le livre de Dicuil, et l'on pourrait conjecturer que le texte donné par Schelstraten est en effet celui de la description faite sous Théodose, si l'on n'y remarquait de graves différences, dans les chiffres, avec la compilation du moine irlandais, et même l'indication de certains chiffres que celui-ci déclare n'avoir point trouvés dans le rapport des arpenteurs de Théodose [3]. En résumé, ce texte paraît appartenir à une compilation analogue à celle de Dicuil, mais ne doit point être confondu avec celle-ci, comme l'a fait Wesseling.

Le savant professeur n'avait pas moins raison de dire, contre l'assertion de Godefroy, que l'œuvre des arpenteurs de Théodose était très-différente de l'Itinéraire, et qu'il suffisait, pour

---

[1] Meermann, dans Burmann, t. II, p. 393, col. 2 : « Cl. Wesselingius editum « ait ab Emm. Schelstrateno, t. II *Antiquit. Eccles.* (quo autem libro nec Wesselingio nec mihi potiri licuit) ».

[2] Schelstraten, *Antiquitas Ecclesiæ*, t. II, p. 528 : « De orbis Romani dimensuratione scribitur in Cosmographia Æthico « tributa..... An autem hæc orbis Romani dimensuratio sit eadem cum illa « Julii Cæsaris temporibus ex senatûs consulto confecta, affirmare non ausim, eo « quod plura passuum millia in plerisque « locis desiderentur ».

[3] Dicuili *Liber de mensura orbis terræ*, p. 15 de l'édition de Letronne : « Mensuram Tripolitanæ provinciæ inter duas « Syrtes et mensuram Libyæ Cyrenaïcæ « cum sua Pentapolitana provincia, nequaquam adhuc scriptum reperi secundum « Theodosii missos ». — On lit au contraire dans la *Dimensuratio provinciarum* : « Africa Cyrenaïca, superior Libyæ, ab « oriente Catabathmo, ab occidente Syrti « minore, a septentrione mari Cretico, a « meridie mari Æthiopico; cujus sunt in « longitudine millia passuum DCCCCLXXX, « in latitudine CCCCXX ».

s'en convaincre, de recourir à la compilation de Dicuil ou à
la *Dimensuratio provinciarum*, qui sont respectivement calquées
sur les résultats obtenus par ces arpenteurs.

Schœpflin à son tour combat la supposition, primitivement
adoptée puis repoussée par Velser, faite de nouveau par Godefroy, et admise dubitativement par Du Cange, que le mesurage exécuté *en la quinzième année de Théodose* appartient en
réalité au règne de Théodose le Jeune[1]; à cette opinion il oppose, d'une part, la désignation de *sanctus Theodosius imperator*
fournie par Dicuil, et qui ne paraît applicable qu'à Théodose
le Grand; et d'autre part, la situation critique de l'empire
sous Théodose le Jeune, où l'occupation de l'Occident par les
Barbares rendait impossible une pareille entreprise[2].

A ces motifs il est facile d'en ajouter un autre, tiré du texte
même de Dicuil, et qui nous semble décisif : l'opération qui y
est rapportée ayant été accomplie par ordre de l'empereur, si
celui-ci eût été Théodose le Jeune, le rapport des arpenteurs,
et, par suite, la compilation de Dicuil, eussent indispensable-
ment conservé quelque trace de la division de l'empire entre ce
prince et Valentinien III; la capitale de l'Orient eût été mentionnée comme la reine du monde. S'il s'agit de Théodose le
Grand, au contraire, l'empire ne formant encore qu'un seul
tout, Rome en demeure la capitale, surtout à cette époque où
les victoires de l'infatigable athlète en rétablissaient l'unité.

[1] Velseri *opera*, p. 791 : « Primum vero
« autographum concinnatum existimabam
« Theodosio Juniore imperante, consulatu
« ejus xv..... Nunc inter scribendum in
« mentem venit quod et Dicuil sensit ex
« circumlocutione xv^um etiam imperii an-
« num Theodosii Majoris potuisse desi-
« gnari, quod multis modis longe est cre-
« dibilius. » — Gothofredi *Codex Theodosianus*, t. II, p. 353. — Du Cange,
Constantinopolis christiana, pp. 62, 63.

[2] Schœpflini *Alsatia illustrata*, t. I,
p. 613 : « Cum tamen in verbis codicis
« *S. Theodosius* dicatur..... opus hoc se-
« niori verius tribuendum eo lubentius
« mecum statuent multi, quod sub Theo-
« dosio II nihil tale suscipi potuisset, uni-
« verso Occidente occupato a barbaris ».

Or c'est là précisément la situation dont l'empreinte est restée dans l'ouvrage de Dicuil, où l'on voit encore *Roma terrarum caput* [1], et simplement, quant à sa rivale, *Oppidum Byzantium liberæ conditionis, antea Lygos dictum* [2]. Ainsi, bien certainement, c'est du règne de Théodose le Grand qu'il s'agit ici, et la date du rapport des arpenteurs doit se placer entre 393, où l'opération fut ordonnée, et 395, où l'empereur cessa d'exister.

Or il n'est pas moins certain que l'œuvre d'Éthicus est antérieure à celle des arpenteurs de Théodose le Grand; postérieure, elle eût nécessairement rappelé cette opération, elle en eût répété les résultats; tandis qu'elle se réfère uniquement aux travaux géodésiques entrepris sous Jules César et terminés sous Auguste [3] : c'est peut-être même dans le rapport des arpenteurs de Théodose que Dicuil a puisé la première citation qu'il fait de la Description tripartite d'Éthicus, en ces termes, qui terminent sa préface : « Terrarum orbis tribus dividitur « nominibus, Europa, Asia, Libya; quod divus Augustus pri- « mus omnium per Chorographiam ostendit » [4].

Nous pouvons donc fixer, d'une part, l'année 393 comme la limite inférieure au-dessous de laquelle ne saurait descendre l'époque d'Éthicus.

§ IV.

Quant à la limite supérieure, nous avons dit que de savants critiques la faisaient remonter jusqu'à Dioclétien. Tel est Mannert, qui, dans une édition corrigée de sa Géographie

---

[1] Dicuili *Liber*, édition de Letronne, p. 8.

[2] *Ibid.* p. 9.

[3] Voir sa préface ou introduction, pp. 705, 706 de l'édition de 1722.

[4] Dicuili *Liber*, édition de Letronne, p. 5. — Ce qui confirme cette idée, c'est que beaucoup plus loin, p. 33, il cite de nouveau la Cosmographie d'Éthicus en ces termes : « Brevius de sequentibus flu- « viis ex Cosmographia tantum prædicta, « *nuper in meas manus veniente,* excerpetur ».

des Grecs et des Romains, accordant aux anciens itinéraires une notice qu'il leur avait refusée dans sa première rédaction, expose que l'Itinéraire d'Antonin fut peut-être ainsi désigné parce que cet empereur en aurait publié une édition officielle plus complète; qu'on y voit cependant figurer des noms de lieux qui prouvent incontestablement que la compilation a été faite dans des temps postérieurs, puisqu'on y a intercalé des routes tracées plus tard, et que d'anciennes routes, au contraire, ayant cessé d'être fréquentées, y ont été omises : la dernière édition, ajoute-t-il, aurait vraisemblablement été rédigée sous le règne de Dioclétien, car on y voit encore la voie romaine qui traversait les cantons de l'Éthiopie égyptienne abandonnés ensuite aux Blemmyes (lisons aux Nobates) par cet empereur; toutefois quelques indications isolées rappellent encore une époque plus tardive. Au surplus, les routes ne s'étendent point au delà des limites de l'empire telles qu'elles furent dans les derniers temps; et l'on n'y voit plus la voie de la Dacie de Trajan, non plus que celle qui traversait jadis la Mésopotamie [1].

Tout en nous réservant d'emprunter à l'opinion antérieurement émise sur la même question par le savant professeur

[1] Mannert, *Geographie der Griechen und Römer,* 3e édition, Leipzig 1829, in-8°; t. I, p. 183 : « Man nennt sie das Itinerarium « Antonini, vermuthlich weil dieser Kaiser « eine vollständigere öffentliche Ausgabe « der angelegten Wege besorgen liess. Die « in derselben erscheinenden Orte beweisen « aber unwidersprechlich, dass die Sammlung in den folgenden Zeiten fortgesetzt « wurde, dass man die später angelegten « Strassen einschaltete, und manche ältere « nicht weiter benutzte dagegen wegliess. « Die letzte Ausgabe wurde wahrscheinlich « verfertigt in Diocletians Zeitalter; denn « die Ortschaften des Aegyptischen Aethiopien, welche Diocletian an die Blemmyes « abgetreten hat, sind längs der Römerstrasse bezeichnet. Doch deuten einzelne « Angaben noch auf ein etwas späteres Zeitalter. Die Strassen umfassen nicht mehr, als « was zum römischen Gebiete gehörte, und « zwar immer in der neuesten Zeit; daher « erscheint z. b. Trajans Dacien in diesem « Itinerare nicht; auch die in früherer Zeit « durch Mesopotamien führenden Strassen « werden mit Stillschweigen übergangen ».

de Landshut, des arguments qui militent pour une date plus
récente, sans être cependant inconciliables avec ceux que nous
venons de rappeler d'après la notice où il donne son dernier
mot, nous avons d'abord à consigner ici l'opinion d'un savant
anglais, calquée sur celle de Mannert, mais, comme il arrive
presque toujours, plus absolue que celle du maître.

Dans un recueil entrepris sous le patronage de lord
Brougham (*The Penny cyclopædia of the society for the diffusion
of the useful knowledge*), un article spécial, consacré à l'Itinéraire
d'Antonin, expose avec beaucoup de netteté et d'impartialité
les principaux points de la question relative à la confection de
l'Itinéraire; l'auteur signale les additions successivement faites
à la première rédaction jusqu'au temps de Dioclétien; mais il
rejette ensuite, comme des interpolations, l'insertion faite,
en divers endroits, du nom de Constantinople, qu'il prétend
ne se point trouver sur le manuscrit du Vatican : circonstance
qui lui paraît constituer une omission significative, d'autant
plus que l'Itinéraire n'offre aucune autre trace d'une époque
postérieure à Dioclétien; car le nom de *Candidiana,* conjecturalement rapporté à Candidianus, fils de Galérius, peut avoir
une autre origine; tandis que *Cirta* n'est point appelée *Constantina,* pas plus qu'*Antaradus* n'est appelé *Constantia;* enfin,
on chercherait vainement dans l'Itinéraire quelque indice du
christianisme, tandis qu'on y rencontre de nombreux vestiges
du paganisme [1].

[1] *The Penny cyclopædia,* p. 132 : «In-
«deed even the authorship of the work
«has been assigned to Æthicus by more
«than one writer of the middle ages.
«That the itinerary. . . . afterwards re-
«ceived many additions and modifica-
«tions, cannot and need not be disputed.
«The roads of Britain could not have
«been all added until the time of Seve-
«rus. . . . . The name Diocletianopolis
«carries us to a period between 285 and
«305, and the expression *Porsulis quæ
«modo Maximianopolis* . . . . . leads to the
«same date. The insertion of the name

Pour traduire en chiffres les résultats chronologiques de cette hypothèse, la rédaction de l'Itinéraire devrait être placée entre l'année 286, où Maximien fut associé à l'empire, et l'année 296, où Dioclétien céda aux Nobates les sept étapes au-dessus d'Éléphantine.

§ V.

Mais ces conclusions se trouvent réfutées, en partie, par Mannert lui-même dans la Dissertation qu'il avait mise quelques années auparavant dans l'édition de la Table Peutingérienne donnée par Thiersch. Il n'y récuse aucun des noms de lieux qui portent date avec eux, et il fait observer que le nom ancien conservé à certaines villes, comme *Cirta*, n'a aucune conséquence chronologique, l'éditeur pouvant avoir ignoré ou négligé le nom nouveau; tandis que l'omission, dans l'Itinéraire, de toute mention de la Mésopotamie, lui semble permettre difficilement l'hypothèse d'une date antérieure à l'année 364, où Jovien abandonna ce pays aux Perses[1].

« *Constantinopoli* after that of *Byzantio* affords but weak ground for any argument, as the words *quæ et Constantinopolis* (p. 139) and *quæ Constantinopolis* (p. 323) are not found in the Vatican ms. So again the words *a Constantinopoli usque Antiochia* (p. 140) are omitted in the same ms. and condemned by Wesseling himself. These three omissions cannot be accidental. And besides these, there is not a trace of any name marking a period later than the reign of Diocletian, for the station *Candidiana* (p. 223) has no connexion with the son of Galerius, but may rather be compared, as to its termination, with similar forms (in pp. 55, 88, 89, 94, etc.). On the other hand, Cirta, the great city of Numidia, it is not called Constantina; Antaradus on the Phœnician coast is not called Constantia. Nor is there any the slightest allusion to the christian religion which might well have been made in speaking of Antioch; while, on the contrary, we find the names of Juno, Minerva, Venus, Apollo, Diana, and Latona ».

[1] Mannert, ad *Tabulam Peutingerianam*, pp. 7 et 8 : « Ante annum post Christum natum 304 edi vix potuisse Itinerarium ex eo colligo, quod in eo omnis deest Mesopotamiæ urbiumque per eam munitissimarum mentio. Quum igitur itinerarium ederetur, deperdita jam erat provincia post diuturnum cum Persis bellum, qui-

Ces observations, rapprochées de l'opinion ultérieure du savant bavarois, semblent expliquer celle-ci en ce sens, que la dernière rédaction officielle de l'Itinéraire aurait été publiée par Dioclétien en 296, mais qu'il en aurait été donné plus tard, et postérieurement à 364, une édition privée, compilée par le cosmographe Éthicus. Ainsi comprise, la date correlative au règne de Dioclétien n'aurait rien d'inadmissible, et nous aurions peu d'intérêt à la repousser, dès que l'époque de la rédaction dernière, par Éthicus, en est reconnue indépendante.

Mais ce n'est pas ainsi que l'a entendu l'auteur anglais de l'article inséré dans la *Penny cyclopædia*, puisqu'il rejette, comme des interpolations, les diverses mentions du nom de Constantinople, regardé par lui comme le seul indice d'une époque postérieure à Dioclétien. Cependant, sans insister davantage sur la signification historique attachée par Toinard au nom de *Candidiana* [1], nous pourrions encore signaler le nom de *Curia*, dont Gilles Tschudi rapporte la fondation au temps de Constantius fils de Constantin le Grand [2]; et de même le nom de *Constantia* appliqué à Nuceria (entre Naples et Salerne), rappelant celui de l'empereur Constans [3]. C'est d'ail-

---

« bus eam cessit imp. Jovianus a. 364. « Cirtæ urbis nomen nec Wesselingii nec « meo judicio officit : in remotis Africæ par- « tibus oppidi appellationem in Constanti- « nam transiisse, forsitan ne fando quidem « percepit editor ». *Infra :* « Verisimilitudine « e connexione testimoniisque vetustis « ducta standum igitur, quæ si forte lec- « toribus minus arrideat, nec agnoscatur « Æthicus auctor, editionem tamen versus « finem sæculi quarti perfectam esse in « certis remanet ».

[1] Nicolai Toinardi Aurelianensis *in Lactantium de mortibus persecutorum notæ*, dans l'édition *variorum* donnée par Bauldry, Utrecht 1693, in-8°; p. 378.

[2] Ægidii Schudi *De prisca ac vera alpina Rhætia cum cætero Alpinarum gentium tractu*, Bâle 1560, in-4°; cap. xv : *Urbs Curia, per quem fundata*, etc. pp. 45 à 48.

[3] Suivant la plupart des éditions, l'Itinéraire offre une route *a Neapoli Nuceria Constantia*; mais il y a une transposition évidente en cet endroit. Une leçon bien préférable donnée par Sigonio et relevée par André Schott (édition de 1600, p. 4 des Variantes; édition de Wesseling, p. 123) indique la route *a Neapoli Mise-*

leurs par suite d'une erreur matérielle que le critique anglais a supposé le nom de Constantinople omis dans le manuscrit du Vatican : il suffit de jeter les yeux sur l'édition de Schelstraten, qui a reproduit et fait connaître ce manuscrit, pour se convaincre du contraire [1].

Enfin, un autre argument dont personne, que nous sachions, n'a encore fait usage, c'est que l'Itinéraire, en donnant une route pour aller *de Aquitania in Gallias,* constate l'existence d'un ordre de choses dont nous ne trouvons ailleurs aucun vestige avant Ammien, qui écrivait vers 360 [2].

On ne peut donc répudier les traces évidentes d'un âge postérieur à celui de Dioclétien, surtout quand elles sont confirmées par une remarque aussi pertinente que celle de Mannert sur l'omission des villes de la Mésopotamie. On pourra même étendre cette observation à la Dacie de Trajan, si, avec M. Naudet, on considère comme applicable à cette ancienne province le *Dacia restituta* du panégyrique adressé en 296 par Eumène à Constance Chlore alors César; nous n'osons toutefois nous appuyer sur cet argument, dans la pensée qu'il n'est peut-être question, en ce passage, que de la Dacie d'Aurélien, plutôt que

---

num, et met *Nuceria Constantia* pour la première mutation. Quoi qu'il en soit à cet égard, toujours est-il que l'Itinéraire offre *Nuceria Constantia,* et que cette dénomination a une signification chronologique.

[1] Schelstraten, *Antiquitas Ecclesiæ,* t. II, pp. 582 *b,* 602 *b,* 603 *a* : « Bizantio qui et « Constantinopoli..... Item recto itinere « ab Hydrunti Aulona stadia mille : inde « per Macedoniam usque Constantinopo-« lim..... Ab Aulona usque Constanti-« nopolim ».

[2] Ammiani Marcellini *Rerum gestarum* liber XV, capp. XXVII, XXVIII; apud *Historiæ Augustæ scriptores,* édition de Grüter, pp. 480, 481. — Dadin de Hauteserre, *Rerum Aquitanicarum libri quinque, in quibus vetus Aquitania illustratur,* Toulouse 1648, in-4°; lib. IV, cap 1 : *Aquitania a Gallia distincta,* pp. 321, 322. — Voir notre article *Aquitaine* dans l'Encyclopédie nouvelle, Paris 1834, in-4° max.; t. I, p. 704. — Walckenaer, *Géographie ancienne, historique et comparée des Gaules,* Paris 1839, in-8°; t. II, pp. 345 et 355.— Tillemont, *Histoire des empereurs,* t. V, pp. 222 à 224.

de celle de Trajan, puisque Dioclétien paraît avoir borné ses exploits, de ce côté, à délivrer la rive droite du Danube des incursions des Carpiens, en les transportant dans la Pannonie après qu'ils eurent été vaincus par Galère[1].

La mention des lieux au-dessus d'Éléphantine serait donc, en définitive, le seul argument sérieux en faveur de l'adoption d'une date antérieure à l'année 296, et l'on ne peut méconnaître qu'il est beaucoup moins décisif que la présence de certaines dénominations incontestablement plus tardives : car, laissant de côté la commode mais trop arbitraire hypothèse des interpolations, il faut bien avouer que les dénominations nouvelles ne peuvent avoir devancé leur propre date; tandis qu'un ancien ordre de faits peut être rappelé, bien qu'il ait cessé

[1] Eumenii *Panegyricus Constantio Cæsari*, inter *Panegyricos veteres*, ed. ad usum Delphini, Paris 1676, in-4°; § 3, p. 167. — Naudet, *Des changements opérés dans toutes les parties de l'administration de l'empire romain sous les règnes de Dioclétien, de Constantin, et de leurs successeurs jusqu'à Julien*, Paris 1817, in-8°; t. I, p. 283 : « La Dacie, abandonnée autrefois par Aurélien était réunie au nombre des provinces ». — En deux endroits, Zosime montre les Carpiens voisins du Danube, soit quand Philippe va les combattre, αὐτὸς ἐπὶ Κάρποις ἐσ7ράτευεν ἤδη τὰ ϖερὶ τὸν Ἴσ7ρον ληϊσαμένους, soit lorsqu'ils infestaient l'empire sous Valérien, Κάρποι καὶ Οὐρουγοῦνδοι γένη δὲ ταῦτα ϖερὶ τὸν Ἴσ7ρον οἰκοῦντα. (Zosime, lib. I, cap. xx et xxxi, pp. 22 et 31 de l'édition de Bonn, 1837, in-8°). Aurélien les battit, le sénat voulut même lui décerner le titre de *Carpicus* (Vopisci *Aurelianus*, cap. xxx, *Hist. Aug.* p. 423), et ce fut lui cependant qui abandonna la Dacie de Trajan pour en

constituer une nouvelle en deçà du Danube. Une victoire sur les Carpiens n'implique donc pas une reprise de possession du territoire transdanubien; il est même probable que Galère n'alla pas les chercher hors des possessions romaines, car ils n'en étaient pas à leurs premières incursions en Mésie, ainsi que nous le dit Julius Capitolinus, au règne de Maximus et Balbinus (cap. xvi, *Hist. Aug.* p. 383) : « Sub his pugnatum a Carpis con- « tra Mœsos fuit ». Il est à penser que ces expéditions, à la suite desquelles on accordait aux barbares des établissements sur les terres de l'empire, ne ressemblaient en rien à une invasion victorieuse de leurs domaines. — Jornandes, *De Rebus geticis* (cap. xvi, *Hist. Aug.* p. 1097), désigne les parts respectives de Dioclétien et de Galère dans cette campagne : « Imperante Diocletiano, Galerius Maximinus « Cæsar devicit et Reipublicæ romanæ ad- « jecit ».

d'exister. C'est assurément le cas actuel, si l'on accorde à l'é-
vacuation des postes au-dessus d'Éléphantine une portée aussi
grave que l'admet Mannert : mais si l'on veut discuter les conséquences officielles de la transaction politique dont il s'agit
ici, peut-être ne considérera-t-on point la remise des postes
romains à la garde des Nobates, à charge de les défendre contre
les Blemmyes, comme constituant un abandon complet du
pays; et l'on s'étonnera moins, dès lors, de voir, après cette
remise spontanée, ces postes figurer encore sur l'Itinéraire des
provinces, d'autant plus qu'un payement annuel dès lors sti-
pulé, et continué avec exactitude jusqu'au temps de Justinien,
semblait constater que ces peuples demeuraient à la solde des
Romains [1].

[1] Procopius *ex recensione Guilielmi Dindorfii*, Bonn 1833, in-8°; *De Bello Persico*, lib. I, cap. xix, pp. 102, 103 : « Πρότερον δὲ οὐ ταῦτα ἐγεγόνει τὰ ἔσχατα τῆς Ῥωμαίων ἀρχῆς, ἀλλ᾽ ἐπέκεινα ὅσον ἑπτὰ ἡμερῶν ἑτέρων ἐπίπροσθεν· ἡνίκα δὲ ὁ Ῥωμαίων αὐτοκράτωρ Διοκλητιανὸς ἐνταῦθα γενόμενος κατενόησεν ὅτι δὴ τῶν μὲν ἐκείνῃ χωρίων ὁ φόρος λόγου ἄξιος ὡς ἥκιστα ἦν, ἐπεὶ στενὴν μάλιστα τὴν γῆν ἐνταῦθα ξυμβαίνει εἶναι· πέτραι γὰρ τοῦ Νείλου οὐ πολλῷ ἄποθεν ὑψηλαὶ λίαν ἀνέχουσαι τῆς χώρας τὰ λοιπὰ ἔχουσι. Στρατιωτῶν δὲ πάμπολύ τι πλῆθος ἐνταῦθα ἐκ παλαιοῦ ἴδρυτο, ὧνπερ ταῖς δαπάναις ὑπερφυῶς ἄχθεσθαι συνέβαινε τὸ δημόσιον· ἅμα δὲ καὶ οἱ Νοβάται ἀμφὶ πόλιν Ὄασιν ᾠκημένοι τὰ πρότερα ἦγόν τε καὶ ἔφερον ἅπαντα ἐς ἀεὶ τὰ ἐκείνῃ χωρία· τούτους δὴ τοὺς βαρβάρους ἀνέπεισεν ἀναστῆναι μὲν ἐξ ἠθῶν τῶν σφετέρων, ἀμφὶ ποταμὸν δὲ Νεῖλον ἱδρύσασθαι, δωρήσασθαι αὐτοὺς ὁμολογήσας πόλεσί τε μεγάλαις καὶ χώρᾳ πολλῇ τε καὶ διαφερόντως ἀμείνονι ἤπερ τὰ πρότερα ᾤκηντο. Οὕτω γὰρ ᾤετο αὐτούς τε οὐκέτι τά γε ἀμφὶ τὴν Ὄασιν ἐνοχλήσειν χωρία καὶ γῆς τῆς σφίσι διδομένης μεταποιουμένους, ἅτε οἰκείας οὔσης, ἀποκρούεσθαι Βλέμυάς τε, ὡς τὸ εἰκὸς, καὶ βαρβάρους τοὺς ἄλλους. Ἐπεί τε τοὺς Νοβάτας ταῦτα ἤρεσκε, τήν τε μετανάστασιν αὐτίκα δὴ μάλα πεποίηντο, ᾗπερ ὁ Διοκλητιανὸς σφίσιν ἐπέστελλε, καὶ Ῥωμαίων τάς τε πόλεις καὶ χώραν ξύμπασαν ἐφ᾽ ἑκάτερα τοῦ ποταμοῦ ἐξ Ἐλεφαντίνης πόλεως ἔσχον. Τότε δὴ ὁ βασιλεὺς οὗτος αὐτοῖς τε καὶ Βλέμυσιν ἔταξε δίδοσθαι ἀνὰ πᾶν ἔτος ῥητόν τι χρυσίον ἐφ᾽ ᾧ μηκέτι γῆν τὴν Ῥωμαίων λῄσωνται. Ὅπερ καὶ ἐς ἐμὲ κομιζόμενοι οὐδέν τι ἧσσον καταθέουσι τὰ ἐκείνῃ χωρία ».

ARTICLE II.

§ 1.

Après avoir ainsi repoussé la date trop ancienne aussi bien que la date trop tardive, respectivement proposées par quelques érudits touchant l'époque d'Éthicus, nous nous trouvons en présence de quelques autres opinions moins éloignées de la vérité. César Orlandi, Riccioli, Vinding, Jœcher, Meermann, frappés du nom de Constantinople, mais n'ayant pas aperçu les indices d'un âge postérieur, ont successivement adopté l'avis qu'il fallait assigner pour date approximative à l'œuvre d'Éthicus, la fin du règne de Constantin le Grand, c'est-à-dire à peu près l'année 337[1]. D'autres, comme Simler, Briet, Adrien de Valois, Baudrand, Wesseling et Scheidt, ont vaguement assigné la date probable *après Constantin le Grand*[2], ou comme Sprengel, Schœll, Bæhr et Huschke, *dans le IVe siècle*[3]. Sax a indiqué les règnes de Constance et de Julien, ce qui flotte

---

[1] Cæsar Orlandius *De urbis Senæ ejusque episcopatus antiquitate*, inter *Italiæ illustratæ seu rerum urbiumque Italicarum scriptores,* Francfort 1600, in-folio; p. 697: « *Nomina auctorum* : Post annum salutis « 337, auctor libelli qui Itinerarium Anto- « nini Pii inscribitur ».— Riccioli, *Geographia reformata*, p. 2 de la préface. — Vindingii *Epistola ad Deckherrum*, p. 189. —Jœcher *Gelehrten Lexicon*, t. I, p. 130. —Meermann dans Burmann, t. II, p. 394: « Constantino Magno ultimam manum ac- « cepisse videtur ».

[2] Simler *ad Æthici Cosmographiam,* pp. 3 et 5 de la préface. — Brietii *Parallela geographiæ,* t. I, p. 10. — Hadriani Valesii *Notitia Galliarum*, p. IV de la préface. — Baudrand, *Geographia ordine litterarum disposita,* t. II, p. 444. — Wesseling, *Vetera Romanorum Itineraria*, p. 8 de la préface. — Scheidt, *ad* Eccardi *Origines Germanorum*, præfatio, p. 46.

[3] Sprengel, *Geographische Entdeckungen,* p. 131.—Schœll, *Littérature romaine,* t. III, p. 260. — Bæhr, *Geschichte der römischen Litteratur,* p. 686, et article *Æthicus Ister* dans l'Encyclopdéie de Pauly, t. I, p. 197. — Huschke, *Ueber den zur Zeit der Geburt Jesu Christi gehaltenen Census,* p. 8.

entre 337 et 363[1]. Cluvers en désignant le temps d'Ammien Marcellin, Barth en proposant celui de Symmaque et de Rutilius Numatianus, Berretta et Silva en énonçant la fin du IVe siècle, Reinesius, Schœpflin, Scheyb, Targioni, en adoptant le règne de Théodose le Grand, gravitent tous autour d'une date commune[2]. Beaucoup d'autres ont gardé une complète neutralité, ou une entière indifférence pour la question.

En somme, les limites extrêmes dans lesquelles doit se renfermer la recherche de la date qui nous occupe, sont, d'une part, l'année 363, où la Mésopotamie, abandonnée aux Perses, dut cesser de figurer sur l'Itinéraire; et l'année 393, où le nouveau mesurage entrepris par ordre de Théodose le Grand eût exigé une mention dans la Cosmographie. Il en résulte, pour la date de compilation du corps d'ouvrage, un médium approximatif correspondant à peu près à l'année 375.

§ II.

Cette date est la même que celle à laquelle nous avions été conduit, par une autre voie, pour l'époque approximative du livre grec d'Éthicus Ister, supposé traduit par saint Jérôme.

Une telle coïncidence ne nous semble pas devoir être attribuée au hasard, bien que nous y soyons arrivé sans idée préconçue à cet égard, et plutôt avec des préoccupations contraires. Cet accord nous semble porter témoignage pour la justesse de nos déductions de l'une et de l'autre part, en ré-

---

[1] Saxii *Onomasticon litterarium*, t. I, p. 414.

[2] Cluverii *Germania antiqua*, p. 354. — Barthii *Adversaria*, p. 2086. — Berretta et Silva dans Muratori, t. X, p. LII. — Reinesii *Variarum lectionum libri III* priores, p. 45; Idem, *Defensio variarum lectionum*, Rostoch 1653, in-4°; p. 55. — Schœpflini *Alsatia illustrata*, t. I, p. 614. — Scheyb ad *Peutingerianam Tabulam*, p. 12. — Targioni, *Relazioni d'alcuni viaggi*, t. IX, p. 174.

solvant de lui-même une question qu'il nous restait à aborder, celle de l'identité des deux Éthicus.

Que résulte-t-il, en effet, des conclusions auxquelles un examen analytique nous a, de proche en proche, fait arriver à deux reprises différentes? C'est qu'à une même époque, environ le milieu de la seconde moitié du IVe siècle, se rapportent deux ouvrages intitulés du nom du cosmographe Éthicus : l'un de ces ouvrages écrit en latin, l'autre écrit en grec et mis plus tard en latin par saint Jérôme. L'authenticité de l'ouvrage latin n'est pas contestée; celle de l'ouvrage grec est moins bien établie. Or, de deux choses l'une : ou ce dernier est légitime, et son auteur ne saurait être raisonnablement supposé à la fois contemporain et cependant différent de l'auteur latin, sans qu'il fût resté quelque témoignage formel de cette distinction; ou bien l'ouvrage grec est fabriqué, et il est naturel que le fabricateur ait exécuté sa composition de manière à ce qu'elle cadrât avec l'époque réelle du véritable Éthicus. Les deux compositions militent donc ensemble pour confirmer une date applicable à un seul et même auteur, le cosmographe Éthicus.

Malheureusement ce n'est que dans l'œuvre grecque traduite par saint Jérôme, que se trouvent quelques indices relatifs au personnage d'Éthicus, à son origine istrienne, à sa naissance distinguée, à sa célébrité comme philosophe ou sophiste: et nous n'avons pas, en la légitimité de cette œuvre, une confiance assez entière pour admettre ces indications comme avérées, et les appliquer à l'auteur de la cosmographie latine. Beaucoup d'écrivains l'ont fait jusqu'à présent, mais par inadvertance et confusion : le monde savant le fera-t-il désormais en connaissance de cause? Nous ne préjugeons pas sa décision, et nous nous y soumettons d'avance volontiers.

CONCLUSION.

Nous terminerons là cette longue dissertation, dont l'objet spécial a été d'éclaircir, en la posant d'une manière plus nette et plus complète qu'on ne l'avait fait jusqu'ici, la question complexe que soulève le nom seul d'Éthicus, sous le double rapport de son individualité historique et de la détermination des œuvres qui lui appartiennent.

Quant au fond même de ces œuvres, il peut servir de texte à de savants commentaires; mais cette tâche, plus fastidieuse encore que difficile, dont certaines parties ont été ébauchées par Simler, Barth, Reinesius, Havercamp; certaines autres supérieurement accomplies par Zurita, et Wesseling[1], et pour laquelle, en outre, un grand nombre d'érudits offriraient à l'investigation du critique une assez riche moisson de lumières éparses dans leurs livres; cette tâche n'est point celle que nous avons voulu aborder dans ces pages.

Le résultat de notre étude a été, sinon d'établir sans réplique, au moins de proposer comme les plus probables, comme les plus voisines de la vérité, les conclusions suivantes :

1° Qu'il existait, dans la seconde moitié du ive siècle de notre ère, un cosmographe appelé Éthicus ;

2° Que cet écrivain, d'après des indications dont l'authenticité reste douteuse, était issu d'une famille distinguée de l'Istrie, et qu'il eut une grande célébrité comme philosophe, ou comme sophiste, ainsi qu'on disait alors ;

---

[1] Sans parler des travaux spéciaux circonscrits dans un cercle particulier d'investigation, comme ceux de Burton, de Schœpflin, de Llorente (inédit), et en dernier lieu de M. Walckenaer ; outre un grand nombre d'études de détail renfermées dans des limites encore plus étroites.

3° Qu'il est l'auteur réel ou supposé d'un traité cosmologique grec, qui ne nous est point parvenu, mais dont nous avons une translation latine, attribuée à saint Jérôme, ouvrage probablement apocryphe, mais ancien;

4° Qu'il est le véritable auteur d'un corps d'ouvrage composé de deux sections principales, l'une connue sous le titre de *Cosmographie d'Éthicus,* l'autre sous celui d'*Itinéraire d'Antonin;*

5° Que l'ouvrage désigné sous le titre d'*Excerpta Julii Honorii,* ou de *Cosmographia Julii Cæsaris,* est extrait et abrégé de la première portion de la Cosmographie d'Éthicus;

6° Que le chapitre d'Orose consacré à la Description du Monde est pareillement extrait du livre d'Éthicus;

7° Enfin, qu'une sorte de routine a seule conservé à l'Itinéraire le nom d'Antonin, au lieu de celui d'Éthicus, qui a en sa faveur les témoignages anciens et l'opinion générale des critiques les plus distingués;

8° Mais que la Notice des Dignités de l'un et l'autre Empire ne saurait, au contraire, en aucune façon être mise sous le nom d'Éthicus, non plus que la Description de la ville de Rome, ni la Table Peutingérienne.

Autour de ces faits principaux se sont groupées plusieurs questions de détail, où nous avons également tâché de dégager la vérité des voiles dont elle était enveloppée.

La recherche de la vérité, tel est l'objet constant de nos efforts; mais en ces matières, et même en quelques-unes de celles qui sont du domaine des sciences qualifiées *exactes,* qui peut être sûr d'avoir atteint le but tant désiré? Il nous est du moins permis ici de nous rendre à nous-même cette justice, que nul ne pourrait mettre, à le poursuivre, plus d'ardeur ni de bonne foi.

APPENDICE.

Nous allons mettre sous les yeux du lecteur ce *Livre d'Éthicus traduit par Jérôme*, qui était resté jusqu'à ce jour oublié dans les collections manuscrites de quelques grandes bibliothèques. Nous n'avons pas la prétention d'en offrir un texte épuré ; nous ne voulons pas non plus nous restreindre à une reproduction minutieusement servile des copies que nous avons eues à notre portée : il nous a semblé que nous pouvions, sans scrupule, adopter dans notre transcription les formes vulgaires de l'orthographe latine pour la texture des mots aussi bien que pour leurs flexions grammaticales, sans nous arrêter à signaler des variantes barbares telles que *hobposui, husum, quosmographyam, opopodamos, scropules, hanfractæ, etc.* pour *opposui, usum, cosmographiam, hippopotamos, scopulos, anfractæ, etc.* Les noms propres même, quand ils sont bien connus, nous ont paru devoir être présentés sous leur physionomie usuelle, sans tenir compte de leurs déguisements grossiers : de quelle utilité pourrait-il être, en effet, de constater que les copistes ont écrit, par exemple, *Irchania, Scicia, Horicia, Olimphus, etc.* les noms dont la forme correcte est *Hyrcania, Scythia, Orythia, Olympus?*

Entre les manuscrits dont nous pouvions faire usage, nous avons choisi pour type, comme le plus ancien, le plus entier, et le moins incorrect, le manuscrit Cottonien, qui passe pour être du viiie siècle, bien que cette date ne soit peut-être pas à l'abri de toute contestation. Le manuscrit de Pithou (n° 4808 de la Bibliothèque nationale de Paris) s'en rapproche le plus, mais il est incomplet ; l'ordre des feuillets, autrefois interverti, y a été rétabli, sur nos indications, lors d'une reliure nouvelle. Le manuscrit Thuanéen (n° 4871) et celui de Dupuy (n° 8501 *A*) appartiennent à une autre série, plus défectueuse, mais où se rencontrent pourtant quelques leçons bonnes à recueillir; ils offrent tous deux une même interversion de matières, née de la transposition des cahiers d'un archétype commun. Celui de Baluze (n° 7561) ne contient qu'une faible partie de notre texte. Il s'en trouve aussi dans le manuscrit Vossien 104 (n° 77 de Leyde) un court fragment, que nous avons mis à profit; nous n'avons pas négligé non plus les secours que nous pouvions tirer des citations plus ou moins étendues empruntées à d'autres manuscrits par Raban Maur, Roger Bacon, Lilio Gyraldi, Martin Opitz, Abraham Ortels, et même par le cartographe Richard de Haldingham.

Le manuscrit Thuanéen qui offre, comme celui de Pithou, en tête du livre, une sorte de programme des matières qui y sont traitées, fait précéder cet index de la désignation que voici : *Capitula ejusdem libri, in quo continentur VIIII;* mais cette énonciation ne répond point, en réalité, à la disposition intrinsèque de l'ouvrage. Celui-ci n'est, en général, dans les manuscrits, coupé que par un très-petit nombre de titres, la plupart inscrits à la marge, très-inégalement répartis, variant d'un exemplaire à l'autre, et très-rares surtout dans le manuscrit Cottonien. Il nous a paru nécessaire, pour faciliter la lecture du livre, d'en faire ressortir davantage, et d'une manière plus suivie, les parties distinctes et les sujets divers, en puisant avant tout, dans le texte lui-même, l'indication précise des divisions tracées par l'auteur original.

L'ouvrage d'Éthicus avait plusieurs volumes, puisqu'on trouve en divers endroits cette mention formelle : *in hoc volumine, sequenti volumine, per singulas paginas voluminum;* examiné à ce point de vue, l'ensemble du texte nous a semblé garder la trace d'une distribution générale en trois volumes. Chaque volume était subdivisé en un certain nombre de sections, ainsi que le constatent ces locutions répétées : *pagina sequens, in superiori pagina, præsens pagina, sequenti titulo, sequenti vero pagina;* les mots *hoc proëmio* désignent expressément la section initiale de l'un des volumes.

Nous avons soigneusement tenu compte de toutes ces indications dans le partage que nous avons essayé de notre texte, d'abord en grandes divisions correspondantes aux volumes, puis en chapitres et en paragraphes; et nous avons imprimé l'intitulé de toutes ces divisions en caractères italiques, afin qu'on ne puisse les confondre avec le discours de l'auteur. Ce n'est qu'un simple essai, qui n'était pas sans difficultés, et dans lequel nous n'avons pas la prétention d'avoir parfaitement réussi. Nous avons coupé les paragraphes en alinéas; et dans les alinéas, nous nous sommes efforcé de rendre sensibles, par la ponctuation, la texture et le sens des phrases; mais il ne nous a pas toujours été donné de triompher, sous ce rapport, de plus d'un passage rebelle. Enfin, nous avons fait ressortir par des guillemets les passages où le translateur Jérôme, cessant de parler en son propre nom, déclare rapporter textuellement les paroles d'Éthicus.

Nous avons osé quelquefois recourir à la restitution des phrases au moyen de la rectification de certains mots, ou de l'addition de certains autres : les additions sont renfermées entre des crochets; les rectifications sont signalées par l'annotation de la leçon des manuscrits. Ceux-ci sont désignés, dans leur généralité, par l'abrévation *codd.* (*codices*); les lettres *C, P, T, D, B, V,* s'appliquent respectivement à chacun d'eux, en rappelant le nom de l'ancien possesseur. Les plus hideux solécismes y fourmillent; nous n'avons eu garde d'en tenir compte chaque fois qu'il s'est trouvé quelque part une leçon admissible, mais nous n'avons pu nous dispenser d'en faire mention quand il ne s'est rencontré dans aucun des manuscrits quelque variante acceptable. Beaucoup de passages sont restés pour nous absolument inintelligibles : mais il est permis d'espérer des manuscrits meilleurs et des éditeurs plus habiles.

Le manuscrit Cottonien offre, dans ses premières pages, des gloses interlinéaires, que l'on peut croire l'œuvre de quelque moine anglo-saxon, d'après le nom de *Sunbogan,* inscrit dans un endroit comme synonyme de *Hiarcam,* qui se trouvait traduit un peu plus haut par *Solis arcam.* Nous avons soigneusement relevé ces gloses, et nous les avons placées, en caractères italiques, à côté du mot auquel s'applique chacune d'elles, en le répétant en note au bas du texte.

INCIPIT LIBER ÆTHICI

[1] PHILOSOPHICO EDITUS ORACULO
A HIERONYMO PRESBYTERO DELATUS EX COSMOGRAPHIÂ
ID EST MUNDI SCRIPTURÂ.

DE INFORMI MATERIÂ. — DE ORBE CONDITO. — DE GENTIBUS QUAS VETUS TESTAMENTUM NON HABET. — DE ARTIUM PLURIMARUM INSTRUMENTIS. — DE NAVIBUS IGNOTIS ET EARUM ARGUMENTIS. — DE INSULIS GENTIUM. — DE QUÆSTIONIBUS QUAS ALIA SCRIPTURA NON NARRAT. — DE TERRÂ, ET AQUARUM DECURSU, ET VENIS EARUM. — DE FLATU VENTORUM, ET AQUARUM MOTIONE [2].

EDICTA [3] ÆTHICI PHILOSOPHI COSMOGRAPHI.

PROËMIUM TRANSLATORIS.

1. Philosophorum schedulas sagaci indagatione investigans, mihi laborem tantumdem opposui Academicos cauto[4] studio indagare et altiora magnatìmque ac cursìm, tam astrologica fastigiaque excellentia quæ necdum cernere[5] quis possit. Illi conati sunt tàm magna dixisse quæ nos metuendo ac dubitando scribere vel legere et in usum[6] cœpimus temeranter adtrectare ; cur Æthicus iste cosmographus tàm difficilia appetisse didicerit quæque et Moïses et vetus historia in enarrando distulit, et hic secerpens protulit. Undè legentes obsecro ne me temerarium æstiment cùm tanta, ob[7] aliorum audaciam[8], meâ indagatione cucurrisse compererint.

2. Hic igitur Æthicus, Histriâ regione, sophista claruit, primosque[9] co-

GLOSSA : Incipit, *initium capit.* — editus, *compositus vel scriptus.* — oraculo, *eloquio.* — delatus, *i. vectus, vel portatus, vel deductus, vel derivatus.* — edicta, *i. dictamina.* — cosmographi, *i. mundi scriptoris.*

1. Philosophorum, *i. amatorum sapientiæ.* — schedulas, *i. cartulas vel libros.* — sagaci, *sapienti.* — indagatione, *i. inquisitione.* — investigans, *i. scrutans.* — tantumdem, *i. tantùm et idem, vel iterùm atque iterùm.* — Opposui, *i. contrà posui.* — academicos, *vel græcos philosophos.* — studio, *ingenio.* — indagare, *i. investigare.* — altiora, *i. excellentiora.* — cursìm, *i. paulatim.* — fastigia, *alta.* — cerni, *videre.* — Illi, *sc. academici.* — metuendo, *i. timendo.* — temeranter, *i. audacter.* — adtrectare, *i. palpare vel tangere.* — cur, *i. quare.* — cosmographus, *i. mundi descriptor.* — difficilia, *i. ardua.* — vetus, *i. omnis generis.* — compererint, *i. intelligent, vel experti fuerint.*

2. sophista, *i. sapiens.* — claruit, *refulsit, vel resplenduit, vel emicuit.* — codices, *i. libros.*

---

[1] translatus *addit C.* — [2] *Isti cupitulorum tituli in duobus tantùm codicibus habentur, P nempè et T.* — [3] editio *T.* — [4] tanto *codd.* — [5] cerni *codd. in isto et altero loco ; sed rectè alio loco cernere deprehenditur.* — [6] in usu *C.* — [7] ab *TD.* — [8] audacia *codd.* — [9] primusque *C.*

dices suos Cosmographiam nuncupavit; aliosque non minores sed majores edixisse[1] cognovimus, quos Sophogrammios[2] appellavit. In codicibus ubi Cosmographiam digressus est, multa enucleatìm de fabricâ mundi inenarrabili texens, aït.

VOLUMINE PRIMO:

CAPITULUM PRIMUM.

DE FABRICÂ MUNDI.

§ 1. *De informi materiâ, mundo, paradiso, terrâ, mari, et cœlo* [3].

1. Primum omnium initium mirabilium[4] Deus instituit, illudque fundamentum principaliter posuit suâ dispensatione, mirabiliter atque potenter, quandò omnes creaturas indivisas atque incompositas, in suâ sapientiâ ædificium[5] summoperè in unam ergatam[6] instituit[7], atque eas quas ex nihilo fecit multipliciter prolatas dilatavit, et omnes creaturas quas ex nihilo fecit incunctanter, omnia quasi acervum eminentem novorum frugum diversaque in unum collecta nonnulla recidere[8] semina ut vidimus[9], in unam congeriem gramina disparilia mirâ structurâ coaptata et alia ventilata separatim dividere gramina, materiam[10] informem sic in multas species divisit : unam itaque[11] statuam in unâ massâ informi fuisse[12] institutam; ipsam autem materiam in multas species divisit.

2.[13] Mundus quidem in massâ informi fuit constitutus sine vocabulo ac discretione, suâque formâ repositans[14], dùm altior[15] fabrica tecta videbatur[16] : undè mirabiliter firmatâ arce consistit[17].

3.[18] Paradisus de eâ massâ quæ melior fuit indiscretus creditur fuisse, cum

---

— nuncupavit, *appellavit, vel vocitavit.* — cognovimus, *i. intelleximus.* — Sophogrammios, *i. sapientia scripta, vel sapientiæ libros.*—appellavit, *i. nuncupavit.*—inenarrabili, *i. inedicibili.*— texens, *i. narrans, vel aperiens.*

§ 1. 1. initium, *principium, vel exordium.*—instituit, *i. statuit.*—summoperè, *i. magnoperè.*—ergatam, *i. massam, i. clyne.*—multipliciter, *i. multifariè.*— incunctanter, *i. indubitanter.*—disparilia, *i. inæqualia.*— ventilata, *i. dispersa.*—dividere, *i. separare.* — massâ, *i. ergata.*

3. Paradisus, *i. locus deliciarum.*

[1] non minora sed majora dixisse *codd.* — [2] Somographios *D.* — [3] De informi matherie *titulum præfert P.* — [4] mirabiliorum *TD.* — [5] ædificavit et *TD.* — [6] molem *DT.* — [7] statuit *P.* — [8] recondere *PT,* recedere *D.* — [9] videamus *T.* — [10] autem addunt *PTD.* — [11] atque idem *PT.* — [12] videretur *TD.* — [13] De mundo *habet C in margine.* — [14] repositus *D.* — [15] altiora *PTD.* — [16] videretur *TD.* — [17] consistunt *codd.* — [18] De paradiso *titulum præfert P; eumdem habet C in margine; de celesti paradiso in margine D.*

novem ordinibus[1] angelorum. Sursùm primùm elevato ordine decimo ignis spirans flatum in ordine refulgente conditum factoris signaculo qui ruinam fecit. Ordo idem decimus futurus ex hominibus sanctis. Gleba in unâ parte diù a conditore servata adsignata et cuncta producta optimam reservavit facturam.

4.[2] Infernum in imâ parte infimum, voraginem asperam in barathrum fore teterrimum, ab alto sopire casuros quos attendebat in conditione priores[3], discerptam nubilo flammam ignem conjicere rutilantem, ejusque conditione[4] fieri tormentis ac pœnis perpetuis, sub terrâ[5] collocata, catagine sub illâ quâ nulla inferiùs, ad examinationem malorum, crudelium, atque damnabilium : quæ quadrifariè secernendo scribit divisa. Primam partem regionem tenebrarum ab aquilone, sicut aït propheta : « Ab aquilone malum inducam super terram ». Secundam ab Oriente, ardorem atque[6] vaporem sulphureâ flammâ, quæque diversa tormenta. Tertiam a meridie, ignem dicit transitorium, sursùm[7] inferno inferiori; quæ nec[8] damnabiles sed reparaturos[9] post lapsum, ut aït propheta : « Transivimus per ignem et aquam, et induxisti nos in refrigerium »; quâ aquâ purgatur anima a peccatis, per ignem abluenda vitiis, vel refrigeranda post laborem. Quartam partem ab Occiduo, quam stagnum ignis, e diverso ruinam impiorum nominat, iter exterminii, vermium ac serpentium bestiarumque inmortalium, occiduâ parte: submersionem, frigus et stridorem dentium; ut aït propheta : « In inferno autem quis confitebitur tibi? » Hæc omnia subteriùs in ipsâ massâ deorsùm a Deo judicandos Dei habuisse judicio sub formâ Æthicus sophista scripsit.

5. Terram dicit in ipsâ massâ cum suis possessoribus et pecoribus ac bestiis volatilibus, cum aëre, ut hemitica, carpaica[10], sataica[11], et sorectica[12] ac hu-

---

3. conditum, i. *factum.* — adsigata, i. *commendata.*

4. Infernum, i. *extremum vel ultimum.* — voraginem, i. *deglutientem.* — asperam, *duram, vel contrariam.* — in barathrum, i. *in voraginem.* — fore, i. *esse.* — teterrimum, *deforme, vel nigrum.* — ab alto, i. *ab excelso.* — sopire, i. *dejicere.* — casuros, i. *ruituros.* — attendebat, i. *cernebat, vel intuitus est.* — in conditione, i. *in creatione.* — discerptam, i. *divisam.* — nubilo, i. *nube.* — rutilantem. *fulgentem, vel micantem.* — conditionem, i. *formationem.* — fieri, i. *esse.* — collocata, i. *constituta.* — catagine, i. *voragine.* — inferiùs, i. *ulteriùs.* — ap examinationem, i. *ad purgationem.* — crudelium, i. *tyrannorum.* — secernendo, i. *videndo, intuendo, vel contemplando.* — divisa, i. *separata.* — reparaturus, i. *renaturus.* — lapsum, i. *casum.* — ignem et aquam, *tribulationes et purgationes.* — stagnum ignis, *flumen quod Phlegeton græcè dicitur.* — ruinam, i. *casum.* — impiorum, sc. *hominum.* — nominat, i. *appellat.* — hæc omnium, sc. *quæ dixi.*

5. hemitica, i... — carpaica, i... — sataica, i... — sorectica, i... — humarrica, i...

---

[1] VIII ordines angel. *habet C in margine.* — [2] De inferno *habet D in margine.* — [3] prioris C. — [4] conditionem C. — [5] terris T. — [6] per addit C. — [7] in T. — [8] necdum *PTD.* — [9] reparaturus C. — [10] An a Καρπός, an a Κάρφω? — [11] Forsàn a Σάττω. — [12] Forsàn à Σωρεύω.

marrica atque atomica [1], torradicaque [2], safargica, sparaca [3] et brumarica, in eâque massâ [4] sitam.

6. Mare dicit [5] similitudinem pelbhlogicam [6], molliorem ac crassiorem, mirphogicum [7] quasi bitumine parte maximâ in eâ formâ tenere, cum diversis generibus piscium belluisque et bestiis sablo similitudinem habere.

7. [8] Cœlum dicit aëriâ massâ similitudinem fieri super ea parte qua terra quo mare statutum fuerat, cum sole et lunâ, astris et sideribus ac stellis, discursiones suffusiones atque certa indicia et in [9] similitudinem pellium extensum [10] æquæ membranæ suppositum quasi velum, velandamque ornaturam supernorum civium, ne illa agmina possint cernere [11] qui velamine teguntur peccatorum. Asserit eum esse sub aliis sex qui sursùm sunt, mirabiliores atque speciosiores, ubi sunt cœlicolæ collocati; quos Firmamentum appellavit, eò quòd post ruinam antiquam, ultrà corruere [12] ex eâ parte nullatenùs possint, cùm sint stabili ac immobili situ.

8. Hæc omnia habuit ipsa massa inseparabilis et indivisa in informi [13] illâ materiâ simul constituta.

§ II. De diabolo et angelis.

1. [14] De ipsâ statuâ ac massâ qualis species prima divisa fuit ab his omnibus vel quod Diabolus procul dubio qui decimam elevationem in cacumine in eâ massâ in initium, ignis lumine, claram eminentiam refulserat. Et qui primus in luce [15] claruit, idemque primus livorem superbiæ ambiens, a culmine altitudinis decidit. Ex hoc utiquè ante omnem creaturam mundi

---

5. atomica, i... — torradica, i... — safargica, i.... — sparaca, i.... — brumarica, i....

6. pelbhlogicam, i.... — mirphogicum, i..... — bitumine, i. pice. — sablo, i. arenæ

7. statutum, i. compositum. — asserit, i. dicit. — cœlicolæ, i. spiritus. — stabili ac immobili situ, i. felices nimiùm stabi...

8. massa, i. ergata, vel clyne. — inseparabilis, i. indivisibilis. — indivisa, i. indir.... — simul, pariter, conjunctim. — constituta, i. composita.

§ II. 1. species, i. figura. — divisa, i. separata. — procul dubio, ominùs. — in cacumine, i. in altitudine. — initium, principium. — claram, perspicuam. — eminentiam, excellentiam. — refulserat, i. enituerat. — claruit, refulsit. — primus, sc. angelus. — ambiens, i. desiderans. — a culmine, i. a celsitudine. — altitudinis, i. sublimitatis. — decidit, i. corruit. — utiquè, certè.

[1] nonne ab ἄτομος? athomica habent codd. — [2] thorragicaque D. — [3] Forsàn a Σπαράσσω; sparaga P, safarraca T, sparata D. — [4] massam C. — [5] asserit TD. — [6] pelbhloicam P, pelbloicam T, belphloicam D. — [7] mirphoycum PD, myrphoicum T. — [8] De orbe condito titulum præfert P; De Celo in margine habet C. — [9] in deest in C. — [10] extensa T. — [11] cerni codd. — [12] corrui PTD. — [13] infirmi C. — [14] De ipsâ statuâ ac massâ rubricato charactere habet C, desunt verba hæc in D. — [15] lumine D.

creati sunt angeli; et ante omnem creaturam angelorum conditus est Diabolus.

2. Confundunt multi opera Dei alia pro aliis, mendaciter fallentes, quòd Diabolus in suo judicio non demùm arbitratus, sed suo livore vulneratus, sibimet nefandam damnationem postmodum suæ ruinæ[1] acciperet[2]. Sed sciendum est utiquè quià in ipsâ massâ quæ materies informis[3] habuit quandò Omnipotens multifariè eam divisit in judicio suo noverat præsciendo electos et ruituros impios sicut ei fuit in ipsâ massâ vel materie rudi, et in infernum damnatorum mole livoris corruere[4] malos, et paradisum justorum et angelorum vel sanctorum beatitudinem inmensam[5] recipere, et sine fine æterna gaudia possidere. Et qui prior in ordine claritatem inmensam cernere[6] gloriatus est, plus superbiæ inimicâ jactantiâ erupit, cùm Omnipotentem tanta fecisse et tàm magna statuisse, humili ac laudabili mansuetudine laudabilique ac magnificâ voce ter Sanctum sicut alia agmina supplici confessione humillimè proclamassent; quià elatâ contumeliâ non meruit tàm novam et inmensam percipere gloriam, quâ præ cæteris eminentior in Omnipotentis massâ informi claruerat. Sed tàm tumidus tàmque superbus elevari callidus ignifer spiritus appetivit, ut se contra Deum extolleret, dicens : « Ponam sedem meam ad aquilonem, super astra Dei exaltabo so- « lium meum, superque altitudinem nubium ascendam; similis ero Altis- « simo ». Tàm ergò inauditâ et absurdâ calliditate quà contra conditorem[7] elevatus, ei similis esse voluit qui ex nihilo eum condiderat, tantùm ejus ruinâ esse potuit inferiùs quantùm se extulerat eminentiùs, ut non fieret forma quæ inferiùs erat impiorum excidium vacua sine habitatoribus, quemadmodùm nec cœlorum magnitudo sine concivibus sanctis ac beatis Angelorum agminibus et Archangelorum, Tronis ac Dominationibus, principatibus ac potestatibus vel virtutibus, Cherubim et Seraphim. Præter illam

1. conditus, i. *formatus.*

2. utiquè, i. *certè.* — massâ, i. *congerie.* — multifariè, i. *multipliciter.* — divisit, i. *dirempsit.* — in judicio, i. *in arbitrio.* — noverat, i. *sciebat.* — præsciendo, i. *agnoscendo.* — ruituros, i. *casuros.* — rudi, i. *novi.* — damnatorum, i. *punitorum.* — mole, i. *pondere.* — livoris, i. *cruoris.* — prior, i. *antè.* — claritatem, i. *splendorem.* — immensam, i. *magnam.* — cernere, i. *contueri* — plus, i. *magis.* — eminentior, i. *excellentior.* — claruerat, i. *fulserat.* — callidus, i. *fraudulentus.* — ignifer, *ignem ferens.* — extolleret, i. *elevaret.* — solium, i. *thronum.* — altitudinem, i. *celsitudinem.* — inaudita, i. *non audita.* — calliditate, i. *fraudulentiâ.* — ruina, i. *casus.* — extulerat, i. *sublimarat.* — eminentiùs, i. *excellentius.* — forma, i. *species.* — excidium, i. *eversio.* — quemàdmodum, sicut, *velut.* — Cherubim, i. *plenitudinem scientiæ.*

[1] *Erasa sunt* suæ ruinæ *in C.* —[2] arceret *C.* —[3] et formes *C.* —[4] corrui *codd.* —[5] in massam *CD.* —[6] cerni *PTD.* —[7] Deum *D.*

partem quæ sine habitatoribus, undè ipse antiquus hostis corruerat, summam scilicet arcem ab imo complasto[1] sursùm hominibus sanctis per Dominum esse replendam[2], quam[3] ipse in Evangelio desertam[4] in parabolis prædixit absque ovibus, ubi ovem quæ in imo perierat ab inferis suis humeris
evexit. Ut quemadmodum antiquus hostis de arduis fastigiis in inferiora decessit, sic ab imo excellentissima pars quæ remanserat inculta animabus
sanctis Deique agricolis repleretur, et ignis fervens truculentæ fabricæ ardore cremaretur cum spiritu qui primus flatum a conditore acceperat, et
ob hoc aërii spiritus dicerentur, quasi ab aëre flatu valido cum fervore
ignis crepitantes, undè credimus cum fragorem commixtìm cum rumore
tonitrui secerpto flatu vehementi anhelitu ignifero jacula ab initio a Crea-
tore, ob eorum offensam pro illâ superbiâ sceleratìm admissâ, ut non solum tartareis ac truculentis laci antiqui tormentis inimicis sævi[5] adgrede-
rentur, nec non et obturati nubium densitate rumoreque tonitrui aëri igne
commixto ignei malignorum spiritus Mundo subjacerent, ut qui ex alto
corruerant sub inferis præ terrore et tribulatione aëra petierint statìm cum
angelis sanctis submoti, ac igne imminente coarcendi sunt.

3.[6] Æthicus itaque philosophus de hâc creaturâ multa scripsit. Nos verò
quæ utilia cognovimus ac retinenda ab omnibus in structuram parietum
librorum ex Cosmographiâ recipiendo, et quidquid causâ veritatis inibi
continetur cum tremoris[7] reverentiâ contexuimus[8], multos philosophorum[9]
labores et tot invenisse et tàm magna dixisse, ut cùm discere cœperim[10],
anhelitus corporis mei cum tædio multo patiatur[11] anxietatem[12] vitæ meæ, ut[13]
illud quod ait Alcimus[14] : « Ut Diabolus qui primus conditus fuerat, et primus
« corruerat, in die judicii ante omnes pessimos homines punictur et in inferno

2. corruerat, *i. ceciderat.* — summam, *i. excelsam.* — imo, *i. profundo.* — desertum, *i. derelictum.* — in parabolis, *in similitudinibus.* — ovem, *i. Adam.* — evexit. *i. elevavit.* — quemadmodùm, *sicut.* — arduis, *i. asperis.* —
fastigiis, *i. celsitudinibus.* — decessit, *i. recessit.* — excellentissima, *i. altissima.* — inculta, *i. deserta.* — fervens, *i. ardens.* — truculentæ, *diræ.* — cremaretur, *sc. ardore.* — flatum, *i. spiritum.* — vehementi, *i. nimio.* —
ab initio, *i. a principio.* — truculentis, *i. diris.* — laci, *i. foveæ.* — obturati, *i. opilati.* — nubium, *nebulorum.* —
rumoreque, *favoreque, vel laude.* — statim, *i. mox, vel repentè.* — imminente, *i. ingruente, vel urgente.* — coarcendi, *i. repulsi, vel repellendi.*

3. de hac creaturâ, *sc. de tonitruo.* — in structuram, *i. in ædificationem.* — Cosmographia, *i. mundi scriptura.* — tremoris, *i. timoris vel formidinis.* — reverentiâ, *i. veneratione.* — multos, *i. plurimos.* — tædio, *i. anxie-
tate.* — conditus, *i. formatus.* — corruerat, *i. ruerat, vel ceciderat.* — judicii, *i. arbitrii.* — pessimos, *sc. malos.*

[1] conyplastro *C*, cum plasto *T*. — [2] replenda *C*, repletum *PTD*. — [3] quæ *CP*, qui *T*. — [4] desertum *codd.* — [5] ejus *P*, sevis *T*, suis *D*. — [6] Heticus phylosophus *ceu titulum ostendit P.* —
[7] tremore ac *TD*. — [8] texuimus *P*, teximus *TD*. — [9] multi philosophi *D*. — [10] ut cùm discere
cœperim *desunt in CP*. — [11] patitur *CP*. — [12] anxietas *PTD*. — [13] et *PTD*. — [14] Alchimus *codd.*

« reclaudetur. Quià enìm cuique creaturæ præfulsit in ordine primus et via-
« rum Dei claruit in rudi miraculo, idem quoque primus in novissimo judicio [1]
« terribiliter [2] venturo pœnis est damnandus [3]; et quales ab initio dictæ sunt
« in cavernâ laci, tales et tot ante tribunal Regis in ipso judicio deferendæ [4]
« mortis ad judicium peccatorum, eædemque cum auctore mortis præferendæ
« atque ostendendæ erunt, religato atque catenato eodem antiquo serpente,
« ut cernant impii truculentissimum ac furibundum mortis auctorem quem
« secuti fuerunt in desideria multa inutilia et nociva quæ mergunt hominem
« in interitum. Et quot mala passuri sunt impii in inferno, tot plagæ in
« ipso antiquo hoste præferendæ et ostendendæ erunt, cùm et justi videre
« merebuntur dominum Deum suum, Christumque regem suum, et signa
« et fixuras clavorum, et videbunt lignum [5] in quem transfixerunt, et plan-
« gent se super cum omnes tribus terræ; ignis ante eum ardebit, et in cir-
« cuitu ejus tempestas valida cum tantis [6] signis impii [7] in diversa tendentes
« quanta in inferno passuri erunt [8] ».

4. Hæc omnia Æthicus in Cosmographiâ et Alcimus [9] pulchrè dixerunt,
quæ ego in meis codicibus stylo firmâ tenacitate peraravi, et omnia quæ in
eorum libris inveni, utilitatis causâ retinere in meo labore posui, cunctis
legentibus proficienda auctoritatis indagine [10]. De antiquo hoste vel rudi
informique materiâ hæc omnia invenimus nimiâ altitudine investigata. Et
nos Christi fabricam verbumque Patris, atque principium cum eo cuncta
componens, omnia simul creasse, in ejusque laude creaturas omnes conditas vel factas credamus [11], præter eam conditionem quam nunc diximus
superiùs, undè omnia mala aspera atque perversa de sursùm in imo corruerunt et ruunt

5. [12] Angelorum nempè conditionem et insignem et simplicem ac beatam,

3. præfulsit, *i. emicuit.* — in ordine, *vel in conditione.* — claruit, *i. resplenduit.* — in rudi, *i. in novo.* — damna-
turus, *i. puniendus.* — ab initio, *i. ab exordio.* — tribunal, *i. thronum.* — auctore, *i. principe.* — præferendæ, *i.
anteponendæ.* — ostendendæ, *i. manifestandæ.* — erunt, *fiunt, vel existunt.* — religato, *i. iterùm inretito.* — catenato, *i. ligato.* — cernant, *videant vel aspiciant.* — impii, *sc. homines.* — furibundum, *i. furore plenum.* — auctorem, *i. ducem vel principem.* — in desideria, *i. in concupiscentia.* — in interitum, *i. in perditionem.* — tot, *i. tantæ.*
— præferendæ, *i. anteponendæ.* — ostendendæ, *i. pondendæ.* — videre, *i. conspicere.* — plangent, *vel lugent.*

4. peraravi, *i. scripsi.* — componens, *i. disponens.* — conditas, *i. formatas.* — præter, *absque.* — aspera, *i.
dura.* — corruerunt, *i. ceciderunt.* — et ruunt, *i. et cadunt.*

5. nempè, *i. sanè.* — insignem, *i. mirabilem.*

[1] judice *P,* judicii *TD.* — [2] terribile *PTD.*
— [3] dampnaturus *codd.* — [4] dilatæ *PTD.* —
[5] deest lignum *in codd.* — [6] scilicet addunt *PTD.*
— [7] deest impii *in PTD.* — [8] sunt *D.* — [9] Alchimus *codd.* — [10] desunt auctoritatis indagine
in C; deest indagine *in P.* — [11] credimus *TD.* —
[12] De angelis *titulum exhibet P.*

ignem, aquam, spiritumque sanctum fortissimam atque rutilantem conditionem ac creaturam esse, conclusam sine divisione et mensurâ, gratiâ quæ dividi nec minui ac retrocedere non potest; eorum ignem in fabricâ eminentissimum fuisse vel esse idem narrat Sophista, undè in nostris libris scriptum est : « Deus noster ignis consumens est » eò quòd dicatur virtutibus coruscans, sapientiâ rutilans, exemplo perfectæ providentiæ refulgens, pulcherrimam ac pubescentem sine commutabilitate ætatis præferendo fortitudinem, inenarrabili victoriâ ac robore in perniciem ultionis, robore potentiæ in hostem antiquum sæviendo diversis ictibus ac jaculis arcendas vias aërum nubiumque tonitruorum et fulminum crepitantium volutiones in persecutionem angelicam et ultionem divinam in excidium dæmonum, donec in ïctu sagittarum et fulgurum, hiatu terræ, in cavernâ laci et voragine abyssi compulsi trucidentur ac retrudantur : tantam enim vim et vigorem angelorum manus ignitæ habent, ut petræ minutatim scindantur, arborum evulsio desecetur. Si hominum ira, peccaminum vel hostium rebellium furor ingruerit, ut unius angeli ictu innumerabilium millia populorum Divinæ iræ mucrone cæsi corruant. Nam quod volatum eorum multi autumant pennigerum, iste scribit in similitudine alarum extensionem quasi pallium miræ magnitudinis lumine mirifico[1] fore, nimiâ velocitate, ubi voluerint[2], vel cùm a Deo missi fuerint, sagaci et propero volatu discurrere et fieri ab eis quod jussum est, in momento aut[3] temporis quolibet spatio.

§ III. *De mensá solis, lunâ, et stellis*[4].

1. Nàm alia multa idem Sophista narrat; de mensâ solis contra Hiarcam[5] et contra[6] alios philosophos[7] disputat, a meridianâ plagâ tendenti ad Orientem[8]; et asserit solis notitiam cognoscere et viam post occasum hispanicum ultrà Oceanum, non per terram ut alii philosophi asserunt, sed quasi densissimam nebulam vicinam cœlo[9] vel aquis, plagam meridianam circuire et

5. rutilantem, *i. splendentem.* — conclusam, *circumdatam vel septam.* — divisione, *i. partitione.* — eminentissimum, *excellentissimum vel supereminentem.* — rutilans, *i. fulgens.* — commutabilitate, *i. diversitate.* — inenarrabili, *inedicibili, quod non potest dici vel æstimari.* — victoriâ, *i. triumpho.* — in perniciem, *i. in velocitatem.* — ultionis, *vindictæ.* — arcendas, *i. repellendas.* — volutiones, *i. sinuationes.* — ultionem, *i. vindictam.* — in excidium, *i. in eversionem.* — hiatu, *i. aperturæ.* — voragine, *i. deglutione.* — abyssi, *i. profundi.* — compulsi, *i. detrusi.* — vim, *i. fortitudinem.* — minutatim, *i. particulatim.* — scindantur, *i. findantur.* — autumant, *i. æstimant.* — miræ, *i. mirabilis.* — velocitate, *i. alacritate.* — et propero, *i. et cito.* — quo, *i. ubi.*

§ III. 1. Sophista, *i. philosophus.* — Hiarcam, *i. solis arcam.* — notitiam, *i cognitionem.* — vicinam, *i. propè.*

[1] miraculi *C.* — [2] voluerunt *codd.* — [3] autem *C.* — [4] Idem sophista *ceu titulum præfert P.* — [5] Hiarcham *PD.* — [6] *deest* contrà *in PD.* — [7] alius philosophus *CP.* — [8] ab oriente *C.* — [9] januam cœli *TD.*

ad Ortum remeare. Dicit enim [1] contra Hiarcam [2] de massâ [3] solis densissimâ æthera spisso intuitu quod cernimus, habere cœlum quasi bicipitem formam, et dicit eam valdè spissam. Primùm quidem solis ponit interpretationem [4], axemque illius recto itinere poli partem mediam gradientem, faciemque ejus semper meridiem respicientem donec ad Occasum tendat et finem diei faciat, et reditum tantùm palpato Oceano propter nimium ardorem vel calorem per eum itum ac reditum quo suprà, obumbratione [5] noctis quietem omittere, ut refrigerato aëre alia signa patescant.

2.[6] Subteriùs lunam aït in ipsâ densissimâ siderum parte sub sole, in eâ [7] spissitudine positam [8], et per noctem viam solis gradientem, et tantum lumen tendere quantum dudùm per diem radiantis solis via tenditur. Et quidquid in lunâ minuere cernimus paulatìm et paulisper volventem cursum lunæ in ipso densissimo ac creberrimo itinere fit [9] usque tricesimo termini diei luminis, quo evulsa de solis centro, latet vel obscuratur; et tantò altior est mensa solis ut deorsùm respiciat lunæ eclypsim et rursùm [10] a sole parumper reditu itineris quasi rediviva patescat, quià [11] sol [12] ut nebula densissima crepusculum inducit [13] sursùm a cœli parte, vel umbrâ aëris, et statim eclypsim patitur [14].

3.[15] Stellas itaque in ipsâ siderum parte undè et lunam intuemur, non fixas sed mobiles dicit, et earum magnitudinem, motum et situm plenè cerni non posse, eò quòd in ipso crepusculo [16] condensâ et spissâ cœli parte positæ sint apud septentrionem et reliqua signa majora, ad ostendenda temporum signa præsentia et futura, Dracunculas [17] quæ [18] cernuntur stellarumque in occasum earum suspicantur, ab eo cursu per densissimum situm ad altiorem occasum tendentes, ad priorem locum undè oriuntur revertuntur; undè

---

1. intuitu, *i. visu.* — axem, *i. circulum.* — recto, *i. justo.* — itinere, *i. tramite.* — poli, *i. cœli.* — respicientem, *i. intuentem.* — tendat, *i. veniat.* — palpato. *i. attacto.* — nimium, *i. ingentem vel fortem.* — ardorem, *i. fervorem.* — itum, *i. gressum.* — reditum, *i. regressum.*

2. dudùm, *i. priùs.* — radiantis, *i. splendentis.* — eclypsim, *i. defectionem.* — parumper, *i. paulisper.* — reditu, *i. reversione.* — rediviva, *i. renovata, i. nova.* — patescat, *i. demonstret.* — densissima, *i. spissa.* — statim, *i. repentè.* — patitur, *i. sustinet.*

3. intuemur, *i. conspicimus.* — mobiles, *i. vagantes.* — crepusculo, *sc. vespertinâ horâ.* — septemtrionem, *i. partes Boreæ.* — situm, *i. locum.* — ad altiorem, *ad excellentiorem.*

---

[1] *deest* enim *in* C. — [2] Hiarcham *PD.* — [3] mensa *codd.* — [4] in temptatione *C.* — [5] obumbrationem *CP,* obumbrationes *TD.* — [6] Item de luna *titulum præfert* P. — [7] ipsa *TD.* — [8] posita *codd.* — [9] *deest* fit *in* PTD. — [10] sursum PTD. — [11] quod *C.* — [12] solet *CPT,* solis *D.* — [13] inducat *PTD.* — [14] patiatur *PTD.* — [15] Item de stellis *titulum præfert* P. — [16] ipsa crepuscula *CP.* — [17] Dracunculos *PTD.* — [18] qui *D.*

congruè philosophi alii, et Hiarcas et cæteri, eas aërias vocitaverunt; et ob hoc mensa solis dicta eò quòd alia signa illius notitiam subministrent et appendices sint, vel oriente sole alii obvelentur, et absconditæ solis radiis, vigorem luminis amittant.

4. Jàm inter reliquos philosophos Æthicus cosmographus et planè et pulchrè scripsit. Nos itaque in aliquibus epistolis mentionem philosophorum et eorum laborum studiorumque fecimus.

5.[1] Hiarcam sablo cathedram sedentem auream ad meridiem maris Oceani disputantem cum discipulis[2] de mensâ solis, astrorum siderumque differentiâ; inter hos omnes Æthicum cosmographum miror tam inæstimabili arte curiosum, ut eorum aliorumque illa reprehendit; multa dixisse et multiplicasse et ad scientiam eruditionum minima vel pauca explicasse reprehendit. Cluontem[3] et Agripphum[4] philosophos, Scytharum astrologos, et Mantuanum in vanum multa edidisse reprehendit, eò quòd cœlum pro aëre et interdum aërem pro cœlo posuerunt, cùm tenuis sit aër, et cœlum valdè spissum.

§ IV. De januis cœli et cardinibus mundi.

1. Idemque et januas cœli binas dicit, Orientis atque[5] Occidentis; quæ utiquè una janua Orientis, Titanica dicitur: dùm a densitate cœli rogum globitantem quasi ab arduo montis cacumine, magno impetu[6] egressum fecerit[7] sol ad superficiem[8] terræ, hæc janua[9] prima Orientem videtur patescere; quæ calorem retinet nimium, et præ ipsâ caumâ[10] plurimas regiones inhabitabiles facit; quam Hiarcas[11] januam Solis vel portam Titani[12] scribit. Æthicus iste januas commixtìm merocleas[13] nominat, merum enim purum, quæ puram cœli januam claramque egressionem et regressum solis puriùs ad meridiem æthera rutilantem. Alia janua occasum solis dùm idem[14] illùc regreditur et dies clauditur[15], aliam januam vel portam quò tendit idem cùm[16] Sol vi arcem ceperit, sine statione gressum[17] revertentis carpit.

2. Cardines mundi hos[18], ut alii philosophi scribunt, sed firmiùs affirmat,

---

3. congruè, i. aptè.— vocitaverunt, i. appellaverant. — notitiam, cognitionem.

5. Hiarcam, i. Sunbogan.— curiosum, sollicitum. — explicasse, i. narrasse. — edidisse, i. composuisse. — tenuis, i. exiguus.

§ IV. 1. Titanica, i. solaris. — calorem, i. fervorem. — caumâ, i. calore.

[1] De arca titulum hic habet P. — [2] suis addit T. — [3] Duontem D. — [4] Argyppum C, Argippum D. — [5] usquè T. — [6] impetum CT. — [7] faceret TD. — [8] super faciem PTD. — [9] que addunt PTD. — [10] chasma T. — [11] Hiarca codd. — [12] titanicam D. — [13] merocheas D. — [14] pro dùm idem, divertentem habent TD. — [15] desunt et dies clauditur in C. — [16] deest cùm in CP. — [17] egressum D. — [18] has PTD.

dicens duas plagas mundi majorem vim habere tàm in ventorum flatu quàm et in alià divisione aëris, sive in diversis elementorum varietatibus, septentrionem et meridiem. Dicit[1] in uno[2] nimium rigorem et majorem motionem Oceanum habere et elevationem quàm in reliquis plagis orbis, insulamque ultimam septentrionalem in Oceano ipso : hanc insulam Rifaricam[3] et aliam Chrysolidam[4] nominat ignotas; tantamque vim ventorum inibi esse, ut nullo unquàm tempore in eis[5] viride aut floridum quandoquidem nullatenùs præ frigore[6] valeant inveniri[7]. Solis calor illîc nunquàm nisi quasi parvulam scintillam in mense Junio aut in Julio; et[8] si nix aut glacies parumper resolutæ fuerint, statìm in nimiam duritiam coagulantur[9], et nullomodo posthæc dissolvuntur[10], undè cristallini lapidis pilas prægrandes illîc inveniri idem sophista dicit, et a gnaris nautis[11] ablatæ vel delatæ[12], in nonnullis regionibus lapide adamantino aut ismirantino[13] tantummodò inciduntur manu artificis, ut vascula vel pocula miræ pulchritudinis indè fiant[14]; in Arabiâ invenitur et in Cypro insulâ, sed hîc preciosior et clarissimus reperitur.

3. Et aliàs scribit[15] idem Philosophus insulas septentrionales, ubi Meoparos[16] nauticos esse affirmat; et alia quamplura in sequenti narrat volumine.

4. Nàm hunc cardinem ultra Oceanum convexum præmagnum[17] a tergo[18] solis[19] dicit, ab imo separatum[20] abysso, et viciniorem densitatem[21] a cœlo, et penè abyssum quàm cardinem, magnum trahere flatum a vento vel thesauris ejus[22], sursùm ac deorsùm stationem magnam inenarrabilem investigabilemque, tàmque velocem ut cardinem mundi et cœli firmum et immobilem, perspicuum atque stabilem convexum faciat, lineamque præmagnam tendentem ad meridiem secundùm cardinem præpollentem.

5. Quæ reverâ, sicut illa nimio frigore inculta, marcida, sterilis adeò in diversa torrida ac pruinosa a septentrione, sic et a meridie nimis opulentam plagam quam umbilicum[23] solis idem Cosmographus refert, temperatam et ditissimam[24], ventis salubrem[25], imbribus pinguissimis infectam; insulas quo-

---

[1] *deest* dicit *in CP.* — [2] unam *P.* — [3] *Sic inferiùs codd. ut videre est cap. II, § v;* Rifaricam *C, sicque Ortelius;* Riphargicam *TD;* Rapharica *habebatur in mappâ mundi Herefordianâ Richardi de Haldingham, sed pravè ex apographo Taphaeica suo periculo legit vir doctus qui mappæ hujus notitiam nuper edidit.* — [4] Zhrisolidam *C,* Zirsolidam *TD,* Chrisolidam *P;* Criselida *in apographo suprà dicto.* — [5] *nihil addit P.* — [6] rigore *PTD.* — [7] *deest* inveniri *in PTD.* — [8] aut (*pro* ut) *TD.* — [9] coagulentur *PTD.* — [10] dissolvantur *PTD.* — [11] nauticis *PTD.* — [12] ablati vel delati *C,* ablatis vel differtis *PTD.* — [13] ismeram *P,* bismera *TD.* — [14] faciant *T,* efficiant *D.* — [15] scripsit *TD.* — [16] Mioparos *D.* — [17] per magnum *P.* — [18] terga *PTD.* — [19] solus *P.* — [20] ab *addunt CTD.* — [21] vicinorum densitate *D.* — [22] vel ætheris cursu *D.* — [23] umbilicus *CT.* — [24] distentissimam *T.* — [25] salubribus *D.*

que aurum gignentes et gemmas atque margaritas, elephantos et hyminiones[1], chylixas[2] bestiolas venenatas nimiùm, leones, pardos, ephipharos[3]; quarum[4] primus præter Istum Lucanus mentionem fecit in codicibus suis, dicens : « Et meridies opimo aureo[5] concordique[6] fulget metallo[7], aurea[8] temna[9] infusa, hyminiones[10] et chylixas, ephipharos[11] venena fundentes, quæ quamvis parvulæ ut vulpes, statìm leones pardosque et dracones uno ictu interimunt ». Undè Lucanus ait[12] : « Et lympha æquoris magni continere[13] Gangem hippopotamos[14] equites[15] ergò pennigeris hostium confligunt catervis; quæque mater fertilis filios gignit vipereos[16] ». Lucanus quidem ista[17] sentiens tantumdem exorsus est dicere; Æthicus verò multas bestias scribit[18] quæ nullomodo alibi[19] audivimus vel legimus.

§ V. De insulâ meridianâ Sirtinice.

1. Dicit enìm insulam meridianam Sirtinicen[20] ad umbilicum solis in magnum Oceanum, parvulâ staturâ sylvas et nullos[21] accessus hominum nisi rarò, si naves a vento turbatæ. E contrario ibi[22] ille[23] se dicit fuisse, et dùm nimiâ temeritate ambages faceret et diù formidaret[24], periculum dicit se incurrisse magnum[25]; et cùm[26] spem omnem quasi amens perdidisset, aït vota se vovisse in mari, et multas fluctuationes atque tempestates maris incurrisse; et nisi tantùm in Astrologiâ gnarus fuisset, nequaquàm ultrà ad aridam remeasset.

2. Devenit enìm[27] in insulam Sirtinicen[28], et illîc invenit bestiolas pessimas ignotas nomine[29] cidrosistas[30], plenas aculeis velut hystrix, et syrenarum multitudinem; de quibus valdè pavore territus[31], nihil in eum spes futura præstolabatur[32]. Erantque in prædictâ insulâ myrices multæ, arbores tantâ amaritudine præditæ ut aloë cortex et fructus ejus saporem reddant[33];

---

[1] Ymineones *P*, imineones *T*, iminiones *D*. — [2] chilixas *TD*. — [3] ephyfaros *P*. — [4] qui *P*, que *TD*. — [5] opima aurea *codd*. — [6] concorsque *TD*. — [7] metalla *PTD*. — [8] *desunt* aurea temna *in D; deest* aurea *in PT*. — [9] tena *T*. — [10] ymeneones *C*, ymineones *P*, iminiones *TD*. — [11] ephypharos *P*, ephyfaros *T*. — [12] *desunt* undè Lucanus ait *in CP*. — [13] contiquie *CP*. — [14] opopodamis *CP*. — [15] et quos *TD*. — [16] filiis vipereis *P*. — [17] ita *D*. — [18] dicit *D*. — [19] aliubi *PT*. — [20] Sirthinicen *C*, Sirthimicen *PT*, Sirticen *D; Sirtinice in mappâ mundi Richardi de Haldingham*. — [21] nullus *PTD*. —

[22] ubi *PD*. — [23] *deest* ille *in TD*. — [24] *desunt* et diù formidaret *in PTD; et devenisse habet P*. — [25] *desunt* dicit se incurrisse magnum in *C*. — [26] *deest* cùm *in C*. — [27] donec *CP*. — [28] incurreret *addit C*, incurrit *verò P*. — [29] *deest* nomine *in C*. — [30] cidrositas *T*, cidros ità *D; in apographo mappæ Richardi de Haldingham pravè scriptum* adibsistas, *quod pejùs adiversistas exscriptum in doctissimi vicecomitis de Santarem Hist. de la Cosmogr. et de la Cartogr., t. II, p. 431*. — [31] perterritus *P*. — [32] prestolabat *D*, prestolat eventum *T*. — [33] reddat *codd*.

nàm et illæ bestiæ[1] quæ venenum retinent, ejus corticem detrahunt ut plus veneno acuantur. Monsque habetur ab austro Nothius in eâ insulâ; narrat eum non minorem eminentiam habere quàm Caucasum et Astrixim[2], tantamque scribit ejus altitudinem ut si deorsùm aspicias a[3] superiùs, nubes tanquàm scabellum pedum credas; ibi ascensum quasi per gradus habere, et cryptas tantâ voragine ad meridiem fore, et crepidines et calles[4] eminentes terribiles nimiùm; ipsumque montem diversos stridores strepitumque reddentem ac tubarum similitudine reboantem. Illùc enìm ascendisse fertur, et in splendore[5] solis vim tantæ claritatis haberi[6], ut cerni vix[7] quis possit a facie solis et ignis[8].

3. Idem refert Sophista de vertice ipsius montis arduè ultra Oceanum vidisse, autumans flatum venti[9] australis in modum columnarum quasi palmarum anhelitus nimiâ extensione in[10] Oceanum magno impetu flare, et aquas validissimas tractûs[11] maris in aëra ferre haurireque, et imbribus ingruentibus ministrare. Ab uno latere quod respicit ad Occidentem et ab alio latere quod porrigit[12] faciem Orienti[13], ardorem solis dicit et radios solis ingenti similitudine quasi cedrorum et abietum magnitudinem, præ torrido calore solis, densitatem nubium et imbrium minuere, undè constat aëreas regiones nuncupatas citra mare Oceanum, sicut est Ægyptus, et prima India, Zeugis[14], Natabres, Celtigageni[15] et Æthiopes, et cæteræ quæ vicinæ sunt dextræ plagæ a meridie; sicut enìm ad lævam in[16] meridie imbrium copia Austro-Africo imminet, ità ad[17] dextram partem ab Euro-Austro nimium calorem inducit, et in aliquibus partibus temperiem et fœcunditatem terrarum facit[18].

4. Hæc omnia de januis cœli et cardinibus mundi, tergoque[19] solis, septentrione et umbilico ejus descripsit[20], meridiemque lineam a parte ad partem mediam Mundi protelantem ab aquilone in meridiem, insulasque supradixit, et montem incognitum et inaccessibilem, et has bestias, et flatum Austri, mirâ[21] indagatione aggressus est. Nos verò non[22] reprehendimus sed miramur, quià philosophorum argumenta nonnulla legimus, sed nec tanta dixisse, nec tantum mundi circuitum et maris Oceani[23] aliquem peregisse[24]

---

[1] bestiolæ *TD*. — [2] Adstrixim *T*, Astrictim *D*. — [3] ad *TD*; *deest* a *in C*. — [4] valles *P*. — [5] splendorem *PT*, *deficiente* in. — [6] habere *codd*. — [7] *deest* vix *in PT*. — [8] *desunt in D* omnia ab illùc ad ignis usque. — [9] ventus *CP*. — [10] *deest* in *in PTD*. — [11] tractum *codd*. — [12] respicit *TD*. — [13] Orientis *codd*. — [14] Zeusis *CTD*, Teusis *P*. — [15] Celthigageni *C*, Celti Gageni *TD*, Gageni *P*. — [16] *deest* in *in PTD*. — [17] *deest* ad *in PTD*. — [18] *deest* facit *in CP*. — [19] tergaque *PTD*. — [20] *deest* descripsit *in PTD*. — [21] maris verà *TD*. — [22] Nec *C*. — [23] mare Oceanum *PTD*. — [24] *desunt* aliquem peregisse *in PTD*.

31.

arte navali ad [1] insulas inaccessibiles [2] reperimus sicut Istum [3], cùm ille Istriâ [4] se exortum [5] fuisse scribat; et de Aquilonari [6] parte, et [7] insulis Meoparotis et Bizis, Orcadibus [8] et aliis quamplurimis, et nautis [9] earum gnaris, in sequenti volumine narrat; inter reliqua verò quamplurima [10] de uberibus [11] Aquilonis et earum munitione et obturatione scribit, et ipsas pylas maris girantis et obvallantis [12] mirabiliter idem Æthicus [13] philosophus explanat : præter terram Eden ad orientem positam [14], quià [15] propter ardorem [16] validissimum [17] solis ad [18] mare orientale accedere non potuit.

VOLUMINE SECUNDO:

CAPITULUM SECUNDUM.

DE IGNOTIS GENTIBUS VEL INSULIS SEPTENTRIONALIBUS.

§ 1. *De Hiberniâ, Britanniâ, Orcadibus et Munitiâ insulis.*

1. Ad alias mundi partes mare Oceanum [19] cum discipulis suis scrupulosissimo labore navigasse se dicit [20] opportuno tempore [21] in [22] insulas, tàm in [23] magnas quàm et in [24] modicas, a meridie ad Occidentem, a Taprobana ad Sirtinicen [25] et a Calaopa [26] usque ad Riakeon [27]; abhinc usque ultra [28] Gades [29] et Herculeas columnas : illic [30] enim per annum stationem fecisse, et disputasse [31] cum Aurelio philosopho et Harpocrate [32]; et non valuerunt aliqua enigmata ejus dissolvere [33]. Exindè navigavit Gallæciam [34] et Cantabriam, et circumivit [35] Hispaniam, et Vaccetas insulas inhabitabiles et incultas [36] Hispaniam [37] appellavit [38]. Agriculturam [habent] et conferta falerna, bruta animalia [39], et pingues vitulos; in deliciis uberes, sapientiâ tenues.

[1] *deest* ad *in* PTD — [2] narret T. — [3] *desunt* reperimus sicut Istum *in* PTD. — [4] historiam hanc C, Istriam P. — [5] exorsum C; *deest* fuisse *in* D. — [6] Aquilonali CTD, Aquilone P. — [7] vicina P; vicinas TD, *cæteraque quarto casu.* — [8] Orcadis C. — [9] nauticis C, nauticos PTD. — [10] *deest* verò *in* PTD, *et* quamplurima *in* T. — [11] ubera *codd.* — [12] girantes et obvallantes P. — [13] iste *addit* D. — [14] *deest* positam *in* CP. — [15] quam TD, et præter P; *deest verbum in* C. — [16] enim *addit* C. — [17] validum C, validam P. — [18] *in* PTD. — [19] maris Oceani CD. — [20] *desunt* se dicit *in* PTD. — [21] opportuna tempora PTD. — [22] ad C. — [23] *deest* in *in* CD. — [24] *deest* in *in* C. — [25] Syrtinicen C, Sirthimicen PT, Sirticen D. — [26] Caloapa P, Caliopa TD. — [27] ad Riakeon C, Adriaceon P, ad Adrialxeon T, ad Adricheon D. — [28] *deest* ultrà *in* TD. — [29] Ganges CTD. — [30] illinc C. — [31] fecit et disputavit C. — [32] Arbocarten C., Arpocraten PT, Arbocraten D. — [33] ipsius disserere C. — [34] Galathiam C, Galatiam D. — [35] *desunt* et circumivit *in* CTD. — [36] *desunt* Hispaniam et Vaccetas insulas inhabitabiles et incultas *in* C. — [37] *In margine* D *legitur* : Quare Hispania dicitur. — [38] appellant C. — [39] confertam falericam brutis animalibus PTD, confersa C.

2. Hiberniam[1] properavit, et in eâ aliquandiù commoratus[2] est; eorum-
que[3] volumina revolvens[4], appellavit[5] eos idiomochos vel idiotistas[6], id
est imperitos laboratores vel incultos doctores, et[7] pro nihilo[8] eos ducens aït :
« Mundi fines[9] terminare et Hiberniam pervenire, onerosus est labor, sed
« nulla facultas : horrorem nimium incutit; sed ad utilitatem non proficit[10];
« imperitos enim habet cultores[11] et instructores, destitutos habet habitatores ».

3. Dein[12] insulas Britannicas et Thilen[13] navigavit, quas ille Brutanicas[14]
appellavit, imperitissimam gentem, horroris nimii[15], sectantes artes multas,
et ingenio maximo terrarum pollentes[16]. Metalla inveniri[17] ibi narrat[18] auri
et argenti, aurichalci et stanni[19], magnetis item[20] ac ferri, multasque alias
adinventiones investigabiles quæ ab aliis gentibus reperiri non possunt[21] : undè
erudiens[22] discipulos suos, fecit eos artifices mirificos, et usque nunc artifices[23] multi in eis insulis usi sunt eo modo, ut[24] si in littoribus maris aut
fluminum glarea candorem cretæ cum sabulo reddiderit, et venarum parte
pauxilli rivi processerint, ebullientes ac ferventes non nimis calidæ rufæque
commixtìm adfrodica terra et safargica, aut aurum aut aurichalcum metallum
reperies, vel æs, tam in littoribus quæ sarfaicam[25] et acervicam habuerint
arvam[26] : sed in raris locis sic inveniuntur[27] argenti et stanni[28] metalla vel
minæ[29]. Aquitania valdè et Hispania, Valeria et multæ terrarum regiones
habere et leviùs invenire possunt[30], non difficile ab habitatoribus vel quæs-
tionariis suis; nam aurifodinæ et aurichalcum a gnaris artificibus[31], eâ arte
quam suprà commemoravit[32], inveniri prædixit[33].

4. Apud[34] Orcadas insulas et Betoricas[35] aurichalcum plurimum invenit, optimum atque pulcherrimum. Illîc ab Oceano maris partem prætendere
et ad Germaniam meridianâ[36] parte vergere [scribit]. In ipsâ Orcade[37] insulâ
magna et complura metalla primus ille invenit, quæ anteà nullus in me-

---

[1] *In margine D hic legitur :* Quid significet
Hibernia. — [2] conversatus *D.* — [3] eorum *CP.*
— [4] volvens *CP.* — [5] appellavitque *P.* — [6] idio-
tas *D.* — [7] *deest* et in *C.* — [8] namque *addit C.* —
[9] finibus *PTD.* — [10] profectum adducit *PTD.*
— [11] *Quæ sequuntur omittit C.* — [12] De *TD.* —
[13] et Thilen *omittit C.* — [14] Bruttanicas *P,* Britannicas *TD.* — [15] horrorem nimium *PTD.* —
[16] pollent *TD; deest verbum in CP.* — [17] invenire *P; verbum deest in TD.* — [18] ibi reperiuntur
TD. — [19] stagni *codd.* — [20] magnitudinem *codd.*
— [21] habet *C.* adinventiones quæ investigabiles
sunt aliis gentibus. — [22] quibus dicentes *C.* —
[23] *quæ verbum* discipulos *sequuntur obliterata sunt
in C.* — [24] *deest* ut in *PTD.* — [25] sarfaycam *C,*
sarfarica *T,* safarrica *D.* — [26] nominamus *addunt
TD.* — [27] invenitur *PT; deest verbum in D.* —
[28] stagni *codd.* — [29] minam *C,* mina *PTD.* —
[30] *deest* possunt in *PTD.* — [31] artificiis *TD.* —
[32] *deest* commemoravit *in CPD.* — [33] invenire se
dixit *PTD.* — [34] *deest* Apud in *PTD.* — [35] Boto-
ricas *C,* Beroticas *PT,* Berocitas *D.* — [36] me-
diana *C.* — [37] ipsas Orcadas *PTD; deest* insula
in *CP.*

moriâ vel arte invenerat; et libellum quem arte suâ invenerat[1], titulatione suâ Rorem[2] artium appellavit, ipsumque mentione poëtarum asseruit. Multa quidem et alia difficilia in enigmatibus suis scripsit de his insulis, quæ a nobis incerta vel dubia retinentur[3].

5.[4] In[5] Munitiâ insulâ septentrionali scribit[6] homines cynocephalos, quos[7] nimis famosâ indagatione scrutans, capita eorum capitis[8] canini habere similitudinem reperit[9], reliqua membra humanâ specie, manus et pedes sicut reliquum[10] hominum genus, procerâ[11] staturâ, truculentâ specie; monstra quoque inaudita inter eos : quos vicinæ gentes circa eos Cananeos appellant. Nam fœminæ eorum non[12] præferunt tantùm horum similitudinem; gens scelerata atque truculenta[13], quam nulla historia narrat nisi hic philosophus. Et gentes Germaniæ maximæ qui vectigalia exercent, et negociatores eorum hoc adfirmant, qui[14] in eam insulam crebriùs navale commercium provehunt, et gentem illam Cananeos vocitant. Iidem[15] gentiles nudatis cruribus incedunt, crines nutriunt oleo illitos aut adipe, fœtorem nimium reddentes, spurcissimam vitam ducentes; immundarum quadrupedum illicita comedunt, mures[16] et talpas, et reliqua[17]; ædificia nulla eis sunt[18] condigna, trabibus[19] cum tentoriis filteratis utentes, sylvestria loca et devia, paludes et arundineta[20] inhabitant; pecora nimiùm, et avium copiam oviumque plurimarum habent[21]. Ignorantes Deum, dæmonia et auguria colentes, regem non habent. Stanno[22] magis utuntur quam argento; molliorem et clariorem argento[23] dicunt stannum[24]; nàm in[25] illarum partium locis[26] non invenitur, nisi illùc[27] fuerit delatum aliundè. Aurum invenitur in littoribus eorum. Fruges non gignit nec olera; lactis copiam habet[28] multam[29], mel parum.

6. Hæc omnia idem Philosophus pronâ[30] mentione scribit. Sic et Vafros, Frigontas[31], Murinos[32], Alapes, Turchos, Alanos, Mæotas, Chunos[33], Frisios[34], Danos[35], Vinnosos[36], Rifeos[37], Olches[38] quos vulgus in illis regionibus

---

[1] invenit D. — [2] Rurc P, Rurem CTD. — [3] iucertum vel dubium retinetur PT. — [4] In margine D legitur : De Munitiâ insulâ in quâ sunt homines capita canina habentes. — [5] In omittunt PTD. — [6] deest scribit in PTD. — [7] deest quos in PTD. — [8] eorum capitis omittunt PTD. — [9] deest reperit in PTD. — [10] reliqui PT. — [11] proceres T, proceri D. — [12] deest non in C. — [13] desunt atque truculenta in CP. — [14] quod PTD. — [15] Id ē PTD. — [16] mus PT, mul D. — [17] ædificia et quæ sequuntur usque filteratis desunt in TD. — [18] eis sunt omittit P. — [19] travis P. — [20] arundinosa codd. — [21] habundant TD; deest ni P. — [22] stagno codd. — [23] deest argento in C. — [24] stagnum codd. — [25] in omittunt CP. — [26] locis omittunt CPT. — [27] illinc CPT, illic D. — [28] deest habet in CP. — [29] multum P; deest in TD. — [30] profana CP. — [31] Fricontas P. — [32] Murrinos P, Murinas TD. — [33] Chugnos PTD. — [34] Friges P, Frigas TD. — [35] Danoas TD. — [36] Vumosos P. — [37] Rufcos C. — [38] Olces P.

Orchos [1] appellant, gentes spurcissimas ac vitâ immundissimâ, degentes ultra omnia regna terrarum, sine lege, sine Deo vel [2] ceremoniis. Nàm et illarum regionum pagi omnis [3] Germania est appellata eò quòd sint immania corpora immanesque nationes sævissimis moribus [4] duratæ, adeò indomitæ [5], frigoris [6] rigorem ferentes ultra omnes gentes. Centum pagos dicit esse inter habitabiles et [7] inhabitabiles, a Rheno [8] fluvio usque Oceanum, insulas plurimas, et Mæotidas paludes.

7 Multa [9] scribit de gentibus quas Vetus Testamentum non habet [10], et illarum gentium origine obmissâ; quæ Hagiographia [11] Veteris Testamenti concelebrat, idem Philosophus non scribit, qui omnes Scripturas et legum et liberalium fontem vivum, et matrem historiarum appellat. Legem Moysis plurimùm collaudat, Josephum affatim [12], ac celebrem ejus historiam [13] retinet, et ea quæ in eorum codicibus invenit, denuò scribere ac [14] retexere noluit : dicit enìm ob hoc vagas et stultas gentes non scripsisse [15], quià indigna et vana eorum facta et gesta fuerunt in Diis gentium et abominabilibus [16] idolis [17] simulacrorum et alia multa [18] magicis artibus inventa, et non scientiâ Dei ore prophetico elimata [19]. Pulchrè enìm hoc [20] loco scriptura sua [21] Historiam Sanctam illustrat; aït etenìm [22] : « Si ea facta vel adinventiones [23] « apud gentes quæ ad Aquilonem sunt [24], artium plurimarum in ære et ferro, « armis [25] et navali instructione, et capturâ bestiarum et volucrum, murorum « scientiâ, et alia nonnulla, unum volumen vel multorum philosophorum « et scriptorum indagatio ultra omnes vires lassesceret, quantò magis hoc « quod [26] ab Occiduo usque Orientem septentrionali plagâ, in insulis et ten- « toriis tribûs Japhet dilatatur. »

§ II. *De Gryphis et Turchis gentibus* [27].

1. Gentes et insulas septentrionales hic Philosophus adgreditur, Gryphas [28]

---

[1] Orcos *P*, Orchas *D*, Orobas *T*. — [2] sine *TD*. — [3] hominis *TD*, *deficiente* Germania. — [4] laboribus *D*. — [5] indomiti *codd*. — [6] frigorem et *C*, frigore et *PTD*. — [7] inter *addit D*. — [8] Reno *CTD*. — [9] Multas *P*, plures *TD*. — [10] De gentibus quæ vetus testamentum non abent *rubricato charactere cea titulum habet P*; *omittunt TD*; *titulum* De insulis gentium plurimarumque artium *præfert T*. — [11] aliarum gentium originem, omissamque agiographiam *PTD*. — [12] affatimque *C*. — [13] ejus historiam omittit *D*. — [14] et *CP*. — [15] *desunt* non scripsisse in *D*. — [16] abominationibus *PTD*. — [17] *deest* idolis *in D*. — [18] aliis multis *C*. — [19] et non scientiâ Dei ore prophetico elimata *obliterata sunt in C*. — [20] huic *PTD*. — [21] scripturæ suæ *PT*; Scripturam Sanctam sua historia *D*. — [22] enìm *PTD*. — [23] quæ *addunt codd*. — [24] et *addunt PTD*. — [25] arma *PTD*. — [26] *desunt* quanto magis hoc quod *in PTD*. — [27] De artium plurimarum instrumentis *titulum præferunt CPT*. — [28] Griphas *CP*, Grifas *T*, Gripheas *D*.

gentes, proximam partem[1] Oceani, undè ait vetusta fama processisse Saxonum sobolem, et ad Germaniam[2] præliorum[3] feritate proaccessisse[4]; gentes[5] stultissimas, quæ[6] velut[7] ferarum et struthionum vel crocodillorum et scorpionum genera sunt. Inter alias gentes ad Aquilonem juxta Hyperboreos montes[8] habitant[9], ubi Tanaïs[10] amnis exoritur, nimio frigore undiquè circumvallatæ, inter Oceanum et Tanaïm; gens inquieta, prædones aliarum gentium[11]; quòd[12] si captivorum caterva in eorum manibus incurrerit, aut nunquàm aut vix reverti quis valet[13]; de eâ generatione nullus fidelis aliquandò narratur[14] fuisse.

2. Ea regio nullam frugem utilem gignit[15], sed[16] bestiarum multitudinem, et pecorum, et equorum[17] qui[18] eminentiores sunt et utiliores quàm in aliis gentibus[19], simias et pantheras; gignit[20] plurimùm cristallum, et succinum lucidissimum et obdurantem velut lapides[21], et pulcherrimum. Gnaros gentiles artificiis[22] diversis[23] habet[24], in tubarum quoque[25] strepitu, et bestiarum capturâ. Habet et aurum optimum in aliquibus locis, fabricamque[26] industriorum hominum in armis bellicis[27], loricarum, galearumque et ocrearum[28]; et dives est ferro valdè. Habet et[29] aves hyrcanias et fibras quarum pennæ miræ magnitudinis[30] nocte lucent.

3. Inhabitant enìm Oceanum Boricum[31], in quo[32] finitima barbarica, inaudita, et abdita, in quâ Turchi inhabitant.

4. Turchos enìm alia scriptura omittit; nàm poetæ et philosophi eorum mentionem faciunt, nonnunquàm etiàm[33] alia gesta gentium, Æthicus verò[34] plurimùm. Dicit eos usque Euxinum maris sinum insulis et littoribus inclusos, Birricheo monte[35] et Taracontâ insulâ[36] contra ubera Aquilonis; gens ignominiosa et incognita, monstruosa, idolatra, fornicaria, in cunctis

---

[1] proxima parte CD. — [2] Germanos D. — [3] ampliori D. — [4] peraccessisse PTD. — [5] *Hic incipiunt Æthici fragmenta quædam saltuatim excerpta de Alexandro Magno in codice Vossiano.* — [6] *deest* quæ *in* PTD. — [7] vel C; *deest in* D. — [8] Hyperboreis montibus P. — [9] *deest* habitant *in* CP. — [10] Tantus D. — [11] Prædens alias gentes TDV. — [12] *deest* quod *in* PTD. — [13] revertere quis valet P, revertitur unquàm TD. — [14] quis narrat PTD. — [15] gignens TD. — [16] sed *omittunt* PTD. — [17] multitudinem *hic iterum habent codd.* — [18] *Desunt* qui *et* sunt *in* PTD. — [19] quam aliæ gentes P, quam in alias gentes TD. — [20] gignens TD. — [21] lapis D. [22] artifices PTD. — [23] diversos PT, diversorum D. — [24] *deest* habet *in* PTD. — [25] *deest* quoque *in* PTD. — [26] fabricam PTD. — [27] arma bellica PTD. — [28] ocreas PTD. — [29] *deest* et *in* CP. [30] mira magnitudine C. — [31] Boreum C, Borreum P. — [32] quorum CP. — [33] enim TD. — [34] *deest* vero *in* PTD. — [35] Birrichibus montibus C, Birricheos montes PTD. — [36] Tarcontis insulis C, Tharacontas insulas P, Taracontas insulas TD. *Hic in margine D titulum habet :* Birrichei montes et Taracontas insulas.

stupris et lupanariis[1] truculenta, a quo[2] et nomen accepit, de stirpe Gog et Magog.

5. Comedunt enìm omnia[3] abominabilia et abortiva, hominum juvenum carnes, jumentorúmquc et ursorum,[4] vulturum et choradrium[5] ac milvorum, bubonum atque bisontium, canum et simiarum. Staturâ deformi, nunquàm loti aquâ, vinum penitùs ignorant, sale nullatenùs utuntur, frumento nunquàm usi[6]. Diem festum nequaquàm, nisi mense Augusto mediante, colunt[7] Saturnum, ob hoc quòd temporibus Octaviani Augusti censum dederunt in auro littorico, nulli[8] regum aut imperatorum nec anteà nec posteà[9], et tunc quidem sponte, videntes quoque[10] vicinas gentes censum dare, arbitrati sunt quòd Deus[11] dierum novus ortus fuisset, et in ipso mense Augusto congregaverunt ad[12] unam catervam generationem cunctam seminis eorum in insulâ majore maris Oceani[13] Taracontâ[14], feceruntque[15] acervum magnum lapide ac bitumine conglutinatum, ædificantes pylas prægrandes miræ magnitudinis et cloacas subtùs marmore constructas, Pyrrham[16] fontem conglutinantes[17], et appellaverunt linguâ suâ Morcholon[18] id est stellam deorum, quo[19] derivato nomine Saturnum appellant; et urbem[20] maximam ac munitissimam erexerunt illîc, nuncupatam Taracontam[21].

6. Quæ gens Antichristi temporibus multam faciet vastationem, et eum Deum dierum[22] appellabunt; cum semine pessimo eorum prosapia reclusa post[23] portas Caspias. Habent enìm staturam fuligine teterrimam, crines corvini similitudinis[24], dentes stertissimos; camelorum multitudinem quales[25] et Bactria gignit[26], mulorum copiam velocissimorum magis quàm Nabathæi et Ismaelitæ vel Hyrcani, canes fortissimos ultra omnes generationes ingentesque ità ut leones pardos et ursos perimant.

7. Alexander enìm Magnus Macedo[27] hanc generationem capere nec subjicere potuit; multis nempè vicibus exercitum vel aciem contra eos direxit, et non potuit superare; quâ in re, considerans eorum ferocitatem et

---

[1] lupanaribus *C*. — [2] quibus *TDV*, qua *P*.
[3] universa *PTDV*. — [4] et *addunt TD*. — [5] *deest* choradrium *in DV*. — [6] *deest* usi *in TD*. — [7] colere *PTD*. — [8] nullorum *PTD*. — [9] Nec anteà nec posteà *omittit C*; postmodùm *habet P*. — [10] *deest* quoque *in D*. — [11] dies *D*. — [12] congregati sunt in *TD*. — [13] *deest* Oceani *in D*. — [14] Tharaconta *P*. — [15] fecerunt *P*, et fecerunt *TD*. — [16] Phirram *CPT*, Phirrum *D*. — [17] congluti-natam *C*, glucinantem *P*, conglutinantem *TD*. — [18] Marcholon *PD*, Marcholom *T*. — [19] quod *C*, quæ *PTD*. — [20] arborem *D*. — [21] Taraconta *C*, Tharacontam *T*, Tharaconta *D*. — [22] Deum deorum *excripsit R. Baco*. — [23] *deest* post in *CP*. — [24] corvorum similitudine *TD*. — [25] *deest* quales *in D*. — [26] gignent *T*, gignunt *D*. — [27] Macedon *C*.

aviditatem, loca munitissima atque tutissima[1], montuosa ac [2] sylvestria, obstupefactus, ad satrapas suos[3], ut hic Sophista aït, dixisse fertur[4] : « Ter- « rarum regna et regiones a mundi climatibus ambivimus, gentes sapientes et « rationabiles vastantes attrivimus; populum inclytum, sublimem ac sinceram « gentem[5], ab Indiâ magnâ usque ad [6]meridiem, et ab Æthiopiâ usque ad « occiduum maris cuncta lustravimus; quid utilitatis causa aut necessitatis « extitit tot hominum sanguinem fundere, et ultionem capere domesticarum « gentium? Idcircò omnes inferorum dæmones et adversariorum phalanges[7] « hîc reliquimus[8] in humanâ specie latentes[9]. Heu! ne quandò audiant vel per- « cipiant mellifluam et uberrimam mundi gloriam et abundantiam, et regna « inclyta, cuncta bona et optima, omnemque decorem et pulchritudinem ho- « minum, ne fortè irruant in universam superficiem terræ, et quasi panem « cuncta decerpant ac deglutiant. O et tu Aquilon, mater draconum et nutrix « scorpionum, fovea serpentium lacusque[10] dæmonum, faciliùs fuerit[11] in te ob- « turationem inaccessibilem[12] fore velut infernum quàm tales gentes parturire ».

8. Cogitabat enìm quali ingenio aut arte eos obstrueret[13], et non præva-luit propter magnitudinem maris vel montium. Tamen omnibus diebus vitæ suæ inmensam[14] molestiam idem[15] passus fuit, quid ob hoc agere deberet. Dehinc ad Caspios transiit, et ibidem grande luctamen atque certamen ha-buit sicut[16] in antè[17] pagina procedens[18] ostendet[19].

§ III. De Viarce et Bridinno, Gadarontis et Meoparonitis insulis[20].

1. Nunc igitur ad cœptum opus, a capite Germaniæ, insulis Oceani[21] Phi-losophus indagatione cursìm peragratis[22], exorsus est. Itaquè[23] et habitato-ribus Germaniæ fixum tenetur Viarcem et Bridinno[24] insulas Oceani tàm pusillâ staturâ ut ad minorum[25] cubitorum[26] mensuram vix perveniant; populus exiguus, ad nullam[27] utilitatem aptus vel promptus nisi tantummodò reliquis populis fortiores triones[28], plumarii ac polymitarii[29]; fabri enìm

---

[1] virtutissima P. — [2] atque P. — [3] deest suos in C. — [4] refertur TD. — [5] deest gentem in P. — [6] deest ad in C. — [7] falanga P, phalangas TD. — [8] relinquere C. — [9] deest latentes in P. — [10] lacus P. — [11] fuerat PTDV; deest in C. — [12] obturatio inaccessibilis D, deficiente fore. — [13] instruerat DV, deficiente eos. — [14] immenso P. — [15] idemque PTD. — [16] sicuti PT. — [17] anteà PTD. — [18] præcedens P, sequens TD. — [19] ostendens D. — [20] In margine habet D : De insulis Viarce et Bridinno in quibus habitant homines pusillæ staturæ vix ad mensuram unius cubiti pervenientes. — [21] vertamus addunt PTD. — [22] Philosophi indagationem cursim peragratam PTD. — [23] exorsus est ità quod P. — [24] Bridinnas exscripsit Ortelius. — [25] minorem PTD. — [26] cubitum CPT, cubiti D. — [27] deest nullam in D. — [28] fortior striones PTD. — [29] plumariis ac polimitariis C, plumarios ac politimarios PTD.

aurifices ex eis plurimi fiunt. Hos vulgus Nanos appellat. Philosophus ergò hos nothos[1] vel nugaces nuncupat[2]. In his insulis fera nulla, anguis nullus, bestia rarò[3] reperitur[4] nisi vulpes, et cuniculi[5] multi ac lepores[6]; qui[7] tamen vulpes metuunt, et salamandras ūtiquè[8]. Has insulas mare circumdat et saltus parvulus[9]. In Viarce quippè majorem staturam habere dicuntur[10] quàm in Bridinno. Avium copiam tàm immensam quàm in[11] nullâ aliâ insulâ reperit nisi[12] in Mæotide[13] lacu; et talem tumultuationem vel garritum faciunt omni tempore quasi tonitruum magnum aut elevatio maris, quià flante vento Boreâ rugitum non modicum cum[14] plumis et pennis velut densissimam elevationem nebulæ faciunt[15] in aëre. Nàm juxta mare[16] panitium et milium seminant et multùm in semen proficiunt[17]. Hæc illorum et vitæ[18] labor et opus est et utilitas; undè mirabiliter actus et opera illorum in ridiculum et fabulas Philosophus narrat, quæ nullam utilitatem legenti præbent[19].

2.[20] Gadarontas[21] insulas scribit, ultraque illas nullas[22] autumat, et ibidem[23] frigoris et stridoris valdè, ubi barbaræ gentes inhabitant, arte musicâ cum tibiis æreis vel aurichalco ornatis viribus prolatis incognita carmina ultra alias gentes proferentes[24], ità ut syrenarum multitudinem suorum carminum inmensitate promoveant. Et illæ maximè de negotiis degunt[25]; hordeum et far tantummodò; labores eorum sunt satis exigui[26]. Ferri metallo[27] fertiles, et maximè nauticâ arte periti[28]; Byrrones[29] suâ[30] linguâ vòcitant parvulas naves in altum veluti pyramides porrectas, et in angusto finitas, quasi dromones cursu velocissimo in maris undâ, ferentes ventorum vehementiam[31], resistentes magno vigore tempestati maris, et[32] adeò tantam vim sinè periculo transigunt[33] ut salubris fiat portus navigantium.

3. Deindè[34] ad insulas[35] Meoparonitas[36] Æthicus progreditur[37], quas, duarum geminatas januarum ambitu, inquit esse[38] intra[39] Oceanum ma-

---

[1] hos notos *T*, honustos *vel* homistos *D.* — [2] appellat *TD.* — [3] bestia rara *C*, bestiolæ nullæ *TD.* — [4] *deest* reperitur *in PTD.* — [5] cunicelli *D*, cuniccli *T.* — [6] lepus *P.* — [7] quæ *PT*, quæ gens *D.* — [8] undique *P.* — [9] parvulas *TD.* — [10] dicit *CP*, dicitur *T.* — [11] In *omittunt PTD.* — [12] *deest* nisi *in D.* — [13] meotido *codd.* — [14] *deest* cum *in CPT.* — [15] elevat *CP.* — [16] In arena itaque maris *CP.* — [17] proficit *CP.* — [18] vita et *PTD.* — [19] quod nullius utilitatis legenti præbet effectum *TD.* —

[20] De Gadarunta insula *habet D in margine.* — [21] Gadaruntas *D*; Gadaronitæ *nominantur ab Ortelio.* — [22] ultra quem nullus *D.* — [23] ibi *D.* — [24] *deest* proferentes *in PTD.* — [25] degent *PTD.* — [26] exiguæ *CPT.* — [27] metalla *PT.* — [28] imbuti *CP.* — [29] Birrones *PT*, Birones *D.* — [30] eorùm *PTD.* — [31] vehementiæ *TD.* — [32] et *omittunt PTD.* — [33] transigere *PT*, transire *D.* — [34] Dein *CP.* — [35] maris *addit D.* — [36] Meoperanitas *C.* — [37] pervehitur *C*, provehitur *P.* — [38] inquiens *CPT; omittit D.* — [39] in *codd.*

gnum Boricum, in [1] longitudine non modicâ, circumvallatas ipso pelago [2] :
nàm inundatione fluminum irriguæ [3], populo barbarico fœcundæ [4], ingenii
efficacis [5] atque velocis [6] in arte navali [7], et strenui in fabrorum fornace;
eorum peritia in diversis operibus occupata. Nonnunquàm etiàm tàm veloci
sunt [8] navigatione ut latenter trieribus aut scaphis seu [9] carinis doloso fora-
mine pertusis [10], earum ruinâ [11] necem navigantium vel ruinam maximam
faciant, et omnia quæ inibi sunt [12] violenter auferant, et ad extremum iterùm
periclitatis nautis [13], naufragio perpetrato, iterùm navium instructionem re-
parent [14] pristinam. Habent itaquè industriam operandi nauticam, quam in
nullis partibus mundi vel insulis maris [15] comperisse se [16] dicit, ad inventionem
artium quarum ab hominibus [17] incertum ducitur. Faciunt [18] nempè naves
quas Colimphas nuncupant, adnexas [19] catenulis ferro ductili insertasque [20]
cortice in giro, et [21] usquè ad summum miro ingenio adstrictas; tantummodò fundus lignis levigatis [22], et ab intùs stanno [23] et crudo admodùm et
extento corio cum bitumine viriliter adstricto [24], videlicet asincito [25].

4. Meopari quoque citimam confectionem inquiunt a parte solis speculo
electrino et vitreo valdè lucidissimo spissoque connectentes [26] acerrimo
culice ponunt; et [27] tàm sub aquarum densitate quàm et mediâ inundatione
si incubuerint, lumine [2] nunquàm indigent in [29] tenui ingluvie aquarum sursùm respicientes, tantâque vi [30] ingeniorum sunt edocti, ut resupinatis viribus
juxta illa specula parvâ [31] voragine cum bitumine supradicto litâ aquæ interiùs
introïre non queant [32].

5. Uncinis ferreis adeò in manuum vel digitorum similitudinem curvatis,
cum catenulis ferreis miro ingenio productis, ut in quibuscumque gurgitibus impetu velocissimo emissæ fuerint, mox [33] quamvis modicum lapillum
contigerint, colimpharum [34] ubicumquè voluerint [35] anchoram figere [36], statìm quandò [37] voluerint stationem faciunt, et cùm [38] aliarum navium ruinam

---

[1] *deest* in in *C.* — [2] circumvallata ipsum pelagus *PTD.* — [3] irrigua *codd* — [4] fecunda
codd. — [5] in ingenio efficaces *P.* — [6] tamque
veloces *PTD.* — [7] artium navalium *CPT.* —
[8] *deest* sunt *in PTD.* — [9] aut *CTD.* — [10] *deest*
pertusis *in D;* pertunsis *habet C,* pertusum *T.*
— [11] et *addunt PTD.* — [12] *deest* sunt *in D.*
— [13] nauticis *CPT.* — [14] reparant *PTD.* —
[15] *deest* maris *in CD.* — [16] *deest* se *in TD.* —
[17] omnibus *TD.* — [18] *deest* faciunt *in CD.* —
[19] adnectas *PT.* — [20] insertas *PTD.* — [21] *deest*
et *in PTD.* — [22] ligno levigatissimo *TD.* — [23] stagno *codd.* — [24] adstricta *codd.* — [25] hasincito
T, citissime *D.* — [26] querco nectentes *C.* —
[27] *deest* et *in PTD.* — [28] lumen *codd.* — [29] in
omittit *D.* — [30] tantam vim *PTD.* — [31] parvo
PTD. — [32] nequeant *D.* — [33] ut *addunt PTD.*
— [34] colimphæ *P,* colimphas *TD.* — [35] *deest*
voluerint *in T.* — [36] fieri *PT,* ferri *D.* — [37] quan-
doque *P.* — [38] *deest* cum *in PTD.*

incurrunt, ventorum vehementiam tolerant absque ullo periculo, tempestates maris quas æquor illud[1] sæpiùs patitur non metuunt, nec periculum illarum incurrunt; sed in tantâ velocitate aquarum elevationem sufferunt, ut absque aliquâ molestiâ portum quò tendunt pertingant.

6. Maximè ab initio mensis Junii, quandò situm stellarum vel signa præcipua cognoverint, usque kalendas novembres[2], quasi[3] ad prædam sine ullâ intermissione erumpunt; undè idem Philosophus aït : « O tu mare bru-« mericum, catago multorum hominum, aquilarum pennas assumunt[4], nau-« fragium gentium ad extremum ultra magnitudinem piscium et belluarum « ac hominum hamum, triumphatorium[5] hostium cachinfatorum[6] naufra-« gium, aulonium navium privata vehicula nauclerium, subsecutâ jàm « morte periculum, lymphâque arena[7] assumitur et carina magna[8] trituratur; « trieris singultum rigatur[9], scapha dolosè opprimitur, ululant naves maris « mure[10] vorante[11] decipulam, colimphas in modum testudinis cochleis ada-« mantinis a tergo[12] navium umbilicis aculeum Meoparorum insidiæ ruina « multorum fieri, gemunt[13] naves maris prædonum crudelium sub latice « fore dromones ». Barbaricâ enìm linguâ dromonum[14] imagines[15] pyrnas[16] nuncupant, id est aquarum prædones sub aquâ degentes.

7. Idem aït Philosophus ultra illas gentes vel[17] insulas alias non esse, et in laboribus[18] suis quibus a meridie ambulavit[19] per Oceanum, nullarum partium in tàm inæstimabiles artium multudines similia opera vel similitudinem non invenisse[20]. Asserit Alexandrum Magnum illùc[21] per obsidum fœdera peraccessisse[22], ob hoc tantùm ut hâc causâ navalium industriam[23] consideraret et[24] astutiam; et ultrà quàm credi potest[25] de eo famosissimas fabulas inquiunt[26]. Aïunt enìm in ipsas colimphas ipsum Alexandrum introïsse et in[27] profundum maris[28] descendisse[29] usque ad imum[30] ut sciret Oceani profundum et differentiam maris et abyssi[31]; nobis verò incredibile videtur : Philosophus namquè per eorum assertionem tantummodò hoc af-

---

[1] ille ĈPT. — [2] kalendarum novembrium TD, k' novembris P. — [3] et tunc C. — [4] ad summum P. — [5] triumphatorum CTD. — [6] cadi in fatorum C. — [7] arma codd. — [8] deest magna in D. — [9] rigatum C. — [10] mire TD. — [11] volante PT. — [12] terga codd. — [13] gement TD. — [14] dromum CD, chronium vel chromum P. — [15] vagines CD, imagine P. — [16] pirnas TD. — [17] deest vel in D. — [18] la-biis C. — [19] ambiunt (pro ambivit) CTD. — [20] habet P in margine : Quomodo Alexander in profundum maris descendit. — [21] ibidem PTD. — [22] accessisse D. — [23] industrium codd. præter Opitianum, in fragmentis editis. — [24] et omittunt codd. præter O. — [25] quæ addunt TD. — [26] ferunt TD. — [27] in omittit P. — [28] deest maris in C. — [29] conscendisse C. — [30] locum TD. — [31] sciret addit P.

firmat [1]. In amicitiâ secum Alexander ipsos applicuit [2], et munera multa dedit eis, ibique aras magnas fixit quæ usquè nunc Aræ Alexandri Magni dicuntur. Idemque ab ipsis Meoparis inventum dicit bitumen undè Caspias portas munivit, in insulâ Tripiciâ [3] parvulâ [4] maris Occani, quod in nullis aliis insulis vel orbe terrarum inveniri [5] cognitum [6] est.

§ IV. *De Rifaricâ insulâ.*

1. Deindè ad insulam Rifaricam [7] stylum ponit idem Sophista, ibique gentem audacem atque velocem et validi ingenii [8] asserit [9], gnaram in subversione urbium ac civitatum munitarum, atque [10] promptissimam, et callidam ingenio [11] fabrorum; qui [12] præcogniti [13] in [14] arietibus diversâ arte [15] instrumentoque bellico efficaces, trucurros [16] et bastarmas [17] faciunt eo modo ad muros ac mœnia [18] munitarum arcium [19] subvertenda, cædentes et dirimentes fortia quæquæ ferro acerrimo ter coctione laterum et copiâ carbonum appositarum rerum per manus artificum. Trabes [20] ex lignis levigatis [21] cavatas [22] per [23] obumbrationem ponunt [24], et contignantia [25] coria camelorum aut boum a sole perdurata et linita bitumine, et [26] repagula subtùs ferrea [27] cum [28] rotis viginti quatuor ferro circumdatis atque clavis ingentibus affixis, duodecim quoque [29] vectes in modum columnarum præcedentes cum malleis ferreis duodecim. Quadraginta et octo juga boum subtùs ad vehendam ipsam bastarmam [30], et a qualicumque parte a quatuor plagis mundi vis [31] ventorum per [32] anhelitus ingruerit, habentes eos [33] torvos ex filis [34] factos sicut in fabrorum inmanissimâ fornace [35], ex quacumque parte venerit [36], ut muros suffodiant statìm aperiunt ora folliculorum, et exsurgente magno flatu ventorum et [37] ingruente [38] anhelitu, turgescentibus velis boatum ingentissimum [39] organorum atque draconum sonitum

---

[1] quod *addunt TD.* — [2] adplicavit *TD.* — [3] Tripitia *CD.* — [4] parvuli *D.* — [5] invenire *P.* — [6] incognitum *P,* præcognitum *TD.* — [7] Rifarricam *PT,* Rifarticam *D, eadem sanè quæ superiùs* Rifargica.— [8] valido ingenio *PTD.* — [9] *deest* asserit *in PTD.*— [10] ad subvertendum *D; omittunt PT.* — [11] callidum ingenium *codd.*— [12] *deest* qui *in PTD.* — [13] *deest* præcogniti *in D;* incogniti *habet T.* — [14] in *omittunt PTD.*— [15] diversæ artis *TD.*— [16] tracurros *T.*— [17] basternas *TD; habet P in margine:* Bastarma ad muros frangendos.— [18] murorum ac mœnium *PTD.* — [19] *deest* arcium *in D.* — [20] trabibus *PTD.* — [21] atque *addunt TD.* — [22] cavatos *C,* cavatis *PTD.* — [23] super *PTD.* — [24] *deest* ponunt *in PTD.* — [25] contignationem *TD.* — [26] *deest* et *in PTD.* — [27] ferreis *D.* — [28] *deest* cum *in PTD.* — [29] *deest* quoque *in PTD.* — [30] basternam *TD.* — [31] vim *PTD.*— [32] *deest* per *in PTD.*— [33] *deest* eos *in PTD.* — [34] velis *P.*— [35] et *addunt PTD.*— [36] evenerit *P.*— [37] *deest* et *in PTD.* — [38] per *addit C.* — [39] ingenti *P.*

reddit, et tunc[1] impetu magno elevatur bastarma[2] cum jugis qui subtùs sunt boum, et artificum[3] pugnatorumque catervâ, percussorum ictu[4], et[5] quamvis munitissimus sit murus[6], impetum tàm validissimum et velocissimum ferre non potest, sed dissipatur statìm et ruinam facit in illâ bastarmâ[7] quæ inferiùs munita tenetur, et[8] duodecim[9] hominum ad pugnam procedentium tegit et capit[10]. Tantamque[11] vim habet ad sustentandum ferrum, aquam vel lapides, si desuper jacula evenerint[12], ut quomodò[13] parvulus lapillus aut scintilla ignis super dorsa glacierum contineri non valet, ità in ipsum tegumentum[14] statìm prolabitur et collidi in[15] nullâ[16] parte potest[17].

2. Utuntur etenìm[18] curribus falcatis et romphæis ingentibus, cultrisque ferro et acerbo acumine duratis. Lancearum et sagittarum armamentarii multo ingenio experti, et sævissimis moribus durati[19]. Trucurrorum artificium eorum linguâ nuncupatur, quasi tricurros[20] id est[21] duodecim vehicula in modum curruum jungant[22]. Velocissimi et expediti ad prædam capiendam[23] seu et castrorum aciem jaculandam, et desuper cooperti culleis magnis ex corio animalium et pecudum, clypeo a fronte tantummodò muniti, reliquâ parte ferro et ære[24] circumdati sunt[25]. Mulorum[26] junctione[27] velociter deportantur[28], præsidio ex cortice et funium fortissimorum super cacumina rotundarum rotarum extento, atque ità muniti pergunt[29] ut jacula atque sagittæ eis nocere nec lædere[30] valeant. Hyrcanæ vel Scythæ et Albanæ gentes ab his utilia arma negociantes deportant et utuntur. Celebrè apud gentes[31] illas istorum industria divulgata est.

3. In hâc insulâ sylvarum est[32] magnitudo[33], et lacedemoncs[34] bestiolæ venenatæ ità ut tactu suorum dentium vel anhelitu alias bestias majores et homines perimant. Sed habitatores illius cavernas faciunt, quià montuosa sunt sylvestria loca illa, et per angustos calles[35] foveolas in cavernis petrarum[36] faciunt; illîc[37] enim lanceas[38] ferreas quadrangulatas ponunt sursùm

---

[1] *deest* tunc *in PTD.* — [2] basterna *TD.* — [3] craficum *TD.* — [4] icta *TD.* — [5] *deest* et *in PTD.* — [6] *deest* murus *in P.* — [7] basterma *TD.* — [8] *deest* et *in CP.* — [9] millia *addit P.* — [10] teguntur *C*, tegitur *D*, tegitur et capitur *PT.* — [11] Tantam *PTD.* — [12] venerint *D.* — [13] quasi *TD.* — [14] ipse *addit C.* — [15] *deest* in *in TD.* — [16] ulla *C.* — [17] non possit *C*, non potest *P.* — [18] enim *PTD.* — [19] duri *TD.* — [20] tracurros *TD.* — [21] id est *omittunt PTD.* —

[22] jungunt *PTD.* — [23] *deest* capiendum *in TD.* — [24] arto *TD.* — [25] *deest* sunt *in PTD.* — [26] multorum *P.* — [27] junctatione *C.* — [28] deportatur *PTD.* — [29] *deest* pergunt *in PTD.* — [30] livorare *CP.* — [31] gentiles *D.* — [32] est *omittunt PTD.* — [33] leonum *addunt CTD.* — [34] lace *T*; *deest vocabulum in D.* — [35] angustas cellas *TD.* — [36] *deest* petrarum *in P.* — [37] illinc *PT*, illuc *D.* — [38] lances *C*, falces *PD*, fauces *T*.

curvatas deorsùm erectas; illæ itaquè bestiolæ ut invenerunt offendicula, statìm venena diffundunt et calescente ferro illisque in irâ sævientibus et magis ac magis veneno erumpente, et lanceæ[1] dissolvuntur et bestiolæ illæ ab ustione ferri consumuntur.

4. Multa et alia Philosophus de hâc insulâ scribit, quæ majores nostri aut ignoraverunt aut noluerunt patefacere. Habet et flumina modica Munervium[2] et Conobium[3], quorum[4] arena aurum[5] præfert et lapidem calchirium[6] pretiosum in modum chrysolithi[7]. Per[8] omnia quippè hic philosophus laudabili ingenio mirabiliter operum ipsorum[9] in[10] humanâ arte collaudat astutiam; sed divinæ gratiæ nihil in bonis operibus. Quæ Dei sunt ignorant; regem non habent, sed duces; nàm inter se pacis fœdera faciunt et sibimet non adversantur. Tamen deos[11] adorant et illis vota reddunt, immanitatem errorum ducentes.

§ V. De Byzâ et Chrysolidâ insulis.

1. Vicinæ sunt itaquè illis[12] insulæ Biza[13] et Chrysolida[14], et in eis similiter barbaræ gentes inhabitant, de semine Japhet. Terra inter Oceanum et montes Byrrones[15]; populus stultus; nihil bonitatis et utilitatis in eis, ferarum immanitatem habentes. Quandò ad bella hostium aut ad prælia veniunt[16], si[17] ad locum conventûs in quo solent hostium cunei ad pugnam procedere[18] antè denunciatum fuerit[19] agmen[20], statìm ultrà[21] quàm credi potest terram subfodiunt et[22] plus quàm centum cubitus tàm in[23] longitudine quàm in[24] latitudine effodiunt cespitum multitudinem maximam[25], et horum[26] congeriem[27] cooperiunt ità ut planicies camporum reddatur aspectu; sed[28] ab aliâ parte quasi subfossæ munitæ[29]; in reliquam ambitionem subdolè lanceæ[30] fortissimæ[31] sursùm ambulantes[32] perforant.

2. Sunt itaquè ad terram fodiendam præcogniti plus quàm aliæ gentes ter-

[1] lances *CP*, jacula *TD*. — [2] Minervio *P*, Minervia *T*, Minerva *D*. — [3] Conubio *PTD*. — [4] quæ *PTD*. — [5] pretiosum *codd*. — [6] chalchirio *TD*. — [7] crisoliti *CPD*, crissolito *T*. — [8] *deest* per *in PTD*. — [9] suorum *TD*. — [10] in *omittunt PTD*. — [11] diis *P*. — [12] *deest* illis *in PTD*. — [13] Byzas *C*, Bizas *P*, Bazis *TD*. — [14] Crissolida *CT*, Crisolida *PD*. — [15] Birrenos *PTD*. — [16] *deest* veniunt *in P*. — [17] nisi *T*, usque *D*. — [18] si *addunt PTD*.

[19] denunciati fuerint *C*. — [20] quadratum agmen *P*; *deest* agmen *in C*. — [21] *deest* ultra *in D*. — [22] *deest* et *in PTD*. — [23] in *omittit T*. — [24] *iterùm* in *omittit T*. — [25] copiosam *TD*. — [26] et horum *omittunt PTD*. — [27] congeries *CTD*. — [28] aspectus et *PTD*. — [29] *deest* munitæ *in C*. — [30] lances *codd*. — [31] fortissimi *C*, fortissimas *PT*, fortissimas *D*. — [32] ambulantibus *PTD*.

rarum ; nàm ad subvertendas urbes munitas talem artem et ingenium habent[1] : subfodiunt ab imo hùmum nimiâ voragine, et[2] alii subfodiunt murum[3], alii tecta dolatis[4] operiunt materiis ingentissimis super operariorum congeries, ut[5] si jacula[6] obsidentium evenerint[7], aut si terra aut muri corruerint, præsidium sit eis munimen et congeries tectorum ; in girum enìm si planicies urbium fuerit, alii clypeo tecti loricis et armis protegunt[8], alii immanissimis malleorum ictibus fundamenta murorum quatiunt, et urbes corruunt. Undè Philosophus aït : « Mœnia[9] urbium, nimio terrore ululate[10], « brutorum mucrone eradicata catasta[11] pulchra redigitur[12] ad nihilum[13]; « robustarum mœnia urbium dissoluta, opus[14] artificum : lacerta, locusta, « brucchus[15] et[16] tinea, et[17] formica arabica ungulis ferreis rabie frivo- « losa[18] contorta[19] subdolè eradicaverunt intemerata saxa; mugitum de- « dere mœnia ceu aurea vitula[20]. »

3. Aït enìm in illâ regione omni tempore[21] frigus; monstra ibidem vidisse : quæ incredibilia videntur[22]; et ne parva[23] videatur tot laboris industria, quià terror magnus potest esse lectori, et audientibus intolerabilis pavor; nihil bonitatis aut decoris in illis; crudelissimi atque spurcissimi, truculento et horribili aspectu; carnes cruentas comedunt. Sal in illis locis rarò invenitur, et quasi peregrinum videtur : ob hoc vulgò dicitur[24] vectum[25]. Ventum[26] qui[27] ab ipsis montibus flat[28], nimis acerrimum et frigidum[29], Bizam vocitant. Cristallum lucidissimum in illis montibus invenitur, et gemmæ variatæ pulcherrimæ, quas illi Cantaridas vocitant[30], alio vocabulo Leænitæ[31] apud nos[32] appellantur. Metalla multa ac immensa[33] ferri in ipsis montibus ad radicem ipsorum colligunt.

4. Ipsas gentes[34] Alexander Magnus recludere voluit[35], sicut et alia viginti duo regna Gog et Magog[36] fecit, ad ubera aquilonis, quià et[37] istæ ex eâ prosapiâ[38] rabidâ[39] et pessimâ sunt ultra[40] universas gentes quæ sub

---

[1] tali arte et ingenio vigent *TD.* — [2] *hic deest et in PTD.* — [3] *hic et habent PTD.* — [4] dolose *TD.* — [5] aut *TD.* — [6] alia *TD.* — [7] *deest* evenerint in *D.* — [8] *deest* protegunt in *PTD.* — [9] Munimenta *P.* — [10] ululatu *TD.* — [11] castra *TD.* — [12] redigetur *C.* — [13] ad nihilum *omittunt CPT.* — [14] *deest* opus in *CPT.* — [15] brucis *C*, brucus *P.* — [16] *hic deest* et in *TD.* — [17] *hic deest* et in *CP.* — [18] fribulosa *P*, fribolosa *TD.* — [19] *erasum* contorta in *C.* — [20] vitulina *D.* —

[21] semper *TD.* — [22] incredibile videtur *PT.* — [23] prava *TD.* — [24] *deest* dicitur in *C.* — [25] *deest* vectum in *CP.* — [26] *deest* Ventum in *TD.* — [27] quia *PTD.* — [28] flatus *TD.* — [29] quod ipsi *addunt TD.* — [30] Cantaredas vocant *P.* — [31] Lenitæ *C,* Leenitas *PTD.* — [32] apud nos *omittit C.* — [33] acum' et *CP.* — [34] ipsam gentem *V.* — [35] volens *V.* — [36] Got et Magot *V.* — [37] *deest* et in *D.* — [38] prosapie *C.* — [39] rapidâ *PV; desunt* rabidâ et pessimâ in *D.* — [40] inter *V.*

cœlo sunt; et [1] ità et hanc gentem in obsidionem posuit, ut munitos montes obstrueret : sed mare Oceanum, parvulas insulas, ac minima intervalla, syrtesque sabulorum [2] et mollia quæque [3] littora, ac [4] pelagus undiquè obductum [5], ob hoc obstruere non potuit; sed maximam multitudinem gladio crudeliter interfecit.

§ VI. *De gentibus ab Alexandro inclusis ad ubera aquilonis.*

1. Nonnulla [6] et inaudita gentium illarum immanitatem scribit, et adinventionem [7] incredibilium argumentorum. Tamen ad mare Caspium et ubera aquilonis pylasque eminentissimi culminis [8], multa spatia terrarum vastissimâ ambitione girata mari Oceano in [9] plagâ septentrionali, et mari Caspio ab occasu suffluente [10] ad meridianam plagam vergente, quasi stadiorum duo millia [11] ab utrisque partibus montium densitate vallata, et [12] tàm in littoribus utrosque [13] ambages quàm [14] et reliquos fines [15] illarum regionum ultrà quàm credi potest montes [16] immensæ magnitudinis ambiunt, ità ut in cacumine vel vertice eorum ascensus [17] incredibilis et difficilis esse videatur, jugaque asperrima. Sectiles [18] ab intùs in longitudine arbitratus est Philosophus mille millia passuum quos nos dextros [19] vocamus, et [20] mille milliaria in latitudine; et alias partes æstimare [21] non potuit præ [22] magnitudine, propter nimiam munitionem et habitationem gentium pessimarum ultrà omnem terram; quæ nisi illîc inclusæ fuissent, nulla gens aut populus oppressionem illorum sufferre potuissent.

2. Alexander enìm [23], vir magnus et in omnium adinventionum utilitate [24] famosissimus vel operibus insignis et [25] egregius, tàm pravas gentes et perfidas, ut [26] suprà diximus, ad aquilonem cùm [27] comperisset Gogicas [28] et Magogicas [29] et Honargias [30] formâ et omni lineamento transformatas et truculentissimas tàm in vitâ quàm et [31] in membris omnibus, quod dicit legentibus et audientibus immensum incutit pavorem atque terrorem; om-

---

[1] *deest* et *in* T. — [2] *sablonem* CP. — [3] *quoque* C. — [4] *deest* ac *in* PT. — [5] *et addit* C. — [6] *Nam multa* TD. — [7] *adinventionum* P. — [8] *in addunt* CPD. — [9] *in omittunt* PTD. — [10] *fluente* P, *flante (pro stante)* TD. — [11] *stadia duorum millia codd.* — [12] *deest* et *in* PTD. — [13] *utroque mare* PTD. — [14] *quarum* PT. — [15] *reliquorum finium codd.* — [16] *deest montes in* D. — [17] *valdè addit* P. — [18] *secti-* [19] *lis* P, *sed tilas* TD. — [19] *dextras* C. — [20] *deest* et *in* PTD. — [21] *existimare* TD. — [22] *deest præ in* CP. — [23] *deest enim in* TD. — [24] *vel utilitatum* PTD. — [25] *deest et in* PTD. — [26] *deest ut in* P. — [27] *deest cùm in* TD. — [28] Gogetas CP, Gogitas V. — [29] Magogotas C, Magogetas P, Maggoecas T, Magoecas D, Magogicas V. — [30] Honorgias V. — [31] *deest* et *in* C.

nes spurcitias comedentes animosas[1], et odio habentes bona atque dulcia et[2] delectabilia, amantes mala pravaque[3] et horribilia[4], philosarcas[5], et cruorum potatores[6], odientes bonum, diligentes malum. Hæc videns[7] egregius[8] princeps, nimio mœrore affectus et stupore vehementissimo territus ultrà[9] quàm credi potest, consternatusque[10], ait : « Væ terræ fructiferæ ac « mellifluæ si ingruerint in eâ tot serpentes et bestiæ! Væ habitatoribus or- « bis cùm istæ cœperint triumphare ». Ingemuitque, ædificavitque[11] aras in monte Chelion[12], immolatisque hostiis[13] Deo, deprecatus est[14] totâ die ac nocte, Dei consilium et misericordiam quærens[15], invenitque artem magnam : nàm[16] præcurrente potentiâ Dei adfuit terræ motus magnus in montibus illis[17] qualis antè nunquàm fuerat visus neque auditus, et convenerunt montes adversus montes, secundum[18] vaticinium prophetæ[19] : « Surge, « contende judicium adversus montes, et audiant colles vocem tuam ; au- « diant montes judicium tuum[20], et fortia fundamenta terræ ». Hinc enìm montes commovebantur[21] et colles clamabant[22], quià magno impetu proximaverunt[23] se montes isti usque ad[24] stadium unum[25].

3. Faciens itaquè consilium salubre princeps magnus, et congregans[26] cunctum exercitum regni sui a finibus orbis terrarum, medium[27] eorum stabilivit juxta utrumque mare, reliquum verò exercitum[28] inter[29] ipsa latibula montium et[30] inter colles collocavit, et fecit cum eis placitum quasi ad pacis[31] fœdera sociare, ferentes[32] porcum in insidiis[33] eorum. Quos[34] pro nihilo ducens Alexander Magnus, quasi[35] subdolè[36] congregavit æs plurimum et fudit[37] columnas miræ magnitudinis et portas et limina et seras[38], et minans minavit eos et omnem sobolem eorum, et inclusit eos ad ubera aquilonis in anno uno et mensibus quatuor ; erexitque[39] portas et

---

[1] animosos *codd.* — [2] et dulcia atque *PTD.* — [3] quoque *D.* — [4] *desunt quatuor vocabula ista in C.* — [5] philosarchis *P,* philosarcis *TD.* — [6] putatores *T.* — [7] avidus *D,* avidens *T.* — [8] *deest egregius in D.* — [9] *deest ultrà in TD.* — [10] *deest consternatusque in TD.* — [11] ædificium atque *TD,* ædificans *V.* — [12] Thelion *V.* — [13] immolavitque hostias *V.* — [14] deprecans *V.* — [15] ejus herens *T,* ejus *D,* herensque *V.* — [16] *deest nam in PTD.* — [17] montana *P,* montana illa *TDV.* — [18] *deest secundum in PT.* — [19] impletum *addit T,* auditum *P; desunt vocabula octo in D, ab et* convenerunt *ad* prophetæ. — [20] vocem Dei *C,* judicium Domini *PD.* — [21] commovebuntur *codd.* — [22] clamabunt *codd.* — [23] approximaverunt *V, et Rogerius Baco in fragmentis quæ in opere suo Majori transcripsit.* — [24] *deest* ad *in P;* per *habet Rogerius Baco.* — [25] usque ad spatium unius quadrigæ *addit R. Baco.* — [26] coadunavit *V.* — [27] medietatem *V* — [28] reliquam vero partem *V.* — [29] in *PTDV.* — [30] *deest* et *in PTDV.* — [31] pacem *P.* — [32] ferentesque *P.* — [33] diis *PTD.* — [34] Quod *PTD.* — [35] qua *P.* — [36] subdolum *P,* subdolo *TDV.* — [37] duas *addit V.* — [38] *desunt* et seras *in D.* — [39] erexit *TDV.*

limina et seracula miræ magnitudinis; et induxit eas ac linivit [1] asincito [2] bitumine incognito in orbe terrarum nisi in insulâ [3] undè superiùs scripsimus [4]. Tantam enim vehementiam habere dicitur [5] ut neque acumine alicujus ferri [6] incidatur neque in [7] igne aut aquâ dissolvatur. Tamen Dei providentiâ huic magno principi credimus fuisse illud [8] ostensum. At non immeritò magnus dici potest qui tàm utilia argumenta ad [9] agrestium [10] hominum vesaniam retrudendam adinvenit; quorum solutionem [11] temporibus Antichristi in persecutionem gentium vel ultionem peccatorum credimus adfuturam [12].

4. Terra itaque in quâ inhabitant [13] in obsidione montium sarfaicam [14] esse affirmat idem Sophicus [15] et hispidam [16]; tantummodò semina promiscua gignit humus et [17] herbarum copiam; sylvis fœcunda, pecoribus et jumentis [18] opulenta, lac et mel plurimum gignit [19]; vitis illîc incognita, vinum [20] incognitum, et oleum; aromata nec pigmentum ad nullum opus visum nec usui acceptum. Armis bellicis [21] gnari et fabrorum fornace [22] industrii: minam [23] enìm ferri plurimam [24] gignit. Flumina irrigua; arenaque in aliquibus locis aurum defert.

5. Hæc omnia Cosmographus de ignotis gentibus vel insulis septentrionalibus quæ necdùm in aliis libris scripta reperimus vel legimus et [25] multa alia [26] scripsit [27] quæ incredibilia [28] dicentur [29]. Tamen hæc quæ scripsimus ex ejus codicibus sinè ambiguitate recipimus; reliqua verò legere vel scribere ambiguum est [30] a nobis vel reliquis scriptoribus historiographis; quæ [31] legentium magno studio sunt [32] indaganda, ne schisma indagationum [33] inducat et cicatricem errorum [34] philosophorum astutiâ [35]. Nàm [36] quicumque aut quilibet sapiens Æthicum aut Mantuanum legerit [37], ad spiritualem [38] se [39] allidat [40] petram, et sapientiam hujus mundi animarum stultitiam autumet.

---

[1] induxit aclinio D. — [2] assintitu TD. — [3] Tripucia *addit* V. — [4] diximus PD. — [5] adscribitur CP. — [6] *sic* V; aut ferro CPTD. — [7] in *omittunt* PTDV. — [8] *deest* illud *in* PTDV. — [9] *deest* ad *in* PTD. — [10] aggressus TD. — [11] sobolem V. — [12] *Hic expliciunt fragmenta Æthiciana in codice Vossiano, his additis :* Prædicto verò bitumine Alexander Caspias portas munivit. — [13] inhabitabunt T. — [14] sarphaicam P. — [15] Sophista TD. — [16] uspiam TD. — [17] *deest* et *in* PT. — [18] pecorum et jumentorum PT. — [19] *desunt in D vocabula ista quindecim ab* humus *usque* gignit. — [20] tamen *addunt* PT. — [21] arma bellica PTD. — [22] fornacium TD. — [23] mina PTD. — [24] plurimùm PTD. — [25] hic PTD. — [26] *deest* alia *in* PTD. — [27] scribit PTD. — [28] incredibile P. — [29] ducitur P, videntur T, esse videntur D. — [30] ambiguitate TD. — [31] cura PTD. — [32] *deest* sunt *in* PTD. — [33] indagationem C. — [34] corum T; inter *addunt* PTD. — [35] astutias TD. — [36] nàm *omittunt* PTD. — [37] Æthicum autumat legere TD. — [38] ad plenum spiritalem PTD. — [39] *deest* se *in* PTD. — [40] allidant P; ad *addunt* TD.

CAPITULUM TERTIUM.

DE NAVIBUS IGNOTIS ET EARUM ARGUMENTIS [1].

§ I. De navium indagatione.

1. Grandi enìm scrupulo[2] idem Philosophus applicuit; in pauca[3] nempè[4] navali gubernaculo[5] velox stylus[6] innectens manu calabat. At nempè[7] Oceanum sinum in reductam philarchosmos[8] cura laborum secuturarum[9] gentium maris ultra[10] stagna investigans, credimus et aliorum philosophorum codices in hac parte eum[11] recepisse, sed[12] ipse suo studio peraccedens[13] elicuit, solummodò in[14] hoc volumine, priorum[15] decessorum sophismata[16] secutus, similia parùm descivit[17].

2. Tamen plura[18] valdè ingenio peritissimo honestissimè intimare orsus est, et post incognitarum gentium et[19] insularum occidentalium et septentrionalium[20] navium gubernacula et earum ergatam, illarumque[21] ingeniositatem[22], et per semetipsum plura asserit[23], et cum aliis non diffitetur[24]. Ad[25] meridianam itaquè plagam ob hoc nonnulla[26] omisit[27], nisi tantùm astrorum sagacitate lineam ducens; et super alios philosophos et eorum doctores, hic eminentiùs et subtiliùs disputavit : solœcismos illorum[28] respuens, ludos[29] academicos eos vocitavit[30]. «Et quià oriens et meridies», sic infit, «tot scriptores habent[31] reipublicos et philosophos quot et som- «niatores, non solùm facta rusticula aut puerorum tragœdias scribunt[32], «vel cymbalistria bella, sed et divinationes et somnia membranis suis in- «serunt[33], multaque[34] inutilia[35]» : quæ iste, cachinno facto[36] deridet[37]; sicut de Helís[38] et germano[39] suo[40] Hellespontum[41] dictum scribunt[42] cùm Heliades[43] sint insulæ maris Magni et montes Helides[44], et ab unâ insulâ

---

[1] *Titulum istum præfert P :* De navium indagatione Philosophus *habet C.* — [2] grande enim scrupulum *PTD.* — [3] pauco *TD.* — [4] quippe *D.* — [5] prælio *D.* — [6] stile *T*, stilo *D.* — [7] adhibe *PT*, adhibe *D.* — [8] filarcomos *C.* — [9] secutarum *PTD.* — [10] vel *CP.* — [11] *deest* eum *in PTD.* — [12] an *PTD.* — [13] per hæc edens *TD.* — [14] in *omittunt TD.* — [15] piorum *CT.* — [16] sophisma *PTD.* — [17] disseruit *TD.* — [18] et *addunt PTD.* — [19] *deest* et *in P.* — [20] septemtrionum *PTD.* — [21] illarum *TD.* —

[22] ingeniositatum *P.* — [23] asseruit *D.* — [24] differt *TD.* — [25] *deest* Ad *in PTD.* — [26] nonnullam *P.* — [27] dimisit *TD.* — [28] eorum *PTD.* — [29] ludicos *CPT.* — [30] nominavit *TD.* — [31] habet *codd.* — [32] scribit *TD.* — [33] inserit *PT.* — [34] multa *PTD.* — [35] utilia *C.* — [36] quasi cacenfata *C,* cachinfacta *P.* — [37] derisit *TD.* — [38] Elis *P.* — [39] germanico *C.* — [40] *deest* suo *in CP.* — [41] Elisponto *P,* Elispontum *T.* — [42] scribant *P,* scribit *TD.* — [43] Eliade *PT,* Helie de *D.* — [44] Elides *PT.*

in alias[1] cernere possint, in pontium[2] similitudine; et ob[3] hoc mare adstrictum Hellespontum[4] vocant. Tantùm ignotas gentes vel artium illarum quæ alii ignoraverunt in multis argumentis hic explanare non dubitat.

§ II.[5] *De ratibus et ratiariis, collonibus, trieribus, liburnis, rostratis navibus, lamiis, classibus, et barcis.*

1. Navium inventores primùm Lydia protulit. Pyrrhonus[6] magus[7] antiquissimo tempore ratem[8] in Lydiâ fabricavit, ut[9] sciret purpuram et omnia pulcherrima quæ in insulis maris Magni habebantur[10], undè et[11] omnis Lydia purpurarias[12] magnas et inclytas habet, et[13] sicut Cyprus[14] et Cyclades, usque nunc præclara[15] habetur[16]; et ratiarias[17] aliæ gentes, et in circuitu nationes, ex tignis asseribusque connectunt[18].

2.[19] Collones[20] deinceps nominantur[21] naves miræ magnitudinis, velocissimæ, sursùm erectæ, in altum ductiles, pellibus ursorum et hircorum in altum quasi in modum colli[22] circumdatæ[23], fenestellis quatuor in ipsis pellibus consutis[24]; et cùm[25] in modum flabrorum[26], torvùm ventis respirantibus[27] vela turgescunt[28], magnâ[29] velocitate undas maris et tempestates immensas valent[30] absque ullo periculo tolerare[31]. Jàm in hoc[32] tempore perpauci sunt qui eis[33] utantur : Scythæ[34] enim eis[35] solummodò utuntur.

3.[36] Trieris navis magna ex tribus navibus fabricata ferroque plurimùm[37] affixa atque copulata, in[38] orientali oceano maximè[39] in usum[40] habita, et in Rubro mari similiter, ràroque[41] in mari Magno. Nulla enim navis majus pondus ferre potest, neque opus tam magnum, vel populorum cuneos[42] ad[43] navale bellum procedentium.

---

[1] in alias *omittunt TD.* — [2] pontum *TD.* — [3] *deest* ob *in C.* — [4] Elispontum *PT.* — [5] *Titulum* De navium...... *deficiente fine rubricato charactere præfert P.* — [6] *Sic Lilius Gyraldi in excerptis ex Æthico, quæ libello suo de Re Nauticâ inseruit;* Pyrronius *C,* Pironius *P,* Pirronius *TD.* — [7] magnus *TD.* — [8] De rate *in margine habet P.* — [9] donec *PTD.* — [10] habentur *P.* — [11] *deest* et *in TD.* — [12] purpurias *D.* — [13] habet et *omittunt PTD.* — [14] Cypris *C,* Cypros *TD.* — [15] præclaras *PT,* præclaræ *D.* — [16] habentur *TD.* — [17] ratiaras *CP,* rationales *T,* rationabiles *D.* — [18] connexu' *C,* conexu' *PT,* contextu' *D.* — [19] De Chollonis *habet P in margine.* — [20] Chollones *CP, sicque Lilius Gyraldi,* Colones *TD.* — [21] nominant *TD; verbum omittunt CP.* — [22] quasi colla *PT.* — [23] parvulis *addit D;* parvis *habet Lilius Gyraldi.* — [24] Consutæ *P,* consuete *TD.* — [25] *desunt* et cùm *in PTD.* — [26] fabrorum *codd.* — [27] respicientibus *TD.* — [28] velleratur gescunt *C,* velleratur jacentia *TD,* vela turgentia *P.* — [29] tanta *PTD.* — [30] valet *PTD.* — [31] tolerari *CTD.* — [32] *deest* hoc *in TD.* — [33] cas *PT.* — [34] Scbitei *C.* — [35] enim eis *omittit C.* — [36] De trieribus *in margine habent PD.* — [37] plurimo *TD.* — [38] in *omittunt codd.* — [39] *deest* maximè *in D.* — [40] usu *C.* — [41] *Hîc deficit Pithœanus codex, in quo notanda est lacuna foliorum, ut arbitror, undecim vel duodecim.* — [42] cunei *TD.* — [43] ac *T.*

4.[1] Liburnæ, negociatorum naves, aptæ, veloces enìm[2] veluti dromones, inter undas maris vel procellas admodùm sunt[3] necessariæ. Nonnullæ enìm in Libyâ inveniuntur, ubi repertæ fuerunt.

5. Rostratæ[4] naves in oceano septentrionali[5], magnoperè fabricatæ[6] a Gryphone[7] quondàm[8] gentili artifice magno, veteranis temporibus fabrorum æris[9] magistro, scythicâ natione exorto[10], in multarum artium ingenio perito[11], maximè in navali opere[12] et fabrorum fornace. Nàm ipsæ rostratæ, in altum erectæ quasi cacumen syrteum[13], eminentiores a puppi, in fronte rostra ærea habent, propter scopulos, ne fortè cùm tantam vim discurrendi vel properandi habeant[14], aut feriantur vel collidantur. Pagani namquè ipsum magnum eorum magistrum in similitudinem deorum suorum connumerati sunt[15], eique[16] in similitudinem gryphorum animalium vel altilium[17] pennatorum ex ære et auro fusili simulacrum[18] fabricaverunt[19] : et[20] ob hoc in illis[21] regionibus Gryphum[22] ipsum volantem semperque[23] manentem arbitrati sunt, falsâ et vanâ opinione. Et in mari Magno[24] has naves rostratas temporibus Alexandri Magni habere cœperunt[25]. Itaquè eminentiores ac majores in oceano[26] septentrionali inveniuntur.

6.[27] Lamia navis, prolixa in directum, in ipso mari Byrronico[28], quatuor capita in uno cacumine, quatuor in alio narratur habere, in[29] similitudinem chimeræ ex ære calamorum; in pagulis[30] in utrisque partibus collocatis[31] acumen ferri; callidè[32] lanceas[33] duratas[34] habet, et[35] turriculas sagmentatas, cum extensione velorum utroque latere, ut vergentium ventorum vehementiam recipere, et in similitudinem globorum per[36] anhelitus valeat[37] respirare, et tamen[38] veloci cursu pervenire ad portum; nàm[39] in navali prælio si incurrerint, statìm inruunt[40] lanceæ[41] ingentes ex lamiâ, et

---

[1] De liburneis navibus *in margine habet D.* — [2] *deest* enim *in TD.* — [3] *deest* sunt *in TD.* — [4] Rostratas *TD.* — [5] oceanum septentrionalem *C.* — [6] fabricatas *TD.* — [7] *Sic Lilius Gyraldi;* Griphone *codd.* — [8] quodam *Lil. Gyraldi.* — [9] *deest* æris *in C.* — [10] exortus *TD.* — [11] peritus *TD.* — [12] *deest* opere *in TD.* — [13] syrtium *C*, sirteum *TD.* — [14] discurrentium vel properantium habent *TD.* — [15] connumerantes *TD.* — [16] eo quod *TD.* — [17] alium *T*, aliorum *D.* — [18] simulacrorum *D.* — [19] fabricavit *T*, copulavit *D.* — [20] *deest* et *in TD.* — [21] illius *TD.* — [22] Griphen *TD.* — [23] et secum *TD.* — [24] Et mare Magnum *TD.* — [25] cepit *TD.* — [26] mari *TD.* — [27] De Lamiâ navi *habet D in margine.* — [28] Birremico *CT*, Biremico *D; videndum suprà,* cap. II, § III. — [29] in *omittit C.* — [30] in pagulis *omittunt TD.* — [31] collocata *TD.* — [32] caliditate *T*, calliditate *D.* — [33] lances *C*, lance *TD.* — [34] duratos *codd.* — [35] *desunt* habet et *in TD.* — [36] *deest* per *in TD.* — [37] *deest* valeat *in TD.* — [38] *deest* tamen *in C.* — [39] vel *TD.* — [40] incurrunt *TD.* — [41] lances *codd.*

impetu valido perimunt quos repererint, undè[1] Æthicus aït : « Nauta ma-
« ris ignotam subinfert prædam, et hæc a catastâ trusa pellicâ[2] fruentium
« vibrat Lamia; quadrifida torcuma[3] favet subire limpha; æquor camum
« multorum detulit hamum; decrescente nautâ, gemet[4] vicina agricola[5]. »

7.[6] Classem lignis levigatis faciunt[7], velocem, onera maris[8] vel flu-
viorum sagaciter[9] adferentem navali commercio; nàm a velocitate nomem
traxit. Scythæ primùm has naves in usu habuerunt.

8.[10] Barcas similes habent[11] tribus navibus magnis, ferroque vallatas[12],
in oceano Borico[13] tàm magnas[14] ultra omnes partes orbis, ità ut una structa
compages[15] unam legionem hostium[16] capiat et tueatur, sinè ullo naufragio
gurgitum.

§ III. De meoparis, carinis, cameris, hieberiotis, et vagationibus.

1. Scythæ et Griphæ[17], Taracontæ[18], et Saxonum genus inopinatissimum,
a Meoparitis[19] ingenio valdè peritissimum opus[20] faciunt[21] ad similitudinem
illarum navium undè suprà invenimus scriptum[22], [23]scaphas[24] ex vimine,
litas[25] bitumine, ex corio[26] animalium eraso, undè peltas connectunt, con-
textas loris crudis ad solem et prunas[27] valdè duratis[28]; quæ[29] ob nimiam
agilitatem nomen traxerunt, per paludosos[30] lacus[31] maris aut fluminum
majorem agilitatem habentes[32] quàm reliquæ vicinæ[33] naves. Sed non conveniunt[34] ad opus artium illarum quod Philosophus suprà retulit.

2.[35] Carina, ob agilitatem vocata, undarum magnitudine velut volatu
avium superferendo properans, concavis lateribus, producto cacumine sur-
sùmque soliditate[36] firmato[37], prorâ tabulatâ, compage erectâ; flatuque
ventorum recepto[38], cursu velocissimo nautis gnaris[39] provehitur : undè ca-
rinam quasi currinam credimus nuncupatam.

---

[1] Indè C. — [2] ea et a catasta trusa pellica C, et ecacatastatrus apellica T, et ecacatas-tratus apellica D. — [3] toreume T, thoreume D. — [4] gemit T, gement D. — [5] vicini agri-colæ D. — [6] De classe _habet D in margine._ — [7] factam TD. — [8] magis D. — [9] sagacem et D. — [10] De Barcâ _in margine habet D._ — [11] non esse codd. — [12] vallatis C. — [13] occa-uum boreum C. — [14] magnis C. — [15] com-page D. — [16] _deest_ hostium _in TD._ — [17] Gri-phes TD. — [18] Tracum T, Trachum D. —

[19] Meoporitis C. — [20] peritissimi oparo TD. — [21] _deest_ faciunt _in TD._ — [22] scripta C. — [23] _híc in margine habet D :_ De scaphis. — [24] scafa C. — [25] lita C. — [26] coriis D. — [27] prunis C. — [28] duratos TD. — [29] _deest_ quæ _in TD._ — [30] paludatos codd. — [31] vel _addunt TD._ — [32] _deest_ habentes _in TD._ — [33] _deest_ vicinæ _in D._ — [34] convenit TD. — [35] De carina _in mar-gine habet D._ — [36] solidate TD. — [37] firmata TD. — [38] recepta codd. — [39] nauticos gnaros TD.

3. [1] Cameræa [2] navis opinatissima [3], ob hoc nuncupata quòd [4] camelorum more in medio curvum colcherium [5] quasi gibbum cameli habeat, quod [6] fenestras obliquas modicas ad ventorum receptacula ferre [7] aïunt [8], camerâ sursùm [9] consutâ coriis magnis conjunctis, umbone [10] in similitudinem libetum facto [11] in ipso gibbo [12]; qui ut [13] anhelitum ventorum receperit [14], mox in similitudinem tonitrui magni reboat terribili sonitu [15]. Tempestates maris sine periculo tolerat; ad navale bellum robustissimo vigore obfirmata atque munita narratur. Hanc navim Cecropem [16] in oceani insulis Frisargicis in suæ artis peritiâ idem Historicus invenisse narrat [17].

4. [18] Hieberiotæ [19] naves quibus [20] Hyrcani utuntur, longitudine prolixæ, latitudine coarctatæ, in altum vimine circumdatæ, tectæ [21] pellibus hircinis et ursorum, ità ut contra [22] ipsam altitudinem aquarum ac vehementiam ventorum magnoperè repugnent, ad expoliandas vicinas insulas vel regiones agiles et velocissimæ. Itidem [23] in aliorum codicibus philosophorum aut narratione historiarum nullatenùs nauticam [24] artem [25] legendo didicimus, nec artifices et [26] instructores præter unum, quòd [27] Hiberiota fieri potuisset in Hyrcaniâ; et gentiles maritimi [28] qui in [29] Mioparo [30] germanico a vulgi ingenio facto [31] habitant, dicunt [32] non esse tales [33] nec in artis peritiâ, nec in mersione [34] undarum, aut aquarum gurgitibus, vel aliarum navium prædam capiendo, quemadmodùm in Meoparorum insulis, a nobis inaccessibilibus et incognitis.

5. [35] Vagationes [36] naviculas in mare miro ingenio fabricatas, idem Philosophus asserit, et tenuibus [37] tabulis levigatis ac dolatis, æreis laminis circumdatas, turriculas sursùm esse [38] cœlatas, conclusas gypsis [39] bituminatis dicit [40], sicut legimus in arcâ [41] fuisse factum. Et ob hoc vagationes [42] nun-

---

[1] De camereca navi *habet D in margine.* — [2] *Sic Lilius Gyraldi;* Camera *C,* Camereca *TD.* — [3] pinatissima *TD.* — [4] *deest* quod *in TD.* — [5] curvo colcheriæ *TD.* — [6] *desunt* habeat quod *in TD.* — [7] fere *C,* fore *TD.* — [8] *deest* aïunt *in TD.* — [9] *deest* sursùm *in TD.* — [10] umbonem *TD.* — [11] factum *TD.* — [12] ipsum gibbum *TD.* — [13] aut *T.* — [14] receperunt *T,* receperint *D.* — [15] terribilem sonitum *TD.* — [16] Cecrops *TD.* — [17] narratur *TD.* — [18] De Hieberiota navi *habet D in margine.* — [19] Heberiotæ *C,* Hieberiota *TD,* Hiberiota *Lil. Gyraldi, ut paulo inferiùs codd.* — [20] navis quam *TD.* — [21] textæ *T,* texta *D.* — [22] *deest* contra *in TD.* — [23] Id idem *TD.* — [24] nautarum *TD.* — [25] nec *addunt TD.* — [26] *deest* et *in TD.* — [27] qui *TD.* — [28] gentilem maritimam *TD.* — [29] in *omittit D.* — [30] Moparo *C.* — [31] a vulgi ingenio facto *omittit C.* — [32] habitant dicunt *omittunt TD.* — [33] tale *TD.* — [34] emensionem *C,* mensionem *D.* — [35] Vagiones naves a vagando dictæ *in margine habet D.* — [36] Vagiones *TD, sicque Lilius Gyraldi.* — [37] tenuis *TD.* — [38] *deest* esse *in TD.* — [39] gifis *TD.* — [40] *deest* dicit *in TD.* — [41] in arcâ *omittit C.* — [42] vagiones *TD.*

cupati, quasi[1] hùc illùcque veloci cursu vagantes et citò properantes, qualesque in Trojanicâ[2] obsidione in Simoënte[3] fuerunt. Nàm Albani, Mæoti, Mazeti[4], Gangines, Tulchi, his navibus utuntur, et eas Pirones in barbaricâ linguâ appellant. Utiliores enìm quàm dromones sunt[5]; attamen in Mediterraneo mari nusquàm[6] reperiuntur[7].

6. Hùc usquè navale argumentum Philosophi adfirmatione vel assertione[8] scripsimus.

VOLUMINE TERTIO:

CAPITULUM QUARTUM.

DE GENTIBUS QUAS VETUS TESTAMENTUM NON HABET[9].

§ 1. De proëmio auctoris.

1. Illarum[10] gentium præmisit Philosophus multa[11], quæ in[12] codicibus historiographorum multorum plenitudine auctoritatis et veritatis cognovit esse diffusa, magnitudine indagata tamen; et ea metrico et prosodico[13] stylo græcis characteribus distinxit in enigmate rhethorico; quæ nobis[14] scribere[15] vel legere non est ampliùs necesse; quæ[16] nos in nostris codicibus commentavimus[17], in breviario scilicet[18] contra hæreticorum detractores malè latrantes. Hæc verò quæ de Japhet hic scribit, hoc proëmio[19] quo[20] ille se dicit iterando peragrasse, tàm navali labore quàm terreno itinere, ipse solus sibimet testis suæ scripturæ esse videtur. Juga montium, devia vallium[21], stagnorum et[22] lacorum brumericorum[23] ac paludum, inaudita quæquæ et incredibilia multa scribit, inhabitatoribus[24] earum insignia figmenta, in aliquibus regionibus monstra scribit. Undè in superiori paginâ, ubi de insulis gentium mentionem fecit[25], multa[26] nec aliquando coguita rarò[27] utiquè audita scripsit;[28] nos autem[29] si tanta aut narramus audientibus aut

---

[1] deest quasi in TD. — [2] trojanâ TD. — [3] desunt in Simoënte in TD; in Simone' habet C; Simoënte rectè exscripsit Lilius Gyraldi. — [4] Albani et Timazeti TD; Albani, Mæotæ, Mazetæ legit Lilius Gyraldi. — [5] deest sunt in TD. — [6] nunquàm TD. — [7] repelluntur TD. — [8] vel assertione omittit D. — [9] Hunc titulum præfert T; hic verò alium habet C, nempè: De insulis gentium plurimarumque artium. — [10] Aliarum TD. — [11] mentionem C; deest vocabulum in TD. — [12] quibus TD. — [13] prosaico D. — [14] non D. — [15] deest scribere in D. — [16] quam TD. — [17] commendavimus TD. — [18] deest scilicet in TD. — [19] præmium T. — [20] quod TD; deest in C. — [21] collium D. — [22] deest et in TD. — [23] lacorum brumericum C, lacum rumericum TD. — [24] habitatoribus TD. — [25] facit TD. — [26] deest multa in TD. — [27] rara TD. — [28] quià addunt TD. — [29] autem omittant TD.

scribimus legentibus, quanta hîc invenimus inserta, aut novum errorem aliorum librorum aliarumque scripturarum, quod absit, inducimus[1], aut novum mundum in atomo momentaneo ponimus; quià philosophorum doctrina dùm tantâ indagatione percurritur, veritas sanctæ Scripturæ negligitur, undè in futuro damnetur[2]. Testis est ignavæ[3] meæ cogitationi[4] mea[5] conscientia, undè corruptibilibus[6] ictibus propria cutis capessit. [7]Multa quidem[8] dixerunt, et tamen nonnulla imbuente diabolo aggressi[9] sunt et appetitu jactantiæ alta et difficilia ceperunt. Nosque in hoc præcipuè in eorum codicibus laboravimus[10], ut a toto pars accipiatur in veritatem[11], et non pro toto lassescat fidelis cum infideli. Non laboravi tot diebus ad hæc ut eorum astutiam tantùm caperem, sed ut veritatem ob nimiam difficultatem[12] paucis favorum[13] scriptulis prodere valerem, ut nimia altitudo litterarum spiritalem intellectum non suffocet : quià mundi sapientiam ob hoc stultam sermo divinus dicit, quòd semper mundo utitur, et contra Creatorem creatura sapere contendit; quià nisi tanta inquisitio philosophorum in diverso dogmate pullulasset hæreticorum[14] nequaquàm hæresis in mundo[15] crevisset, ut aït Augustinus. Anathema fui in enigmatibus philosophorum vel[16] hæreticorum, et mundi physarca[17] extiti, nisi[18] clavis David dissolutis vinculis mortis aperuisset mihi ut stulta mundi calcata[19] despicerem, et[20] amplecterer sempiterna. Undè quæso sapientes qui legerint me quoque non reprehensuros, nec illius[21] totum observare, sed consideranter quæ utilia sunt legere, inutilia refutare, ne qui veritatis discipuli esse cœperunt[22] ad docendum, magistri erroris existant ad seducendum[23], ut dùm valdè alta[24] mundi quæsierint, de summo ad ima corruant, ut Eunomius et Priscillianus.

2. Nàm[25] vicina et[26] finitima hujus regionis Histria[27] induxit schismata hæreticorum magistrantium, hinnula[28] mater philosophorum, nutrix errorum. Undè apparet errasse Scythiam, triturasse Ioniam, Arculium[29] et Amphinianum[30], Hircanumque[31] et Macedonium, qui[32] ab Histriâ orti[33] nuper

---

[1] indicimus *TD*. — [2] damnetur *TD*. — [3] ignavi *C*, ignavia *TD*.—[4] fuisse *addunt TD*. —[5] *deest* mea *in TD*.—[6] incorruptibilis *D*.— [7] quià *addunt TD*.—[8] *deest* quidem *in TD*. — [9] perpessi *D*.—[10] laborasse *TD*.—[11] veritate *CT*.—[12] facillitatem *TD*. — [13] fautorum *TD*. —[14] *deest* hæreticorum *in TD*. — [15] hæresis mundi *TD*. — [16] et *TD*. — [17] fisarca *CT*, phisiarcha *D*. — [18] in *C*. — [19] calata *C*. — [20] *deest* et *in D*. — [21] illis *C*. — [22] putati sunt *C*. — [23] *desunt in C verba quinque præcedentia*. — [24] apta *D*. — [25] cursimque *TD*. — [26] *deest* et *in TD*. —[27] historia *TD*.—[28] in nulla quoque *TD*. —[29] Marculium *C*. — [30] Amphinum *TD*. — [31] Hircanum *TD*. — [32] hujus regionis *TD*. — [33] hortus *TD*.

34.

usquè magnam Romam novam impetiginem [1] imperitamque cloacam pullulaverunt [2]; qui scripserunt nonnulla inutilia et nociva quæ mergunt hominem in interitum et perditionem. Undè ad memetipsum refero, quià nisi Dominus adjuvisset me, paulominùs habitasset in inferno anima mea. Utiquè [3] enim semper paratæ sunt foveæ vel decipulæ ad capiendos pisces; sed altior limpha quamplura in diversa retrudit. Numquid [4] majorem cumulum altioraque consortia æquor in gurgitem densitate peritura asciscit [5] profundum, quin imò mensuram scripturarum maris, et abyssi minora naufragia [6] percuntia quàm illæsam abyssum absorbentia pericula. Illîc enim prudentia capiat [7] qualiter sensum ad intellectum vertat, et temperantia [8] suæ [9] scientiæ, parvulos suos ad petram allidat [10], ne violentiæ stimulis cedat, at fortitudine vigoris intelligentiæ catenulam cruginosam dissolvat, ut justitiæ viriditate floreat [11], dùm ad fructum maturitatis tritici mensuram horreis domini sui recondit, nec quod [12] in terram bonam seminavit à volucribus devoretur.

3. Philosophus hic [13] plus quàm alii alta disputavit [14] et maxima ultra humanum modum præfatus est, quod [15] ad legendum utile est [16]. Nunc verò de ignotis gentibus multa prædixit [17] quæ [18] credere dubium est, de Japhet scilicet stirpe [19]; quas [20] in [21] plagâ septentrionali commorari vel cohabitare scribens, præsens pagina ex parte narrat; et hoc quod [22] a [23] nobis dubium retinendum fuit prætermisimus

§ II. De Murinis.

1. Murinorum [24] itaquè primùm mentionem facit [25], inhabitantium [26] a Tauro monte respiciente [27] borcam ad mare Caspium, donec veniant [28] ad [29] montes [30] Humerosos, ubi aït barathrum esse ultra quod nulla [31] hominum habitatio vel accessio esse potest [32]. Et Acheron [33] fluvium ultra ipsos montes Humerosos [34] asserit fumantem et nebulosum, et tàm inmensum fœto-

<hr>

[1] novamque petiginem *TD*. — [2] pullulasse *TD*. — [3] ubiquè *D*. — [4] enim addunt *TD*. — [5] aperitura ascissa *TD*. — [6] *deest naufragia in D*. — [7] capit *C*. — [8] sperantie *TD*. — [9] *deest suæ in C*. — [10] allidit *TD*. — [11] at *addunt TD*. — [12] ne quid *T*, ne quod *D*. — [13] *deest* hic *in D*. — [14] disputare *TD*. — [15] quæ *TD*. — [16] utilia sunt *D*. — [17] dixit *TD*. — [18] quod *codd*. — [19] *desunt* scilicet stirpe *in TD*. — [20] et quæ *TD*. — [21] in *omittit C*.— [22] ea quæ *TD*.— [23] *deest* a *in C*.— [24] Murenos *TD*.— [25] fecit *T*.— [26] inhabitatoribus *TD*. — [27] respicientes *TD*.— [28] veniat *C*.— [29] *deest* ad in *T*.— [30] Montes Humerosos *ceu titulum in margine habet D;* Umbrosis montibus *nomen est in mappâ Herefordianâ Richardi de Haldingham.* — [31] nullius *CT*.— [32] poterit *C*.— [33] De fluvio Acheronta *in margine ostendit D*. — [34] Umerosos *T*.

rem reddentem, ità ut manè et[1] declinante die ad vesperam, in ipsis montibus nullius hominum[2] accessus audeat appropinquare, nisi tantùm
meridie, quandò rarò radii solis percipiuntur[3] : « Tunc enim, inquit, stre-
« pitum undarum ferventium quasi in ollâ vel cacabo cernentes contemplan-
« tur; nàm qui odoratum illius fumi postquàm radius solis recesserit, na-
« ribus vel ore senserit, vel parum aliquid hauserit, deinceps a nullis medi-
« cis curari poterit, sed magis ac magis crudeli morbo turgescet[4]. » Inquiens
enìm a parte[5] inferorum prope gehennam ipsum[6] fontem manare[7], ob
vaporem terribilem illius ardoris dicit[8] ipsum fontem fervescentem, et
favillas inferorum[9] illùc decidentes crepitare, non[10] ut Æthna et Vulcanus et Chimæra, quæ ex sulphureâ terrâ aquis parumper flatu inhiantibus
barathris, africo flante, ignem vel sulphur[11] emittunt. Dicit enim inferos
ultra memoratum amnen esse, et lympham fuliginosam esse et teterrimam, ut nullius[12] hominum tactus audeat[13] palpare. Bestiæ et volucres fu-
giunt ab impetu illius fervoris undarum. Circumseptus est eminentissimis
montibus; in ipsis enìm montibus, inquit[14], nullius arboris virgultum, aut
saltûs virentia folia aut surculi emitti possunt. Quandò enìm aquilo[15] flatum
magnum dederit, a fœtore horribili corporum elementa mutantur, quin[16]
etiàm[17] et germen[18] mundi; annalia[19] redeuntia fatiscunt, statìm matura
faunis[20] redduntur[21] trituris; aër, consumptis[22] redolentibus floribus, rore
madido marcescit; jàm fruteta[23] omne regnum illud parturit, qualia So-
domis post plagam excidii meruerunt. Stupendum idem Sophista admirans
rumorem intolerabilem, infit : « Timent[24] rura mugitum undiquè ruitura;
« montium titubantur aucupes et collium, irmo lugubri[25]; parturiunt[26] am-
« nes ruinam, et ut[27] emanant[28] fontes, resiliunt[29]. Aquilo Calabris bella
« gerendo, Thermopylas specus voragine appetit, et metullia[30] secerpit ».
Aït[31] enìm idem[32] : « Oceanum ab Acheron ubi recipitur, mugitum aqua-
« rum intestinè[33] ferventium[34], ità ut euntium[35] navium et redeuntium fer-

---

1 *deest* et *in TD.* —[2] hominis *D.* —[3] quando
aurora die solis percipitur *TD.* —[4] turgescit
TD. —[5] porta *TD.* —[6] *deest* ipsum *in TD.* —
[7] manantem *TD.* —[8] *deest* dicit *in TD.* —
[9] *deest* inferorum *in TD.* —[10] nam *D.* —
[11] sulphurem *codd.* —[12] et nullus *TD.* —
[13] tactu audet *TD.* —[14] *deest* inquit *in TD.*
—[15] *dest* aquilo *in C.* —[16] qui *TD.* —[17] enim
codd. —[18] ager *C.* —[19] mundialia *D.* —[20] statu
maturia faunis *C,* statu ratura facinus *T,* sta-
tura facinus *D.* —[21] reddunt *codd.* —[22] con-
sumitur *TD.* —[23] jafrutecta *C,* eos fructus
TD. —[24] te enim *codd.* —[25] hirmo lucubria
C, irmolo cubria *T,* hirmo colubria *D.* —
[26] parturia *C,* parturi *T.* —[27] ur *C,* ure *T,*
ute *D.* —[28] manant *TD.* —[29] resilit *C,* resi-
luit *T.* —[30] meditullia *TD.* —[31] aut *TD.* —
[32] *deest* idem *in D.* —[33] intestina *codd.* —
[34] ferventia *TD.* —[35] itum *C,* vim *TD.*

« vor idem, quià [1] ab amne mare turbatum obstupescunt [2]; mœrebuntque [3]
« piscatores [4], navigantesque [5] mercatores, quoniàm non est [6] eis [7] nego-
« tium in mari, nec venundatio in nabliis [8] mioparotis [9]. Ab Acheron egressa
« est [10] Pyron [11], et consumpsit aquas [12] Aquilonis. Ulutate, naves maris, eò
« quòd æquor ab amne turbatum est. Quid [13] facient [14] Murini [15] et Tegleni [16]
« quandò a boreâ [17] consurrexerit Acheron? »

2. Refert enìm idem Sapiens in enigmatibus suis, mare in [18] tàm magno fervore turbulentum [19] fore ità ut nullus accessus fieri possit, quià quemadmodùm sartago fervet [20] in calore et vapore [21] ignis, ità mare in modum
sartaginis in [22] ingressu ipsius [23] amnis fervescit. Piscis illìc nequaquàm vivus
inveniri potest [24]; serpens nullus, anguis nulla [25], olera vel pascua rarò [26]
inveniuntur; messium nisi [27] oppressio imbrium evenerit, exiguam et steri-
lem [28] elaborare nequeunt [29]. Vineta multùm incognita; oleum et mala gra-
nata [30] non gignit [31] humus illius regionis. Gentes deformi aspectu, vultu
horribili, homines imperitissimi; tuguria virgulis [32] circumsepta; arundinea
contignatio [33]. Pecudes, quamvis multæ [34] ex aliis locis mercimoniis condu-
cantur [35], non durant [36] sed citò decidunt. Vestium rusticarum eorum usus [37]
habetur. Carnes inconditas sale comedunt. Hæc generatio incognita a nobis
vel a reliquis auctoribus qui rerum gestarum narrationem ordine [38] scripserunt.

3. Miror autem inquisitionem aut prudentiam aut temeritatem istius non
nulla disputantem. Nos verò Murinos [39] [juxtà] Æthiopiam et Africam [40] de
stirpe Cham vidimus decus [41], et stirpem [42] ejus Ærilem [43]. De Japhet quoque,
ex Magog primùm et Gomer, Mosoch et Tyras, Medos et Caspios, primùm
ad aquilonem contra subsolanum a narrantibus comperimus. Hic [44] verò non
Murinos [45] qui de Cham sobole juxta Ethiopiam sistunt, sed Murinos [46] intra

---

[1] qui C. — [2] obstupescat TD. — [3] mere-
bantque codd. — [4] piscatorum C. — [5] navi-
gantes CT. — [6] est omittunt TD. — [7] deest
eis in C. — [8] innabilis TD. — [9] inoperatos
T; inopertos D. — [10] deest est in TD. — [11] Phi-
rou TD. — [12] et sumpsit aqua TD. — [13] Quod
C. — [14] faciunt CT. — [15] Mureni codd. —
[16] Theglemi C. — [17] arborea codd. — [18] in
omittit D. — [19] turbulento T. — [20] fervens C.
— [21] pavore TD. — [22] deest in in C. — [23] ignis
vel addit D. — [24] invenitur C. — [25] nullus
CD. — [26] rara T, rare D. — [27] in C. — [28] exiguæ et steriles TD. — [29] queunt C. — [30] ma-
logranata TD. — [31] gignent T. — [32] virgultis
TD. — [33] circumnantia TD. — [34] multas C,
multa T. — [35] conducunt C. — [36] durantur C.
[37] usui C. — [38] narrationem ordinem CT. —
[39] Novomerinos D. — [40] Æthiopia et Africa C.
— [41] de Chus C. — [42] seriem C. — [43] Eriem
T; deest in C. — [44] hæc TD. — [45] Marino TD.
— [46] Morinos TD.

Tauros, Chormacinata[1] juga et Humerosos borcos[2] ad Acheron contra mare ferventem[3] et Caspias pylas narrat, gentem brutissimam et populum valdè inertem. Aït itaquè : « Utroque[4] divulsam[5] aquilonis fore plagam « horrendam[6] Humerosi[7] Chormaces[8] capessunt; Olchis Murinos umbra[9] « contempta Acheronis catasta lethale conjicere amnem, lugubria hasta ve- « saniam[10] mundi ruina dirum nefas ruentem nebulosam stropham[11]. Tan- « dem tolerare Avernum, impediantur pedes, irretiantur et[12] capiantur[13] « sudes, ne defecto itinere, specus patescat, Humericam vim ingruentem « ore coturno Acherusia[14] lympha ». Usquè[15] hæc in eidem exorta sui ser- monis paradigma posuit.

4. Deinceps urbium et mœnia, pylas Caspias scribens, quarum[16] et supra mentionem intulit. Nos itaquè omisimus[17] nonnulla quià inutilia erant. Murinorum terram quam ille Tetraginam[18] nuncupavit, et multa quæque horribilia inquiens, undiquè vix secerpsimus recipere cùm plura[19] temerè dicimus christianis fidelibus arrepturos urbem Choolismam[20] in Olchis[21] jugis[22] constructam, ad ubera aquilonis vergentem, a Magog filio Japhet, in illis regionibus famosissimam, giratam amne Beomaron usque duorum juga montium, collocatam intra mare Caspium et oceanum Bori- cum. Ad quam magnus Macedo peraccessit[23], et diù obsidionem in giro po- suit, et nonnullam stragem; exercitus sui cæde crudelissimâ necati sunt. Etenìm, clade tot annis humano cruore deciduâ, urbium habitatoribus ni- miâ macie afflictis[24] et attenuatis, sua omnia ditioni Alexandri ponentes[25], humilem cervicem[26] subdunt; undè et memoratam urbem usquè nunc illæsis mœnibus[27] perdurare adfirmat. Et[28] anno uno idem Philosophus re- rum venalium cum suis vectigalibus[29] aurum pretiosum et gemmas Rifari- cas conduxit, asserens quòd monstra quædam ibidem[30] reperisset, mino- tauros in specie[31] monaclis[32], unam partem extremam animalis, sursùm[33]

---

[1] Cormacinata *TD*. — [2] tumorosus boreus *C*, Humerosus boreas *T*, Umerosos boreas *D*. — [3] contraria restrentem *T*, contraria resis- tentem *D*. — [4] Astrosque *C*, Atroque *T*. — [5] divulsa *codd*. — [6] plaga horrenda *codd*. — [7] Humeros *TD*. — [8] Chormarces *C*, Fhor- marces *T*, Formaces *D*. — [9] climaxo umbri *C*, cumbra *T*. — [10] veniam *TD*. — [11] strofam *C*, strophiam *TD*. — [12] *deest* et *in TD*. — [13] *deest* capiantur *in D*. — [14] Achærosia *codd*. — [15] *deest* usque *in D*. — [16] quas *T*; *deest in C*.

— [17] prætermisimus *D*. — [18] Teraginem *T*, Terraginem *D*. — [19] conplura *C*. — [20] De Hoclisma urbe *in margine habet D*; Choclismam *T*, Chocliscam *D*; Choolissimus *nominatur in mappâ Herefordianâ*. — [21] Molchis *C*, *deficiente* in; in Colchis *D*. — [22] juga *codd*. — [23] ac- cessit *D*. — [24] confectis *D*. — [25] potentis *TD*. — [26] humili cervice se *TD*. — [27] inlesam me- nia *TD*. — [28] *deest* et *in TD*. — [29] vectigaliis *C*. — [30] *deest* ibidem *in TD*. — [31] minotauri specie *TD*. — [32] monauclis *TD*. — [33] rursum *TD*.

humanam[1] speciem præferentem, quæ vix domari potest; tamen ad bellum expediti valdè, et dentibus strident et[2] quamplures interimunt.

5.[3] Aliam nempè urbem Trinachiam[4] munitissimam inter Murinos Caspiosque[5] et Benangines asserit[6] trimuris vallatam esse; mœnia fortissima, montem eminentissimum Chocira[7]; ad radicem collium ejus ipsam urbem Trinachiam[8] collocatam, ab hostibus numquàm fuisse direptam vel captam. Quam urbem a Mosoch filio Japhet ædificatam affirmat[9] et[10] habitatores ipsius procerâ staturâ, gigantum prosapie obortos. In cacumine ipsius[11] montis metalla auri pulcherrima[12] inveniuntur[13], sicut in Ophyr, marmora multa et pretiosa et musae[14] plurimum. Terram excisis[15] frugibus germinantem, aquas amarissimas[16] producentem; arma politissima, populum ad bellandum crudelem atque promptissimum. Loricarum usum habent[17] acumine elimato[18], equos prægrandes atque velocissimos, camelos robustissimos, et mulos nisargivos[19]. Aquarum copia, sed pisces rarissimi ob amaritudinem fluctuum. Hæc omnia scribens idem Sophicus[20], quæ ab aliis scriptoribus nullatenùs inveniuntur[21] in nostris vel aliorum editionibus[22].

§ III. De Malanchinis gentibus, Albaniâ et Garganiâ regionibus.

1. Malanchinos et Dafros[23] et Alces, generationes ex Japhet, dicit homines pestiferos, dentibus crudum[24] et cruentum in usu[25] victum[26] decerpentes, vicinis parvulis humanis si vim[27] ceperint comedunt; omnium facinorum spurcissimi, virorum succubæ[28] et iterùm petitores[29]; mulieres fuligine ignominiosas et lupanarias[30]. Terra inculta et invia atque palustris[31]. Undè parabolam enigmatibus suis assumptam aït : « Terrorem terribilem, « tot terrarum trivialis torghina[32], vi arcem[33] turma vi[34] tergiversantium[35] « titillat[36], turgentium titubata, tela[37] tandem trutinata[38], tritura[39] toracem

---

[1] unam C. — [2] stridentes TD. — [3] De Trinartia urbe in margine habet D. — [4] Trinarciam T, Trinartiam D. — [5] et Caspios D. — [6] asserunt TD. — [7] Cocira TD. — [8] Trinarchiam D. — [9] adfirmatur T, adfirmant D. — [10] deest et in codd. — [11] desunt in TD verba octo præcedentia. — [12] plurima TD. — [13] inveniunt D. — [14] et musae omittit D; et musa T. — [15] exesis codd. — [16] aquis amarissimis TD. — [17] habentes C, habens TD. — [18] climatas CT, climatis D. — [19] argivos D. — [20] Sophicus C, Sophista TD. — [21] invenitur CT. — [22] editionem C, editionum T. — [23] Clafros D; Thafros paulò inferiùs legitur; rectiùs fortè Taphros. — [24] dentes crudelium TD. — [25] usum CT, visum D. — [26] deest victum in D. — [27] sibique TD. — [28] succumbunt TD. — [29] peritores D. — [30] turpanarias TD. — [31] palustria C, in plaustra TD. — [32] torghia C, torgina D. — [33] Biarcem C. — [34] deest vi in CT. — [35] turgiversantium C. — [36] titulat TD. — [37] vela D. — [38] tritunata C, trutinitata D. — [39] deest tritura in D.

« tacto [1] mucronis Trimarcia [2]. Thafros [3], Alces tumultuantes. Tantilla te-
« nus turma tyronis temporum [4] tura [5] tantoperè, Tulchus triarum tonan-
« tium tenet, Malanchinorum [6] titanistria [7], tellura Murginum, delubra
« amara gentium. Stulta et invia saltus, aquilo titan expedita alarum tela
« vehementiam triumpha carpere [8] famosa trophea, in trumphea [9] ulcisci
« borea [10] catafracta cumulo [11] fore diuturno [12] bello subigere mucrone africo
« conexa uligine vesania Malanchini [13] cachinfata [14] sumpsere prædonum [15]
« spolia, in lanceas [16] suas [17] sugent cruorem [18], et in enses [19] devorant fi-
« nitimorum carnes, medullam cæsorum lambiunt, et vipereas lemurcas
« consumunt ». Nonnunquàm generationum istarum idem Philosophus terrorem et multa vel maxima horribilia exorsus est quæ apud alias [20] gentes
ignota [21], et ignominiosa vel nefanda ducuntur [22]. Extenditur eorum habitatio usque mare Boricum vel pylas Caspias.

2. [23] Albani itaque non parvo intervallo ab his dividuntur. Tamen Fros-
bodinam famosissimam sylvam bestiarum atque ferarum nutricem interse-
cantes, silices vel pylas Chosdronicas [24] secernunt ab oriente, sub mare
Caspium surgentes. A meridie verò gentibus [25] ferocissimis undè suprà mentio facta est [26], per oram [27] Oceani septemtrionalis [28] usque ad Mæotidas [29]
paludes per deserta et invia loca [30] sylvis vel saltibus referta, ad Tulchos
usque extenta. Quæ Albania nomen [31] suarum gentium vocabulum [32] traxit
ob candorem populi nuncupata [33] quià albo crine nascuntur ; procerâ [34]
staturâ, ad præliandum crudeles [35], habentes arma bellica polita fabrorum industriis [36], loricas vel ocreas, gladios atque ornecas [37] crabronistas [38], et multarum artium peritissimos. Flumina magna irrigua [39] habet [40], et fluvium [41]
Caucera rivis botanicis [42], herbarum multarum genera habentem [43], reupon-
ticum, lactucam [44], vitrum, galbanon [45], crocum et alia quædam [46] multa;

---

[1] tracto *TD*. — [2] Trimartia *D; vide suprà*
§ *II*, 5, *ubi* Trinachia. — [3] Thrafros *T*, Tra-
fros *D*. — [4] *deest* temporum *in TD*. —[5] aura
C. —[6] Mancinorum *C*, Malantinorum *TD*. —
[7] tatinistria *TD*. — [8] carpe *C*. — [9] in trumphea *omittunt TD*. — [10] famosa *D*. — [11] cum
eulo *C*. — [12] diurno *C*. — [13] Malancini *C*,
Malantine *TD*. — [14] cacinfata *C*. — [15] donum
TD. — [16] lances *codd*. — [17] suos *CT*. — [18] cruore
codd. — [19] in mense *C*. — [20] aliæ *TD*, *deficiente* apud. — [21] ignorant *TD*. — [22] dicuntur *TD*. — [23] De Albania *in margine habet D.*

— [24] Chosdronichas *T*. — [25] vergentibus *D*,
deficiente verò.— [26] fatur *C*. — [27] ora *C*; *omittunt vocabulum TD*. — [28] septentrionis *D*. —
[29] Meotides *T*. — [30] incola *C*. — [31] *deest* nomen *in TD*.— [32] vocabula *D*. — [33] *deest* nuncupata *in TD*. — [34] proceres *TD*. — [35] fortes
TD. — [36] industria *TD*. — [37] ornechas *C*. —
[38] cabonistas *T*, cabofanistas *D*.— [39] *deest* irrigua
in TD. — [40] habent *TD*. — [41] fluminum *C*.—
[42] butanicis *codd*.— [43] fertilissimus *C*, *deficiente*
genera; habent *TD*.— [44] locustam *CT*; *omittit*
D. — [45] galganen *C*.— [46] *deest* quædam *in D.*

arenam auro fœcundam, quod [1] in illis regionibus celebre ac famosissimum [2] habetur [3]; gignit [4] etenìm gemmas pretiosas, hæmatiten, cristallum, et magnetem lapidem. Equorum multitudinem et [5] staturâ non modicâ; armenta plurima, pecudumque [6] uberrima lactis copia. Vino et oleo
atque frumento infœcunda; sicera in usum apta : haustu nempè sumunt [7]
in potum melle admixtum, succumque [8] cucumerum [9] atque pomorum.
Huic terræ canes ingentissimi atque rapacissimi [10] tantâ ferocitate sunt [11].
ut tauros interficiant, leones perimant. Pardorum et onagrorum multitudinem [12] valida atque atrocissima terra illa gignit. Nauticis quidem mari-
timis valdè gnaris, trieribus magnis, scaphis atque barchis; dromones
et [13] classes quæ mare Oceanum magnis vectigalibus oneratis gemmas [14]
et aurum deferunt [15], ideoque a Meoparis injuriarum casu naufragio sæpè
pereunt.

3. Habet ipsa Albania sub tributo duas insulas [16] in mare septentrionali,
Ocream et Samnitem in longitudine dilatatas [17], in latitudine coarctatas;
quæ aurum [18] in aliquibus syrtibus gignunt, et margaritas, velut Taprobana.
sed raras [19] et grossiores [20], quas illi phyretros [21] vocant, et Armophista [22]
montana, Tirsocas [23] fontes, ubi antiqua delubra ingenti opere constructa
gigantum [24] tempore, quandò Phiros gigas temporibus Anech [25] filii Gomer
septemtrionalem plagam invasit. Ubi posteà [26] Alexander cum Arbogen principe Albanorum bellum induxit [27], et tribus diebus cruentissimo bello cædes
ac clades [28] maximas [29]; dirissimo [30] vulnere et damnabili et atrocissimo prælio
diutissimâ cæde, deciès milliès centena millia occubuerunt : sed magnus
Macedo magis ingenio quàm virtute devicit. Hæc Albania Tulchos [31] a septentrione ex parte maximâ intercludit.

4. Gargania [32] itaque [33] regio inter Albaniam et Caspiam obturationem [34]
subjacet, in longitudine prolixa, in latitudine inter montium conclusionem
angustissima, hiemali rigore semper oppressa, sylvis ac lucis paludibusque [35]

---

[1] quæ *TD*. — [2] celebre ac famosissimum *omittunt TD*. — [3] habent *D*. — [4] gignent *T*, gignunt *D*. — [5] *deest* et *in TD*. — [6] pecudum et *D*. — [7] *deest* sumunt *in TD*. — [8] *deest* succumque *in TD*. — [9] ceconiorum *CT*, ciconiorum *D*. — [10] ingentissimos atque rapacissimos *TD*. — [11] habet *T; ità addunt CT*. — [12] interficiant *addunt TD*. — [13] atque *D*. — [14] gemmis *C*. — [15] deferant *T*. — [16] provincias *D*. — [17] dilatas *C*. — [18] auro *T*. — [19] raris *C*, rari *T*, rare *D*. — [20] grossioribus *codd*. — [21] phiretros *CD*. — [22] Armofista *CT*. — [23] Tiriacas *TD*. — [24] gigantis *TD*. — [25] Aneth *C*, Anche *TD*. — [26] post *C*. — [27] indixit *D*. — [28] cædis ac cladis *TD*. — [29] maximæ *D*. — [30] durissimo *D*. — [31] Tulchis *TD*. — [32] Gragania *C*, Gargani *T*. — [33] altaque *T*. — [34] Caspias obturationes *T*. — [35] paludibus *TD*.

circumfusa. Bestias ingentissimas, monstra quæquæ ibidem plurima hic narrat, solitarias lamias, ac pilosis multis fanaticis illusionibus incredibilia.

5. Asserit invias eremos[1] saltusque ubi numquàm accessus hominum fuit aut futurus esse potest, vocesque[2] cantantium audiri et histrionum more debacchari, quod apud nos nimis[3] ambiguum est. [4]Habitatores quoque crudelissimos nec opinatos, omni opere vel vitâ[5] spurcissimos, nudatis virilibus[6] incedentes, caprinis pro tegumentis humanis astrictos[7], homines horribiles ac truculentissimos[8], proceros[9] staturâ, æthiopissimâ[10] formâ vel specie ex omni parte; mulieres latrantes et ignotas[11] hermasque, et omnem ignominiam, ultrà quàm credi aut[12] autumandum[13] esse potest, quià nec tales mundus[14] evomuisse ac increvisse a domesticis fidei narratur.

6. Cristallum multum et electrum purum in illis locis convallibus et in collibus vel parvis in[15] rivulis qui ex montanis fluunt reperiuntur[16]. Messium illius regionis exiguorum graminum amarissimi panes et horrore profani, ad sumendumque[17] insatiabiles præ[18] nimiâ austeritate. Carnes animalium et bestiarum, et cuncta abortiva et morticina cruenta in usu vescuntur. Auguriales[19] avium voces in deos[20] colentes, adorant solem ac[21] lunam, qui in illâ regione vix in anno calefiunt, et[22] ob hoc quòd[23] refocillatas titubantium vires resumunt, præ[24] nimio rigore Deum viventem bifariè[25] colunt. Hæc dementia gentium illarum inaudita et incognita a nobis esse debetur[26], vel a scriptoribus sacrorum librorum, et in codicibus nostris ideò a majoribus omissa sunt[27], ne in errorem illarum gentium ambiguitas rei veritatis in ruinam pravitatis decidat.

§ IV. De enigmatibus et disputationibus philosophorum.

1. Philosophus itaque ordinem illarum gentium diligenti indagatione[28] et nonnulla quædam peregrina et incredibilia in multis assertionibus titulavit; quæ nobis nimis laboriosâ curiositate cursìm ad duo puncta posuimus, charaxaturas et virgulas. Necdùm plenè suorum librorum[29] schedulas prænotatas

---

[1] invia heremus *C.* — [2] voces *D.* — [3] quos apud plurimos *D.* — [4] Hos *addunt TD.* — [5] vel vita *omittit D.* — [6] viribus *T,* verendis *D.* — [7] astructi *C,* astricti *TD.* — [8] truculentissimi *codd.* — [9] proceres *CT,* proceri *D.* — [10] ethiopissa *TD.* — [11] latrantium et ignotarum *codd.* — [12] *deest* aut *in codd.* — [13] estimandum *D.* — [14] mundi *TD.* — [15] *deest* in *in TD.* — [16] inveniuntur *TD.* — [17] sumendum *TD.* — [18] pro *TD.* — [19] Auguria vel *C.* — [20] diis *C,* dies *TD.* — [21] et *TD.* — [22] *deest* et in *D.* — [23] *deest* quod *in TD.* — [24] pro *TD.* — [25] sibi farie *TD.* — [26] debet *C.* — [27] amissa *C,* amissas *T,* dimissa sunt *D.* — [28] inquisitione *D.* — [29] libellorum *T.*

35.

a nobis redarguenda stylo, nævis a[1] lectoribus pateantur[2]. Suâ sibi idem Philosophus[3] auctoritate prælatâ[4], quasi[5] omnes[6] assertiones ejus in cunctis codicibus quis audeat aut retinere aut credere; istaque a nobis in momento vel passìm ejus litteris in breviarium divulgavimus. Ille ex parte gentilium litteras explanare nimio enigmate contentus, ex parte græcas syllabas elicuit[7], magis imò ac magis latinâ prosodiâ[8] posuit; nullusque tàm obscura illius valdè[9] audeat non[10] a toto sed a parte retinere quæ in unam digessimus titulationem. Quamquàm velut multis rivulis contiguè unam positam summatìm[11] explanationem tandem aliquandò nimium tædium[12] passus[13], ægrotationes[14] multas et non modicas philosophorum ambages mihi fuerunt[15]. Itaque[16] non tantum meæ causæ fuit eorum palpare et enucleare paginas ut in aliquid[17] rei veritatis prodessem[18], quantùm[19] a præcedentibus lectoribus errorem enigmatum illorum in palàm ommissam[20] vel parvam repagulam retinendam, schedulas querelarum illorum[21] futurorumque lectorum scriptorumque panderem.

2. Et quidem[22] in Sammone et Mantuano[23] Leucioque multa incredibilia et obscura inveni, quòd nequaquàm cuique veritatem receptam[24] a prudentibus indagatoribus non retinendam[25] decerno. Tullium[26] Ciceronem, Platonem et Hebionem duris[27] et acrioribus disputationibus, contumeliis compositionum, gentilium argumentis, fidelium obstaculis, dico ruinam fore[28] multorum, sicut et nobis patent[29] documenta præcognita. Quià dùm illi alta[30] mundi et difficilia, unusquisque suâ temeritate, aggressi sunt valdè obscura, ità ut nullis sociorum suorum agnitionem disserere possit, et quicquid alia pro aliis mentionem cuiquam arripere potuisset, in fabulis horum[31] gesta, pro vanitate non pro utilitate[32] suis codicibus nectebant. De diis gentium et[33] diis suis[34] Deasta[35] et Deicola ad suam stultam mundi disputavit[36] idolatriam, eò quòd militiam cœlorum, quam[37] Deus in suam gloriam præparavit, illi in fanaticis et adversis ac diabolicis numinibus in nonnullis

---

[1] neu in *TD.* — [2] pateatur *CT*, patiatur *D.* — [3] Philosopho *codd.* — [4] prolata *codd.* — [5] quia si *C.* — [6] *deest* omnes *in D.* — [7] emiscuit *D.* — [8] præsidia *TD.* — [9] *deest* valdè *in D.* — [10] *deest* non *in D.* — [11] sumitatìm *T.* — [12] nimio tedio *D.* — [13] *deest* passus *in TD.* — [14] cogitationes *D.* — [15] fecerunt *codd.* — [16] in *D.* — [17] uti aliquod *C.* — [18] proderer *codd.* — [19] quam *TD.* — [20] obnixam *C.* — [21] illarum *D.* — [22] equidem *T.* — [23] Montanum *TD.* — [24] veritate recepta *C.* — [25] tenenda *T.* — [26] et *addunt codd.* — [27] diris *D.* — [28] fere *TD.* — [29] pateant *CT.* — [30] præcognita *addit D.* — [31] eorum *TD.* — [32] non pro utilitate *omittit C.* — [33] vocabula decem præcedentia *omittit D.* — [34] deos suos *TD.* — [35] de astra *TD.* — [36] disputare *codd.* — [37] quod *CT.*

disputationibus posuerunt, juxta illud priscum vesanum [1] ac malignum eulogium : «Eritis sicut dii, scientes bonum et malum», id est quasi dæmonia, scientes creaturam Dei esse bonam, opera quæque [2] mala hominum, ut aït Propheta : «omnes dii gentium dæmonia; Dominus autem «cœlos fecit», et reliqua [3]. Et iterùm : «Dii qui cœlum et terram non fecerunt pereant», id est gentium doctores, idolatræ et malefici, vel magi, qui creaturam Dei, cœlum et ornatum ipsius [4], terram et disputationem ac dispositionem ejus, in deorum dearumque philosophando imbuentem auram inanem et tenuem in strophosis enigmatibus et tortuosis vanam [5] superstitionem invenientes scribunt [6] a semetipsis variis non tàm disputationibus quàm etiàm et ipsos apicum characteres mutaverunt, et ob metricam limam tortuosam reciprocatamque ducentes jactantiam, nullus alterius scripta vel commenta nec collaudat [7] nec celebrat schedulas [8] nisi suorum sensuum temeritate in litteraturam convulsam, sibimet unusquisque ut arduo sensu præmonitis [9] gentilibus characteribus vanæ ac superstitiosæ doctrinæ in ingeniosissimis mussitationibus [10] inanis gloriæ auctoritatem vel historiam scholastico sermone, nec animarum salutem nec divinitatis ac salutis viam retexentes. Magis alia pro aliis creaturis a Deo conditis in vasis [11] sculptilibus [12] commutantes, tantam suorum librorum subtilem textionem [13], magis monstra invisibilium rerum, volucrum, syrenarum et bestiarum, tragœdias præliorum et multa alia quæ narrare [14] tot scriptis atque picto colore transformatis; quæ [15] quicumque arripuerit vel legerit, caveat ne in [16] lacu ruinæ decidat, quod mihi molestum est, pestiferum nempè obstaculum. Nonnullis noctibus ac diebus ægrotavi usque ad mortem, et permolestum erat mihi divinæ et sacræ scripturæ locum, usquequaquè omissa sacra eloquia quam a me fures rapiebant, et me captivum duxissent [17], si virtus divina non adfuisset. Donatus mihi inter maximos primus [18] præerat, et Magnus in euphonicis versibus quibus me diù laborasse profiteor. Non alta [19] disserere cœpit, litteraturâ tantùm plenè notus magister orthographus, non in vanum [20] laboravit; quià non fuit questionarius in titulis explorare aliquid nisi inter omnes philosophos vel disputatores pædagogus noster, neophytus, non in merito fidei sed in normâ litterarum claruit.

<hr>

[1] priscam vesaniam *TD.* — [2] quoque *C.* — [3] cetera *D.* — [4] ornatum ipsius *ommitunt TD.* — [5] unam *TD.* — [6] scribit *T.* — [7] commota laudat *TD.* — [8] scedulam *TD.* — [9] præmutis *C.* — [10] disputationibus *TD.* — [11] vanis *TD.* — [12] sculpilibus *C.* — [13] contextionem *D.* — [14] narrare *omittit D.* — [15] *deest* quæ in *D.* — [16] in *omittunt TD.* — [17] dixissent *C.* — [18] *deest* primus in *D.* — [19] alte *D.* — [20] vacuum *TD.*

3. Nàm inter omnes philosophos hic etiàm Æthicus[1] ultra[2] omnes mundi[3] sophistas scriptores[4] in suis codicibus tàm in laboribus investigabilis quàm in disputationibus diversus[5] in semetipsum minor fuisse prænotatur[6]. Quià per singulas paginas voluminum suorum nos parvum[7] in unum codicem excarpsum[8] fecimus lenissimis sermonibus et explanatione, apertâ solertiâ et peritiâ : quæ ad utilitatem artium adinvenit[9] et ea quæ se[10] vidisse scribit[11] monstra vel[12] horribilia, multa præmisimus[13] quæ nobis inaudita et incognita vel formidanda valdè videbantur; nunc verò quæ de ignotis gentibus transtulimus, in aliquod[14] aut vix a vicinis in aliquibus[15] partibus nonnulla ab auditoribus vel narratoribus hæsitanter recepimus[16]; nunc itaque quæ ex parte nobis comperta sunt, aut mundo vicina[17], in breviario replicamus.

4. Ejus[18] abecedarii[19] in sequenti characteres notavimus, quod[20] nostris characteribus nullatenùs convenit[21], sed[22] hebraicis, græcis, et[23] latinis, chaldaicis, syriis, atque ægyptiis, quæ nobis ex parte vicina[24] sunt; hic verò[25] suam litterationem et interpretationem inter reliquos philosophos per semetipsum nisus est, quæ aliqui et quamplures gentilium scriptores in usus varios scribunt, lineam in diversa ponentes.

§ V. De Scythis gentibus.

1. Porrò Scytharum gentes in[colunt] multam munitionem, tàm montanam quàm et saltuum refertissimam, [et] campestria frugum uberrima, usquè ad Oceanum Sericum porrecta, atque mare Caspium quod respicit occasum, exindè ad meridiem[26], usquè lacum[27] Humericum bituminatum a parte aquilonis, magnum enim in girum dilatatum quasi stadiis centum a radicibus montis Humerosi[28], ità ferventem velut candentem fornacem; de quâ aquâ si volucres attigerint vel palpaverint, ultrà nequaquàm vivere possunt. Idem narrat, sicut et superiùs multa[29] præfatus est, quòd, de calore

---

[1] Ethicus *D*. — [2] inter *TD*. — [3] *deest* mundi in *TD*. — [4] scriptorem *C*. — [5] diversis *TD*. — [6] miror fuisse prænotatum *TD*. — [7] parva codd. — [8] excerptum *D*. — [9] invenit *D*. — [10] *deest* se in *TD*. — [11] *deest* scribit in *TD*. — [12] *deest* vel in *TD*. — [13] prætermisimus *TD*. — [14] aut aliquid *TD*. — [15] in aliquibus omittunt *TD*. — [16] recipimus *TD*. — [17] mundi *TD*.

— [18] Æthicus *TD*. — [19] abeturio *C*, abeturio *TD*. — [20] quià a *TD*. — [21] conveniunt *TD*. — [22] *deest* sed in *C*. — [23] ac *D*: *deest* in *C*. — [24] vicinæ *C*. — [25] cùm *TD*. — [26] a meridie *C*. — [27] De lacu Humerico *habet D in margine*. — [28] Aradicis montibus *TD*, a radicibus montibus Humerosis *C*. — [29] *deest* multa in *D*.

et pavore Humericorum [1] montium, quos [2] a parte inferorum vidisse se asserit [3] fumantes, præ nimiâ ariditate vel ustione, mortis fœtorem inducitur [4]. Exin porrigitur tenùs Tauro monte, [et] usque Caucasi jugum [5] deducta est. Quarum multæ sunt gentes sparsìmque diffusæ, [ex] quibus nonnullæ portentuosæ ac trucissimæ carnibus humanis et earum [6] sanguine vivunt; plurimæ etenìm agrorum cultrices [7] existunt, pecudum et armentorum, equorum [et] bubalorum multitudine uberrimæ atque salubres [8].

2. Sunt etiàm et plures partes terræ inaccessibiles et inhabitabiles, in plerisque namque locis auro probatissimo [9] et gemmis pulcherrimis [10] affluunt, gryphium [11] immanitate oppressæ. Staturâ proceri, quadrupes [12] etenìm [13] atque pennatum genus rapidissimum ferarum, in vertice vel in lateribus Hyperboreis montibus nascuntur. Totâ nempè [14] parte figuræ illorum corporum, leonis imaginem seu formam ostendunt, alis itaque et facie velut aquilæ; equis vehementer infesti, nàm omnium visus [15] decerpunt, juga boum velut [16] duos hircos unguibus dividentes interimunt [17]. Sunt autem quamplurimi arte venatoriâ homines gnari qui laqueos parant vel obstacula ad eos capiendos in hunc modum : Lanceas ferreas [18] miræ magnitudinis in modum [19] tridentium vel fuscinularum, desuper cannâ arundineâ tecta contignantia, subtùsque ingentes faculas cum viris industriis latentes; carnes recentissimæ et saginatæ vitulorum ac pecudum super contignationem [20] appositæ [21], per itinera fuliginosa per quæ [22] ipsæ feræ ad prædam festinant maturiùs; revertentesque ad vesperam ad speluncam natorum, cùm carnes illas inviserint recentes atque saginatas, prædam suorum catulorum opinantur, super decipulam residentes atque [23] exultantes, et alas plaudentes, socios ad prædam vocant comedendam; moxque insidiatores subtùs [24] latentes ignem supponunt, faculas velociter succendentes, mirum in modum molem arundineam impetu supponentes, crepitantes concremantur [25], gryphesque corruentes in ipsas [26] lanceas [27] ferventes irruunt, et illùc [28] decidentes, interimuntur. Prædones itaquè, foveâ cespitibus magnis ac glebis luto recenti

---

[1] Humericum C, Umericum TD. — [2] qui C, que TD. — [3] narrat TD. — [4] inducit codd. — [5] juga D. — [6] eorum codd. — [7] cultores C. — [8] uberrima atque salubris C. — [9] aurum probatissimum C. — [10] gemmas pulcherrimas CT. — [11] grifforum codd. — [12] quadrupedes T, quadrupedum D. — [13] deest etenìm in TD. — [14] totamque C, deficiente nempè. — [15] hominum visu C. — [16] vel D. — [17] interimentes dividunt C. — [18] lances ferreos codd. — [19] morem D. — [20] contignantia C. — [21] positæ C. — [22] quos C, quam T. — [23] deest atque in C. — [24] subter CD. — [25] subponuntur D. — [26] ipsos C. — [27] lances codd. — [28] illic TD.

illitis, retrò fugientes salvantur, usquequò[1] ardor incendii quieverit : hæc omnia se vidisse idem Sophicus[2] narrat. Invenitur in aliquibus locis, in eâdem regione, smaragdus, et cyaneus lapis; cristallus autem purissimus prægrandisque illîc[3] reperitur.

3. Flumina etenìm plurima et magna ipsa Scythica[4] regio habet, Oscorum[5], Phasidon[6], atque Araxen, ac Murginen[7], qui[8] cæterarum regionum a partibus orientis consurgens dividit, paludesque magnas quemadmodum Mæotidas[9], quas Murginiacum[10] lacum a parte[11] Humericas[12] pylas usquè Trinarchias aras a veteribus constitutas, ubi finem orbis terrarum propter densitatem montium sunt arbitrati ubi Murginiacus[13] amnis multo circuitu a septentrione contra meridianam plagam vergit, et in mare Tyrrhenum giratâ Scythiâ influit[14] cum Thermodonte[15] fluvio, girantes in spatio Temiscerios campos, ubi Thamaris[16] regina aciem contra Medos et Persas cum prælio magno instituit[17]. Ibi et Tamisiam urbem famosissimam construxit, et de utre sanguinem[18] regis Darii illîc sitiens conspersit. Habetque et hæc terra gentes bellicosissimas, populo dirissimis[19] ac sævissimis moribus durato, arma bellica politissima, peltas robustissimas[20], bituminatas utrâque parte inter duos[21] parietes; tale bitumen a lacu Humerico[22] haustum, et cum[23] humano sanguine mixtum, quod nullo gladio aut acumine unquàm incidi potest. Temporibus autem Nini regis, qui humanum cruorem Scythas sugere præcepit, vel omnia crudelissima et[24] spurcissima inibi instituit, ab eo tempore usquè nunc his armis[25] utuntur; denuò[26] ab Amazonis sumpta, renovata atque reparata sunt. Viri ideoque[27] in urbibus ac diversis ædificiis peritissimi, arietum[28] et frontonum fabri industrii. Equos et mulos [habent] dromadas[29] velocissimos, fœminas fortissimas, tàm in opere quàm in acie doctas atque intemeratas. Terra ab ævo semper indomita.

4. Hæc etenìm[30] et alia multa Philosophus de Scythis narravit.

---

[1] dum C. — [2] Soficus C, Philosophus D. — [3] *deest* illîc *in* CD. — [4] Scitia TD. — [5] Hoscorum TD. — [6] Fasidon *codd.* — [7] Murgencem *codd.; vide infrà.* — [8] que CT; *deest in* D. — [9] Meotides TD. — [10] Murginacum CT. — [11] porte TD, *deficiente* a. — [12] Umericas T. — [13] Murginachius C, Murginachus T. — [14] fluit TD. — [15] Termodente C. — [16] Tamaris C. — [17] statuit CT. — [18] et utrem sanguine TD. — [19] durissimis CT, duris D. — [20] valdè robustos C. — [21] *deest* duos *in* C. — [22] Umerico TD. — [23] *deest* cum *in* TD. — [24] vel TD. — [25] hæc arma *codd.* — [26] denique TD. — [27] itaque C. — [28] artium D. — [29] dromos CT, dromedos D. — [30] enim T; *deest in* D.

§ VI. *De Amazonis.*

1. Nullum regnum [dicit] nullamque regionem longè latèque diffusam a plagâ septentrionali in diversa tendentem [1], tàm [2] irriguam [3] ac munitissimam ; Temiscerios campos [4] opinione prælii cruentissimos [5]. Amazonas et utilitatem earum inquiens in fines [6] Scythiæ et memoratum amnem Thermodontem [7]. Duo [8] regii [9] juvenes egregii ac sagacissimi [10] Plyino [11] et Solapesio [12] sodalium nobilium atque industriorum ingentem juventutem ab Scythiâ secum traxerunt, et juxta memoratum amnem et prædictos campos in confinio Scythiæ [13] atque Ponticæ provinciæ Capadociæque diù finitima quæque et proxima vastantes, proximorumque habitatores crudeli gladio trucidantes [14], horum uxores exilio ac viduitate tetrâ impietate a finibus illius regionis condemnantes, exterminant; a Vafris frontibus vel lacu Murginiaco [15] ubi supradictus amnis Murginen [16] in diversis rivulis dividitur [17] et finem Scythiæ facit [18], vastam solitudinem faciunt, a parte nempè australi ; saluberrimis frugibus, gentes verò invalidæ [19]. Quæ post giratam [20] Scythiam a meridie [21] Amazonæ profugæ atque proselytæ in eadem palustria diù exules resederunt.

2. Post non multum etenìm [22] tempus consilio infiduo accepto vicissìm tela multa vel arma [23] novâ arte composita, fabros mercede in ignominiâ [24] conductos, gnarosque artifices, ipsosque postmodùm quàm [25] eorum artes [26] compertæ sunt dolosè trucidantes, præparantur ad aciem [27]. Eâ per manus [28] arcubusque [29] in stupro prole deceptâ, tenellos [30] trucidantes, et arma novâ arte excogitata cum bitumine et sanguine humano natorum propriorum [31] sumentes sicut superiùs idem scribit, viros qui superfuerant [32] interficiunt, atque in hostem accensæ sanguine suo finitimorum ultionem excidio consequuntur. Tunc invicem pace [33] patratâ [34] incertos concubitus [35] ineunt; masculos enìm necantes, fœminas reservant, ac studiosè nutrientes atque

[1] tendens *TD.* — [2] *deest* tam *in TD.* — [3] irriguamque *TD.* — [4] Temiscerius campus *C.* — [5] cruentissimus *codd.* — [6] finem *TD.* — [7] Termodentem *C.* — [8] duos *codd.* — [9] regios *C*, reges *TD.* — [10] egregios ac sagacissimos *codd.* — [11] Pliino *CD.* — [12] Solapesso *D.* — [13] Scithio *C*, Scitico *TD.* — [14] trucidantur *CT.* — [15] lacum Murginacum *TD.* — [16] Murginen *C*, Murgincen *T*, Murgicen *D.* — [17] dividit *D.* — [18] faciunt *codd.* — [19] invalidas *codd.*

— [20] epygyratam *C.* — [21] a meridie *omittunt TD.* — [22] enim *TD.* — [23] vel arma *omittit D.* — [24] mercede ignominiosa *D.* — [25] quod *C.* — [26] artem *TD.* — [27] necem *D.* — [28] ea per manus *omittit C.* — [29] masculisque *C*, vaarculisque *T*, arculisque *D.* — [30] tenullos *C.* — [31] *desunt in TD* verba ista decem a nova usqu. propriorum. — [32] superfuerunt *D.* — [33] pacem *TD.* — [34] patrantes *D.* — [35] cubitus *TD.*

imbuentes, dexteras papillas exurunt, ne jaculis sagittarum contusæ [1] læderentur. Harum duas reginas pulchras atque [2] gnaras eligentes [3] instituunt, quarum una Marpœsia, alia Lampœto [4] vocabatur [5], quæ ex utrâque parte curam belli [6] gerebant, et multitudinem non modicam concionantes [7] ad prælium, vicinas regiones vastantes, ad tutiora loca priora exuviis [8] magnis [9] detractis remeabant; donec tandem aliquandò cum ingenti exercitu ab ipsis locis munitissimis egressæ cum multis opibus, armis, equis [10], curribus ac tentoriis, cum bellicosissimo apparatu Asiam maximâ ex parte [11] vastantes, urbes multas capientes, alias suo moderamine ædificantes construunt, semper humanum sanguinem [12] sitientes fundunt, usquequò Asiam ex parte populantes [13], cum maximo hostium vallatu loricis exercitus [14] ut erant [15] edoctæ, [16] Europam properantes peraccedunt. Aliquandiù Ilium vel Trojanorum regionem super amnem Simoën residentes, cunctaque debellantes, tentis tentoriis commoratæ sunt [17]; prædâ exuviarum Asiæ suis urbibus [18] ditatis, cuncta recondentes reservant [19]. Scytharum gentes vel terram plurimo [20] terrore concutiunt [21], et cum [22] ipsis sæpius ac magis altercantes dimicant. Decedente [23] etenìm Marpœsiâ et Lampœto [24], duo sorores successerunt post priores [25] in regno, Anthiopia et Orithya [26], ex similique genere [Hippolyte] et Menalippa priorum [27] audaciam ac virtutem gerentes, sed consilio dissimili [28], sperantes cuncta vindicata et subacta, donec ab [29] Hercule vel sodalibus [30] suis delinitæ [31] atque matrimonio distractæ, armis bellicis furtim ablatis [32], vigorem et potentiam ejus dolo vel arte ac [33] præstigio amiserunt.

3. Prævaluit itaque vesaniæ robur ad potentiam earum [34] per annos fermè centum, quæ nec attunsæ nec [35] fugatæ, nec prædatæ nec subactæ fuerunt, neque arma earum [36] quisque diripere vel imitari potuit. Tali arte tàm pulchra vel utilia [37] eo tempore in usum habuere, undè post hæc Scythæ, Iones, Capadoces et Germani atque [38] Trojani in usum similia arma [39], tela ac ja-

---

[1] confossæ *codd.* — [2] *deest* atque *in TD.* — [3] *elegantes D.* — [4] Lampoeta *codd.* — [5] vocabantur *C.* — [6] *hic codicis Pithœani foliorum quæ supersunt resumitur ordo.* — [7] concinantes *C,* continentes *TD.* — [8] excubiis *P.* — [9] *deest* magnis *in D.* — [10] equitibus *CPT,* equibus *D.* — [11] maximam partem *P.* — [12] humano sanguine *PT.* — [13] vastantes *D.* — [14] exercitati *C.* — [15] aderant *TD.* — [16] et *addit D.* — [17] commorantes *PTD.* — [18] viribus *P.* — [19] reservantur *PTD.* — [20] *deest* plurimo *in D.* — [21] incutiunt *C.* — [22] *deest* cum *in C.* — [23] Decedentes *TD.* — [24] Lampœta *D.* — [25] temporis *TD.* — [26] Anthiopa et Olincia *P.* — [27] priorem *CP.* — [28] dissimiles *C.* — [29] *deest* ab *in T.* — [30] sociis *D.* — [31] de limite *T.* — [32] arma bellica furtim ablata *codd.* — [33] *desunt* arte ac *in D.* — [34] eorum *D.* — [35] vel *D.* — [36] eorum *PD.* — [37] utile *PT.* — [38] atque Germani et *TD.* — [39] simili arte arma vel *D.*

cula [1] vel gladios celebres sumpserunt; parmas igitur [2] tali arte sævissimè duratas atque infractas multi artifices excogitare vel facere talia [3] conati sunt [4], sed non valuerunt, nec earum [5] magisterium ullo modo aliquis capere potuit, quià [6] artem suam alios [7] docere noluerunt.

4. Ipse [8] se inquit [9] Philosophus vidisse receptacula ac casulas antra et speluncas earum in ipsis insulis vel paludibus, et ob hoc illùc usquè peraccessisse ut earum et originem et exilium atque [10] reparationem veraciùs sciret [11]; sed multùm admirans, nonnulla alia scribit de [12] illarum peritiâ quæ [13] nobis incredibilia [14] videntur [15]: in solitudinibus catulos minotauros invenisse ac enutrisse [16] mansuetèque domasse, et primùm cum ipsis in acie cuneos [17] hostium [18] superasse [19], et plus virtutis [20] adfuisse [21] minotauris quàm armatorum legioni bellanti [22] in prælio; similiter centauros lacte [23] mulierum enutrisse, et humanitatis causâ ac [24] pietatis ante nutrices frendendo atque sæviendo adversus perimentes, amicas ac nutrices defendentes [25] sese [26] in mortem [27] ponunt; de elephantis nec non talia protulit : et ob hanc causam primùm illarum virtus et robur in victoriam vel certamina divulgata est.

5. Nos autem [28] nec refutavimus, nec alicui causam commisimus retinendam; quamvis itaquè, ut superiùs intimavimus, philosophi, præ ubertate litterarum aut rerum [29] scientiâ ac sensu [30], si narrationis [31] alicujus aliquid senserint [32], in laudibus suæ scientiæ dederunt operam inanis gloriæ. Itaquè nonnulla de Scythiâ ultra omnes scriptores hic plurima scripsit [33].

§ VII. *De Hyrcaniá, Armeniá, Isauriá, et Asiá Minore.*

1. Nàm Hyrcaniam sequenti titulo intromisit, ab Hyrcanâ silvâ quæ inter Scythiam et Asiam subjacet, et maximam partem Hyrcaniæ occupat [34]; est enim in multis locis inaccessibilis ut Sophista [35] testatur [36]. Aït enìm ab hoc [37] loco usque Caspias pylas pertingere, et montana quæ omni

---

[1] ac jacula *omittit D.* — [2] *itaque D.* — [3] *deest talia in D.* — [4] conare temptati sunt *CP.* — [5] corum *TD.* — [6] qui *C*, quæ *T.* — [7] *deest alios in D.* — [8] ipsi *TD.* — [9] inquiens *codd.* — [10] et *TD.* — [11] vera scisse *D.* — [12] scribens *PTD.* — [13] quod *P.* — [14] incredibile *PTD.* — [15] videtur *P.* — [16] nutrisse *P.* — [17] cumeos *T*, *deest in D.* — [18] hostes *D.* — [19] primum *addunt CTD.* — [20] virtus *P.* — [21] fuisse *CP.* — [22] legio bellantes *PTD.* — [23] lac *PTD.* — [24] et *D*; *deest in PT.* — [25] *desunt in TD verba ista octo ab* atque *usque ad* defendentes. — [26] se *TD.* — [27] monte *D.* — [28] itaque *CP.* — [29] *deest* aut rerum *in D.* — [30] assensu *C.* — [31] sine ratione *D.* — [32] senserunt *CT.* — [33] scribit *TD.* — [34] occupatur *P*, occupantur *T*, occupant *D.* — [35] anteà *CTD.* — [36] testabatur *C.* — [37] huic *PTD.*

tempore contremescunt; et ibi perpetuus terræ motus esse memoratur, cum tremore et pavore [1] populi, magis ac magis usquè in diem [2] quâ ipsæ portæ solutæ [3] erunt. Ipsum quoque desertum malas et ferocissimas bestias gignit, pardos, tigres et pantheras.

2. In Armeniâ itaquè [4] annum et menses quinque se mansisse [5] asserit, propter ædificium arcæ Noæ; sed nullatenùs cacumen [6] montium illorum ascendere ausus fuit [7]. Aurum multum et optimum ibi [8] ultrà omnem terram, gemmas multas, falerna; improvisa et nullis [9] similia [10]: refert enìm quià quandò sonus multæ pluviæ evenerit [11] de ipso monte ubi ipsa arca residet, tàm magnum sonitum et boatum dari [12] ità ut [13] usquè ad fines regionis illius audiatur. Ipsam Armeniam usquè ad idem [14] mare Caspium pervenire, et inibi [15] terminum facere testatur Iberiam [16] parvam.

3. Texit Isauriam [17] anfractu regni majoris [18] et gentibus barbaris [19] obsessam : unam urbem tantùm ad salutem et copiam ipsius dilatavit laudabilem, Isauriam [20] nempè, equorum copiâ et segetibus refertam; Halym [21] fluvium irrigantem, ubi et aurichalcum, splendorem vel ruborem auri gestans [22], in orâ ipsius fluminis inveniri memoratur.

4. Asiam [23] Minorem tantùm ut alii scriptores ità et iste similiter [24] testatur; nisi tantummodò pellibus arietum [25] illitis et historias pictas, velut Mantuanum et [26] Hebionem, arte mirabili, collaudat, fœminas purpurarias, terram fructiferam, domesticosque habitatores; propinquas illius provincias Bithyniam, Phrygiam, Galatiam, Lydiam, Teucusiam [27], Cariam ac Pamphyliam, Lyciam, Hebenam [28], atque Ciliciam; et Galatiam aptam et fertilem provinciam.

---

[1] terrore *TD.* — [2] judicii *addit D.* — [3] resolutæ *D.* — [4] ideoque *PT,* quoque *D.* — [5] mansurum *CP.* — [6] cacumine *P.* — [7] fuerit *C.* — [8] *deest* ibi in *CP.* — [9] nulla *codd.* — [10] *desunt verba ista septem in D,* a gemmas *usquè ad* similia. — [11] quià si magnæ pluviæ evenerint *P.* — [12] dare *codd.* — [13] *deest* ut in *C.* — [14] eodem *PT.* — [15] ibi *TD.* — [16] Hiberniam *TD.* — [17] historiam *codd.* — [18] anfracta regna majora *codd.* — [19] gentes barbaras *PT,* gentem barbaram *D.* — [20] Hisauri ē *T,* Hisaurie *D.* — [21] Haalum *CPT.* — [22] gestantem *codd.* — [23] quoque *addit D.* — [24] similia *P.* — [25] auro *addit P.* — [26] in *addit P.* — [27] Theucusiam *TD.* — [28] Illiricum *D.*

CAPITULUM QUINTUM.

DE ILLYRICO REGNO.

§ I. De Græciâ.

1. Omne regnum Illyricum disputando circuisse scribit, usque[1] Athenas urbem metropolim et famosissimam philosophorum nutricem properasse, et cum aliquibus ibidem qui eodem tempore doctores rhetorici, dialectici, geometrici, physici, et astronomici philosophi nitebantur disputavit.

2. Annos quinque ambiens[2] omnem Græciam[3], laudationem intulit, paterna viscera et materna ubera eam nuncupans[4]. « Mœnia munita mare «florido[5] cincta[6], melliflua rivula seminibus pinguissima, fluminibus con- «sitis, stipatis[7] virenti comâ; arbusta et nemora ornata, mala punica æquora «alta[8] odoratis aromatibus[9] vernantia, colles eminentes. Nicolais atque «olivis[10] [ac] coaltis vinetis, nectarea[11] gignentes falerna, cliviores[12] qua- «drigis junctis nitentes[13]; equitibus cariora[14] remanent rura[15]; sæpè re- «dundant salubribus[16] imbribus rura affatìm fœcunda : concordiâ aluntur «penuaria[17] bona prisca mel et[18] vinum et oleum ac zazethum[19]. Clari- «gatio[20] pignorum[21] non tardat inopum, nec minuuntur opes quoque di- «vitum[22]. Conjicere non reor[23] multitudine piscium dapsilitatem[24]; copiâ «quippè fluminum constantia commoda rerum. Pascua provida pecudum «armentorum commeantia[25] pastorum afferre duplicia. Contenta[26] auro «fulvo, argineo[27] metallo, argentique fodina non alta clandestina. Cautes «procùl electro rutilant, saxa licinio; clivi[28] quinquin[29] coruscant ligirio[30] «insigni colore croceo, flavoque[31] pyritâ[32] et radiante jacintho, amethysto, «et sardonice[33], nec non et carbunculo. Cymbia[34] onyx et varia nitet ca- «regalla[35], cœruleisque lapidibus[36] arenosa[37] pergula[38]. Citimum nitrum «lomentum quippè commodum[39]. Constantia pernix. Decus et cultus ho-

---

[1] ad *addit* D. — [2] ambiensque P. — [3] omni Græciæ C. — [4] nuncupavit *codd.* — [5] floridum C. — [6] cuncta CTD. — [7] stipiti C. — [8] calta CPT. — [9] aromata TD. — [10] obelis C, divis TD. — [11] nectaria CTD. — [12] cluviores CPT. — [13] mitentes C. — [14] cariosa CPT, curiosa D. — [15] ruda CP. — [16] salubris CT, salubres P. — [17] penuria PTD. — [18] et *omittunt* CP. — [19] acetum TD. — [20] Claricatio C, Clarecatio PTD. — [21] pinguium C. — [22] *deest* divitum *in* D. — [23] reorum C. — [24] dapsilitate *codd.* —

[25] commanantia P. — [26] Contento TD. — [27] arguineo P, argo in eo T, argento meo D. — [28] clavi CD, clivii T. — [29] quinquiam C; *deest in* D. — [30] ligurio D, *qui hoc vocabulum post ja-cincto transponit.* — [31] *verba ista quatuor omittit* D. — [32] pyritro CT, piretro P; piritro D, *qui verbum istud et sequentia tria post* carbunculo *transfert.* — [33] sardino CT, sardie P, sardio D. — [34] Cimbia CPD. — [35] carigalla TD. — [36] lampadibus CTD. — [37] arenoso TD. — [38] per tegula D. — [39] modum T.

« minum; conducta mutuo culmina libet arduo cremo tàm [1] inviâ quàm
« comitiale sylvâ. Comantia [2] innectunt aves pulcherrimæ [3] surcula [4] abie-
« tibus et platanis. Rubulæ [5] enìm duma concentus altilium consita con-
« venticula escam facilè invenientes gramina, campos [6] votivo suo tempore
« mucrone [7] calantes [8], opes suavesque et dulces; crispantia vectigalia æquor
« defert; unda mater fœcunda. Ultrà quid indiges, Græcia? Congratulare,
« rore cœlesti infecta, serenis solis radiis a rigore soluta, coronata fitalis [9],
« purpurâ et bysso togata [10], cocco atque serico cyclade [11] variata. »

3. Hæc itaquè pulchrè idem Sapiens præfatus est. Populum omisit; et
ideò non detulit [12] mentionem quià omni scelere [13] et ignominià repletus [14]
erat, homicidio [15], fornicatione [16], luxurià [17] et omni [18] spurcitià; necdùm
curationum medicamenta receperat [19], quià nomen Domini non fuerat inibi
prædicatum, et Samaritanus nondùm descenderat ut, plagis vel ulceribus
vino et oleo imposito, a delictis vel maledictis stultissimorum et insipien-
tium hominum curaretur. Quamvis prædicta Græcia [20] prima [21] proceribus
et illustribus medicis [22] claruisset, nondùm stabularius ille vas electionis a
Samaritano missus fuerat, egregiusque doctor atque magister, qui in eorum
vulneribus medicamenta lacrymarum flendo curaret [23]. Quià ubi tunc [24]
superabundavit delictum, ibi nunc Samaritano miserante et stabulario
prædicante abundat gratia.

4. Sequenti vero paginâ, de insulis maris Magni et aliquibus montibus,
in breviario, metrico [25] versu [26] et alibi de gentibus [27] narravit quià quod plures
scriptores proxima confinia in eorum codicibus [28] cognita et comperta præfati
sunt, atque agnitio cæterorum philosophorum iste solummodò mentionem
fecit, ne divisæ lineæ ab aliis segregarentur voluminibus, tamquàm in membranis notitiam vel memoriam. Mari Magno plantationem et germen ac
virgultum, et piscinam [29] regalem ac medullam intersecantem trifariè ge-
minatam [30] orbis [31] planitiem. Se Oceano relicto in signis et portentis et ultrà

---

[1] quam *D.* — [2] Commeantia *D.* — [3] pulcherrima *D.* — [4] sarcula *PTD.* — [5] rubula *PD.* — [6] compus *C*, compos *PT.* — [7] mucro *CP*, muchro *TD.* — [8] calcantes *TD.* — [9] fidalis *P*, si talis *TD.* — [10] toga *D.* — [11] cyclave *C*, ciclade *P*, cyclavave *T*, ciclovale *D.* — [12] distulit *P.* — [13] omnia scelera *PTD.* — [14] repleta *codd.* — [15] homicidia *PTD.* — [16] fornicationes *CP*, fornicationis *TD.* — [17] luxuriam *D.* — [18] omnia *P*, omnis *TD.* — [19] recipiat *D.* — [20] gratia *C.* — [21] *deest* prima *in D.* — [22] proceres et illustres medicos *P*, proceris et illustris medicis *CTD.* — [23] curaretur *PTD.* — [24] tàm *C.* — [25] metricis *C*, metricos *P*, metricus *TD.* — [26] versus *codd.* — [27] de jestis *P*, digestis *TD.* — [28] confinia *iterùm D.* — [29] pristinam *T.* — [30] geminam *D.* — [31] urbis *CD.*

quàm credi potest autumat mare Magnum [1] sorbitiunculam vel cloacam abyssi magnæ [2]. Modulato inchoatoque carmine gemellis versibus unam celebrè [3] collaudavit numquàm descrendo artem quam suo ingenio fieri in ipso mari nostro [4] pontem [5] a Ioniâ Africam transeuntem et in ævum [6] jugiter permanentem. Ipsum [7] quoque carmen [8] talibus [9] characteribus distinxit ut nullus hominum legere vel disserere nodos posset; hebræos characteres resupinatos, græcos incurvatos, latinos duplicatos in similitudinem circi, suosque apices in medium positos, metrico more compositos, suâ laude sibimet solus sciebat [10]: quâ in re in omni Græciâ diversi [11] interpretes qui tunc celebres varia problemata dissolvebant [12], artem ipsius et [13] adinventionem [14] necnon et propositionem [15] enucleare non valuerunt.

5. Græcia [16] jungitur [17] a lævâ Asiæ, ab occiduo Dalmatiæ [18], Histriæ ac Norico [19]. Ab Scythiâ simùl lævâque secernens [cam] a monte Chimærâ, mare, quo idem [20] primùm provincias postmodùm montes et insulas maritimas in supradictâ [21] Ioniâ terminavit [22], Dalmatiam et Galatiam ex parte aliquâ, barbaricam partem maximam, Illyricum [23], linguas et litteras, græcam etymologiam, legem et ditionem, præcognitaque [24] flumina Istrum videlicet et Tanaïm [25] secernens [26], a lævâ barbaros modos [27] vel fines terminat [28]. Dextrâ itaque optimâ parte Græcia jungit terras [29] segetibus refertas [30], atque uberrimas [31] frugum copiâ, auro fœcundas [32], omnium animantium armenta [habentes] et cunctarum avium [33] reptiliumque ac jumentorum [greges] opulentissimos [34], olera pinguia et usui apta, populum industrium [35] et multâ arte [36] peritum. Quæ Dalmatia primùm Mœsiæ [37] pars, Græciæ Mœsia [38] verò, quondàm regi [39] Mœsio et Trajano [40] subjacebat; nunc itaque tota [41] regio [42] Græciæ subjecta est.

<hr>

[1] *deest* magnum *in D.* — [2] magni *PT.* — [3] *deest* celebrè *in D.* — [4] nostrum *PTD.* — [5] pontum *D.* — [6] eum *TD.* — [7] ipse *C,* ipso *P.* — [8] carmine *P.* — [9] talis *codd.* — [10] solo nesciebat *D.* — [11] ad diversos *P,* in diversos *TD.* — [12] variis problemis dissolvebantur *codd.* — [13] et *omittunt CTD.* — [14] adinventionum *D.* — [15] necuon et propositionem *omittit C.* — [16] Gratia *C,* in Grecia *TD.* — [17] igitur *codd.* — [18] Dalmate *TD.* — [19] Noricæ *P,* Morico *T,* Merico *D.* — [20] quidem *C.* — [21] *deest* dicta *in TD.* — [22] temperavit *TD.* — [23] Hillicum *C,* iliricum *P,* illi cum *TD.* — [24] præcogniti que *CPT.* — [25] Tanaï *C,* Tanasia *T.* — [26] Secernuntur *CPT,* secernunt *D.* — [27] nodos *D.* — [28] terminantur *CPT.* — [29] junguntur *codd.* — [30] referta *P,* confertas *D.* — [31] uberrima *CD,* uberrimis *P.* — [32] fecunda *D.* — [33] omnium *CD,* ovium *PT.* — [34] opulentissimas *CP,* opulentissima *D.* — [35] industrem *D.* — [36] multas artes *P.* — [37] Mediæ *C.* — [38] Media *PTD, primo alteroque loco.* — [39] rege *CPD,* regem *T.* — [40] Trogano *C,* Trojano *P,* Tragano *TD.* — [41] *deest* tota *in D.* — [42] regno *PTD.*

§ II. *De Galatiâ.*

1. Galatia igitur primùm Bithyniæ conjuncta, modò enìm [1] Illyrico [2] subjecta. Ab Alexandro autem Magno [3] dilatata est omnis Græcia, et regiones nobiliores et proximiores et efficaciores [4] Græcorum regno copulavit, nàm Galatiam [5] a perspicuitate populi [6], nitore ac proceritate. Munimenta sepium Ionia circumdedit, et fines atque terminos barbarico mari et monte Chimærâ terminavit. Undè parabolam assumptam idem lator orsus est, inquiens : « Pallida lympha lepista [7] facilè misit [8] Pyrrones ci- « mericos [9] trusua [10] crepuscula diros crepitante [11] catastâ Orpheorum pirata « bustuaria torrida verrunt tabida tenia [12] mons; nocua nebula sub sole « eminùs conspicua [13] alit caligine [14] umbriferâ subdolo sulphureâ æstuantem « Chimæram fumantemque Siciliam [15]. Æthna de alto vergit. Ut Chimæra « flatum [16] evomet, lugent maris vehientes [17], insignes mugitus dantes, « ignea [18] phœbea piscium amittere copiam. Extabuit barathrum vibratâ « parte [19] coaltum. A meridie catapsat Chimæra Siciliæ monstrum. Extrema [20] « mundi oppositaque reliqua non norunt regna sive arma et tela invicta « Æthna et Chimæra, mare [21] Magnum et Caspium pyrgus, hispidum tro- « chum. Suas sibimet isti degentes igneas flammas conglutinatum fomitem « jugiter [22] permanentem [23] subumbraneum [24], palpare diem fumum. Conti- « cinium igneum dare flatum ». Hoc miraculum hic intulit quòd in tot gurgites [25] maris inæstimabiles et inaccessibiles quo modo immensa ardentia et [26] inaccessibilis flamma eructat. Philosophus aït : « Sicut majorem ru- « borem [27] et amaritudinem [28] fluctus maris et gurgites immensos retinet, ità « vallatu [29] atque jugis [30] montium, bitumine et sulphureâ terrâ funditùs [31] « receptacula commixta. Sicut in acetum cerussa aut in densissimos imbres [32] « fulgura, ità et hi montes [33]; maris tumore et amaritudine et vigore sul- « phuris repugnantis ac recalcitrantis, fortissimâ lymphâ, mox quasi ex [34]

---

[1] *deest* enim *in TD.* — [2] Hillirico *C*, Ilirico *P*, Illico *T*, Illirico *D.* — [3] *deest* Magno *in TD.* — [4] efficaces *CPT.* — [5] Galatia *P.* — [6] et *addit D.* — [7] limphale **poesta** *T*, limphale potestas *D.* — [8] emisit *T.* — [9] cymericus *CTD.* — [10] trusa *D.* — [11] crepitant *D.* — [12] tema *P; omittunt TD.* — [13] splendida *D.* — [14] calagina *C*, caligina *P*, calina *TD.* — [15] sic alia *TD.* — [16] *deest* flatum *in D.* — [17] veihentes *P*, veientes *D.* —

[18] igneas *C.* — [19] vibrat a parte *CP.* — [20] Extra *TD.* — [21] *deest* mare *in TD.* — [22] jugiterque *P.* — [23] permanentes *TD.* — [24] sub umbra *TD.* — [25] gurgitum *CPT.* — [26] *deest* et *in D.* — [27] roborem *CD*, reberem *T.* — [28] fortitudinem *D.* — [29] vallata *codd.* — [30] *deest* jugis *in TD.* — [31] funditur *TD.* — [32] montes *D.* — [33] ethni montis *TD.* — [34] et *T; omittit D.*

« durissimo lapide et ferro ignis exiliens eructat, furva flamma cum strepitu
« crepitante cum ingenti [1] globo prorumpit, et flante vento boatum et
« mugitum magnum emittit [2] ». Credimus in hâc parte verum arbitrasse et
disseruisse Philosophum.

2. Post Dalmatiam nimirùm Thraciam [3] posuit in ordine scripturæ suæ,
interclusam ab uno latere Histro amne; ab aliâ parte orientali urbs [est]
Constantinopolis, ampla atque fœcunda populis, frugibusque [4] atque seminibus, fontibus magnis et [5] rivulis saluberrimis irrigua : irrigatur nempè
Ebro fluvio magno, ubi argippus pretiosus lapis invenitur, multâ varietate
et pretioso colore, quem adamans incidere non valet.

3. Igitur post Thraciam, Thessaliæ collaudat oppida plurima dapibusque
fœcunda [6] fluminibusque multis, equos velocissimos et velociores quàm in
aliis quæ circà sunt provinciis. Conjuncta est enìm Macedoniæ magnæ.

4. Attica verò, quam [7] et Hellada nuncupant [8], inter Macedoniam et
Achaiam media jacet; terra frondibus aptissimis fœcunda, pomis et malo-
granatis, olivetis et [9] vineis uberrima, sylvis avibus plurimis gignendis
aliâque abundantiâ fertilis.

§ III. De Atticâ et Bœotiâ.

1. Arcadia nobilis et opulentissima, et in ejus rumore atque potentiâ vel virtute populo gnaro [10], et ad præliandum ultra omnes gentes
illa [11] detonantior [12] in tantum ut in ejus nomine [13] omnis Græcia conspiret.
Ubi et urbs inclytissima eorum Athenæ [14], quam Philosophus umbilicum
Græciæ prædixit : « Pinguis [15] illa [16] et ornata monilibus [17], erudita litteris, lege
« et scientiâ, decorata ludis [18], foro et vectigalibus, mœnia aureis guttis, et
« muri [19] fulvis [20] gemmis. Tuaque [21] ultrà omnia Athenæ [22], nobilissima
« Ionia, magistra legum tuarum, et altrix juvenum tuorum, manè doctrix
« liberalium formâ apicum; meridie arma et tela ludentium, vesperè divitias
« congregans [23]; conticinia quiescunt in purpurâ. Ô urbs opinatissima,
« tot lueis [24] oppressa, vallata humano cruore et rursùs æquè [25] recepta !

---

[1] desunt in D verba ista duodecim ab et ferro usque ad ingenti. — [2] emittunt P. — [3] terciam P. — [4] frugibus TD. — [5] atque C. — [6] fundata T, referta D. — [7] quæ codd. — [8] nuncupatur codd. — [9] poma et malagranata oliveta et vinearum codd. — [10] populum gnarum C. — [11] nullis P, illas TD. — [12] robustior D. — [13] numero TD. — [14] Athenas CTD, Atenis P. — [15] Pinguia CTD, Pingua P. — [16] illius codd. — [17] munilibus CP. — [18] et addit D. — [19] murus D. — [20] fulvus TD. — [21] Tuque C. — [22] Athenas codd. — [23] congregat CPT, congregant D. — [24] tot luis C, tot lues P, totius T, toties D. — [25] ea que TD.

« Marathonius sua pascua confectus cruenta cadavera [1] plus acervis pul-
« verum corporibus [2] mortuorum quàm [3] rore tinctus aut guttis conticuis
« madidus, a vento agitatus humano pulvere refusus. Tuaque historia non
« valet retexere cuncta quanta vel [4] quot periodos corruerunt [5] cadavera,
« quià sicut nihil clarius ità nihil [6] lugubrius ». In eâdem enìm vicinus est
præfatus Marathonius campus, longitudine et latitudine mirâ planicie dis-
positus, multis [7] bellorum sævientium mortibus [8] cruentissimus [9]. Cum
tædio recolentes magno quanta ab ævo mala ibidem perpessa sunt, vix
se Philosophus gesta audita a narrantibus publicis scriptoribus in uno volumine continere posse cuncta mala quæ illîc perpessa sunt, narrante Fabio
philosopho, qui eo tempore in [10] cunctâ Græciâ præclarus inter cæteros
nitebat [11]; propter quod prædictus philosophus Æthicus illùc [12], auditâ ejus
famâ, advenisse [13] se [14] et per annos quinque inibi stationem fecisse asserit [15];
et [16] in multis enigmatibus sæpiùs ac subindè simùl contendendo [17] disputa-
verunt, sed in cunctis conjecturis et problematibus [18] Æthicus superior, et
in multis redarguebat [19] universos [20], decertando scrupulosissimus [21] ironiis [22]
quamplurimis [23] difficillimas quæstiones, et nonnulla [24] interpretari nequi-
verunt [25] aut nescientes aut nolentes. Sed ille reprehendit ignorantes [26] nisi
tantummodò in physicâ directa discernentes, in astrologiâ falsa assertione
referentes et autumantes, sprevitque interpretationes illorum [27], inquiens assumptâ sententiâ : « Vehiens comœdia [28], unionem amissa serena sequentia [29],
« damia samula virium [30] carmina, eminùs caleficola præproperè reducta iti-
« nera [31] facessere cryptula [32] non tudere licinia, vicina coaluit [33] ignorante Ioniâ
« Histria, antra e [34] contrario tamdiù polita, Hister resumit lympham [35], ma-
« tercula præstans ubera, depositis a clientibus humeris Hydria prona, memor
« rudera Metippa [36], prisca [37] fiscella, Æthici tenella inter sophistas lenticula.
« Omnis [38] delibuta [39] fit [40] Histria. Norunt [41] finitimæ quid sit cominùs [42] in-

[1] cruento cadavere D. — [2] pulverem corpo-
ralibus C. — [3] quo PTD. — [4] les T, lex D. —
[5] perierunt TD. — [6] desunt in C clarius ita
nihil. — [7] mira TD. — [8] moribus C. — [9] deest
cruentissimus in D. — [10] deest in in T. — [11] ni-
tebatur codd. — [12] deest illuc in D. — [13] audisse
D. — [14] deest se in P. — [15] asserens codd. —
[16] deest et in D. — [17] temptando PTD. —
[18] blasphematibus P. — [19] redarguebatur CPT.
— [20] universis CP. — [21] scrupulosissimis PD.
— [22] ionius T. — [23] quamplurimas PD. —

[24] nulla CTD. — [25] quiverunt D. — [26] deest
ignorantes in TD. — [27] interpretationem eorum
TD. — [28] assertionem addit D. — [29] sententia
D. — [30] virum P. — [31] temera C, itinere TD.
— [32] criptola C, scriptola TD. — [33] convaluit
TD. — [34] et TD. — [35] limpha codd. — [36] Me-
thippa P, [rudera]m et ippa TD. — [37] [ippa]
risca D. — [38] Oannis CP. — [39] die libuta C.
— [40] sit P. — [41] Histrianorum TD. — [42] com-
munis D.

« cola, Antroam [1] primam partem provinciæ Bœotiæ planam et segetum
« multitudine copiosissimam finitimam, rubulum [2] monstrum multis ostentis
« vulgatum, in jaculis [3] et crepitantium ictibus sinè intermissione ullâ, noctis
« videlicet tempore magis quàm die, confinia certatìm terræ motum dare. »

2. Non longè etenìm Thebæ [4] urbs magna sita, confinis et speculatrix
exploratoribus obsidibusque; altercatrix nuncupata est quamobrem multa
prælia et bella civilia vel gerania [5] ludicra in eâdem [6] suburbana perpetrata
sunt. Ibidem [7] Hercules [8] contorrus [9] majorque [10] forensis [11] cruentator,
proximorum venatorum [12] turmacus [13], Amphibroniæ [14] nummator ortus est,
Apollo identidem, Eoniusque [15] ceu Thebanus [16] phorosarcus [17], invocator [18]
Naïm [19], juxtà Eoniam [20] Chotarchiten [21] fontem majorem in eremis [22] Choa-
tris [23] ducis, diremtum olìm ab Hercule; in comitiali concilio subdolò [24] vires
amisit, et vitâ decessit, subactis clàm incognitis sociis vel hostium phalangâ
bravium, atque laurea concibolis [25] dedere.

3. Post inauditam victoriam, examussìm [26] Choatra [27] amittere [28] vim,
et tela stragem tantorum funerum; qui vocati fuere ad [29] convivium. Undè
aït Sophicus : « Nefariè luere cognatis foro [30] fortuito [31] propinquis, suos [32]
« uliginosos clepere ignaros [33] sodales. Hercules [34] pascua parat, dapibus an-
« nuit [35] Choatra [36], sonitum tubæ ac fistulæ ut accedant ad epulas movet [37],
« vox flatûs [38] magni melodiâ non silet [39] plurimâ, organumque cantilenâ;
« dolosè generant sibila, ad osculum [40] rostra [41] nectunt [42], ad aures secreta
« musitant [43]; in amplexu [44] osculi repentina falerna porrecta : hausit [45] con-
« tinuò Choatra [46] sævissimi amici mixturam [47]. Cum mero [48] dulcia amisit

---

[1] Antroham *CP*, Antroeam *D.* — [2] robulum
C, roborum *TD.* — [3] *hic incipit fragmentum
Æthici in codice Baluziano.* — [4] Thebas *codd.*
— [5] *deest* gerania *in D.* — [6] *sic B; ea habent
alii.* — [7] Ibique *P.* — [8] Herculis *CPB.* —
[9] conthorrus *CPB; deest in D.* — [10] *deest* majorque *in D.* — [11] phorensis *C*, fhorissis *P.* —
[12] venator *TD.* — [13] turmacchus *P*, thurma-
chus *B*, tomarcus *D.* — [14] Anfibronic *PTD.* —
[15] Etiniusque *T*, eam usque *D.* — [16] Cheute-
banus *C*, Cetuhebanus *TD.* — [17] phorosarchus
P, forosarchus *B*, porro sarcus *TD.* — [18] in-
vothor *CB*, invotor *P*, invotator *TD.* — [19] Nahim
T. — [20] Coniam *T*, Aoniam *D.* — [21] Chothar-
chiten *CB*, Chotharchithen *P*, quo Tarchiten

TD. — [22] inermis *CP*, inhermis *BT*, in he-
remis *D.* — [23] Chotris *P*, Coatris *TD.* — [24] sub-
dole *TD.* — [25] concivolis *B*, concinboaris *TD.*
— [26] examuysin *C*, examuisin *PB*, examine
sin *T*, exanime sin *D.* — [27] Coatram *TD; glossam
exhibet B;* nomen proprium. — [28] mittere *P.*
— [29] ad *omittunt CPBT.* — [30] fore *codd.* — [31] for-
tuitu *CPTD.* — [32] suis *D.* — [33] gnaros *B.* —
[34] Herculis *C.* — [35] annuet *CBTD.* — [36] Coath-
ram *C*, Coatram *TD.* — [37] monet *PBTD.* —
[38] flatui *codd.* — [39] silent *CPTD*, scient *B.* —
[40] hostium *D.* — [41] nostra *P.* — [42] nectent *C*,
nitent *B.* — [43] musitent *B.* — [44] amplexi *TD.*
— [45] auxit *B*, ausit *TD.* — [46] Coathra *CT;
nomen omittit D.* — [47] mixtura *codd.* — [48] vero *D.*

« tempus exinanito collyria. Resupinatâ [1] descivit tenuis [2] anhelitus animâ.
« Dapsile convivium cruentum amisit spiritum. Fraudulenta versutia sine
« acie capere victoriam [3], carissimi [4] amici [5] discernicula diripere [6] munus-
« cula [7] bidentalia truculenta fictilia [8]. Ob jusjurandum [9] et fœdera [10] deci-
« dua, et [11] mors et calamitas. »

4. His nunc finitis [12] Philosophus de Thebis [13] urbe, nonnulla quæ a
multis comperta sunt [14] bella, ac diversas quæstiones, Herculis præstigia
et ingeniositates [15], Apollinisque [16] plurima documenta superstitiosa multa
incredibilia [17] præfatus est : a nobis verò nec investiganda nec quærenda [18]
nec recipienda [19] esse licitum est.

§ IV. *De Thessaliâ.*

1. Thessalia nempè, eidem [20] vicina provinciæ adfinitate copulata, conjuncta Macedoniæ nobilissimæ atque famosissimæ; quæ [21] provincia multa
prodit oppida irrigua, complura flumina ac præcipua. Terra fructifera,
alendorum equorum reliquorumque [22] animantium, ubi aït idem Sophicus
eminentiores esse et velociores quàm in aliis [23] earum provinciarum terris [24]
equos; quorum usum domandorum ibi cœptum ab initio [25], affirmantibus
incolis vel cunctis majoribus antiquissimis narratoribus variisque conjecto-
ribus [26] prolixâ opinione ac [27] moribus peritissimis et arte medicâ gnaris [28],
quorum ab initio illius generationis [29] multorum eruditione sagacissimo argumento [30] claruit; et nunc præcellens ceteris studiosis medicis rutilantior
nitet. Parnassus etenìm mons magnus Thessaliæ [31], aromaticis radicibus, in
lateribus [32] saluber, [habet] aras antiquissimas Apollini consecratas, miro
opere constructas marmore, in similitudinem [33] mœnium [34] [aut] turrium ;
graduum [35] quingentorum ascensus [ad] diversas zetas instauratas, ubi modò
nullus accessus [36] hominum esse suspicatur. Cùm ingruerit auster aut
aquilo vim anhelituum [37] suorum, tinnitus aëris et cæterorum metallorum

---

[1] Resipuna *C.* — [2] tenus *CPB.* — [3] victoria
codd. — [4] carissime *CBTD.* — [5] amice *CTD.*
— [6] diribere *PBT;* omittit *D.* — [7] muscula
CB. — [8] fitiria *CPT,* finitima *D.* — [9] Hujus jurandum *TD.* — [10] fora *T,* fera *D.* —
[11] et *omittunt CPLD.* — [12] finitimis *D.* —
[13] Thebas *CPBT.* — [14] multa *addit D.* —
[15] prestigia ositates *D.* — [16] Apollinique *P,*
Apolli neque *TD.* — [17] et execrabilia *addit B.*
— [18] requerenda *B.* — [19] reperienda *CP,* re-
prehendenda *TD.* — [20] idem *CPTD.* — [21] *deest
quæ in D.* — [22] aliorumque *B.* — [23] alias *PB.*
— [24] terras *PB.* — [25] *quæ sequuntur verba desunt in TD, ab* affirmantibus *usquè ad* initio. —
[26] conjunctoribus *B.* — [27] ca *PB.* — [28] medicos gnaros *codd.* — [29] regionis *D.* — [30] ingenio *D.* — [31] in Thessaliâ *P.* — [32] in lateribus
omittit D. — [33] similitudine *codd.* — [34] mœnia-
rum *codd.* — [35] gradum *P,* gradus *TD.* —
[36] ascensus *TD.* — [37] anhelitum *codd.*

cum terrore ingenti a parte maximâ a longè auditur. Multa de[1] hoc[2] monte[3] indagatione percunctatus est hic[4] investigator; quæ nos omisimus, quià valdè ambigua[5] ab ipsis vicinis habitatoribus tenebantur[6]: nàm aræ illæ[7] insignes; et illum[8] tinnitum a quamplurimis[9] crebrescere[10] cognitum est; reliqua quæquæ[11] prohibita sunt a nobis.

2. Ibidem aurea metalla inventa sunt, et aurifices optimi. Solidorum aureorum illinc[12] priùs materiam testantur[13]; et reverâ, quià Thessalia et Pieria priùs[14] nummos aureos toreutâ[15] cœlatos misit. Hujuscemodi Philosophus infit[16]: «Cære tuta, in portum affatìm nauta, lympha sectata, fas-« tuosa[17] gramina olìm prænomen superstes invisa[18] atria, in[19] manibus «ergatoriis[20] pudica tua tellura, profusa lanista, quid æstuaris arginâ? Magna «Thessalia aureâ nitet[21] concordiâ; proflua muneribus, prisca iconisma, «toreumata suprema[22], perspicua aurea præfert dona sigillatìm, ovans sola. «prima ferialis; aureos solidos demùm cudere fulvos[23] discant[24] ferentes «summa vectigalia gentes : opifices[25] præcipua suos[26] dilatat Pieria. »

3. Hûc usquè de Thessaliâ dictum est[27].

§ V. De Macedoniâ.

1. Modò verò[28] Macedonia præfertissima, tàm terrarum situ[29] uberrima frugibus et rerum omnium [copiâ] pinguissima, quàm et populum strenuum [habens] pudicum[30], proceræ staturæ, viribus expeditissimis[31] ad prælia[32] audacissimos[33] Græcorum, summos[34] vicinorum tyrannos, veteranâ famâ divulgatos, novâ sagacitate celeberrimos; aurigarum ventilatores et quadrigarum vertices pro muro, septos[35] loricas pro mœniis duratis[36], calaurias pro saturniâ galeâ, et pro ischolmiâ[37] ocreas, in humo[38] capientes ludos, et in decipulâ ut frusta[39] desecantes arietes, sævissimè obdurantes ut[40] elephantes, et intrepido corde tripudiantes, ad prædam procedentes audacter quasi leones rugientes.

---

[1] *deést* de in *codd.* — [2] huic *codd.* — [3] monti *CTD,* montem *P.* — [4] hinc *TD.* — [5] est ambiguum *TD.* — [6] tenetur *D.* — [7] aras illas *codd.* — [8] illud *CPBT.* — [9] plurimis *D.* — [10] *vel* crepere; crebriùs *habet B; silent alii.* — [11] quoque *codd.* — [12] illic *CD.* — [13] testatur *C.* — [14] primum *D.* — [15] torace *CD,* toracem *PBT.* — [16] inquid *P.* — [17] faustuosa *PB.* — [18] invia *TD.* — [19] e *P; deest in B.* — [20] ergatoris *TD.* — [21] nitit *B.* — [22] supra me *T.* — [23] videre fluos *P.* — [24] dicant *TD.* — [25] opifices *omittit C.* — [26] sua *D.* — [27] dictum est *omittunt CBTD.* — [28] *deest* verò in *D.* — [29] situs *codd.* — [30] pudidum *CP.* — [31] expeditissimos *D.* — [32] prælium *C.* — [33] audacissimus *B.* — [34] summus *B.* — [35] septo *C.* — [36] menia durata *codd.* — [37] samia *P,* hischolma *D.* — [38] umo *C,* amo *PTD,* hamo *B.* — [39] frustra *PBT.* — [40] vel *TD.*

2. Has Græcorum gentes, caput atque [1] arcem, Philosophus multa scribens laudat nobilem [2] et præstantissimam Macedoniam quæ vertice [3] vergit ab oriente [4] Ægæum [5] mare, a meridie Achaiam [6], a septentrione Mœsiam [7], ab occasu Dalmatiam [8]; longè latèque diffusa, ampla et spatiosa. Quam [9] Philosophus medullam cersensem [10] Græciæ appellavit, in favore [11] et rumore maximè Alexandri tyranni [12] magni, primi et nullius sequentis [13] secundi : «Filius ætate tenellus [14], annorum venustus, prosapiâ novellus, « innocuâ [15] manticâ robustus, præmia safficaque [16] didola [17] annet [18] materia. « Non patitur scillania [19] ubera passa Camilla, non prodet [20] aucupata [21] lamina, « inter cunabula nec obligata gemellis papillis augusta nec opinata nobilior « pignerata metalli [22]. Nùm [23] in pubes sint Trimodarchi, tyronis [24] lacerta [25], « ætatula [26] rudis, a latice clima [27] secreta, alligatus [28] infantiâ priùs adoriâ [29] « quin per ipsema, Argivi exultant se fore tantiâ adolescentiâ [30], Chaonii « patiuntur prole vicinâ [31] atrocia Anthiæ non tunsæ [32] nec [33] allisæ [34], fron- « tones acenaceas [35] secula [36] clivio transverberat [37] latera. Aspidicus priscus [38], « effodiens a podice [39] cilia, abhorret sequi pedes, non ferre [40] secum bacilla [41] « atrox inertes sodales; atqui [42] solerter [43] intuens primus Philippus [44] æstuat « ultrà viribus, secum nocte silente percunctatur [45] rei notitiæ, si duodecim « annorum [46] adesse virtute, fundâ nullus [47] æquiparabilis, frameâ aut lanceâ « similis, ne [48] hastâ [49] veteranus, Venus [50] nec anceps Saturnus. Sciscitantur « poëtæ, interrogantur philosophi, quid [51] vel quale signum nato [52] daret [53] « præsagium? Sortitâ suâ sibyllâ [54] puero dant [55] responsa : signum arietis [56], « prole Dearum fœcundâ [57] in uteri [58] novicillo [59]; subintrat nympho [60] noc- « turnus corusco, imò vibrante virago edidit lactante, non compar coïtu

---

[1] *deest* atque *in TD.* — [2] laudabilem *codd.* — [3] vertice *PBTD.* — [4] ad orientem *codd.* — [5] Egeo *PB.* — [6] Achaia *PBTD.* — [7] Mœsia *PBTD.* — [8] Dalmatia *PBTD.* — [9] Quæ *CPBT.* — [10] cyrgensem *P*, cirsensem *B*, corsensem *TD.* — [11] stupore *D.* — [12] *deest* tyranni *in D.* — [13] *deest* sequentis *in D.* — [14] tenullus *Ċ.* — [15] innocuus *CTD.* — [16] saffricaque *P.* — [17] dilula *P*, dilola *T*, dolila *D.* — [18] annit *P*, anne *B*, annee *T*, annec *D.* — [19] scillana *D.* — [20] prodit *P*, prodeant *TD.* — [21] cupla *T*, culpa *D.* — [22] mtellia *CPB*, mtelli *T.* — [23] Nàm *D.* — [24] tyrones *B.* — [25] lacertas *B.* — [26] ætatola *B*, æcatula *D.* — [27] clamma *B.* — [28] alligatur *TD.* — [29] adona *TD.* — [30] adolescens *TD.* —

[31] vicine *P*, vicinia *B.* — [32] tusæ *C.* — [33] *deest* nec *in TD.* — [34] alesæ *CTD.* — [35] aceneas *C.* — [36] secola *PB*, secla *T.* — [37] transuberat *B.* — [38] primus *D.* — [39] podixe *codd.* — [40] ferri *B.* — [41] vacilla *T*, vacilia *D.* — [42] adqui *C*, adquin *PBT; omittit D.* — [43] solertes *PBTD.* — [44] Philosophus *D.* — [45] percunctatus *TD.* — [46] *deest* annorum *in B.* — [47] nullis *B.* — [48] nec *B; omittit D.* — [49] ast *PBT*, asta *C*, aut *D.* — [50] *deest* Venus *in CTD.* — [51] quod *CD.* — [52] dato *B.* — [53] dare *PB.* — [54] sibila *CTD.* — [55] dat *B.* — [56] quietis *D.* — [57] fecundum *P*, fecundus *B.* — [58] utero *D.* — [59] nobicillo *PBTD.* — [60] nippho *CPT*, nuppho *B*, nimpho *D.*

« virorum aut[1] mulierum partu[2], accubavit ut leo, a nullo tergiversante,
« et quasi leæna, nemine[3] quoque formidante, in amo capiet mare, in ja-
« culo[4] suffodiet clima, arcu et fundâ[5] urbium frendore concussâ, ventilans
« orbem ut unicornis[6] lamiam, proximorum tyrannos[7] suos cæsurus.[8]
« cruentus more elephantum[9] lanians sævit dentibus[10], æstimavit[11] orbem
« velut unum acervum. De regibus et ducibus triumphavit, tyranni[12] ejus
« ridiculum erunt[13]. Ipsius ensibus mare[14] vada erunt. Altior in robore
« Olympo, eminentior in rumore[15] cedro, in astutiâ cordis computabitur
« abysso. Primus rude mundo[16] quis nec sequere compos[17], quod fuit et
« nunc est, et præstolatur eventus, improvisus secator[18], inopinatus bel-
« lator[19]. Talia[20] e[21] præsagio fore vaticinio credit futura pater[22] eventura[23]
« proli[24]. Deorum suorum prosapia infula dedicatura vovit[25] Diis, vovit et
« thura illustris pignus, ultràque magna Ionia, amisso proto materno undè
« claruerat primùm, celebre famosissima a magno et non modico, primo
« non secundo, maximo[26] nempè Alexandro ». Itidem Prosarcha sibyllâ inquit
dictitante[27] atque futura noscente, de ortu vel[28] nativitate Alexandri[29].

3. Regio[30] igitur Macedoniæ in nonnullis locis[31] aureis venis argentifodinâ
opima; lacon[32] lapidem magnum, diversis varietatibus ornatissimum, undè
et eam[33] provinciam Laconiam[34] aït[35] nuncupatam, quæ adjacet a noto[36]
Macedoniæ[37], a favonio Achaiæ[38]; quem lapidem aliubi[39] non se[40] invenisse
asserit, nisi inibi et in Oceano inter[41] Trabundiam[42] et[43] Taprobanam insulam, ubi et ostium vel[44] egressionem Trabundiæ Rubro mari[45] affirmat,
et ab[46] eâ insulâ rubicundissimam humum ab ipso lapide longè latèque diffusam, a longè verò[47] ut incaluerit sol tàm[48] disparili varietate[49] conspicere
ut autumes[50] solis diversa radiantia variante[51] aut[52] sidera cœli serena.

[1] ac *PB*. — [2] partum *CPBT*. — [3] nemo *CBTD*. — [4] jacula *P*. — [5] fecunda *D*. — [6] unicornus *C*. — [7] tyrannus *PB*. — [8] censuros *P*, cesuros *B*. — [9] elefanti *D*. — [10] dentium *CPBT*. — [11] estuante *D*. — [12] crudele *D*. — [13] *deest* erunt *in D*. — [14] maris *CPTD*. — [15] robore *P*. — [16] rudimento *P*. — [17] campos *D*. — [18] sectatur *B*, sectator *TD*. — [19] bellatur *B*. — [20] Talis *CT*, Tales *PB*, Tali *D*. — [21] se *D*. — [22] et addunt *CPBT*. — [23] ventura *CPBT*. — [24] prolis *CP*, proles *BT*. — [25] velut *D*. — [26] maxime *C*. — [27] dictante *C*, detrectante *D*. — [28] ac *T*. — [29] *verba ista ultima quinque omittit D*. — [30] Regione *PTD*. — [31] *erasum est locis in D*. — [32] lachon *CPBT*. — [33] etiam *TD*. — [34] Lachoniam *codd*; *omittit B*. — [35] aut *B*, ad *T*; *deest in D*. — [36] notho *CBTD*. — [37] Macedoniæ *C*, Macedoniam *alii*. — [38] Achaiam *PBT*, Achaicam *D*. — [39] ibi *TD*. — [40] *desunt* non se *in D*. — [41] intra *D*. — [42] Trabundium *CPBT*. — [43] in *addit B*. — [44] et *TD*. — [45] Rubrum mare *B*. — [46] in *TD*. — [47] *deest* verò *in D*. — [48] solutam *D*. — [49] *desunt in C verba septem quæ sequuntur*. — [50] tumes *P*, autumno *D*. — [51] varietate *TD*. — [52] *deest* aut *in TD*.

Inibi [1] enìm magnus valdè [2] invenitur ; istinc parvus, undè ibi [3] dicit [4] Xersen [5] regem miro modo atque ingenio [6] cavasse sepulchrum ; in finibus ipsius Trabundiæ [7] esse lapidem [8] alium sexangulatum, similitudinem sapphiri habentem, qui percussus radiis solis numquàm potest extingui [9] neque imbribus neque aquarum venis ; undè antiqui vel majores thermas ex lapidibus sub terrâ constructas more [10] venarum [11] fontium ex lapide sexangulato [12] ponentes, ubi palpatæ fuerint, ultrà [13] nequaquàm [14] frigescent ut fuerunt [15]. Nàm ista quæ Macedoniæ [16] subjacet Laconia [17], non sexangulatum sed lacon gignit [18] pæanitem [19] lapidem et olefactorium [20].

§ VI. *De monte Olympo in Macedoniá.*

1. Mons itaque [21] Olympus arduus valdè, qui tàm proceræ altitudinis [22] videtur, ut in cacumine ejus nec nubes sentiantur nec venti, nisi tantummodò aëris frigidus [23] anhelitus. De quo Philosophus, initiatus parabolam [24], aït : « Fausta [25] perspecilla mater inclyta vicina callista diva Macedonia, si « indolem trutinans [26] requiras, Olympum invenies [27] cacumen, quo ducit pro « nihilo obsidem, si prolem audis reperire [28] tenellum quem invisum [29] mu- « nitum [30] Alexandrum ; magnus [31] et eminentissimus mons Macedoniæ Olym- « pus, sed magnificentior Alexander solertissimus ; Olympus umbo [32] præ- « cellens regionis medulla [33], Alexander [34] clypeus præcelsior protegens totam « Chaoniam [35] ; Olympus attollens caput medium orbem intuetur [36], Alexander « dirigens gressum cunctum mundum subjicit [37] ; Olympus procero [38] vertice « adinstar aëris [39] nectitur, Alexander [40] procerior ambitu [41] maris capitur ; « Olympus duratus silice, Alexander durior corde, quem non terret gladius « nec aqua nec ignis nec rugitus bestiæ. Ô celeberrima natorum faventia « fœtosa [42] ope et viribus inclyta Macedonia, habes Olympum, nequaquàm

---

[1] Ibi *PBTD.* — [2] *deest* valdè *in CTD.* — [3] se *PBTD.* — [4] dixit *D.* — [5] Xerxen *B.* — [6] mirum modum atque ingenium *PB.* — [7] Trabuntie *D.* — [8] magnum *addit B.* — [9] extinguere *PBT.* — [10] in ore *D.* — [11] venenarum *B.* — [12] exangulato *CT.* — [13] *deest* ultrà *in B.* — [14] nunquàm *D.* — [15] ut fuerunt *omittit D.* — [16] Macedonia *PT,* Macedoniam *B.* — [17] Lachonia *codd.* — [18] gignens *TD.* — [19] *deest* pæanitem *in D.* — [20] olefactorio *PTD,* olefacturio *B.* — [21] Monsque *CBTD.* — [22] altitudine *PB.*

— [23] frigus *P,* frigus aut *D.* — [24] *deest* parabolam *in D.* — [25] Faustam *CTD.* — [26] trutinas *P;* deest *in TD.* — [27] reperies *TD.* — [28] reppere *C,* repperere *B.* — [29] inviso *PB.* — [30] montem *TD.* — [31] magnum *P.* — [32] verbo *CBTD.* — [33] medullam *C.* — [34] Alexandri *D.* — [35] Aoniam *P,* Ochoniam *B.* — [36] intuebatur *D.* — [37] subicitur *PBTD.* — [38] procere *CPBT.* — [39] acre *PBTD.* — [40] *verba quæ sequuntur septem desunt in CTD* — [41] ambitio *P,* ambitione *B.* — [42] fœta *D.*

« ultrà [1] requiras Dearum [2] virum [3], thura [4] et hostias ; ac neomenia [5]
« dierum tuta in Olympo, sed tutissima in Alexandro. Ob [6] hoc famosis-
« sima nomen tibi magna Macedonia, horum virtutum [7] plaudis, eorum
« laureâ rutilas, hoste illustrata, ultrò [8] diis satagis [9]. Cosmos [10] in multa
« ac varia diffusus, tale [11] non misit omen, quidquid [12] prodiit tibi, Ccre [13]
« nomen. Gloriam Libani ne [14] queras nec [15] vallem Sorech : etenìm glorio-
« sissima tu, magna Macedonia, palmulas quidem pictas [16], canistra [17] cœlata
« cane; satage [18], tuâque laude compone, explana piritris [19] tua [20] articula
« membranis [21]: tuâ melodiâ narra [22] vicinis ornata accubitalia aurea gemma-
« taque theristra, de fimbriis variis purpureis ac jacinthinis ; afferantur aurea [23]
« cypria diutina tapetia [24] ; jungantur quadrigæ, cursitentur aurigæ : ascende
« inclyta speculatrix vehicula, capessere prædam Armeniæ et Choa; in valle
« Botryonis sericea [25] fige tentoria; Ophyr et India deferant tibi [26] munera,
« Ægyptus, Saba et Eubœa primùm aurum [27] et aromata, Assyria, Chaldæa
« et Persia [28] et rhinoceria plaustra, quin et toreumata Libya [29] et [30] Æthiopia [31] ;
« tuus [32] agitator [33] magnus Alexander dividat magna spolia; super montem [34]
« Olivarum indue [35] murænulas [36] et mitras; baltea regalia præcinge ex Hie-
« rosolymâ allata, sint tibi fercula ex Babyloniâ; in [37] Judæâ inclyta sit tibi
« columba [38]; Chebron [39] et urbs Palmarum, Thorus et Stephadium [40], Eu-
« phrata et Salaria [41]; tibimet et convivia pinguia fons Hœdi [42] et Syria optima
« mixtura et balsama; Allophyli et Samaritæ zazeta præferant pocula. Re-
« vertere, imò revertere a monte Sion Cyprum et maritimam, necnon et
« Ahilon [43]. Semitæ [44] pedestrium tuorum dorsa maris penetrant [45]; eques-
« trium violenta prædatio : Oceana littora occupant transire et transmeare
« a parte usquè ad partem, a januis et cardinibus cunctisque mundi finibus,
« Persæ [46], Medi, Birrones et [47] Varri [48], Phœnices [49], Mæones [50], Mesopo-

---

[1] *deest* ultra *in* D. — [2] Deorum D. — [3] virium TD. — [4] thure D. — [5] nec omnia B,
menia D. — [6] Ab PB. — [7] virtutem D. —
[8] ultrà *codd.* — [9] satages TD. — [10] Chosmus
B, *qui glossam habet in margine* mundus. —
[11] talem CPBT. — [12] quotquot P, avo quod B,
quod D. — [13] Chere CPBT. — [14] nec TD. —
[15] *deest* nec *in* D. — [16] pactis TD. — [17] cho-
nistra CPB. — [18] segate C. — [19] peritrix B. —
[20] tu C. — [21] membris D. — [22] narranda PTD,
narrando B. — [23] aulea PB. — [24] tapicea B. —
[25] seria D. — [26] ubi P; *deest vocabulum in* D. —

[27] *deest* aurum *in* P. — [28] Persida CPTD, Persi-
dia B. — [29] Libiæ CTD. — [30] atque P, ac B; *omittunt* TD. — [31] Æthiopiæ C. — [32] tuos B, tuis T,
tui D. — [33] agitatur B, saginator D. — [34] montes
TD. — [35] induere *codd.* — [36] murinas C, murenas
PTD. — [37] in *omittunt* PBTD. — [38] colymba B.
— [39] Cedron P. — [40] Stefadium CPTD. — [41] Sa-
larea B. — [42] Edi *codd.* — [43] Hailon P, Achilon
B, Ailon TD. — [44] Simita B, Semita *alii.* — [45] parant D. — [46] Persa D, Persi *alii.* — [47] *deest* et *in*
D. — [48] Varii P. — [49] *desunt verba ista sex in* B,
a Persæ *usque* Phœnices. — [50] Moenes TD.

« tamii et Tyrii, secùm ferentes[1] dromadas opibus subactis oneratas[2]. Si
« plura desideras, Cosmos[3] non habet quid afferat; si ampliora requiris
« junge[4] pennigeros equos[5] curribus pyrrhiis, ascende ab Olympo, aëra[6]
« discurre, patefiant tibi portæ cœli et alta secreta, si vales ingredere regna
« impenetrabilia. Tuus auriga Alexander si præstò superstes fuisset, forsitan
« ista argumenta fieri non dubitasset. Ô mors repentina, calamitas furi-
« bunda[7], antequàm petaris subvenis, dùm non suspicaris prævales : ô dira
« vicina, tibi[8] non sunt opus vehicula[9], dùm non opinaris præstò es deci-
« pula; si non præoccupasses majorem et præcelsum Macedonium[10], quie-
« vissent semitæ a quadrifido[11] mundi climate. Amisisti, mater nobilissima,
« ex filiis unum; nunquàm fortè talem[12] futurum. »

2. Istinc florido stylo et laude et magnifico honore idem scriptor posuit
ubertatem regionis hujus[13], et gentem et potentiam in ingenio magnatorum
ac magnâ industriâ et nonnulla operæ pretium Alexandri peritiâ atque solertiâ et astutiâ, nonnullaque de ejus artibus et inventionibus intacta et
dubia; quæ a nobis refutata[14] sunt omisimus; saltìm ad ea[15] quæ retinenda
videntur suosque codices finiendos atque consummandos uno volumine,
quæ noscenda sunt ex multis, aliqua idcircò quæ vera sunt, stylo flectimus[16]
sequenti.

3. Macedoniam[17] et Pieriam[18] quidem[19] ille[20] Laconiam[21] ob hoc quod
comperti sumus nuncupavit, omnemque Græciam, quam ille gratificam ac
graciosam appellavit[22], non a[23] Græco ut illi aïunt rege, sed ut iste vult ob
gratiam ac fœcunditatem et copiam regionis.

§ VII. De Achaiâ et Arcadiâ.

1. Dehinc Achaiam aït[24] Macedoniæ[25] conjunctam, et[26] in urbem et[27]
provinciam vocabulum traxit metropolim[28], ut et alia scriptura testatur.
Hæc quoque mari girata atque vallata, præterquàm[29] ad septentrionalem
plagam ubi Macedoniam tangit; ab oriente mare Myrtoum[30] habet, a me-

---

[1] deferentes *D*. — [2] oneratis *PBTD*. —
[3] Chosmus *B*. — [4] jungere *P*. — [5] pennigeris
equis *codd*. — [6] aere *PBTD*. — [7] repentina
D. — [8] ubi *CPB*, cui *TD*. — [9] vehiculæ *C*.
— [10] Macedum *D*. — [11] quatrifido *CBT*. —
[12] fore tale *PBTD*. — [13] huc *D*. — [14] recitata
D. — [15] eaque *D*. — [16] flectamus *PBT*, vertamus *D*. — [17] Macedonia *codd*. — [18] Pieria
C, Pieritia *PBD*, Pieritta *T*. — [19] quam *codd*.
— [20] illa *P*. — [21] Licaoniam *P*, Lochoniam *B*,
Lachoniam *alii*. — [22] *deest* appellavit *in TD*.
— [23] nam *P*. — [24] a *CP*, ad *B*, ac *TD*. —
[25] Macedonia *CP*, Macedoniam *alii*. — [26] ut
addunt *TD*. — [27] in addit *P*. — [28] metropoli
PTD. — [29] propter quam *CBTD*. — [30] Mir-
teum *CPT*, Myrteum *B*, Mirreum *D*.

ridie Ionium[1]; ab occasu insulas Casiopas[2] et Atticam provinciam respicit. Irrigatur etenìm Inacho fluvio[3] in duobus magnis rivulis dirempto[4], trahente[5] ab arenis aurea grana[6]. Terra frugifera[7] atque fructifera, in longitudine diffusa, in latitudine[8] non modica; mediocris etenìm[9] cujus e vicino[10] et[11] sinus est.

2. Arcadia inclyta et pretiosa, quæ inter Ionium et mare Ægeum est disposita, quæ et alio vocabulo Sicyonia est appellata, a rege quodam[12] Sicyone, regali[13] etymologiâ et nomine; ob magnitudinem dapum et regis altitudinem nomen sumpsit et vocabulum. Irrigatur fluvio Erymantho[14] ubi invenitur lapis asbeston[15] qui semel accensus nunquàm extinguitur, et morsum[16] serpentis eâ quâ percusserit horâ si flammula carnem aut[17] sanguinem quamvis parumper palpaverit, statìm[18] omnem vim grassantis[19] veneni evomit[20] et læsum statìm inlæsum reddit. In eâ syrtes laudat Sapiens, Chollicem[21] majorem atque aliam minorem, unam quæ Cretam[22] respicit, aliam quæ Arcadiæ[23] adjacet[24]. Quisquis horâ[25] diurnâ[26] sablum fodiens percunctaverit, si puniceum invenerit colorem, corallium[27] inveniet probatissimum, si chasmatium[28] ulicem[29] ferri metalla reperiet[30] mixtìm[31], metalla alia, et alia quæ[32] ab imperitis sunt peregrina, dùm ignorant modò[33] vim terrarum incognitam.

3. Chlochochoniam[34] et Camillam[35] inter Arcadiam[36] et Byzantium parvulas insulas, propter maris oppressionem ab aliquibus ignotas[37], Philosophus Dimomorchas[38] prædixit. Et inquiens aït[39]: «Imperitis cultoribus «æs pro auro ponitur[40]; a Pachachomis[41] prodidalis idiota laudatur. Mare «si belluam protulerit spatiosum vocatur; si locustam[42], inter cloacas[43] «computatur. Si insulsus[44] paulatìm sal cognoverit, ut salsum recondita

---

[1] Ioniam *TD*. — [2] Casopias *B*, Caspias *D*. — [3] Incho fluvio *C*, Inachum fluvium *PBT*. — [4] diremptum *C*, direptum *PB*, tirentum *TD*. — [5] trahens *codd*. — [6] ab arena aureis granis *PBTD*. — [7] fungifera *B*, frugera *T*; *desunt frugifera atque in D*. — [8] longitudinem *B*. — [9] et *addit D*. — [10] et vicina *PB*; *desunt in TD*. — [11] *deest et in D*. — [12] quondam *B*. — [13] regio *CB*, regia *TD*. — [14] fluvium Erimantium *B*. — [15] ebeston *T*, abeston *alii*. — [16] morsu *CTD*. — [17] et *P*. — [18] *desunt in D verba quæ sequuntur octo, ab* omnem *usque* statim. — [19] crassantis *PT*. — [20] evomet *B*. — [21] Chollicæ *C*, Collicen *BD*. — [22] Creta *B*, creata *TD*. — [23] Archadia *PBT*, Archadiam *D*. — [24] adjecit *B*. — [25] ore *PB*, hore *TD*. — [26] diurne *P*, diuturnâ *B*, de arenâ *TD*. — [27] corallum *PT*. — [28] casmastium *D*, casmatium *alii*. — [29] ullicem *PBT*. — [30] reperies *CPBT*. — [31] mixtum *CB*. — [32] *deest* quæ *in CPB*. — [33] modum *codd*. — [34] Clochothonica *B*, Chlochoniabo *T*, Cholconiabo *D*. — [35] Chamillam *CBTD*. — [36] Archadium *D*. — [37] alia quibus ignotis *TD*. — [38] Dimorcas *T*, Dimorchas *D*. — [39] ab *codd*. — [40] ponuntur *T*, ponunt *D*. — [41] Abpachachomis *CT*, Appachachomis *PB*. — [42] luchustam *B*. — [43] intaloacas *TD*. — [44] insulsum *codd*.

38.

« celebrat [1]; stillicidia salsuginis amaram amurcam [2] ducit, si dulcia pau-
« lominùs offâ illæsa penetraverint arteria [3]. Non ergastorem sed opificem
« mirantur. Artificia in mari Magno [4] magnâ [5] cum [6] ventorum mole [7] ele-
« vantur [8]. »

CAPITULUM SEXTUM.

DE INSULIS MARIS MAGNI.

§ 1. *De Cypro, Cretâ, Abydo et Choo insulis.*

1. Insulas itaque maris magni quæ nobis et notæ et vicinæ sunt, per
ordinem [9], tàm eas quæ [10] Africæ fines tangunt, quàm [11] et illas quæ ad
Europam, Græciam et Tacianam [12] Italiamque et Hesperiam devolutæ [13] atque
finitimæ [14] sunt, Philosophus propalavit. Et aliquarum [15] inter syrtes [16] modi-
carum [17], quæ nobis ignotæ sunt, mentionem fecit; omnesque in breviario
laudabili stylo disseruit.

2. Primam enìm maximam ac summam tanquam principalem, os et
olfactorium [18], maris Magni ubera dulcia, Cyprum in capite constitutam [19]
ità laudavit : « Medullam sugentem genitricis, ubera carpentem dulcia,
« amœna [20] materna viscera, pabula [21] mea ô suavia, arvinâ conjicere [22] præ-
« tende salsugine umbum [23] si vales; attracta arcana intima maris Magni;
« fœcunda meherculè [24] amici [25] fœderis [26] jura pone. Cyprus amica multi-
« modâ dape vicina botryonum ophynum [27] calaria [28] fercula falernum [29] in
« visione amplecti tuâ [30] currili [31] sellâ [32]. Conversis [33] dapibus inquilina fa-
« milia ne spernas [34] fessis longinquo navigatis [35], sintque tibi incolæ proselyti
« alienigenæ, gloriam hanc copiosam non amittere unquàm, nec me laudare
« arceat matronam Cyprum electam ». Hùc usquè de laude Cypri inquit [36];
eam longè latèque ità [37] disposuit : Cyprus omninò [38] mari girata, atque

<hr>

[1] celebrant *C*, celebrent *TD*. — [2] amarum
amurchum *codd*. — [3] artiria *CB*, astiria *TD*.
[4] mare Magnum *PB*. — [5] magnam *CPB*. —
[6] vim *CB*. — [7] non *CPBT*. — [8] elevatus *C*,
elevatur *PB*. — [9] per ordinem *omittunt TD*.
— [10] quam *D*. — [11] tam *D*. — [12] Tatianam
C. — [13] devote *D*. — [14] finite *P*. — [15] aliquas
codd. — [16] istas *TD*. — [17] modicas *codd*. —
[18] olfactariam *C*, olfactoriam *P*, olfaturiam
B, olfatoriam *T*, olfatoria *D*. — [19] constituta
TD. — [20] amœnia *CT*, amona *P*, menia *D*.

— [21] papula *C*, pubula *T*. — [22] cenicere *T*,
cecinere *D*. — [23] verbum *T*. — [24] meher-
cula *codd*. — [25] amice *CT*, amica *D*. — [26] fœdera *codd*. — [27] ophinum *TD*. — [28] calcaria
B. — [29] falerna *D*. — [30] amplectiva *TD*. —
[31] currilia *P*, quurila *B*, currile *TD*. — [32] seua
P. — [33] confersis *P*, conversas *B*. — [34] sperna
CB. — [35] navigantis *TD*. — [36] *deest* inquit *in
B, qui hic addit*. — [37] *deest* ita *in CBTD*. —
[38] omea *CB*, om' ea *PTD*.

vallata lacu[1] Gaditano, quod est[2] Carpathium, habens in longitudine[3] millia passuum centum septuaginta quinque, gressus quindecim, in latitudine millia passuum centum viginti quinque, et[4] gressus[5] decem; magnis admodùm[6] divitiis infinitisque dapibus [pollens; ibi] falernum plurimum[7] ac zazetum; æris copia, ultra[8] omnes insulas vel terras pretiosum ac fulvum, multis atque diversis operibus et instructuris inibi ex eodem[9] sculptis; vasaque arte pulcherrimâ cœlata ænea. Domos[10] multas columnis ac basibus[11] fultas[12], aurum et aurichalcum multum gemmis aliquibus pretiosis insula magna rutilantia[13] habet, et syrtem Gilo arenam auro nitentem[14].

3. Creta insula[15] caput et decus Græciæ, omne nimirùm ornamentum; magna[16] et spatiosa[17], ex utrisque partibus a[18] mari vallata : a septentrione Ionio[19] et æstibus[20] Græciæ, a meridie mari austrino[21] Ægyptiisque undis, habens in longitudine[22] millia passuum centum septuaginta duo[23], gressus[24] decem et octo[25], in latitudine millia passuum quinquaginta, gressus tredecim[26]; urbibus magnis munitissima nonaginta tribus, oriente, austro, septentrione et occasu dispositis; ex utrisque partibus sita totidem littoribus[27] vocabula singula. In medio autem Anthiopolim[28] urbem munitissimam atque metropolim celeberrimam et famosissimam, ubi sagittarum usus ac jacula plurima et utilia, fabros et artifices[29] gnaros esse adfirmat. Usui armatorum[30] necessaria, litteris et[31] studiis[32] artium græcarum[33] præclara, musicorum arte peritissima. Carpasias[34] [mittit] naves et dromones, magistra ergà Tyrios, plurimis[35] gemmis et argento inclyta; populum industrium [habet] et artificem. Capris copiosa; velleraque cotafia atque[36] mollissima ultra omnes insulas vel vicinia provinciarum. Anguis rara[37] in eâ; feras pessimas et cruentales respuit; lupos et ursos, vulpes, aliarumque

---

[1] loco B. —[2] et codd. —[3] longitudinem B; desunt in TD verba sequentia decem, usque in latitudine. —[4] et omittit P.—[5] admodum hîc addit D. —[6] deest hîc admodum in D. —[7] verba sequentia quatuor omittit D. —[8] deest ultra in TD. —[9] eadem CBTD. —[10] Domus CBTD. —[11] columnas ac bases PBTD. —[12] multas P. —[13] rutilante codd. —[14] mittentem PBTD. —[15] Cretam insulam PBTD. —[16] magnum B, magnam PTD.—[17] spatiosam PBTD. —[18] ac CT, hoc PB. —[19] Ionium PBTD. —[20] hostiis TD. —[21] austro C, austrinum PBTD. —[22] longitudinem B. —[23] quinque C. —[24] desunt in TD verba sequentia novem, usque gressus. —[25] hîc desinit fragmentum Æthici in codice Baluziano. —[26] terciodecimo T. —[27] latoribus C. —[28] Antiopolim P, Antiolimphi TD. —[29] artificesque D. —[30] usu armorum D. —[31] deest et in TD. —[32] studia PTD. —[33] Græcorum PTD. —[34] Carpatas codd., sed infrà Carpasias habent. —[35] plurimos PTD. —[36] at T. —[37] rarus D.

ferarum noxia [1] [genera] nullatenùs gignit, neque dracones neque leones, nec [2] emineos [3] neque noctuas; et si aliquandò inventa fuerit, statìm emoritur [4]. Herbas gignit incognitas aliarum [5] terrarum, quæ [6] usui aptæ [7] ad famem repellendam probantur. Phalangios [8] utiquè [9] venenatos gignit, et lapidem idæum [10] dactylum [11]. Habet et syrtem Iron [12], ubi et gemma [13] orythia [14] quæ [15] ut cristallum clarissimum nitet [16].

4. Vicina itaque [17] illius est Abydos [18] insula, in Europâ super Hellespontum sita, angusto et periculoso [19] mari Gaditano separata, et ob [20] hoc Abydos græcè dicta, quòd sit introïtus Hellesponti maris, fretum enìm mare atque coarctatum montibus, diversaque juga et eminentissima cacumina, ubi etiàm Xerses pontem [21] ex navibus fecit et in Græciam transiit. Inibi etenìm idem Sophista pontem suæ artis jugiter permanentem sine concussione ullâ [a] se fieri posse in suis litteris [22] affirmavit. Sed nulli [23] unquàm amicorum aut discipulorum palàm facere voluit.

5. Choos insula habens quadratìm [24] mare appositum [25]; quæ ad Græciam adjacet, in longum [26] pedetentìm millia passuum quadraginta quinque, gressus octo, in latum [27] passuum triginta millia [28] et gressus viginti quinque; ubi asserit [29] omnia genera herbarum aromaticarum [30] et medicinalium plus quàm in aliis insulis vel partibus Græciæ esse [31]; vicina est [32] enìm provinciæ Atticæ [33]; artis medicinæ et industriæ Hippocratis suorumque adinventionum curam [34] et ingenium ac indagationem sagacissimam valdè concelebrat, ortum et [35] generositatem illius. Ornamenta coccinea arte pretiosissima; lanificii ac byssi [36] usum, et materiam in eâ insulâ pulcherrimam [37], nimirùm [38] sicut ex parte comperimus, adeò adfirmat.

---

[1] pessima D. — [2] neque TD. — [3] emeneos TD; eosdem sanè qui suprà iminiones vocantur. — [4] moritur D. — [5] diarum CT, inclitarum D. — [6] deest quæ in D. — [7] aptas TD. — [8] Falangos C, Sfalangos P, Falanguos T, Spalangos D. — [9] itaque CPT. — [10] etheum C, itheum alii. — [11] tactalum C, dactalum TD. — [12] Yron CPT. — [13] gemmam codd. — [14] aritiam C. — [15] deest quæ in PTD. — [16] nititur TD. — [17] vicinaque CP. — [18] Abidus C. — [19] periculo T. — [20] ab CT. — [21] pontum T. — [22] littoribus P. — [23] nullius PT, nullus D. — [24] quadratum PTD. — [25] oppositum P, appositorum T, aut positorum D. — [26] longe P — [27] lato P, altum TD. — [28] milibus codd. — [29] asserunt D. — [30] aromaticum CP, aromatum TD. — [31] deest esse in PTD. — [32] est omittit D. — [33] Atque C, Æthicæ D. — [34] cura PTD. — [35] iu addit T. — [36] abyssi T. — [37] pulcherrima PTD. — [38] deest nimirùm in D.

§ II. *De Cycladibus insulis.*

1. Cyclades insulæ mari circumseptæ [1] undiquè, sunt enìm separatìm [2] conclusæ numero quinquaginta tres, habentes in longum [3] passuum millia quadringinta, gressus quatuordecim, in latum [4] passuum millia [5] ducenta et quinquaginta, gressus septem; quæ [6] ex parte Græciæ [7] adjacent, habentes urbes plurimas munitas; inter quas [8] verò [9] Rhodus [10] metropolis est earum; scopulisque magnis atque rupibus vallatæ. Purpura probatissima in eis [11] invenitur, coccus quoque et byssus pulchrè, crocum [12] et thymum [13] machamitum [14] undè pelles [15] rubricatæ [16] variantur atque tinguntur. Opera polymitaria, sericea, et metafiata [17] ultra omnes vicinas insulas. Sunt itaque in eis [18] aliquæ syrtes, loca quidem arenosa myrtea [19] quæ [20] aurum valdè fulvum et pretiosum trahunt. Vinum et oleum, mala punica et mala cusitia, nicolaos [21] et alia quæquæ [22] valdè bona et optima [23] commixtìm [24] et coacervatìm in unum Cycladibus insulis [tribuit], scribens unam gloriam habere, ubertatem atque decorem. Quarum hæc [25] sunt nomina :

2. Delos et urbs videlicet et insula.

3. Rhodus [26] insula et civitas.

4. Tenedos [27] insula in quâ Athenienses.

5. Carpathos [28] in quâ [dicit] [29] naves [30] magnas carpasias opere mirifico factas, ad hostium cuneos equestrium et pedestrium [31] ferendum velocissimas [32] et robustissimas [33]; undè idem aït : « Pontum magnum adeunt [34] « onerosum samsamsagis [35] voraginibus undis caulonum gurgitibus [36] car- « pasiæ [37] hostes et amicæ vicinæ insulæ [38], et afferunt manubias, et captâ « prædâ reddunt [39] invitatæ propinquis exules [40]; vehunt parentes [41] lugubræ « militare frivola natorum exilia; tuâque [42] arte lautomiæ inter trudes ergatæ

---

[1] circumpte *D.* — [2] separate *D.* — [3] longo *CTD.* — [4] lato *C.* — [5] passus mille *P,* passis milia *T,* passus milia *D.* — [6] qui *P.* — [7] Grecia *P.* — [8] *deest* quas *in PTD.* — [9] *deest* verò *in PD.* — [10] Hrodus *C,* Rodus *P,* Horode *TD.* — [11] eas *P.* — [12] coccum *TD.* — [13] himum *C,* timum *alii.* — [14] incahanitum *C,* marchamitum *P.* — [15] *deest* pelles *in TD.* — [16] rubricatas *PT,* lubricatas *D.* — [17] metafiaca *C; an* metaxata? — [18] eas *P.* — [19] murtia *C,* mirtia *TD; colore nempè myrteo.* — [20] qui *P.* — [21] cusitia nicalaos *C,* cusiçia nichalaus *P,* cusizianica laus *T,* cusidianica *D.* — [22] quoque *TD.* — [23] et optima *omittunt TD.* — [24] commixtum *C.* — [25] eis *P, deficiente* sunt. — [26] et *addit D.* — [27] Tenedus *CT,* Thenedus *P,* Thenedos *D.* — [28] Carpados *codd.* — [29] et *TD.* — [30] aves *T.* — [31] et pedestrium *omittit C.* — [32] velocissime *D.* — [33] robustissime *D,* velocissimas *iterùm P.* — [34] adeo *codd.* — [35] sansagis *P,* samsamgis *D.* — [36] *desunt* undis caulonum gurgitibus *in TD.* — [37] carpee *D.* — [38] *deest* insulæ *in CPT.* — [39] redeunt *TD.* — [40] exulis *C,* insulis *TD.* — [41] furentis *C.* — [42] duoque *C,* [exilia]tu atque *TD.*

« talionum [1], carpiæ inter externa [2] nauclerum [3]. Tibi quippè tyrones [4]
« amarum [5] deferunt prædonum tyrannidis, quin laudaris opifex magis tuâ
« carpasiâ : undè emolumentum, indè singultum probrum ». De his enìm
instrumentis navium multa scribens, quot et qualibus argumentis ipse Sapiens in nautas maris edocuit vel propriâ arte composuit, apud dogmaticos [6]
vel historicos Græcorum, inter reliquos philosophos celebre usquequaquè [7]
retinetur [8]. Ipse aulones, altas et breves naves, cum ingeniosissimis [9] obli-
quis fenestellis, cum funibus et magnis restibus; triplicatis velis submissa
coria multa, arte multâ [10] extenta et clavis [11] magnis curvata, sursùm in
modum curricula turrium elevata, deorsùm virgulis [12] et lignis levigatis
adstricta; biclinia [13] et [14] triclinia [15] in modum templi pinna per gradus
ascendentes ad omnes anhelitus [16] ventorum impetu objiciendos [17] parata;
de ipsis [18] fenestellis jacula, sagittas [19] et fundas, ignem ac diversa tela [mit-
tentes], hostium cuneos cum carpasiis et fugant et necant et sæpè capiunt.
Istas naviculas vehementissimas [20] ac velocissimas, in hoc mari et [21] Græciâ,
ad [22] navales hostes repellendos idem Philosophus [23] suâ arte instruxit et exco-
gitavit; et ob hoc aulones [24] nuncupavit, velut maris aut navium palatia.

6. Cythera [25] insula et ipsa ex Cycladibus a parte occiduâ.

7. Similiter et Icaria [26]; nullisque sinibus [27] maris a [28] nullis partibus
propter scopulorum ambitionem et oppressionem vel eminentiam por-
tuosa [29], vel ad [30] navalia commercia oportuna; ubi Didola magistra lanifi-
ciorum, polymitaria et purpuraria orta [31]; fuisse sororem Hippodamiæ ex
sobole Minervæ affirmat.

8. Naxos [32] et Melos [33] et ipsæ insulæ Cycladum; insulaque Melos [34] ro-
tundissima adeò et fertilis, ubi Jason et Platonem [35] vel Paronem [36] et
Pharium editos affirmat [37]. Ibi [38] invenitur sarda [39] lapis marmoribus præs-
tantior et varietate pulchrior [40]; tamen [41] inter gemmas non reputatur.

---

[1] *deest* talionum *in* D. — [2] extrema D. — [3] nauclerium P. — [4] tyronis CT, patironis D. — [5] ama T. — [6] dogmatos CPT. — [7] usqueque C, [celebre]tis quoque T; *deest in* D. — [8] retinentur D. — [9] ingeniosis D. — [10] *hic deest* multâ *in* D. — [11] clavibus CP. — [12] virgulas P. — [13] inclina D. — [14] *deest* et *in* C. — [15] triclina D. — [16] *desunt in* D *verba sequentia tredecim, usque* ac. — [17] obicientes T. — [18] de ipsis *omittit* D. — [19] sagittis PT. — [20] vehementes CP. — [21] ac P. — [22] et TD. — [23] Sapiens D. — [24] caulonas TD. — [25] Cetera C, Citerea P, Citherea TD. — [26] Charia C, Hicaria P, Icharia D. — [27] finibus D. — [28] ac TD. — [29] portiosa C. — [30] *deest* ad *in* PTD. — [31] ortam C. — [32] Noxhon C, Naxon PD, Naxhon T. — [33] Melas D. — [34] Melon *codd.* — [35] Plutonem C, Planem TD. — [36] Parone TD. — [37] *deest* affirmat *in* PTD. — [38] Ubi C. — [39] searda TD. — [40] et varietate pulchrior *omittunt* TD. — [41] tantum TD.

9. Chios [1] insula Cycladum optima, nempè ubi pretiosus mastix et valdè probatissimus invenitur.

10. Samos [2] insula est [3] ex ipsis in mare Ægeo, ubi Juno [4] nata scribitur [5]; ex quâ orta fuit sibylla Samia, et Pythagoras samius, à quo [6] philosophia primùm inventa vel [7] dilatata fuit [8], ejusque assertiones [9] idem Æthicus rethorico more styloque prosodico valdè obscuro [10] digessit, et ipsum solum tantotiès ex [11] maximâ parte recepit et aliquâ [12] ex parte repulit. Hanc insulam [13] in laude carminis sibyllæ [14] et Pythagoræ [15] edidit, inquiens assumptâ sibimet sententiâ versuum suorum prolatâ : « Querelæ movere me « cogunt [16] amici ne [17] sinas aconiti [18], perpende [19] aure taxata, sensum et « mentem [20] adverte, ore facundo [21] obde claustra serena, pande nomen [22], « colata [23] viscera clinachia passa diva mitella [24] gemmis crispantia samia or- « nata sibylla lacertis [25] armillis gestatis [26] colla bullas [27] Pythagoreas [28]. Ka- « lendæ [29] atque neomeniæ sunt Samo solemnes feriæ; insignia vaticinia præ- « conia tota, concursus fit inter convivia [30]. Hæccine [31] organa aulea [32] climata « convenite [33], date oscula sacra ; gravida [34] Ægea [35], gratissima lacinia [36] « summâ margine; semitæ gratæ ferte gratis oneratis ferculis cunctis bonis « in sinibus [37] maris; electa fulcite monilia [38]; ulnas [39], sibylla Samia, faces « et munera, delibuta aromata; tibi [40] hæc monilia [41], sospes eximia. O tua « unguenta certatìm pandent [42] dorsa quæquæ [43] sua summâ lymphâ. Hæc « tibi via; benigna quoque dorsa deferentes Ægea [44]; silices magni removen- « tur [45] semitâ academici amici [46] a quo venisti Samo electa insula portus [47] ortus « fuisti, gloria, laus, decus; in sinibus [48] hujus maris cunctatus [49] reperi Samo « mea [50] quam quæsivi ». In eâ quidem insulâ vasa fictilia primùm [51] reperta fuerunt, quæ meliora et duriora plus quàm in aliis locis [52] ibidem esse dicit.

<hr>

[1] Cion *CT*, Chion *PD*. — [2] Samo *CP*, Soma *D*. — [3] est *omittunt CPD*. — [4] Junon *P*, ni *TD*. — [5] invenitur *D*. — [6] atque *T*. — [7] et *TD*. — [8] est *PTD*. — [9] exercitionis *P*. — [10] obscurè *C*. — [11] et *P*. — [12] alia qua *C*. — [13] hac insula *PTD*. — [14] sibilla *PTD*. — [15] Pithagoras *CPD*, Phitagora *T*. — [16] cogent *CT*. — [17] me *D*. — [18] achoniti *CP*, anchoniti *T*. — [19] præbendæ *C*. — [20] mente *T*. — [21] fecundo *codd*. — [22] *deest* nomen *in D*. — [23] ciclata *C*, culata *T*. — [24] mittella *P*, mitrella *alii*. — [25] certis *TD*. — [26] majestatis *TD*. — [27] collabulas *PTD*. — [28] Pithagoras *codd*. —

[29] Kalendas *T*. — [30] vidia *C*, conviva *P*. — [31] Hæc in eo *TD*. — [32] aule *D*. — [33] conveniente *P*. — [34] gradiva *TD*. — [35] Egea *C*, Agea *P*, Aggea *TD*. — [36] Lachonia *P*. — [37] insignibus *D*. — [38] munilia *CTD*. — [39] vulnas *P*. — [40] ibi *C*. — [41] manilia *P*, munilia *TD*. — [42] pendent *P*. — [43] quaque *D*. — [44] Egea *C*, Agea *PT*, Alea *D*. — [45] removent *CPT*. — [46] amice *CP*. — [47] protus *CD*, prothus *T*. — [48] finibus *CTD*. — [49] cunctatos *P*. — [50] repperis ammonea *D*. — [51] *deest* primum *in TD*. — [52] *deest* locis *in D*.

§ III. *De Siciliâ et aliis ad occidentem insulis.*

1. Finem [1] summatìm insulis Cycladibus terminans, Siciliam [2] nobis in breviario titulavit, ut fruiti sumus. Habet itaque in longo millia passuum centum septuaginta septem [3], in lato passuum centum quinquaginta novem [4]. Terra verò quæ ab utrisque partibus sicut et reliquæ mari circumdata, valdè quoque [5] bona, multùm frugifera, auro plurimo [6] abundans et [7] optimo [8], etenìm multis in eâ cavernis et fistulis ventis validis semper agitata. Sulphure quippe plena, ubi est et Æthna mons magnus et famosissimus qui a [9] stultis ab inferis autumatur urenti [10] radice [11] procedere, et cum fumo et fœtore flammæ sursùm cructare, sed [12] falsa opinio est, nàm cum fervente mari [13] et violentiâ ventorum terra [14] sulphurea nimiâ ariditate incaluerit, statìm fumum ac flammam exhalat quemadmodum Chimæra super mare Caspium. Ibi enìm magna incendia pernoctantia perseverant. In cujus vicino [15] freto [16] Scylla et Charybdis sunt, quibus navigia valdè magna [17] naufragio [18] obsorbentur [19] et colliduntur. Insula namquè tyrannorum nutricem [20] habet urbem metropolim Syracusam, aliasque multas subjectas. [21] Irrigatur fluvio magno Alpheo et Achate fluvio, ubi [22] lapis achates [23] invenitur, et mare ejusdem corallium pretiosum mittit [24]. Pars ejus vicina Italiæ [25] est [26], alia pars Mauritaniam respicit.

2. [27] Tapsus [28] insula et ipsa Siciliæ vicina.

3. Æoliæ [29] insulæ, quæ et [30] Vulcaniæ vocantur, eò quòd ipsæ sicut Æthna èt Chimæra ardere visæ sunt [31]; sunt omnes [32] novem eamdem ustionem dantes. De his enìm Philosophus aït : « Profano [33] mœrore æstuare « cogor, animadvertens quid agam; conjicior mundi compagines [34], totque « cardinibus angens [35] laboravi cunctatus, viatorque extiti. [In] dorsa maris « Oceani et sinus maris Magni accola fui, dùm vehitari [36] cœpi [37], vehiculi [38]

[1] Fidem *TD.* — [2] Sicilia *TD.* — [3] clxxvi *P*, ccvii *TD.* — [4] clviii *P.* — [5] *deest* quoque *in D.* — [6] aurum plurimum *PTD.* — [7] *deest* et *in PT.* — [8] optimum *PTD.* — [9] ab *T.* — [10] urendo *CP*, urendi *T.* — [11] radicem *P.* — [12] de *T.* — [13] ferventem mare *T,* fervens mare *D.* — [14] terram *C.* — [15] vicinio *CT.* — [16] fretu *PTD·* — [17] magno *P.* — [18] naufragia *P.* — [19] absorbuntur *P.* — [20] nutrix *PTD.* — [21] *desunt in D* *verba sequentia septem, usque* fluvio. — [22] ibique *D.* — [23] achaten *CT.* — [24] micat *P.* — [25] Italia *C.* — [26] esse *CD.* — [27] Tapsum insula *habet P in margine.* — [28] Tapsum *codd.* — [29] Eolæ *CP*, Eule *TD.* — [30] ipse *hic addunt TD.* — [31] sint *D.* — [32] autem *D.* — [33] Pro vano *TD.* — [34] propagines *D.* — [35] languens *D.* — [36] vehitare *P*, vehit ase *TD.* — [37] *deest* cœpi *in D.* — [38] vehiculæ *CP*, vetulæ *T*, vehicula *D.*

« mei [1] rudentes [2] undè fuerunt. In tædio [3] fui, si [4] nocte [5] requiem dedi [6].
« Chimæram terrui [7], Æthnam formidavi, dolores parturientes [8]; Vulcaniæ
« et Æoliæ [9] præerant. Stulta mundi inveni; sapientes ipsius deprehendi,
« scriptoresque ipsius mihi ridiculum fuerunt; hoc sciscitavi [10] deindè [11] et
« percunctavi profundo chalao [12] sursùm [13] nimirùm [14] subire flatum sulphu-
« reum [15] boatumque eructare; profectò reperi; inveni quod [16] quæsivi:
« inter abyssum et mare sulphurea barathra sedere [17] umbonum [18] instar, a
« fervore abyssi magnæ [19], ubi [20] sorbiciunculas [21] in modùm vesicarum
« chalao magnus [22] præ ubertate et inundatione aquarum, tàm illis respi-
« rantibus quàm istis inundantibus, instante umbilico, ventis discurrentibus
« aurâ et altano pyras in mollitiem redactas, et ut cerussa recoctas velut
« silices quatientes statìm in sulphure et igne validissimè colliduntur, et flatum
« magnum et [23] impetum [24] vaporis jugiter fumantem et crepitantem emittunt. »

4. Stœchades [25] insulæ Massiliensium [26], sexaginta millium [27] spatio in
fronte Narbonensis provinciæ, quà Rhodanus fluvius in mare influit [28].

5. Sardinia insula; disterminans mensuram ejus, tenet in longo [29] millia
passuum [30] ducenta et triginta, in lato [31] quadratìm [32] millia ducenta et octo-
ginta; fontes [33] habet calidos, morbidâ lymphâ [34]; ibi nec venenum nec
serpens, nec mala bestia; terra enìm uber [35] est et [36] fœcunda.

6. Corsica [37] insula habet in longitudine millia passuum [38] centum sexaginta et [39] gressus viginti, in latitudine viginti sex [40]; multis enìm promon-
toriis angulosa; pabula [41] fœcunda ibi [42], et lapis [43] catochites [44].

7. Ebosus [45] insula, serpentibus [46] contraria, Hispaniæ [47] subjacens.

8. Baleares insulæ anfractæ duæ gemellæ, quas vulgò Majoricam [48] et
Minoricam vocant. In his insulis primùm funda [49] ad lapides jaciendos [50] inventa testatur [51]; balistas quidem [habent], et tragænas.

---

[1] meæ *CPT*, me et *D*. — [2] rodentes *P*. — [3] tedium *PTD*. — [4] fuisset (*pro* fui, sed) *T*, nec *D*. — [5] noctem *CPT*; nec die *addit D*. — [6] dedit *D*. — [7] terruit *D*. — [8] doloris parturientis *C*. — [9] Eule *CTD*, Eole *P*. — [10] suscitavi *T*. — [11] undè *CP*. — [12] chalau *C*. — [13] rursùm *CTD*. — [14] mirum *T*. — [15] sulphorum *C*; *omittunt TD*. — [16] quem *codd*. — [17] cedere *PTD*. — [18] umbonem *D*. — [19] magni *CPT*. — [20] ibi *P*. — [21] serviciunculas *T*. — [22] manus *CTD*. — [23] et omittunt *CTD*. — [24] impetu *C*. — [25] Stoæ insulæ cades *codd*. — [26] Marsiliensium *PTD*.

— [27] milia *D*. — [28] fluit *D*. — [29] longum *P*. — [30] passos *T*, passus *D*. — [31] latum *P*. — [32] xl *D*. — [33] fonte *CT*. — [34] morbidam limpham *C*. — [35] uberis *CT*, ubera *P*; *deest in D*. — [36] nimis *D*. — [37] enim *addit P*. — [38] mille passus *D*. — [39] vel *C*; *omittunt alii*. — [40] xxv *P*. — [41] et *addit D*. — [42] *deest* ibi *in PTD*. — [43] lapidem *PTD*. — [44] catociten *codd*. — [45] Ebolus *T*. — [46] serpentes *PT*. — [47] Hispania *PT*. — [48] Majoretam *P*, *qui et* Minoricam *omittit*. — [49] fecunda *P*. — [50] *deest* jaciendos *in TD*. — [51] testantur *T*.

9. Gades [1] insula [de quâ] superiùs in aliâ paginâ cum Atlante et Herculeis columnis præfatus est; abhinc recessus maris; post spatium, urbes [2] inclytæ usque Riphæos montes [3] vel montem Laceden [4], undè Lacedæmones vocabulum [5] et nomen traxerunt.

10. Stylo posuit Cephalenias [6] insulas, Casiopas [7] et Liburnicas, vicinarum suarum repetendum [8] explendi operis sui ordinem; ubi non magna [9] feruntur [10] artificia; et alia [11] variè distincta misit [12].

CAPITULUM SEPTIMUM.

DE QUÆSTIONIBUS QUAS ALIA SCRIPTURA NON NARRAT.

§ I. De Franco et Vasso a Romulo debellatis.

1. Lacedæmonia, Pannonia et Histria post celeberrimam Græciam; suarum generationum [historiam] repetens, aït : « Me circuitus [13] virium [14] « mearum et opus et humor subrepsit, ut decidentium si falsa fuerint [15] retroacta « omitterem, aut si vera reciperem, si ambigua frustrà ducerer. Pondus « laboris mei, meæ [16] causæ [17] extitit ut itineris vacatio veritatis [18] laborem se- « quatur. Quantæ clades in Lacedæmoniâ, Norico [19] et Pannoniâ, Histriâ et « Albaniâ, [quæ] vicinæ meæ Septentrionalium regiones, primùm a Romanis « et Numitore tyranno, dein sub Romulo Remoque fratribus, postque Tar- « quinio prisco [et] Superbo [20]! cum tædio cordis mei stragem sobolis meæ [21] « cogor propalare; et postmodùm Orientalium ac loca meridiana quæ omisi « retexam. »

2. « Numitor [22] igitur, regno malè usurpato [23], hostem et vastationem « Tusciæ sævissimam intulit; Pyrrhæos [24] montes Cisalpinaque [25] juga pe- « raccessit, Noricos obtinuit, Histriam crudeliter oppressit [26]; Histrum trans- « iens, cum Albanis altercavit, sed superare non potuit; cum magnis spoliis « remeavit. Nec multò post objurgaverunt [27] mutuò nepotes cum avo : con- « surrexitque Romulus super avum [28], Numitorem interfecit, et [29] regnum

---

[1] Gades *TD*. — [2] urbis *P*. — [3] Rifeis montibus *PTD*. — [4] Lacenden *P*. — [5] vocabuli *C*, *deficiente* et. — [6] Cefelanias *C*, Ccfalanias alii. — [7] Casiophas *CTD*. — [8] repetendam *TD*. — [9] non *iterùm ponunt TD*. — [10] fuerrunt *P*. — [11] aliis *CPT*. — [12] amisit *CPT*. — [13] circuitum *CTD*. — [14] jurium *C*, virum *P*. — [15] fuerunt *CP*. — [16] mea *C*. — [17] causa *CT*. — [18] varietas *C*, veritas *TD*. — [19] Lacedemoni honorico *T*, Lacedemonico honore *D*. — [20] Tarquinium priscum superbum *C*. — [21] mei *C*. — [22] Numitore *CP*, Numitorem *TD*. — [23] regnum malè usurpatum *PTD*. — [24] Pirreos *CPT*, Poirreos *D*. — [25] Cisalpina itaquè *codd*. — [26] accessit *D*. — [27] objurgantes *codd*. — [28] superavit *D*. — [29] eum *P*; *omittunt TD*.

« sagaciter et arroganter usurpavit; Evandriæ [1] urbis [2] muros et mœnia am-
« pliavit, ipsam nempè urbem a suo vocabulo Romam [3] nuncupavit; ipse
« verò post avum fratricida extitit, Remumque fratrem suum [4] necavit,
« spurcitiæ [5] omni deditus, et luxuriâ freneticus, pellexator [6] nefarius.
« Commoto [7] exercitu Romanorum, avi crudelitate arreptus Lacedæmones
« crudeliter debellavit, Pannoniam vastavit [8], Simoën transiit, post primam
« eversionem Trojam [9] secundus cruentator peraccessit, cum Franco et
« Vasso qui ex regiâ prosapiâ remanserant certando dimicavit, ipsisque [10]
« superatis [11], Ilio [12] denuò capto [13], remeavit ad urbem. »

3. « Francus enìm [14] et Vassus fœdus [15] apud Albanos impetraverant [16];
« mutuò moventes exercitum contra Romulum [17], montana Histriæ [18] tran-
« seuntes, fixerunt tentoria; contra quos Romulus castra opponit; cum
« Franco et Vasso denuò bellaturus [19], properavit in montem sacrum arasque
« Jovis famosissimas: præparantur ad aciem perduellis [20] hostis hostes in-
« vicem dimicantes. Romulus, post cruentissimam stragem [21], sicut maximum
« moverat exercitum victor extitit, debellaturosque [22] superavit. Francus et
« Vassus cæsum cernentes exercitum, cum paucis qui remanserant per
« fugam lapsi evaserunt; Albani prostrati atque devicti, qui evadere po-
« terant a cæde [23] maximâ, reversi [24] sunt ad [25] propria. »

4. « Francus, ut diximus, et Vassus, videntes se superatos, terram [26]
« autem afflictam [27] et vastatam [28], in solitudinemque [29] redactam [30], relin-
« quentes propria [31], cum paucis sodalibus sed viris [32] expeditis, pulsi a sede,
« statìm Rhætiâ penetrantes, ad invia et deserta Germaniæ pervenerunt,
« lævâque Mæotidas paludes dimittentes more prædonum piratico [33] et stro-
« phoso [34] atque latronum degentes, urbem construunt: Sicambriam bar-
« baricâ suâ [35] linguâ nuncupant, id est gladium et arcum, more prædonum
« externorumque positam. »

---

[1] Evandrice *P*, Suandrie *D*. — [2] urbes *TD*. — [3] urbem Romam *D*. — [4] [Remum]que fratrem suum *omittunt CTD*. — [5] spurcitia *CPT*, spurcia *D*. — [6] pellexatus *TD*. — [7] Commotoque *P*. — [8] devastavit *D*. — [9] Trojæ *CP*, Trogam *T*. — [10] ipsos quoque *C, et Opitianus itidem codex*; ipsosque *PTD*. — [11] superatos *codd*. — [12] Ilium *codd*. — [13] captam *CPTO*, captum *D*. — [14] etenim *D*. — [15] *deest* fœdus in *D*. — [16] patraverunt *P*, patraverant *TD*.

— [17] Raulum *T*; *deest in D*. — [18] Histria *D*; et *addunt TD*. — [19] bellaturos *P*. — [20] perduelles *CP, deficiente* hostis. — [21] cedem *D*. — [22] debellaturos *P*. — [23] a cæde *omittit C*. — [24] reversique *CPT*. — [25] *deest* ad in *PT*. — [26] terra *TD*. — [27] afflicta *TD*. — [28] vastata *T*, devastata *D*. — [29] solitudineque *T*. — [30] redacta *D*. — [31] propriam *T*. — [32] vires *C*. — [33] piraticum *CPD*, cum *T*. — [34] strophosum *codd*. — [35] *deest* suâ in *D*.

5. « Romulus dein [1], humanum sitiens sanguinem hostium plurimorum
« congestum [2], Histriam ingressus, cruore tanto fuso, ità ut undas Histri
« humanus [3] cruor præoccupasset, victoriâ patratâ [4] mox Albaniam perac-
« cessit. Quanta certamina et strages universaque mala [5] perpetrata fuerunt,
« longum est inseri [6]. Romulus, amissâ [7] inter cædem [8] maximâ parte [9]
« exercitûs sui, tamen cum multis spoliis [10] vel [11] captivis reversus est. »

6. « Post hæc Valeriam debellavit, urbes maritimas usque Italiæ fines
« cepit, aç tenus Mantuam urbem accedens, quià [12] Manto [13] Tiresiæ filia,
« post interitum Thebanorum in Italiam [14] comitata [15], in Venetiâ [16] quæ Gallia
« Cisalpina dicitur, hanc urbem in collectionem incolatûs sui ædificavit;
« quam præfatus Romulus vi [17] roboris sui certando capessit et ventilando
« diruit. Iterùmque Gallias edomuit in suâque ditione tributarias fecit, om-
« nique malitiâ consummatâ [18] regna, ac terras sanguine humano infectas,
« in tantum ut post hæc captivati [19] plurimorum parvulorum ac mulierum,
« multarum quoque [20] regionum ignorarent et terras et linguas [21], et nun-
« quàm [22] remeantes, propria vel propinquos amiserunt. Ipse quoque Ro-
« mulus post tot facinora [23], et vim et animam iniquissimè et indignè fudit,
« vel [24] ob missa mundi plurima bella, vel clade pestiferâ. »

7. « Quid soboles [25] ignaviæ meæ meruerit non prætermittam, cùm eo
« tempore captivati ab Histriâ Casiopas [26] insulas pervenerunt, post multa
« annorum curricula, vix [27] ad vastum [28] et invium [29] cœnum ac pulverum
« ustionem cum magno mœrore et tædio repedaverunt, et usque in diem
« nativitatis meæ culta quæ dudùm fuerant [30] in solitudinem [31] redacta sunt [32]. »

8. « Post ambitum maris et percunctatum orbem [33], quæ prima fuerunt
« posui [34]; quæ alii ignoraverunt et per memet [35] ipsum cum ingenti labore
« et fessâ indagatione (angor prætermissorum fecit [36]) reperta digessi [37]; quæ
« verò illi scripserunt, opus dempsi. Orientem et meridiem [38] illi sagaci in-

---

[1] dehinc D. — [2] congestrum C. — [3] humanis P. — [4] parata CT. — [5] quæ *addit* P. — [6] inferri P. — [7] amisso PT. — [8] cædes PTD. — [9] maximam partem PT. — [10] multa spolia *codd.* — [11] et TD. — [12] quæ a *codd.* — [13] Mato P. — [14] Italia PD. — [15] comitatam CP, comitatum TD. — [16] Veneciam *codd.* — [17] vim P. — [18] omnemque malitiam consummatam regnat P. — [19] captivas CT, captivitas PD. — [20] quique P. — [21] lingua P. — [22] nusquam *codd.* — [23] flagitia TD. — [24] væ CPT; *desunt in D verba quæ sequuntur vigenti quinque, usque* pervenerunt. — [25] sobolis P, subolis TD. — [26] Casiopbas TD. — [27] mox D. — [28] vastam *codd.* — [29] invia P, inviam *alii.* — [30] fuerunt CTD; *desunt in D verba quæ sequuntur duodecim, usque* fuerunt. — [31] solitudine *codd.* — [32] *deest* sunt *in* CTD. — [33] et per cunctum orbem C; *desunt verba ista in* TD. — [34] postposui CTD. — [35] met D. — [36] feci TD. — [37] digessit P. — [38] Oriente et meridie *codd.*

« dagatione [1] plana [2] et optima elimati sunt ; nos quæquæ [3] aspera rigida-
« que [4] et aquosa et brumerica percunctavimus. »

§ II. *De Oriente.*

1. « Nunc summatìm ad Orientem certatìm [5] gressum posuimus , a ca-
« cumine Caucasi montis calles arctissimos usque magnum Gangem propter
« ædificium arcæ peragrantes [6] coavi, et camaras [7] ac artificia illius si ultrà
« inundatio aquarum cosmo vim intulisset ; quià [8] arcæ [9] reliquiæ fractæ [10] re-
« mansissent. Sed Armenias [11] pylas juga subiimus [12], et nullatenùs reperimus.
« Elangui ego igitur et ægrotavi : nox pro cibo, et crapula mihi [13] fuit ; non
« reperi quod [14] quæsivi ; pœnituit [15] me hujus operis ignorantia ; cur non
« inveni et ea ignoro ; defesso [16] labore tabesco. Submotus ab his eminentis-
« simis montibus, aureis [17] jugis [18] nocte [19] cum facibus affui propter metum
« draconum et struthionum ; gryphes [20] et serpentes inibi [21] jugiter invigi-
« lant ; [22] formicas more canum rapacissimas, centauriasque lacertas vene-
« natas valdè, reliqui cum sociis meis viris academicis, atque [23] inquiens
« retuli [24] : O inaccessibiles [25] thesauros [26] maximos, tàm avaros et crudeles [27]
« habentes custodes ! Ante morsum dentibus attrectant [28], quampulchra et
« opima [29] dona [30] ostentant [31]. Non fuisset [32] internecio bellatorum si tellus
« prædita [33] non fuisset horum metallorum. Discat [34] impiorum vesania [35]
« auri quales sint custodes [36], qui dentibus frendeant [37], non qui indigentibus
« bona tribuant ».

2. Recessurus [38] ab his jugibus [39] viator [40] noster, [41] naupegus [42] adfuit :
« Gangem ingressi, terram inhabitabilem adire disposuimus ; sed non po-
« tuimus propter [43] ardorem solis. Nemora pulcherrima ultra montana [44]
« vidimus, sed palpare solis ortum nullus valere audebat : plus enìm incen-

---

[1] indagione *D.* — [2] plena *D.* — [3] quoque
CPD. — [4] et rigida *TD.* — [5] certamen *P.*
— [6] parentes *P,* parentis *TD.* — [7] camareis
P, cameras *TD.* — [8] qua *PD,* que *T.* — [9] arte
PTD. — [10] fratrum *PTD.* — [11] Armeniæ *CPT.*
— [12] audivimus *D.* — [13] *deest* mihi *in TD.* —
[14] quem *PTD.* — [15] penitus *CPT.* — [16] die
fesso *C.* — [17] aureus *P.* — [18] juges *CP.* —
[19] noctes *C,* noctem *P.* — [20] grifas *CPT,* grifos
D. — [21] qui ibi *D.* — [22] et propter *addit D.*
— [23] et *PTD.* — [24] retulit *P.* — [25] incessa-
biles *T.* — [26] magnos et *addit P.* — [27] et crudeles *omittit D.* — [28] adtractant *CP.* — [29] optima *T.* — [30] custodia *CPT.* — [31] ostendant
CPT. — [32] suis *TD.* — [33] proditor *CPT,* pro-
dita *D.* — [34] Dicat *CT,* Dicit *D.* — [35] vesaniam
TD. — [36] aurum quale sit custodia *codd.* —
[37] frendent *C.* — [38] Recessuris *C,* Recessuros
PT. — [39] montibus *D.* — [40] auctor *TD.* —
[41] ter *addunt TD.* — [42] naupicus *codd.* —
[43] præter *P.* — [44] montanam *P.*

« dium [1] oculorum et corporum erat [2] quàm hujusmodi [3] clibani, aut ther-
« marum [4]. A narrantibus, nobis revertentibus, temerariis et impudicis
« vicinis, illius habitatoribus Indiæ, regionibus valdè felicibus, reperimus
« quòd in illis [5] partibus Eden nemus Dei cœli et hortus [6] inaccessibilis [7]
« carnali [8] creaturæ situs esset [9]. Valefecimus diis deabusque [10] Indiæ, et
« aulæ [11] regis Ferezis qui bona fecit nobis; palatia et cœnacula sua nobis
« ostendit [12] ex auro et gemmis [13], vineas in similitudine maceriarum ex
« gemmis variatoque opere ad instar botryonum [14]; nusquàm [15] ultrà talia.
« Reperimus Indiam fertilem : Opopodiani [16] contrarii equis [17] proni [18], obsta-
« cula nostra [19] esse voluerunt, sed propter aulonas [20] labore nostro fabre-
« factas [21] dromunculas [22], ob [23] oppressionem [24] lapidum [25] et jaculorum [26]
« relictis naviculis fugerunt [27]. Ab Indiâ magnâ et Gange [28] regressi, in-
« clytis [29] regionibus atque saluberrimis, in anno omnes fruges denuò me-
« tentes atque colligentes, pervenimus [30]. »

3. Aves magnas mittit, psittacum more hominum loquentem; habet
elephantes et monocerotes [31] bestias magnas. Gignit etiàm [32] cinnamum et
piper, calamum quoque aromaticum, et ebur [33]; chariston [34], berillum [35],
chrysoprasum [36] atque chrysolitum [37], adamantem probatissimum, ac car-
bunculum, leænitas [38] itaquè et [39] margaritas [40], et [41] uniones atque [42] myaces [43].
Vicini [44] sunt [45] montes [46] aurei [47].

4. Deindè Parthia [48], ab Indiâ usque Mesopotamiam [49], fertilis, populum
[habens] robustum. Vicinæ earum [50] sunt Arachosia, Parthia [51] minor, Assyria [52], Media, et magna Persia [53]; quæ et [54] originem [55] populorum et ini-

---

[1] incendia *PTD*. — [2] erant *D*. — [3] hujus
mundi *P*. — [4] thermas *codd*. — [5] nullis *TD*. —
[6] hostiis *TD*. — [7] inaccessibilibus *D*. — [8] carnalis
D. — [9] et *TD*. — [10] deos deasque *PTD*. — [11] aula
PT. — [12] ostendis *P*. — [13] *desunt in D verba quæ
sequuntur sex, usque gemmis*. — [14] botrinum *P*.
— [15] nunquàm *C*. — [16] Oppodiani *TD*. — [17] equi
codd. — [18] pinni *P*, proponi *TD*. — [19] nostri
PTD. — [20] aulanos *C*, aulosias *P*. — [21] fabre-
factos *C*, labefactas *D*. — [22] dromunculos *C*;
deest in D. — [23] *deest* ob *in C*. — [24] oppressione
C. — [25] lapidarum *P*, lapidem *TD*. — [26] jacu-
larum *codd*. — [27] fugere cœperunt *D*. — [28] Gan-
gen *CPD*, Ganges *T*. — [29] inclinatis *CTD*. —
[30] *deest* pervenimus *in CTD*. — [31] et monoceros
CPT; omittit *D*. — [32] enim *CP*. — [33] eborem
P. — [34] cariston *C*; *deest in D*. — [35] berillo *T*,
berillos *D*. — [36] crissoprasso *T*, crisoprassos *D*.
— [37] crissolito *T*, crisolitos *D*. — [38] lenitis *C*,
læenitis *TD*. — [39] *desunt in D* leænitas itaque
et. — [40] margaritis *CT*. — [41] *deest* et in *CT*. —
[42] et *CT*; *deest in D*. — [43] miriaces *CPT*; *deest
in D*. — [44] Vicinæ *C*. — [45] *deest* sunt *in CPT*.
— [46] montibus *C*. — [47] aureis *C*, aureos *PT*.
— [48] pascua *TD*. — [49] fertilem *CPT*; multum
uberrima et *D*. — [50] *deest* earum *in D*. —
[51] Posthia *T*; *deest in D*. — [52] Sinia *D*. —
[53] Persida *codd*. — [54] *deest* et *in D*. — [55] origine *P*.

— 313 —

tium [1] ab Indo amne magno [2] sumunt [3], regiones fertilissimæ [4], populo [5] quidem [6] barbarico [7] et gentibus robustissimis [8]; fluminibus magnis [9] irrigantur, Hydaspe [10] et Arbe [11], et aliis quamplurimis [12]. Assyria etenìm [13] nobilissima, purpurâ quidem procerior, ornata opibus, omnium bonorum [habens] umbilicum ac medullam Niniven, quam Philosophus inter alias urbes mœnianam [14] Archochyram [15] vocitavit, primam tyrannidem [16] bellicosissimam, suâ enìm arte eruditissimâ [17]. Prima [18] post [19] Indiam, ultra omnes ista celebrior [20] vicina, crescens et affluens atque multiplicans.

5. Indè Arabia, et ipsa nobilis atque [21] pinguissima, eis [22] bonis [23] quæ suprà diximus maximè [24] affluens atque succrescens.

6. Post hanc, Chaldæam invenimus, diversam gentem in multis divisam; ubi famosissimam urbem reperimus Babylonem [25], extollente [26] virtute cunctarum urbium celebriorem [27]; quam omnium primam ac [28] novissimam arbitrati sumus [29], omnem ruborem [30] et decorem, et pulchritudinem; ubi concionantes operam dederunt filii hominum; quos noster Euphrates [31] intersecat.

7. Deindè Syria, inter magnum [32] amnen [33] Euphraten et montem Guzan [34] idolorum, Magnum usque mare vicinum; terra gignendorum [35] multorum populorum, Ægypto conjuncta [36] parte maximâ, aliâque parte [37] [ad] Armeniam et Cappadociam [38] vergente [39]; clima nostrarum regionum, ubi Commagena [40], Phœnicia atque Palestina vicinæ et subjectæ sunt.

8. Deindè a meridie Chanaan [scribit], fontem [41] affluentem, omnibus bonis irriguam; Tiberiaden [42] et Gennesar; alveum Jordanis a vineis Engaddi, et lacum bituminum [43], et arundinetum [44] Parioticum, et Salariam superiorem. Hactenùs ad Libanum [45] tendentes, ubi in medullam et umbi-

---

[1] populorum et initium *omittit D; et addit P.* — [2] *deest* magno *in PTD.* — [3] sumuntur *PT.* — [4] fertilissimas *codd.* — [5] populum *D.* — [6] *deest* quidem *in D.* — [7] barbaricum *D.* — [8] gentes robustissimas *PTD.* — [9] flumina magna *PTD.* — [10] Idaspem *codd.* — [11] Arbem *CTD,* urbem *P.* — [12] alia quamplurima *codd.* — [13] enim *T; deest in D.* — [14] mœnia nostra *C.* — [15] Arch chyran *TD.* — [16] tyrandinem *C.* — [17] eruditissimos *C,* eruditissimus *TD.* — [18] Primam *PTD.* — [19] ponit *D.* — [20] celebratior *D.* — [21] ac *P,* et *D.* — [22] ea *PT, et D.* — [23] bona *codd.* — [24] maxima *PTD.* — [25] Babyloniam *codd.* — [26] extollentem *CTD.* — [27] celebrior *CT,* celeberrior *P,* celebratior *D.* — [28] et *TD.* — [29] putavimus *D.* — [30] roborem *CPT; deest in D, deficiente quoque et.* — [31] Eufraten *TD.* — [32] *deest* magnum *in D.* — [33] *deest* amnen *in CTD.* — [34] Gazan *D, qui* idolorum *omittit.* — [35] gignenda *PT; deest in D.* — [36] Ægyptum conjunctam *TD.* — [37] aliasque partes *codd.* — [38] Armenia et Cappadocia *TD.* — [39] vergentes *codd.* — [40] magna *D.* — [41] syrtem *C,* fortem *P,* sortem *T.* — [42] Tiberiade *CT,* Tiberiadis *D.* — [43] bitumicum *D.* — [44] arundineum *D.* — [45] Albanum *D.*

licum urbs magna, ortus[1] et altrix[2] regum, vaticinia et ostenta atque prodigia fastigia[3], Hierusalem fabricata et sita est; ubi eorum vates futuram restaurationem mundi judiciariam impetu sui spiritûs fore affirmant[4]. Illîc Galilæa regio Jordanis; Samaria[5] urbs[6] vicina, confinium et janua regionis, opima et spatiosa, ambitiosa[7] incolarum speculatrix inclyta[8]. Vicina est[9] terra inhabitabilis Sodomorum, ubi tria judicia magna[10] idem dicit Regis[11] majoris cœlestis iram et vindictam[12] dedisse[13], ignis, fulminis, et bituminis; eorum audaciâ et temeritate[14] abhorruit[15]. [Aït] Academicus Pentapolim ob nimiam affluentiam ingnominiosam, sine lege, absque eruditione, sine rege indisciplinatam[16], ruinâ maximâ præ ubertate corruisse. [17] Sicharia[18] regio, quæ posteà Nabathæa nuncupatur, silvestris[19] valdè, ubi Ismaëlitæ; eminùs Sur[20], inter mare Rubrum et Arabiam sita, Ægypti finibus deducta, populo vafro et valdè nugaci; terra nimirum invia.

9. Ægyptus, magna, uberrima ac fertilissima; medulla terrarum aliarum, imbribus et pruinis incognita, hieme carens, Nilo omnibus[21] bonis conferta[22] atque irrigua; ampla valdè in latum; gemino mari conjuncta atque vallata, Rubro quippè, et Gaditano[23], quod est Magnum; in longitudine igitur usque Æthiopiam et Libyam : omnium frugum et[24] arborum ac frondium opulentissima.[25] Ibi[26] sunt arbores magnæ quæ[27] picini[28] dicuntur, undè in anno bis[29] vellera carpunt, et optimas vestes ex ipsis faciunt[30]. Quæ alia[31] regna vel terræ[32] in usum mercantur, et non gignit[33] talia. Canopæa insula Oceani quæ ex parte Ægypto[34] ex parte Libyæ[35] subjacet, omnibus bonis jucunda[36], aurum optimum et uniones[37] gignit.

10. Bactria et ipsa valdè fœcunda; dromadas et camelos nunquàm atterentes pedes mittit, equos et mulos velocissimos inter omnes terras.

11. [38] Libya magna, ponto magno vel æquore[39] Oceano vallata, utris-

---

[1] orta P. — [2] alietrix P. — [3] festiva P, festigia T; *deest in D.* — [4] affirmantur P. — [5] Samarie CP. — [6] urbis C. — [7] ambitiosam *codd.* — [8] speculatricem inclitam *codd.* — [9] Vicinarum *codd.* — [10] majora D. — [11] *deest regis in D.* — [12] vindicta C. — [13] decidisse CTD. — [14] audaciam et temeritatem CP. — [15] oborruit P. — [16] indisciplinata *codd.* — [17] *desunt in D quæ sequuntur lineæ tres, usque* Ægyptus. — [18] Siccharia P, Sichagia T. — [19] silvestria PT. — [20] emenussur T. — [21] nihi-

lominus CTD. — [22] confersa CT, referta D. — [23] Gaditanum PTD. — [24] *deest et in D.* — [25] *desunt in D omnia quæ sequuntur, lineæ nempè novemdecim, usquedùm ad lineam* Hæc omnia reperieris. — [26] ubi CT. — [27] magni qui PT. — [28] picinis T. — [29] nobis P. — [30] obtime vestes ex ipsa fiunt P. — [31] alio P. — [32] terra vel regna P. — [33] gignit C. — [34] Egyptus P. — [35] Libia PT. — [36] jocundat P. — [37] lapides addit P. — [38] De magna Libia *rubricato charactere titulum habet* P. — [39] æquora P.

que [1] partibus decorata, et adeò fertilis et pinguis. [2] Æthiopia montuosa et arenosa, longè latèque in magnitudine porrecta atque diffusa, in aliquibus partibus deserta et inaccessibilis. Plures [3] itaque gentes [habet] vultu [4] horribili, et nonnullas monstruosas [5], serpentium et ferarum multitudinem, rhinocerotas, camelospardos, basiliscos, et dracones immensos [6] quorum ex cerebro gemmæ pulcherrimæ extrahuntur; jacintus et chrysoprasus ibi [7] reperiuntur. Cinnamomum [8] et calaicum [9] plurimum mittit Æthiopia. Post ipsam alia est inhabitabilis propter ardorem solis : alia [10] quidem in Africâ Libya [11] [quæ continet] Cyrenensem [12] Pentapolim, Tripolim, Byzacium [13], Carthaginem et urbem et regionem [14], Numidiam, Mauritaniam Sitifensem [15], item [16] Mauritaniam Tingitanam [17]; Troglodytas [18] et barbaras [19] gentes Natabres et Garamantas; ac Getuliam [20].

12. Hæc omnia [21] nationum et gentium atque terrarum proprio labore desudavit, ut asserit idem Sophista, non per ordinem, propter navalem maris Oceani ambitum, quià et ubi navigare licitum [22], et difficile fuit.

13. Indè [23] a septentrione [24] terrarum et populorum ordinem duxit [25], et ob hoc de gentibus et regionibus plura non dixit. Ea quæ [26] in aliorum codicibus scita vel scripta deprehendit, sibi [27] explicato catalogo compescuit [28].

§ III. De flatu ventorum et venis aquarum [29].

1. De terrâ et flatu ventorum venisque aquarum parvam mentionem fecit, flatum ventorum se vidisse ad meridiem superiùs et nunc inquiens, in modum columnarum in tribus cathigis [30] ramorum eructare, quasi [31] densissimam nebulam mare tuli [32], motionem fieri, et elevari [33] ultrà ardua [34]

---

[1] utriusque *CT*. — [2] Ethopa *rubricam habet P*. — [3] pluras *P*. — [4] *deest* vultu *in T*. — [5] nonnullæ monstruosæ *C*, nonnullo monstruosa *P*. — [6] immensas *C*. — [7] *deest* ibi *in T*. — [8] Cinnamum *codd*. — [9] chalaycum *P*, calaticum *T*. — [10] alias *PT*. — [11] Libiam *P*. — [12] Cirinensi *C*. — [13] Bizantum *CT*, Bizancium *P*. — [14] regium *T*, *deficiente* et. — [15] Estivensem *P*. — [16] *desunt* Mauritaniam Sitifensem item *in C*. — [17] Tingitaniam *CP*, Tingitania *T*. — [18] Trogodite *CT*, Tragoditas *P*. — [19] barbaræ *C*. — [20] Getulia *T*. — [21] omnium *D*. — [22] quià ubique navigare illicitum *D*. — [23] iue *P*, idem *TD*. — [24] septentrionem *T*. — [25] dixit *D*. — [26] quia ea (*pro ea quæ*) *P*. — [27] sibique *P*. — [28] Explicit *rubricato charactere addit P; sed de capitulo, non de libro intelligendum. Hic autem verò desinit D, additis his :* Explicit liber Æthici philosophi cosmograghi. — [29] *rubricatum titulum præfert P :* De terra et aquarum decursu vel venis earum; *sed primam lineam omittit, quam rubricato charactere ceu titulum ponit T*. — [30] catigis *T*. — [31] quas *T*. — [32] tali *P*, talem *T*. — [33] elevare *codd*. — [34] arduam *T*.

montium cacumina chalao, super abyssum ac terram, superiùs nimiâ vehe-
mentiâ tremefacere a mari usque ad mare, terram sicut offam et similam [1]
crescere, et meatus ac fissuras in modum spongiæ [2] facere, et a facie ventorum in directum venas dare, et aquas discurrere, vel flumina consurgere,
et amaritudinem salis ac maris non retinere ob hanc causam, quià postquàm aquæ [3] maris ipsum chalao robur [4] petræ [5] et humorem [6] terræ [7] palpaverint, statìm in rigorem versæ omnem amaritudinem amittunt, [8] et si
in sulphuream [9] terrarum vehementiam [10] non incurrerint, semper dulcia et
rectiora [11] consistunt et in duritiem salis coagulari [12] non valent; et reverâ,
quià quotiès [13] flatus et sonitus ventorum evenerint [14], statìm irruptio plu-
viarum subsequitur, et sic affirmat terram [15] super aquas quasi spongiam [16],
quemadmodum spongia per fissuras et meatus consumit aquam, ità [17] per
terram duobus modis [18] currit aqua : quandò quidem inter undatam, aliquandò autem illam aquam subterraneam in directum per terram levatam,
ut videmus [19] latices, hoc est fontes qui currere videntur jugiter, per venas
diversas per terram in modum spongiæ, hinc ventis et aquis discurrere,
et a facie ventorum priùs atque magis flumina et aquas [20] inundare et motum
magnum facere quàm reliqua elementa mundi : et in hâc parte Philosophus
ultra omnes sapientes pulchriùs adinveniens [21] disseruit quàm reliqui quos
nos indaganter investigavimus [22].

---

[1] similia *T.* — [2] spongiam *CP.* — [3] a *addit*
T. — [4] roborem *codd.* — [5] petere *P.* —
[6] umore *T.* — [7] *deest* terræ *in T.* — [8] *desunt*
in T verba quæ sequuntur tredecim, usque consistunt. — [9] sulphurea *P.* — [10] vehementia *P.*
— [11] recensiora *P.* — [12] coagulare *PT.* —
[13] quotiens *C,* cociens *P.* — [14] evenerit *CP.*
— [15] *hîc deficit Pithœanus codex, ablato folio ul-*
timo. — [16] spongia *C.* — [17] stat *T.* — [18] motit
T. — [19] vidimus *T.* — [20] aquis *T.* — [21] in-
veniens *T.* — [22] investigamus *T.*

§ IV. *De Æthici abecedario.*

1. Suos characteres litterarum quos adinvenit ità distinxit :

𝔸	Alamon	φ.	Iosithu [4]	Cȝ	Salathi
𝛾	Becah	🦢	Kaithu	𝕂	Intalech
🜨	Cathu	𝕏	Lethfu	⨨	Thothymos
𝕐	Delfoy	𝔸	Malathy	Ɔ.	Azathot
🜬	Efothu [1]	𝕬	Nabaleth	Ɋ	Reque [5]
𝔔	Fonethu	♭.	Ozechi	𝕽	Yrchoni
⳩	Garfou [2]	ℱ.	Chorizech	≋	Zothychin [6]
𝟅.	Hethmu [3]	Ꝅ	Phythyrin		

EXPLICIT LIBER ÆTHICI PHILOSOPHI COSMOGRAPHI

NATIONE [7] SCYTHICÂ [8], NOBILI PROSAPIÀ PARENTUM.

AB EO ENIM ETHICA [9], PHILOSOPHIA A RELIQUIS SAPIENTIBUS

ORIGINEM TRAXIT.

[1] *Effothu T.* — [2] *Carfou C.* — [3] *characterum nomina post septimum omittit T.* — [4] *Losithu C.* — [5] *deest in codd. mss. character vigesimus primus, quem, Hrabanum Maurum sequuti, hic restituimus.* — [6] *Abecedarium Æthici integrum exscripsit Hrabanus Maurus in libro De inventione linguarum sicque explicuit :* Alamon, Becha, Chatu, Delfoi, Effothu, Fonethu, Garfou, Hetmu, Iofitu, Kaitu, Lehtfu, Malathi, Nabalech, Ozechi, Choizech, Phititin, Salathi, Intalech, Theotimos, Agathot, Req', Yrchoim, Zeta. *Hæc quoque nomina characterum Æthicianorum in Itinerario Joannis de Mandeville (Reg. bibl. paris. cod. lat. 4847, fol. 42 verso) reperiuntur, quasi Saracenorum fuerint, sic :* Alamoi, Bethach, Cathi, Delfor, Esoti, Foti, Garepi, Hethimi, Jothi, Kauthi, Latini, Malati, Nobaleth, Orthi, Corizeth, Nicholath, Ruthi, Salati, Thotimus, Azaroth, Irthom, Aronthi, Zotizmi, Thehec. — [7] *nationes C.* — [8] *Scitâ T.* — [9] *Aethica T.*

AD ÆTHICI COSMOGRAPHIAM

A HIERONYMO TRANSLATAM

INDEX GEOGRAPHICUS ET ONOMASTICUS.

A

Abydos insula : cap. VI, § 1, n° 4.

Achaia : V, ii, 4. — V, v, 2, 3. — V, vii, 1.

Achates fluvius : VI, iii, 1.

Acheron fluvius : IV, ii, 1, 3.

Acherusia lympha : IV, ii, 3.

Ægeum mare : V, v, 2. — V, vii, 2. — VI, ii, 10.

Ægyptus : I, v, 3. — V, vi, 1. — VI, i, 3. — VII, ii, 7, 8, 9.

Æoliæ insulæ : VI, iii, 3.

Æriles : IV, ii, 3.

Æthicus : Pr. — I, ii, 3, 4. — I, iii, 4, 5. — I, iv, 1, 5. — I, v, 4. — II, ii, 4. — II, iii, 3. — II, vi, 5. — III, ii, 6. — IV, iv, 3. — V, iii, 1. — VI, ii, 10. — Expl.

Æthiopes : I, v, 3.

Æthiopia : II, ii, 7. — IV, ii, 3. — VII, ii, 9, 11.

Æthna : IV, ii, 1. — V, ii, 1. — VI, iii, 1, 3.

Africa : IV, ii, 3. — V, i, 4. — VI, i, 1. — VII, ii, 11.

Aggripphus : I, iii, 5

Ahilon : V, vi, 1.

Alani : II, 1, 6.

Alapes : II, 1, 6.

Albanæ gentes : II, iv, 2.

Albani : III, iii, 5. — IV, iii, 2, 3. — VII, 1, 2, 3.

Albania : IV, iii, 2, 3, 4. — VII, 1, 1, 5.

Alces : IV, iii, 1.

Alcimus : I, ii, 4.

Alexander Macedo : II, ii, 7. — II, iii, 7. — II, v, 4. — II, vi, 1, 2, 3. — III, ii, 5. — IV, ii, 4. — IV, iii, 3. — V, v, 2. — V, vi, 1, 2.

Allophyli : V, vi, 1.

Alpheus fluvius : VI, iii, 1.

Amazonæ : IV, v, 3. — IV, vi, 1.

Amphibronia : V, iii, 2.

Amphinianus : IV, 1, 2.

Anech : IV, iii, 3.

Anthias : V, v, 2.

Anthiopia : IV, vi, 2.

Anthiopolis : VI, 1, 3.

Antichristus : II, ii, 6. — II, vi, 3.

Antroas : V, iii, 1.

Apollo : V, iii, 2, 3. — V, iv, 1.

Aquitania : II, 1, 3.

Arabia : I, ıv, 2. — VII, ıı, 5, 8.
Arachosia : VII, ıı, 4.
Aræ Alexandri : II, ııı, 7.
Araxes fluvius : IV, v, 3.
Arbes fluvius : VII, ıı, 4.
ARBOGEN : IV, ııı, 3.
Arcadia : V, ııı, 1. — V, vıı, 2, 3.
Archochyra : VII, ıı, 4.
ARCULIUS : IV, ı, 2.
Argivi : V, v, 2.
Armenia : IV, vıı, 2. — V, vı, 1. — VII, ıı, 7.
Armeniæ pylæ : VII, ıı, 1.
Asia : IV, vı, 2. — V, ı, 5.

Asia minor : IV, vıı, 4.
Assyria : IV, vı, 1. — VII, ıı, 4.
Astrixis mons : I, v, 2.
Athenæ : V, ı, 1. — V, ııı, 1.
Athenienses : VI, ıı, 4.
Atlas mons : VI, ııı, 9.
Attica : V, ıı, 4. — V, vıı, 1. — VI, ı, 4.
AUGUSTINUS : IV, ı, 1.
AUGUSTUS OCTAVIANUS : II, ıı, 5.
Aurei montes : VII, ıı, 3.
AURELIUS PHILOSOPHUS : II, ı, 1.
Austrinum mare : VI, ı, 3.
Avernum : IV, ıı, 3.

B

Babylon : VII, ıı, 6.
Babylonia : V, vı, 1.
Bactria : II, ıı, 6. — VII, ıı, 10.
Baleares insulæ : VI, ııı, 8.
Benaugines : IV, ıı, 5.
Beomaron : IV, ıı, 4.
Betoricæ : II, ı, 4.
Birricheus mons : II, ıı, 4.
Bithynia : IV, vıı, 4. — V, ıı, 1.
Biza insula : I, v, 4. — II, v, 1.
Bœotia : V, ııı, 1.
Boricum mare vel Oceanum : II, ıı, 3. —

II, ııı, 3. — III, ıı, 8. — IV, ıı, 4. — IV, ııı, 5.
Botryonis vallis : V, vı, 1.
Bridinno insula : II, ııı, 1.
Britannicæ insulæ : II, ı, 3.
Brumericum mare : II, ııı, 6.
Bruttanicæ insulæ : II, ı, 3.
Byrrones montes : II, v, 1.
Byrrones populi : V, vı, 1.
Byrronicum mare : III, ıı, 6.
Byzacium : VII, ıı, 11.
Byzantium : V, vıı, 3.

C

Calabri : IV, ıı, 1.
Calaopa : II, ı, 1.
Camilla insula : V, vıı, 3.
Canauei : II, ı, 5.
Canopæa insula : VII, ıı, 9.
Cantabria : II, ı, 1.
Cappadoces : IV, vı, 3.
Cappadocia : IV, vı, 1. — VII, ıı, 7.
Cardines mundi : I, ıv, 2. — I, v, 4.
Caria : IV, vıı, 4.
Carpathium mare : VI, ı, 2.
Carpathos : VI, ıı, 5.

Carthago : VII, ıı, 11.
Casiopæ insulæ : V, vıı, 1. — VI, ııı, 10. — VII, ı, 7.
Caspia obturatio : IV, ııı, 4.
Caspiæ pylæ vel portæ : II, ıı, 6. — II, ııı, 7. — IV, ıı, 3, 4. — IV, ııı, 1. — IV, vıı, 1.
Caspii : II, ıı, 8. — IV, ıı, 3, 5.
Caspium mare : II, vı, 1. — IV, ıı, 1, 4. — IV, v, 1. — IV, vıı, 2. — VI, ııı, 1.
Caspium pyrgus : V, ıı, 1.

G

Gadarontæ insulæ : II, iii, 2.
Gades : II, i, i. — VI, iii, 9.
Gaditanum mare : VI, i, 4. — VII, ii, 9.
Gaditanus lacus : VI, i, 2.
Gætulia : VII, ii, 11.
Galatia : IV, vii, 4. — V, i, 5. — V, ii, 1.
Galilæa : VII, ii, 8.
Gallæcia : II, i, 1.
Gallia cisalpina : VII, i, 6.
Galliæ : VII, i, 6.
Ganges : I, iv, 5. — VII, ii, 1, 2.
Gangines : III, iii, 5.
Garamantes : VII, ii, 11.
Gargania : IV, iii, 4.
Gennesar : VII, ii, 8.
Germani : IV, vi, 3.

Germania : II, i, 4, 5, 6. — II, ii, 1. — II, iii, 1. — VII, i, 4.
Gog : II, ii, 4.
Gog regnum : II, v, 4.
Gogicæ gentes : II, vi, 2.
Gomer : IV, ii, 3. — IV, iii, 3.
Græci : V, v, 1, 2. — VI, ii, 5.
Græcia : V, i, 2, 3, 4, 5. — V, ii, 1. — V, iii, 1. — V, v, 2. — V, vi, 3. — VI, i, i, 3, 4, 5. — VI, ii, i, 5. — VII, i, i.
Græcus rex : V, vi, 3.
Gryphæ : III, iii, 1.
Grypho : III, ii, 5.
Guza mons : VII, ii, 7.
Gylo syrtis : VI, i, 2.

H

Halys fluvius : IV, vii, 3.
Harpocrates : II, i, 1.
Hebena : IV, vii, 4.
Hebio : IV, iv, 2. — IV, vii, 4.
Heliades insulæ : III, i, 2.
Helides montes : III, i, 2.
Helis : III, i, 2.
Hellas : V, ii, 4.
Hellespontus : III, i, 2. — VI, i, 4.
Herculeæ columnæ : II, i, i. — VI, iii, 9.
Hercules : IV, vi, 2. — V, iii, 2, 3.
Hesperia : VI, i, i.
Hiarcas : I, iii, 1, 3, 5. — I, iv, 1.
Hibernia : II, i, 2, 3.
Hierusalem : VII, ii, 8.
Hippocrates : VI, i, 5.
Hippodamia : VI, ii, 7.
Hippolyte : IV, vi, 2.

Hispania : II, i, 1. — VI, iii, 7.
Hister fluvius : V, i, 5. — V, ii, 2. — VII, i, 2, 5.
Histria : Pr. — I, v, 4. — IV, i, 2. — V, i, 5. — V, iii, 1. — VII, i, i, 2, 3, 5, 7.
Hœdi fons : V, vi, 1.
Honargiæ gentes : II, vi, 2.
Humerici montes : IV, v, i
Humericus lacus . IV, v, i, 3.
Humerosi montes : IV, ii, i, 3. — IV, v, 1.
Hydaspes fluvius : VII, ii, 4.
Hydria : V, iii, 1.
Hyperborei montes : II, ii, 1. — IV, v, 2.
Hyrcana sylva : IV, vii, 1.
Hyrcanæ gentes : II, iv, 2.
Hyrcani : II, ii, 6. — III, iii, 4.
Hyrcania : III, iii, 4. — IV, vii, i.

I

Iberia parva : IV, vii, 2.
Icaria insula : VI, ii, 7.

Ilium : IV, vi, 2. — VII : i, 2.
Illyricum regnum : V, i, 1, 5. — V, ii, i.

Minorica insula : VI, iii, 8.
Mœsia : V, i, 5. — V, v, 2.
Mœsius rex : IV, i, 5.
Morcholon fons : II, ii, 5.
Mosoch : IV, ii, 3, 5.
Moyses : Pr. — II, i, 7.
Munervius fluvius : II, iv, 3.

Munitia insula : II, i, 5.
Murginen : IV, v, 3.
Murgines : IV, iii, i.
Murginiacus amnis : IV, v, 3. — IV, vi, i.
Murginiacus lacus : IV, v, 3. — IV, vi, i.
Murini : II, i, 6. — IV, ii, i, 3, 4, 5.
Myrtoum mare : V, vii, i.

N

Nabathæa : VII, ii, 8.
Nabathæi : II, ii, 6.
Nani : II, iii, i.
Narbonensis : VI, iii, 4.
Natabres : I. v, 3. — VII, ii, ii.
Naxos insula : VI, ii, 8.
Nilus fluvius : VII, ii, 9.
Ninive urbs : VII, ii, 4.

Ninus rex : IV, v, 3.
Noë : IV, vii, 2.
Norici : VII, i, 2.
Noricus : V, i, 5. — VII, i, i.
Nostrum mare : V, i, 4.
Nothius mons : I, v, 2.
Numidia : VII, ii, ii.
Numitor rex : VII, i, i, 2.

O

Oceanus : I, iii, 5. — I, iv, 2, 4. — I,
  v, i, 3. — II, i, i, 4, 6. — II, ii, i, 3,
  5. — II, iii, i, 3, 7. — II, v, i, 4. —
  II, vi, i. — III, i, i. — III, ii, 3, 5.
  — III, iii, 3. — IV, ii, i. — V, i, 4.
  — V, v, 3. — V, vi, i. — VI, iii, 3. —
  VII, ii, 9, ii, 12.
Ocrea insula : IV, iii, 3.
Octavianus Augustus : II, ii, 5.
Olcha juga : IV, ii, 4.

Olches : II, i, 6.
Olchi : IV, ii, 3.
Olivarum mons : V, vi, i.
Olympus mons : V, v, 2. — V, vi, i.
Ophyr : IV, ii, 5. — V, vi, i.
Opopodiani : VII, ii, 2.
Orcades insulæ : I, v, 4. — II, i, 4.
Orchi : II, i, 6.
Orithya : IV, vi, 2.
Oscorum flumen : IV, v, 3.

P

Pachacomi : V, vii, 3.
Palestina : VII, ii, 7.
Palmarum urbs : V, vi, i.
Pamphylia : IV, vii, 4.
Pannonia : VII, i, i, 2.
Parioticum arundinetum : VII, ii, 8.
Parnassus mons : V, iv, i.
Paro : VI, ii, 8.
Parthia : VII, ii, 4.
Parthia minor : VII, ii, 4.
Pentapolis : VII, ii, 8.

Pentapolis cyrenensis : VII, ii, ii.
Persæ : IV, v, 3. — V, vi, i.
Persia : V, vi, i, 3. — VII, ii, 4.
Pharius : VI, ii, 8.
Phasis : IV, v, 3.
Philippus rex : V, v, 2.
Phiros gigas : IV, iii, 3.
Phœnices : V, vi, i.
Phœnicia : VII, ii, 7.
Phrygia : IV, vii, 4.
Pieria : V, iv, i.

Tauri : IV, ii, 3.
Taurus mons : IV, ii, 1. — IV, v, 1.
Tegleni : IV, ii, 1.
Temiscerii campi : IV, v, 3. — IV, vi, 1.
Tenedos insula : VI, ii, 4.
Tetragina : IV, ii, 4.
Teucusia : IV, vii, 4.
Thafri : IV, iii, 1.
THAMARIS REGINA : IV, v, 3.
Thebæ : V, iii, 2, 4.
Thebani : VII, 1, 6.
Thermodon fluvius : IV, v, 3. — IV, vi, 1.
Thermopylæ : IV, ii, 1.
Thessalia : V, ii, 3. — V, iv, 1, 2, 3.
Thile : II, 1, 3.
Thorus : V, vi, 1.
Thracia : V, ii, 2, 3.
Thyrrenum mare : IV, v, 3.
Tiberias : VII, ii, 8.
Tingitana mauritania : VII, ii, 11.

TIRESIAS : VII, 1, 6.
Tirsocæ fontes : IV, iii, 3.
Trabundia : V, v, 3.
TRAJANUS : V, 1, 5.
Trimarcia : IV, iii, 1.
Trimodarchi : V, v, 2.
Trinachia : IV, ii, 5.
Tripicia insula : II, iii, 7. — II, vi, 3.
Tripolis : VII, ii, 11.
Troglodytæ : VII, ii, 11.
Troja : VII, 1, 2.
Trojani : IV, vi, 3.
Trojanorum regio : IV, vi, 2.
Tulchi : III, iii, 5. — IV, iii, 3.
TULLIUS CICERO : IV, iv, 2.
Turchi : II, 1, 6. — II, ii, 1, 3, 4.
Tuscia : VII, 1, 2.
TYRAS : IV, ii, 3.
Tyrii : V, vi, 1. — VI, 1, 3.

U

Ubera aquilonis : II, ii, 4. — II, v, 4. —
  II, vi, 1.

Umbilicus solis : I, iv, 5. — I, v, 1, 4.

V

Vacetæ insulæ : II, 1, 1.
Vafri : II, 1, 6.
Valeria : II, 1, 3. — VII, 1, 6.
Varri : V, vi, 1.
VASSUS : VII, 1, 2, 3, 4.

Venetia : VII, 1, 6.
Viarce : II, iii, 1.
Vinnosi : II, 1, 6.
Vulcaniæ insulæ : VI, iii, 3.
Vulcanus : IV, ii, 1.

X

XERSES : V, v, 3. — VI, 1, 4.

Z

Zeugis : I, v, 3.

INDEX CAPITULORUM

ET SECTIONUM

ÆTHICIANÆ COSMOGRAPHIÆ A HIERONYMO TRANSLATÆ.

VOLUMINE TERTIO: